川北靖之

日唐律令法の基礎的研究

国書刊行会

序

律令法は古代の日本において、国家の屋台骨ともいうべき重要な役割を果たした基本法である。日本は、律令法を隋唐代の中国より継受したが、七世紀初頭から八世紀初頭までの約一世紀という長い時間を必要とした。

本書は、日本と中国の律令法に関する基礎的研究である。筆者がこれまでに執筆した、日唐律令法に関係する論考を纏めて一書とした。その内容は、既発表の論文・逸文拾遺・史料注解など二十七篇に新稿の研究史を加えて、全四章と補論から構成されている。筆者の主要な関心は、中国で成立した律令法が、どのように日本に継受され、古代日本国家形成にいかなる影響を与えたかにある。本書においては、主として法源史に関心を集中して叙述した。

本書の概要を各章節ごとに示せば、次の通りである。

第一章では、律令法の研究史について叙述した。第一節は、律令研究史の概要を取り上げた。第二節は、中国律令の研究史である。ただし、中国律令全般についての叙述は容易ではないから、律令法典の成立に関連する研究の中で、重要と思われる点に限っている。中国では、律法典の成立が令法典の成立より早いことが特徴的である。それに対して、日本における律令法典の成立は令法典が先であることを指摘した。中国における律法典の成立には、諸説がある。「唐律疏議」は唐代を代表する法律書で、魏晋南北朝以来の律を集大成してそれに注釈を付した内容を持つ。その各編の冒頭に編目疏議があり、各編の由緒来歴が簡潔に述べられている。刑法総則ともいうべき「名例律」の編目疏議には、魏の文侯が李悝を師として諸国の刑典を集めて「法経六篇」を造ったことが記されている。それについては、今日まで強力な否定説もあるが、筆者は、唐名例律の編目疏議の記述を信用してよいと考え、中国における律法典の編纂は李悝の法経が画期をなすと考えた。第三節は、日本律令の研究史である。日本で最初の成文法典は、「十七条憲法」についで編纂された「近江令」とみるのが、筆者の見解である。わが国は白村江の戦いで敗れた後、国家体制の再構築を目指して近江に遷都した。そこで、それまで継受しつつあった隋唐の律令法を本格的に作成しようとして、まず先に出来たものが「近江令」である。この令についても、かつては否定説が強かったけれども、今日では、令の制定に関連すると考えられる木簡（たとえば滋賀県湯ノ部遺跡出土「牒」木簡は蔭位制の実施を裏付ける史料である。最近「西河原遺跡出土木簡」として重要文化財に指定されている）などの発見があり、その存在を認める説が有力である。その後の「飛鳥浄御原律令」「大宝律令」「養老律令」についても、その研究史を概説し、末尾には律令関係研究文献目録を附している。

第二章は、日本律令の成立史論である。第一節では、「近江令」の存否に関する説を紹介しつつ、その存在を主張し、第二節では、『続日本紀』文武天皇二年七月乙丑条が、「飛鳥浄御原律」の存否を考える場合に大きな意味があることを論じている。第三節では、「大宝律令」成立記事の再検討を行い、従来から知られている史料を再検討し、その成立の意義を論じている。第四節では、「養老律令」の成立年次について、従来は、その編纂が養老四、五年ごろまで下るとみられてきたが、筆者は養老二年成立説を取る。第五節では、神亀五年七月二十一日格について、同格の一部が唐格の影響下に成立したとの説を提出し、併せて養老二年に法典が将来されたことについて考察している。第六節では、神亀五年三月二十八日勅を中心に考察して、同時代における郡司の地位の低下について論じている。

第三章は、日唐律比較や逸文の研究である。律研究の基礎作業である、律逸文を蒐集する作業が日中双方の先学により続けられてきたが、本章は、筆者が行った日唐律の比較研究や逸文蒐集の成果を述べている。第一節では、まず杜預『律令注解』が中国法典編纂史上で画期的意味をもつこと、ついで唐代法典編纂史上重要な位置を占める「永徽律」「永徽律疏」の編纂などにつき論じている。第二節では、中国における「律学博士」設置について論じ、併せて日本における『令義解』の編纂・施行についても考察している。第三節では、日唐「賊盗律」全条の比較対照作業によって明らかとなった諸問題の中から、謀殺主条を中心に考察を加えている。第四節からは、「律逸文考」「律逸補遺」「律逸拾遺」「律逸補葺」「律条拾肋」と題して先学の成果をふまえながら、群籍に目を通して行われた律逸文蒐集成果である。第五節の律本文篇上巻「名例律」(『訳註日本律令』二)は、唐律と日本律を上下に配置し、比較の便宜を提供したものである。(付)では『律逸』の著者を新たに藤守中とみる説を提示した。

第四章では、「大宝・養老令」の個別研究が収められている。第一節では、「大祀」について、第二節では、日唐律令における「君主」の称号について考察している。第三節では、律令法における「即位礼」と「大嘗祭」について考察している。第四節では、律令における「神璽」について考察している。第五節では、「令釈」と「大宝田令」公田条の復原私案を提示し、第六、七節では「大宝田令」六年一班条について考察している。第八節では「諸司考文」の送付方法について、大宝元年当時より式部省に考文が送付されるのは、大輔以下に限られることを主張している。第九節では、日本上代の重要な儀式のひとつである「告朔」について、日唐両制度を比較し、その意味を考察している。第(付)の「敦煌発見神竜散頒刑部格と令集解」では、敦煌と日本という三千数百キロ離れたところに存在した唐代法制文献（日本のものは引用文献）を比較して、唐代法の変容の一端を明らかにし、併わせて継受法である日本律令の態様について考察している。

補論は、遣唐使の研究である。第一節では、律令法が如何にして日本に受容されたのかという観点を中心として、遣唐使（遣隋使も含む）派遣の意義やその法制的側面について考察している。第二節では、律令法の継受に大きな働きをなしたと考えられる遣唐使の意義と概要について略述した後、その発遣にあたって行われた神仏への祈願を、制度史的観点から検討している。第三節では、遣唐執節使粟田真人が日唐の媾和を象徴する大宝の遣唐使として中心的役割を果たした事績を明らかにした。

本書の出版までには、多くの方々のご指導、ご鞭撻、お力添えがあったことを忘れることはできません。大学学部入学以来、大学院そして今日に至るまでご指導頂いている恩師田中卓先生、そして東京での三年間、日々ご自宅にお伺いしてお教えを頂戴した瀧川政次郎先生には、学問を追究する者としての心構えを鍛えて頂いたと感謝しています。

東京での三年間は、國學院大學に在籍し、大学院では小林宏先生と久保正幡先生にご指導を頂きました。この間、同大学日本文化研究所で、滝川先生が主導され、坂本太郎先生が読みを担当された律令研究会に参加することを許され、令集解の基本的な読みや解釈を深く理解することができたことを、本当にありがたく思っております。京都産業大学に赴任してからは、関西大学で開催されていた、奥村郁三先生主催の唐六典研究会に参加することを許され、多くのことを学ばせて頂きました。その後は、同先生主催の令集解輪読会にも参加させて頂きました。奥村先生のご退職後は、関西学院大学の林紀昭先生が同輪読会を引き継がれ、そのご退職後も現在に至るまで、同大学で開催され、毎月参加させて頂き、多くのご教示を頂戴しています。

本書の出版に関しては、大学学部以来、現在に至るまで、ご指導頂いている所功先生にお世話頂きました。本書が出来上がるまでには、国書刊行会編集部の今野道隆氏をはじめ、同社の皆様方の懇切なお導きがあったことに対して、厚く御礼申し上げます。

平成二十七年乙未　二月十一日

川北　靖之

目次

自序……一

第一章　律令法基礎研究の歴史と問題点
　――研究論著の紹介を中心として――……一

第二章　日本律令の成立史論……六七

第一章　律令法基礎研究の歴史と問題点

――研究論著の紹介を中心として――

はじめに

この研究は、日本と唐代中国の律令法に関する基礎的な比較研究を行い、それぞれの国における律令の意義について考察しようとするものである。

日本と唐代中国の律令法に関する研究は、古くから数多く行われている。筆者も四十年程前から律を中心に研究を続けてきたが、この機会にその研究史を概観し、若干の問題点を指摘しておきたい。

律令制一般の研究を対象とする場合には、日唐の古代史は何らかの問題ですべて律令制に関係していると考えざるを得ないし、それに関する論考もただならざる分量があり、その全てにわたって叙述することは、紙幅の上でも、また筆者の能力からしても及ぶところでない。そこで、戦後を主とする日唐律令研究史の中でも、その最も中心をなす律令法源史研究を主に取り扱うことにしたい。律令制一般に関しては、必要な限りにおいてのみ付随的に叙述する。また先行論文や著書を批判検討することを主なテーマとするのではなく、律令研究の中軸をなす研究論著の概略を簡潔に要約・紹介し、巨視的に斯学の研究動向の概要を窺いうるものとしたい。

第一節　律令研究史概要

日本において、古代法としての律令研究が開始されたのは、江戸時代からであるといってよい。江戸時代以来、また近代に入ってからの律令法研究については、多くの先学が営々たる努力を重ねて来ているが、その大要については、瀧川政次郎・利光三津夫・小林宏の三氏による「律令研究史」（『法制史研究』第一五冊。後に瀧川政次郎著『律令の研究』復刻版に附録として所収〈昭和四一年一〇月〉）で見るのが便である。江戸時代を利光氏、明治以後終戦までを小林氏、終戦以後を瀧川氏がそれぞれ担当し、『律令の研究』附録では八〇頁からなるが、簡潔にして要領を得た叙述がなされている。

明治以後終戦までの律令研究史を担当された小林氏は、明治後期を代表する学者として佐藤誠実氏を挙げておられる。そしてその論文「律令考」（『國學院雑誌』五の一三、一四、六の一〜三）を評して「律令研究史上、逸することの出来ない名篇である。」と述べられている（『律令の研究』附録、二九頁）。また、昭和六年に刊行された瀧川氏の『律令の研究』について、小林氏は、

本書は律令のテキストに関する研究であって、氏が大正十二年以降、単行論文として発表されたものがその主体を成している。第一編本邦律令の沿革は近江令から刪定律令に至る各律令編纂の沿革について考察するが、ここには佐藤氏の「律令考」以来の諸家の研究が集大成されている。

と評価されている（同上、三四頁）。またこの時期には、律令のテキストに関しても大きな成果が挙げられている。そ

れは、昭和八年に刊行された仁井田陞氏の『唐令拾遺』と、黒板勝美氏による『新訂増補国史大系』の編集である。令集解、令義解、律などが昭和十一年から次々と刊行された。これについても、小林氏は「我が律令関係の決定版と言ってよいであろう。」と評価されている（同上、三八頁）。平成九年には、仁井田陞著、池田温編集代表『唐令拾遺補』が刊行されている。本書は、一五〇〇余頁からなる大冊かつ労作である。但し、前著の『唐令拾遺』は含んでおらず、併用する必要がある。その第一部には、仁井田氏の唐令にかかわる論文を集成しており、有益である。

梅原郁氏は、その著『宋代司法制度研究』（平成一八年一二月刊）冒頭の弁言の中で、

第二部の最後は、唐宋時代の法典編纂で締めくくる。この問題は、浅井虎夫氏以来、中国法制史の論著では必ず触れられ、最近でも滋賀秀三氏が、『中国法制史論集』中で、「法典編纂の歴史」の一章を立て、詳しく論述しておられる。

と述べられた（同書、三〇頁）。ここに見える浅井氏の著書とは、概説である『支那法制史』（明治三七年三月刊）および、『支那ニ於ケル法典編纂ノ沿革』（明治四四年七月刊）を指すと思われる。この両書はともに古典的な著作であるが、特に後者は著わされてちょうど百年を経過するにも拘わらず、瀧川氏の言葉を借りれば、「本書は今日においても猶中国法源史の研究書として、また中国法制史の入門書として絶大の価値を保有している」と絶賛しているのである（同書、昭和五二年四月、書院影印版・序ならびに解題、二頁）。滋賀氏は、同書の中で「先人の著作を尋ねれば、浅井虎夫『支那ニ於ケル法典編纂ノ沿革』に行き当たる。明治末年に出て当時名著と称せられた――そして今でも座右に置きたい――この著書と本章は同じ線上にたつもの」（二六頁）とされ、また「原文のままでは通用し難くなっているにもかかわら

ず、この書に代わり得るような通史は未だに書かれていない」（同上頁）と述べられた。

内田智雄氏は『訳注中国歴代刑法志』（昭和三九年八月刊）、『訳注続中国歴代刑法志』（昭和四五年一一月刊）を著わされて、中国律令法典編纂史に大きな貢献をされている。

法制史学会の機関誌である『法制史研究』各号の巻末には文献目録が附載されて、律令研究史に関連する論考を多く含んでおり、有益である。また、『史学雑誌』五月号の「回顧と展望」は、前年に発表された主要な研究論文を紹介しており、律令関連の研究を検索することに役に立つ。『法律時報』の「学界回顧」も同様の意義を有する。

長谷山彰氏著『律令外古代法の研究』附篇「律令法典編纂の推移と問題点」（平成二年四月刊、本論文は河出書房新社刊『論争日本の古代史』掲載のものを体裁を変えて収録したもの）や同氏著『日本古代の法と裁判』第Ⅱ部「日本古代法の諸相」第二章「日本律の成立段階」（平成一六年二月刊）は、近年の律令研究史に大きな意義を持つ論考である。

滋賀秀三氏編『中国法制史――基本資料の研究――』（平成五年二月刊）は、八重津洋平氏の「故唐律疏議」や、池田温氏の「唐令」、奥村郁三氏の「大唐六典」などを含んでおり、律令研究史に資するところ大なるものがある。

また、近年の研究では、ネット上の情報も無視することはできない。東洋法制史関連では、寺田浩明氏編の「研究論文目録」は大変有益である。日本古代史関連では、吉村武彦ゼミの「公開データベース」も大いに参考になる。『日本歴史』第七四〇号（平成二二年一月発行）では、新年特集〈日本史研究とデータベース〉を組んでいる。その分野別現況では、小口雅史氏が「日本古代史研究のためのオンライン・データベース」のタイトルで日本の代表的なものについて、具体的に紹介しつつ現状を概観している（同書、九～一五頁）。他の執筆者の言及も含めて、律令法基礎研究に資するところが大いにある。

平成元年九月には、曹漫之主編『唐律疏議訳注』（一一六八頁）が刊行され、また平成八年六月には、劉俊文著『唐律疏議箋解』（上・下、二二四八頁）が上梓されている。さらに平成二一年には、銭大群撰『唐律疏議新注』（一〇九五頁）が出版されている。同氏は、昭和六三年に『唐律訳注』、平成元年に『唐律論析』（銭元凱氏との共著）、平成十二年に『唐律研究』も刊行しており、また唐代法の研究書としては、『唐律与唐代法制考辨』（平成二一年）、『唐律与唐代法律体系研究』（平成八年）、『唐律与唐代吏治』（平成六年、郭成偉氏と共著）、『唐律与中国現行刑法比較論』（平成三年、夏錦文氏と共著）、『唐代行政法律研究』（平成八年、艾永明氏と共著）などもある。いずれも中国律令法典編纂史とその内容研究に大きく貢献するものである。

平成一四年には、中華人民共和国で胡戟等主編『二十世紀唐研究』（唐研究基金会叢書特刊）というB５判で九五〇頁を超える大冊が刊行されている。本書は二十世紀唐研究の百年を回顧するものであり、政治巻第四章「法制」は、周東平氏の執筆になるものであり、一総説、二唐律（《唐律疏議》）、三唐令、四唐格、五唐式、六《唐六典》、七唐代的判、八民事法律関係、九、経済法律関係、十刑事法律、十一司法制度から構成されている。一総説の（一）唐代法律研究史概況、（二）律令法典体系などでは、日中その他の研究者の成果がかなり詳細に紹介されている。

近年に刊行されたものでは、大津透氏編『史学会シンポジウム叢書　日唐律令比較研究の新段階』（平成二〇年一〇月刊）が、今日における律令研究史の問題点をわかりやすく提示してくれている。平成一一年（一九九一年）に寧波の天一閣博物館所蔵の天聖令が発見され、それを受けて平成一八年（二〇〇六年）一一月に『天一閣蔵明鈔本天聖令校証』が出版された。大津氏編の本書は、平成一九年（二〇〇七年）一一月の史学会第一〇五回大会での日本古代史・東洋史合同シンポジウム「律令制研究の新段階」での報告四点などを中心に編まれた報告書である。また同氏の編になる『律令制研究入門』（平成二三年一二月刊）がある。本書は、日本古代史をアジアの中で考えるとの視点に立って、第一部律令制の意義、第二部律令制分析の視角、第三部律令制研究史から成る。第三部には「律令制研究の流れと近年の律令制比較研究」、「律令制研究の成果と展望」、「北宋天聖令の公刊とその意義――日唐律令比較研究の新段階――」の三編が収められているが、いずれも大津氏の執筆である。また、大隅清陽著『律令官制と礼秩序の研究』（平成二三年二月刊）の「序　問題の所在と本書の課題　一　律令制研究の成果と本書の課題」でも、律令研究史に触れられている。

以上が律令研究史の現在までの概要であるが、個々の問題をさらに追求するためには、戦後刊行分の『史学雑誌』回顧と展望号や『法律時報』学界回顧を精査する必要がある。

第二節　中国律令の研究史

滋賀秀三氏著『中国法制史論集（法典と刑罰）』（平成一五年一月刊、以下「著書」とは本書を指す）の序章「中国法の基本的性格」および第一章「法典編纂の歴史」は、二八〇頁もある大部なものであり、中国律令法典編纂史上の大なる業績に数えることができる。滋賀氏は、序章において、

中国においては、法 fa は権利ではなく、刑罰を中核として発達した。そもそも、われわれのいう権利に正確に相当する言葉が、中国には（そして過去の日本にも）存在しなかった。他面、中国において「法」と「刑」とはきわめて親密な言葉であり、しばしば相互に置き換えて支障ない文字でさえあった。法とは、王者の手に握られる統治の道具の一つであり、王者がこれを定めて公布し、刑罰を制裁手段としてその強行性を貫くもの、という構造を基本にもっていた。

と述べられた（五頁）。

梅原郁氏は『宋代司法制度研究』（平成一八年一二月刊）の第五章「唐宋時代の法典編纂――律令格式と勅令格式」において、律令法典編纂史を大きく取り上げておられる。本章も九〇頁からなる大論文であり、優れた示唆に富むものである。梅原氏は、同書冒頭の弁言中で、

この「法」の性格や定義は、私は滋賀秀三氏の「中国法の基礎的性格」（『中国法制史論集』の序説）に依拠させて頂いている。それは若干言葉を変えると、以下のように理解される。旧中国では、西欧世界のような「法＝正義」

と表裏する個人の「権利」に正確に相当する用語はなく、従ってまた西欧の「権利」の意識もその通りには存在しない。過去の中国では、「法」は第一に王者の統治の具であり、「刑」と置き換えられる性格を備える。

と述べられている（三一頁）。

小林宏氏著『日本における立法と法解釈の史的研究　第一巻古代・中世』（平成二一年五月刊）は、多年にわたる研究がまとめられたもので、日本律の成立や編纂の意義など、律令研究の基本的文献を収載している。

律令法とは何か、また東洋における法とは何かという問題は、根本的な問いである。しかし、この問題は、最初に問われねばならない問題であるとともに、また律令法研究の最終目標でもあろう。ここでは、東洋における法とは何かという問題を概観することにする。

まず最初に、瀧川政次郎氏が「中国法源史については、本書を凌駕するだけの良書は出ていないのであって、本書は今なお学界に生命を保っている古典的な名著」（同上、序ならびに解題、二頁）とされる、浅井虎夫氏の著書『支那ニ於ケル法典編纂ノ沿革』を取り上げ、そこで法がどのようなものであるとされているかを見ることにする。

浅井氏は、法の公示の重要性を指摘し、「明ニ法ノ濫用ヲ防キ其腐敗ヲ免レ社会ノ進歩ニ伴フ所以ナレバナリ」（同上、総論三頁）と述べ、中国において法の公示があったことは、『尚書』に見える「象刑」によりて知ることができるとする。『尚書』、『虞書』に「象以典刑」と見える。「象刑」について見ると、古来異説が多いが、浅井氏は宋の程大昌の説を採用し、「刑ヲ用ウル物象ヲ模写シテ明ニ民ニ示ス」の義と解している（同上、総論五頁）。これは、法の公示を意味しており、妥当な見解というべきである。さらに同氏は、「蓋シ象刑ハ文字若クハ絵画ヲ以テ刑罰ヲ用ウル状況ヲ模写シ民ニ公示スルノ意ナリ」とも述べている（同上、総論六頁）。法の公示に次ぐ段階としては、法典編纂の最初の時代がいつであるのかという問題がある。これについて、浅井氏は、「戦国ノ時魏ノ李悝ノ撰セシ法経六篇ニ始マル」と述べる（同上、総論七頁）。従うべき見解である。これ以前にも、たとえば春秋時代に法典のあったことは、種々の徴証に照らして明らかであると思われるが、名称が伝わるのは、魏の李悝の撰した法経六篇に始まるということである。浅井氏は総論の末尾において、「法経六篇以後秦漢魏晋南北朝及隋唐代五代宋遼金元明ヲ経テ現代ニ至ル迄新ナル法典ハ次第ニ編纂セラレ一代ノ間或ハ数度或ハ数十度ノ改修看ルニ至リ就中宋代ノ如キ約二百ノ法典ヲ算スルニ及ベリ」（同上、総論八頁）と中国において法典編纂が盛んに行われたことを叙している。また浅井氏は、本書の結論部分である第十四章「支那法典ノ特色」において、中国法典の体裁および内容上の特色について次の如く述べている。まず体裁については、

体裁ニ於ケル支那法典ノ特色ハ其略一定セルニ在リシ支那法典ハ大別シテ刑法典及行政法典ノ二者ト為スヲ得ヘシ刑法典ハ即律ニシテ行政法典ハ即令及会典（六典ヲモ含ム）ナリ

律ノ体裁ハ上李悝カ法経六篇ヨリ下清律ニ至ルマテ多少ノ差異アリト雖其間自一定セルノ観アリ（中略）

行政法典ノ一種ナル令ノ体裁モ亦略一定セル所アリ行政法典ノ一種ニ六典会典アリ（中略）官制ヲ六部ニ分ツコトハ周官ニ始マル（中略）

其主トシテ国家ノ事務ヲ処理スルモノハ六部ナリ此故ニ周官六典ノ制ニ倣ヒ行政法典ヲ編スルニモ六部ヲ以テ総括スルノ例トス

と述べている（同書、三八〇～三九〇頁）。また、内容の特色については、

一私法的規定ハ極テ僅少ニシテ其大部分ハ公法的規定ナリ（中略）

二法典ニ規定セルモノハ必シモ現行法ナルニアラス（中略）

三支那法ハ著シク道徳的分子ヲ含メリ

と見える（同書、三九〇～三九三頁）。これらの体裁および内容に関する見解は、極めて妥当なものであると評価することができる。

滋賀氏は著書第一章第一節「総論」において、法の三レベル構造とでも名付けるべき観察枠組みを立てておきたいとして、基本法典、副次法典、単行指令と称する三つのレベルを提案された（同書、一八頁）。律または律令が基本法典、令・詔・制・勅などの王言が単行指令、その両者の中間に現れる法典類型（編纂物）を副次法典の、それぞれ代表例と見るのである。そして、律令法の特徴を三点挙げ、①刑罰・非刑罰の二本立て、②一時期に唯一の律令、③部分的改正を加えないとされた（同書、二二頁）。戦国・秦・漢時代の律、令はこの三点の特徴を一つとして持たず、魏の新律十八篇が特徴②③を備えて作られ、ついで、この三特徴を備えた史上最初の律令が晋の泰始律令であるとする（同書、二一・二三頁）。

中国における法の存在形態の沿革を叙する場合に、法と例に触れておく必要があるが、これについて滋賀氏は「一般的に言えば、法とは法規、例とは先例である。法規は規制力を持ち、違反に対する制裁によってその効力を裏付けられる。先例が持つのは参照価値であり、援用者の説得技術に裏付けられてその効用を発揮する」と述べられた（同

書、二三頁)。この相対する二つの概念は、元・明・清時代の法制の実態を見る場合に極めて有効であろう。また、滋賀氏は「戦国・秦・漢についていうならば、「法」と「例」との未分化の時期であったというのが恐らく正解であろう。」と述べられる(同書、二六頁)。漢代には、『漢書』刑法志に見られるように、決事比と称される裁判の先例が法源として用いられているのである。

以上述べたように、戦国・秦・漢の時代は、「法」と「例」との未分化の時期であったと考えられるが、この状態に変化が現れたのが魏晋に開始される法典編纂ということになる。魏の新律や晋の泰始律令である。この両者の持つ諸問題については、後に触れることにするが、晋の泰始律令が成立したことの意味は、律令法典編纂史上で大きな出来事と捉えることができる。ことに令という法典が成立したことが重要である。滋賀氏はその著書で「令の存在を通じて、刑事裁判だけでなく一般行政分野まで含めて、すべての国家営為を法典化された法の下に置こうとする制度意思が貫いている」と表現された(同書、二七頁)。この「令」という行政法典の成立は、東洋法制史上での大きな出来事であるといえる。

中国における法典編纂は、戦国時代に魏の文侯のもとで李悝が法経と称する法典を作ったことに始まると言ってよい。それを受けて商鞅が秦律を作成した。その後、漢は九章律を作る。この漢の九章律については、『漢書』や『晋書』の刑法志に見えており、その存在は実証されているが、李悝の法経については、その存在を疑問とするのが日本においては一般的であった。代表的なものは、小川茂樹「李悝法経考」(『東方学報』京都、第四冊、昭和八年刊)である。その後、中田薫氏などは懐疑論に終始する(同氏著『法制史論集』六八・七二・七四・一八二頁)。しかし、近年は堀敏一氏

(『律令制と東アジア世界――私の中国史学（二）』）や池田雄一氏（「李悝の法経について」中央大学文学部『紀要』一〇八号〈史学科二八号〉昭和五九年、後に同氏著『中国古代の律令と社会』〈平成二〇年三月刊〉所収）では懐疑論を脱却している。滋賀氏も懐疑論は採らない（同書三二・三三頁）。『唐律疏議』巻一の名例律篇目疏に「魏文侯師於李悝、集諸国刑典、造法経六篇、一盗法、二賊法、三囚法、四捕法、五雑法、六具法」とあり、また『唐六典』巻六に「魏文侯師李悝、集諸国刑書、造法経六篇、一盗法、二賊法、三囚法、四捕法、五雑法、六具法」と見える。また杜佑の『通典』巻一六三には、「魏文侯師李悝、選次諸国法（中略）是故所著六篇而已」とあることなどからして、法経が法典として存在したことは疑うべきではないと考える。

近年刊行された廣瀬薫雄氏の著書『秦漢律令研究』（平成二二年三月刊）では、第二章「『晋書』刑法志に見える法典編纂説話について」において、この問題を論じている。廣瀬氏は、『晋書』刑法志の「法経」に関する記述そのものを唐代の創作とする新説を唱えられた。また同氏は、律と令との関係については、

従来の研究においては、律が基本法典であり、令はその補充法典であると考えられてきた。しかしそれは晋泰始律令以後の律令の理解を秦漢時代の律令に反映させた固定観念に過ぎない。秦漢時代においては、皇帝の下す制詔（令）こそがあらゆる強制力の根源であり、制詔（令）こそが律の上位に立つ規範なのである。

とする新説を唱道された（同書、一五八頁）。

廣瀬氏は、著書の序章一において、「中国古代法制史研究の現状と課題」と題して、出土法制史料の意義、その種類と簡牘研究史、および先行研究の課題について述べている。ここで、秦漢行政制度の研究が高度に発達しているこ

と比較して、秦漢律令についての研究が不十分であることが指摘されている（同書、一〇頁）。同氏の著書は、出土法制史料の成果を十分に生かしつつ、秦漢時代の律令を体系的に捉えようとした試みである。

これまでの「法経」に関する主要な説を概観すると、仁井田陞氏は、「史記前後漢書等はこれについて一言も費やしていない」と述べ、「法経」の存在に疑義を提出した（『唐令拾遺』〈昭和八年刊〉三頁参照）。仁井田氏の説を受けて、小川（貝塚）茂樹氏が同じく懐疑論を提出された（「李悝法経考」『東方学報』京都、第四冊、昭和八年、後に『貝塚茂樹著作集』第三巻〈昭和五二年七月刊〉所収、以下は著作集所収論考を貝塚氏著書として引用する）。

貝塚氏は同論考において、李悝法経に関する『晋書』刑法志の記事を詳細に検討され、「『魏書』刑罰志に、晋志と共通し、その原文より取ったと思われる「法経」六篇及び漢律篇巻条数の記事が存する事を指摘」された（貝塚氏著書、三二六頁）。貝塚氏の引かれる『魏書』刑罰志は、北斉文帝の天保五年（五五四年）、魏収撰と伝えるから、六世紀の北斉時代には、法経に言及した史料が流伝していたことになる。貝塚氏は、「李悝「法経」撰述説は、漢代の儒家的なる皐陶作律の縁起説に対して魏代に起った法術的なる律縁起説と考えられる。」と結論された（著書、三四二頁）。同氏は、李悝が「法経」を撰述したことを批判されたのであって、「法経」そのものの存在を否定されたとは、言えないと思われる。貝塚氏がその著書において、

後漢の経学隆盛の時代、即ち光武帝以来の儒教的文物制度の確立されて世にあって、漢帝国の国家の基礎の法制が暴秦の系統を引く事は、たとえば後述する特別の理由を有する班固の説を除いて、明かに言表するのを憚られたのであろう。（三四一頁）

とし、班固が「後漢の通説とは反対に漢が秦法を受けた事を大胆に直言する。」（三四三頁）と述べられ、さらに「彼は刑法を改正寛大とし、礼儀を重要視し、これによって徳治を期せんとするが故に、九篇律の秦以前の起源に遡って法家の酷薄の法より出ずる事を示した」（同上頁）と論ぜられた。後漢時代の史書に「法経」が見えないのは、当時が経学尊重の時代であることも考慮する必要があろう。

その後は、中田薫氏などをはじめとして、「法経」李悝撰述説の否定が学界の主流となった。しかし、守屋美都雄氏が「李悝の法経に関する一考察」（中国古代史研究会編『中国古代史研究　二』昭和四五年刊）において、実在否定説に疑問を呈せられた。この説の骨子は、明の董説『七国考』所引「桓譚新書」が引用する「法経」の文章に詳細な考証を加え、それが桓譚『新論』原書からの引用である可能性を完全には否定できないとの主張にある。守屋氏の論は、「法経」実在論の主張ではなかったが、その後の「法経」実在説に大きな影響を与えた。昭和五〇年には、睡虎地秦簡が出土し、この中に『法律答問』や『為吏之道』があり、『晋書』刑法志に見える李悝の「法経」などの記載の信憑性が大いに高まった。睡虎地秦簡の出土によって、李悝の「法経」実在論は有力になっていった。戴炎輝氏は進律疏表訳註（『訳註日本律令』一首巻）の語釈において、李悝の法経六篇に関する肯定・否定両説について触れておられる（同書、八三頁）。堀毅氏の論考「漢律溯源考」（『中国正史の基礎的研究』〈昭和五九年三月刊所収〉）などは実在論の立場に立つものである。また、池田雄一氏の前掲論考「李悝の法経について」において、「ただ注意すべきは、李悝『法経』として伝えられる六篇は、いうまでもなく魏の国法である。漢の蕭何の『律九章』が、蕭何個人の著作物でないと同様、李悝の『法経』六篇もまた李悝個人の著作物ではない。」、「『漢書』が、李悝の事跡を述べて、『法経』を失し、蕭何伝を設けてその『律九章』にふれないとしても、これは不自然ではないことである。」、「李悝の『法経』の場合、限られた内容であったかも知れないが、なお漢代に伝えられた、法律学勃興の気運と共に、限られた高官・識者——桓譚もその一人——においてであったかも知れないが、注目をうけることになったようである。」とされた（同氏著『中国古代の律令と社会』〈平成二〇年三月刊〉所収、一二六、一二七頁）。

廣瀬氏はその著書において、「『法経』と『律経』はいずれも漢代法律学の経書であったことを論証した」（同書、六九頁）とされ、「法典編纂説話全体が虚構である」（同上頁）ことの論証を試みられた。同氏は、『法経』と『律経』（私云・廣瀬氏は「経書としての「九章律」は『律経』と呼ぶことにする」〈著書五八頁〉と述べる。）のうち事律を除く六篇の内容がまったく同じであり、そこに肉刑がないことを論拠として、この結論を導かれたのである。しかし、この両者の六篇の内容がまったく同じということは論証されていないと思われる。何故なら、名例律勘物所引『律疏』から知られる永徽律疏に「文侯師李悝、改刑書為法経六篇、（中略）商鞅伝授、改法為律、（中略）亦文侯法経六篇、更不脩改、」とあり、ここから法経は文侯の作ったもので、それを商鞅が伝授したことや、商鞅が法経を「更に脩改しなかった」ことが知られるからである。この「脩改」の言葉からは、篇目の基幹部分に改変が加えられなかったことを意味すると思われるのであって、内容の一切に変化がなかったという証明にはならないと思われるのである。また、廣瀬氏は、肉刑が見えないことを理由として、『律経』を文帝の肉刑廃止以後の律文を集めて作られたもの」（著書、五九頁）とされた。九章律中に肉刑がないことを理由として、「『法経』と『律経』はいずれも漢代法律学の経書」（同書、六九頁）であったことを論証することも容易ではないであろう。

以上、李悝の「法経」について述べたことを要約すると、「法経」の法典としての存在については、なお賛否両論があり、決着がついていないということになる。

漢代の「九章律」についても、法典としての存在形態やその成立の時期について、様々な説が存在する。代表的な説を紹介すると次の通りである。

『晋書』刑法志には魏律の「序略」が引用されている。貝塚茂樹氏は、この「序略」を今は佚亡した新旧唐志刑法部に著録された劉劭撰と伝える「律略論」五巻とされ、

劉劭は漢魏律の篇目の異動を詳細に述べた後に、凡所定増十三篇、就故五篇、合十八篇、於正律九篇為増、於旁章科令為省矣との総括をなして、魏新律十八篇数は漢の正律九篇に比較すると、その内容は増加したが、これを旁章・科令と比較すると省減しているといった。ここに漢律九篇を特に正律と呼び、旁章・科令に対せしめたのは注目に値する。（前掲著書、三三三頁）

と述べられた。魏新律の主編纂者である劉劭が、漢律九篇を特に正律と称したことは、極めて重い意味があると思う。

陶安あんど氏は「法典編纂史再考――漢篇：再び文献資料を中心に据えて――」において、伝世文献を中心として漢代における法の存在形態についての検討を行って、漢代には法典という特別の法形式がまだ存在しなかったという結論を下し、蕭何の九章律の存在を否定されている（『東洋文化研究所紀要』第一四〇冊、平成一二年一〇月刊）。この陶安氏説を受けて、蕭何九章律の存在を否定したのが滋賀秀三氏である（同氏著書、三五～三九頁）。九章律が正史に登場するのは『漢書』刑法志からであるが、そこには「於是相国蕭何、捃摭秦法、取其宜於時者、作律九章」とある。滋賀氏は「九章

律を語る文脈（刑法志）で蕭何の名が出て来ることのうちに、この名への仮託の要素を見て取るべきであろう。」と述べ、九章律は「確かに基本法典と呼ばれるに相応しいが、特定日付の制定・公布の行為によってではなしに、長い時間をかけて何時しか成立したものである」とした。

蕭何が編者であることは明らかではないとしても、魏律の主編者である劉劭が漢律を指して「正律九篇」と述べたことからして、漢代に法典としての「律九篇」が存在したことは、確かであろう。

魏の新律についても、その篇数などについて諸説がある。戴炎輝氏は律疏序訳註（『訳註日本律令』一首巻）の語釈において、魏律十八篇の篇名と順序に関する諸説について触れておられる（同書、一七九、一八〇頁）。それを引用すると次の通りである。

魏律十八篇は、晉書・刑法志に依れば、「凡所定増十三篇、就故五篇、合十八篇」とあるが、その篇名と順序に関して、古くは浅井虎夫、沈家本及び中田薫博士の三説があり、近くは滋賀秀三博士は此に考証を加えられた。（「曹魏新律十八篇の篇目について」『国家学会雑誌』六九巻七・八号、一九五五年）。滋賀博士によれば、魏律十八篇の篇名とその排列は、①刑名、②盗、③劫略、④賊、⑤詐偽、⑥毀亡、⑦告劾、⑧捕、⑨繫訊、⑩断獄、⑪請賕、⑫雑、⑬戸、⑭興擅、⑮乏留、⑯驚事、⑰償贓、⑱免坐、である。その内一字の篇名五つは漢律を沿習したものであり、二字の者十三篇は新に増加したものである。なお内田智雄教授の「魏律『序略』についての二、三の問題」（『同志社法学』第五十五、五十七号）を参照。法典として成立していたことは、「晋書」刑法志の記載からみて疑いない。

律と令の別についてはっきりするのは、魏晋以後であることを、早くに程樹徳氏はその著『九朝律考』巻一律名で

「魏晋以後、律令之別極厳」と指摘している（廣瀬氏著書、一五九、一七六頁など参照）。そして晋の泰始律令においてはじめて、律が刑罰法で、令が非刑罰法であるという分類が成立したことは周知のことである。が、この晋代における律令学成立の意味するところに注意する必要がある。そしてその前史がいかなるものであったのかが、問題となるであろう。

最後に、日唐両令の復原に大きく貢献する天聖令関係の論考中、管見に及んだものを列挙すると、次の通りである。

○兼田信一郎「戴建国氏発見の天一閣博物館所蔵北宋天聖令田令について――その紹介と初歩的考察」（『上智史学』第四四号、平成一一年）
○池田　温「唐令と日本令（三）唐令復原研究の新段階――戴建国氏の天聖令残本発見研究」（『創価大学人文論集』一二、平成一二年）
○大津　透「北宋天聖令・唐開元二十五年賦役令」（『東京大学日本史学研究室紀要』第五号、平成一三年）
○渡辺信一郎「北宋天聖令による唐開元二十五年賦役令の復原並びに訳注（未定稿）」（『京都府立大学学術報告　人文・社会』五七、平成一七年）
○渡辺信一郎「北宋天聖令による唐開元二十五年田令の復原並びに訳注」（同上五八、平成一八年）
○『唐研究』第一二巻「（特集）天聖令（附唐令）研究」（平成一九年）
○黄　正建「天一閣蔵『天聖令』整理研究と唐日令文比較断想」（お茶の水大学ウェッブライブラリ、平成一九年）
○三上喜孝「北宋天聖雑令に関する覚書――日本令との比較の観点から――」（『山形大学歴史・地理・人類学論集』第八号、

平成一九年）
○『唐研究』第一四巻「天聖令及所反映的唐宋制度与社会研究専号」（平成二〇年）
○服部一隆「日本における天聖令研究の現状——日本古代史を中心に——」（明治大学『古代学研究所紀要』第一二号、平成二二年）
○服部一隆「『天聖令』研究文献目録——日本語文献を中心として——」（同上）
○岡野誠・服部一隆・石野智大共編「『天聖令』研究文献目録（第2版）」（『法史学研究会会報』一四、平成二二年）
○頼　亮郡「唐代特殊官人的告身給付——《天聖令・雑令》唐一三条再釈」（『台湾師大歴史学報』第四三号、平成二二年）
○服部一隆「養老令と天聖令の概要比較」（明治大学『古代学研究所紀要』第一五号、平成二三年）
○高　明士「『天聖令学』与唐宋変革」（『漢学研究』第三一巻第一期、平成二五年）

以上、唐代までの中国における律令法研究史について概観した。次に日本における律令法典成立史に関する研究史について概観する。

第三節　日本律令の研究史

大津透氏はその著『日本古代史を学ぶ』(平成二一年二月刊、三〜六頁)において、研究の細分化の問題、文献研究の重要性について触れ、国家や天皇制度がどのように成立したかの問題が重要であることを指摘している。日本の国家形成が、中国という強大な国家の周縁部において、その影響を大きく受けながら行われたことは、疑いがない。日本の国家形成の歴史を国際的な関係の中で捉えることは、今日ではほとんど常識となっている。本書では、中国、とりわけ隋唐の影響下に律令を中心とする日本の国家体制が成立してくる過程を、法の継受という視点から考察する。

日本は、歴史的に中国から多くのものを継受してきた。法の分野でも例外ではない。中国からの法の早期継受については、中国の正史を見ることにより、そのおおよそが窺われる。たとえば、『漢書』地理志や『後漢書』東夷伝には倭が登場し、中国の国家と外交が行われたことが知られる。また、『魏志』倭人伝には、邪馬台国のことが見え、その制度などについても記載がある。また、『宋書』倭国伝などには、倭王の上表文が見えている。これらのことから考えると、五、六世紀までに、ある程度の国家の制度が出来上がり、法が存在していたことは確実であると思われる。しかし、本書では、法典編纂史を中心に叙述することにして、それ以前のことには触れないことにする。

日本における主要な律令法典には、近江令、飛鳥浄御原律令、大宝律令、養老律令がある。これらの法典がどのようにして成立したかについての基礎的な研究は、すでに瀧川政次郎氏の『律令の研究』においてほぼ尽くされていると言える。しかし、その後も近江令の存否や、飛鳥浄御原律令の存否、養老律令の編纂などについては、多くの問題が残されている。

近江令については、その存否が問題となるが、戦後この問題を本格的に取り上げたのは青木和夫氏であった。同氏は、「浄御原令と古代官僚制」（『古代学』第三巻第二号、昭和二九年六月刊、その後『日本律令国家論攷』平成四年七月刊、所収）において、近江令否定説を唱えられた。その後、同氏は「律令論」（日本歴史学会編『日本史の問題点』昭和四〇年一〇月刊、所収）において、近江令否定説を再論しておられる。この両論文について、同氏はその著『日本律令国家論攷』跋において、

「浄御原令と古代官僚制」が『古代学』に載ると、反論や修正意見が学界誌に相次いで登場した。もともと浄御原律については、完成せず施行もされなかつたとすべき新しい根拠も挙げることができても、近江令についてはそれが挙げられなかつたので、結局は水掛論になるだらうと予測はついてゐた。そこで論文は前半と後半に分け、前半では近江令と浄御原律の否定論を簡単に書き、後半では律令行政を担ふ官僚組織が形成されたのは壬申の乱以後である旨を述べて、前半の支証としてゐたのだが、学界の議論はやはり前半だけに集中してゐた。後年、日本歴史学会から原稿を依頼された機会に、それまでの反論や修正意見に対して、前半で使つた史料についての所見を逐一述べたのが第三部の「律令論」である。だが何か弁解がましくて、今でも気に入らない。「浄御原令と古代官僚制」は五〇枚などと限定せず、最初から「律令論」の内容を前半に書込んで、反論のない卒業論文同様の詳細な論文にして置くべきだつた。

との述懐をされている。その後も種々の議論がなされてきた。近江令存在説に立脚した批判的論考としては、林陸朗

氏の「近江令と浄御原律令」（『国史学』六三号、昭和二九年一〇月）、石尾芳久氏の「律令の編纂」（『日本古代法の研究』昭和三四年七月）、田中卓氏の「天智天皇と近江令」（『神道史研究』八巻六号、昭和三五年一一月、後に『律令制の諸問題』田中卓著作集六所収）などがある。

近年の研究動向としては、木簡の出土などもあり、肯定的な意見が有力になりつつある。特に、滋賀県湯ノ部遺跡出土「牒」木簡の存在は大きいであろう。平成二三年三月に、滋賀県西河原遺跡群出土木簡として重要文化財に指定されたことも、その存在の意義を物語るといってよい。「牒」木簡に見える丙子年は六七六年と考えられ、天武天皇五年に相当する。「蔭人」などの用語も勘案すると、飛鳥浄御原令成立以前に、単行法令を総称したものかあるいは体系的な法典であるかという議論は別にして、近江令の存在を想定せしめるからである。

飛鳥浄御原律令については、中田薫氏が「古法雑感」（『法制史研究』一、昭和二六年刊、後に同氏著『法制史論集』第四巻補遺所収）において、その存在を否定した。これに対して坂本太郎氏は、「飛鳥浄御原律令考」（『法制史研究』四、昭和二九年刊、後に同氏著『日本古代史の基礎的研究』下、制度篇所収）において、その存在を主張した。この両論文は、律令編纂史上の大問題についての論争として、注目すべきものであった。

この論争の根底には、平安時代前期に成立した弘仁格式序をどのように理解するかという問題がある。それは、この序文中にそれまでに編纂された法典名が掲げられているのであるが、憲法十七箇条や近江朝廷之令（近江令）、天智天皇の令、大宝元年の律令、養老二年の律令は見えているが、浄御原律令は見えないからである。この序やその他の史料をどのように解釈するかで、両説が分かれるといってよいであろう。

青木和夫氏は、前掲の「浄御原令と古代官僚制」において、浄御原律の存在を認めず、体系的な日本律の編纂と施行は大宝律に始まるとする説を唱えている。戦前からの通説では、浄御原律の編纂とその一部施行を認めるものであった。これに対して青木氏は、弘仁刑部式に「大宝二年制律以後、依法科断」とあることや、『家伝』下「武智麻呂伝」に「大宝元年已前為法外已後為法内」と見えることなどを主な論拠として、浄御原律の存在を否定された。また青木氏は、これまで通説が浄御原律存在説の論拠としてきた、日本書紀の持統天皇七年四月辛巳条詔文に見える「但贓者依律徴納」中の「律」を、単に法令一般をいうと解し、体系的法典とは認めないされたのである。その後、石尾芳久氏も前掲論文で持統天皇七年詔に検討を加えられて、詔文に見える「律」は唐律の代用であるという論を立てられた。また利光三津夫氏は、「最近における律研究の動向」(原題「律をめぐる諸問題」)(『日本上古史研究』一ノ四、後に『律の研究』昭和三六年刊、所収)において、浄御原律の編纂を否定することについては、まだまだ疑問が多いとされたが、律の施行・不施行の点については、不施行説がより有力な根拠を持つと考えられた。

林紀昭氏は、「飛鳥浄御原律令に関する諸問題」(『史林』五三巻一号、昭和四五年刊、後に論集日本歴史二『律令国家』所収)において、法継受の視点から、当時の緊迫した東アジア情勢を念頭に体系的な法典が編纂されたとの見解を提示された。しかし同氏は、詔文に見える「律」を狭義の編纂法典であるするが、浄御原律の存在を積極的に肯定はされなかった。天武・持統両天皇朝に、唐律の体系的採用が指向されたと考えられた。また吉田孝氏は「名例律継受の諸段階」(弥永貞三先生還暦記念会編『日本古代の社会と経済』上、昭和五三年刊)において、浄御原令制下においては唐律が準用されていたが、五罪・八虐・六議の規定が何らかの形で制定・施行された可能性を論じられた。近年になり長谷山彰氏は、その著書『日本古代の法と裁判』（平成一六年二月刊）第Ⅱ部「日本古代法の諸相」第二章「日本律の成立段階」において、持統天皇朝において日本律の編纂作業が本格的に進められ、律法典ないしはその草案がほぼ完成の域に達していたとされ、少なくとも浄御原律の一部が施行されていたと論じられた。

大宝律令については、日本における律令編纂についての、一つの集大成といった趣がある。その編纂や施行に関する研究史も、江戸時代以来近年に至るまで、多くの業績が積み上げられて来ている。古代法である律令の法制史的研究の開始は、江戸時代からとしてよいであろう。この時代に律令のテキストが発見され、その校訂や出版、そして律令の内容研究が行われた。その詳細については、前掲の利光三津夫氏「律令研究史」を参照されたいが、律令校訂などの基礎作業に大いに貢献したのは、国学四大人の一人である荷田春満やその養子在満、尾張藩の学者である河村秀穎、河村秀根、河村益根、稲葉通邦や、和学講談所を創立して当時の学問水準を大いに高めた塙保己一らであった。この時代における律令の内容研究は、漢学者である、伊藤東涯や徂徠の弟である荻生観らの日唐律令比較研究により開始された。

国学者としては、先に掲げた荷田春満の研究が挙げられる。彼の研究は、幕命によることもあり、律令などのテキスト研究に研究範囲が限定されているが、実証的な研究方法を採用していることが注目される。春満の学問を継承した養子在満は、その著「令三辨」において、現存する令はほとんど大宝令のままであり、これを養老令と称するに値しないとの説を立てた。三辨とは、「辨今令為大宝令」「辨養老止刪定律令非更制之」「辨今令巻数不出養老」の三つである。「今の令は猶大宝の令なり」「養老の令とて別には有べからず」と論じている。養父春満の説は、今日伝来する令を養老令とするものであったから、在満の説は養父の立てた説を否定する独自の見解である。しかし在満の新説は、その後に村田春海や稲葉通邦らによって厳しい批判を受けている。また、在満の嗣子冬満も家学としての律令学を継承した。彼はまとまった著作を残さなかったが、優れた教育家であり、極めて実証的に律令を講義したという。冬満と同時代、名古屋尾張藩の学者たちは、唐律令を含めた律令研究会を開催して、日唐両律令の比較研究を深く追求していた。中心人物としては、先に掲げた河村秀穎、河村秀根、河村益根、稲葉通邦らであった。彼らの共同研究の成果は、『講令備考』として結実している。本書は、養老令（医疾・倉庫の二篇を除く）の注解に必要な史料を広く収集したものであって、その研究水準は極めて高い。掲載された書物としては、令義解、令集解、法曹至要抄、通典、唐六典、唐律疏議など、日本と唐などの基本的文献をほぼ網羅している。

大宝律令が完成した時期について通説は、『続日本紀』大宝元年八月癸卯条の「撰定律令、於是始成、大略以浄御原朝庭為准正、」とある記事をもとに、大宝元年八月に完成したと見る。この通説に対して、大宝律令の成立時期を大宝元年以前に求める説が、直木孝次郎氏の著書『持統天皇』（昭和三五年刊行）、押部佳周氏の論文「大宝律令の成立」（『ヒストリア』六〇号、後に『日本律令成立の研究』昭和五六年刊所収）、井上光貞氏の論文「日本律令の成立とその注釈書」（日本思想大系三『律令』昭和五一年刊所収）などに見られる。未だ仮説と称すべきものであるが、注目すべき見解である。

なお先に掲げた『続日本紀』大宝元年八月癸卯条に見える「大略以浄御原朝庭為准正」の記事について、中田薫氏は前掲論文「古法雑感」において、『唐会要』巻三九、定格令に見える「大略以開皇為准正」の表現を襲ったものとされ、「開皇」や「浄御原朝廷」の用語は前王朝の事業を指しており、律令法典の存在を意味しないと解釈された。この中田説に反論されたのが、坂本太郎氏であった。同氏は前掲論文「飛鳥浄御原律令考」において、『唐会要』巻三九、定格令の武徳元年六月一日記事に「因隋開皇律令而損益文」とあることを根拠として、唐の高祖が隋開皇律令を模範として武徳律令を制定したことを示すとされ、『唐会要』の「開皇」は「開皇律令」を意味し、これに倣った『続日本紀』の「浄御原朝廷」の表現も浄御原朝廷の律令の意味を含む表現であるとの主張を展開されたのである。この坂本氏の説は妥当なものであり、多くの研究者の承認するところとなった。これにより、浄御原令と大宝令との間に、基本的な継承関係を認める考え方が承認されたといえる。その後、東野治之氏は「『続日本紀』の「大略以浄御原朝庭為准正」」（『日本歴史』四五三号、昭和六一年刊行）において、『唐会要』の「准正」について、『続日本紀』が誤読をしていることを指摘して、通説に疑義を表明された。東野氏の新説に反論されたのが荊木美行氏の「大宝律令の編纂と浄御原令――東野治之氏の所論にふれて――」（『日本歴史』四六三号、昭和六一年）である。さらに論争があったが、『続日本紀』の編纂者が「准正」の意味を「拠るべき正しい基準」と認識して使用していたことは両者の合意を見たといえる（東野治之「再び「大略以浄御原朝庭為准正」について」〈『日本歴史』四六七号、昭和六二年〉、荊木美行「「大宝律令の編纂と浄御原律令」補考」〈『日本歴史』四八〇号、昭和六三年〉参照）。

大宝律令が画期的なものであったことを語る史料は、早くからその存在が指摘されている。たとえば、『政事要略』巻八四「糺弾雑事」に引用する弘仁刑部式に「其大宝二年制律以後、依律科断」とあり、また慶雲四年（七〇七年）の年紀を有する威奈真人大村墓誌銘に「以大宝元年律令初定」とあり、さらに『類聚三代格』巻一七「文書幷印事」

に見える承和七年の太政官符に「律令之興、蓋始大宝」とあることなどからも明らかである。この大宝律に注と疏が共に存したか否かについて、昭和三年以来、約半年にわたって、三浦周行氏と瀧川政次郎氏の間に展開された激しい論争は、律令研究史上に特筆されるべきものであった。この大論争の後に、三浦氏は瀧川氏と二人で、『令集解』の校訂・注釈書（『定本令集解釈義』〈昭和六年刊〉、また『皇学叢書第二巻　令集解』に所収）を完成させ、共著として刊行されている。この著作の成り立ちを見ると、当時の学者の度量の大きさを感じさせると言わざるを得ない。

養老律令については、その成立年代などについて様々な議論がある。江戸時代名古屋尾張藩の考証学者稲葉通邦は、その著『神祇令和解』において、荷田在満著「令三辨」の説を批判して、今日伝存する令が養老令であることを論証した。本書は、後世の学者から高い評価を得ている。また、養老令の内容に関する注釈的研究としては、江戸時代の伊勢祠官薗田守良の著書『新釈令義解』がある。本書は、全二五冊からなる本格的な注釈書である。冒頭に律令の意義や日本における律令継受などについて詳述した後に、養老令（関市・倉庫・医疾の三篇を除く）の条文について、精緻な注解を施している。今日までのあらゆる令注解書の中で見ても、学問的水準の極めて高いものであると評価できる。明治後期に出た律令学者としては、まず佐藤誠実氏を挙げねばならない。前掲の「律令研究史」において、小林宏氏は同氏の「律令考」について、

近江律の否定、現存する律令が大宝律令に非ずして養老律令なることの実証、大宝養老両律令の異動、日唐律の比較、大宝、養老両律令の藍本、養老律の註釈書及び令義解、令集解の書誌学的考察、大宝、養老両律令の編者の履歴等多岐にわたる実証的研究

と述べて、高く評価しておられる。また佐藤氏が編集長としてその編纂に努力した『古事類苑』法律部などは、明治期国学派律令学の成果として、特筆すべきものである。また、大宝、養老両令の比較については、高橋万次郎氏の論文「再び喜田博士の『岩城石背両国建置く沿革考』について」（『史学雑誌』二四巻三号、大正二年刊）が注目される。本論文について、小林氏は前掲「律令研究史」において、

古記に見える大宝令逸文と現存の養老令との間に多くの差異点のあることを挙げ、養老令には、大宝令の規定の精神に迄立ち入って本文を改めたものも存し、養老度に於ける令の修正が甚だ多方面にわたっていることを逐一指摘した。即ち、氏の研究は現存令は大宝令なりとする荷田在満の令三辨を反駁せる稲葉通邦や明治以後の佐藤、宮崎、中田、三浦等の諸氏の説を受け継ぎながらも、最も詳細に両令の相違を述べたものである。

と評価された。昭和六年には、律令のテキストに関する本格的な研究書である、滝川政次郎氏の著書『律令の研究』が刊行された。本書は、近江令から刪定律令に至る各律令編纂の沿革や日唐律令の比較、新古律令の比較、律令逸文などを研究し、斯学の水準を大いに高めた八〇〇頁以上からなる大著である。本書の第三篇新古律令の比較研究には、昭和三年八月以来約半年にわたって激しく展開された、三浦周行氏との論争に関係する論文が収録されている。滝川氏は本書の序に、

これらの諸論文を基礎として本書を纏め上げるに当つては、必要なる修正増補を施すことに最善の努力を払つた。中には完膚なき迄に旧稿を改竄して、全く面目を一新したものもある。但し第三編の初めの三章だけは、論争に係るものなるが故に、特に改竄を加へずして旧稿を掲載した。

と述べられた。本書に収めるに当たって、旧稿の諸論文に滝川氏が大きく手を入れられたことがわかるが、第三編の初めの三章、すなわち三浦氏との論争に係わる雑誌掲載論文三編だけは、元のままであることが判明する。この論争は律令研究史上に大きな位置を占めるものであるが、論点は三つある。第一の論点は大宝律に疏が存したか否か、第二の論点は大宝養老両律と大宝養老両令との変化の度合をいかに把握するか、第三の論点は令釈の性格をめぐる論争である。第三論点は、論争中に両者の見解に歩み寄りがあり、大きな問題とはならない。第二論点も、史料が限られていることや、両律の差と両令の差を比較することも、律と令の性格の相違や論者の主観が入ることを考慮すると、第三者が論評を加えることはむずかしいといえる。第一の論点は、三浦氏が大宝律には注だけが存在して疏は存在せず、養老律になって注以外に疏を加えたために巻数が増加したと論じた。これに対し滝川氏は、大宝律から注疏共に存在し、養老律の巻数が増加したのは別の事情であるとした。

利光三津夫氏はその著『律の研究』(昭和三六年一月刊)の序で、

今これらの研究を一纏めにして公刊する所以は、国史学者が拠って鉄壁の典拠とする『新訂増補　国史大系、律』所収の「律逸文」及び『国書逸文』の「律集解」の誤謬・遺漏を補正し、これを律を学ぶ者の利用に便ならしめんとするにある。

石原正明以来の律本文の探求には、その根本方針に大きな誤りがある。その第一は、大宝律の逸文と養老律の逸文とを区別せず、大宝律の逸文に継ぐに養老律の逸文を以てして、一条の律文を復旧せしめていることである。その第二は、わが律の条文の逸文の発見せられていない部分を、無造作に唐律の条文を以て補綴していることである。日本律は、唐律を継受するに当って、不必要な字句・条文を除き、また必要な部分は新たな字句を加え、唐律の一条を分かって二条となしている場合さえあるのであるから、かかる補綴は許さるべきではない。

と述べられた。同氏により律の本格的な研究が開始され、その水準が一気に高められたといってよい。本書において、先に述べた新古二律をめぐる三浦、滝川論争の第一の論点について、利光氏は、大宝律にも養老律と同様に注疏ともに存したこと、並びに大宝律の六巻が養老律の一〇巻と巻数が増加したのは養老令と巻数を揃えるためであるとする滝川氏の説に賛成された。

養老律令の編纂時期については、滝川政次郎氏がその著『律令の研究』において、『続日本紀』天平宝字元年一二月壬子条の太政官奏や『弘仁格式序』『本朝法家文書目録』などの史料に、養老二年に律令を編修したことが見えることなどを論拠に、養老二年成立説を主張され、これが通説となっていた。この通説に対して、坂本太郎氏が「養老律令の施行について」（『史学雑誌』四七巻八号、昭和一一年八月、後に『日本古代史の基礎的研究』下、制度篇所収）において、養老律令編修のことが『続日本紀』当年条に記載がないこと、律令撰修者への功賞が遅きに失すること、同律令の施行を命ずる天平勝宝九歳五月二〇日勅に「養老年中」と記していることなどを根拠として、養老律令の編纂は養老年中にかけて行われたが、藤原不比等の薨去によって実質的に頓挫して十分な成功を得難かったと推測された。その後、利光三津夫氏や野村忠夫氏によって養老二年成立説を否定する見解が発表された。利光三津夫氏の「養老律令の編纂について」（『律の研究』所収）および「養老律令の編纂とその政治的背景」（『続律令制とその周辺』昭和四九年刊所収）と野村忠夫氏の「官人把笏についての覚書」（『続日本紀研究』一二六号、昭和四〇年刊所収）、「養老律令の成立をめぐる問題」

（『古代学』一三巻二号、昭和四一年刊所収）、「養老律令の編纂」（『律令政治の諸様相』昭和五五年刊所収）である。この利光・野村両氏による養老二年成立否定説に対し、養老二年説の立場から反論されたのが、井上光貞氏であった。井上氏は前掲の「日本律令の成立とその注釈書」において、養老二年中に律令を奏上することは可能であるとされている。その後、養老二年説を明確に支持する説を発表したのが、筆者や森田悌氏である。筆者は「養老律令の成立年次について（上）（下）」（本書第二章第四節）を発表した。また養老二年説を採用しつつ筆者の説を批判されたのが、森田悌氏の「養老律令の撰修について」（『続日本紀研究』二一四号、昭和五六年、後に同氏著『日本古代律令法史の研究』所収）である。その後発表された養老律令の編纂・施行に関する論文としては、鈴木靖民氏「日本律令制の成立・展開と対外関係」（『古代対外関係史の研究』昭和六〇年刊）や栗林史子氏「養老律令の編纂・施行に関する諸問題――特に編纂主宰者に関して――」（『駿台史学』七五、平成元年刊）、榎本淳一氏の「養老律令試論」（『日本律令制論集』上巻所収、平成五年九月刊）などがある。

日本における律令編纂に唐の開元令が参照された可能性のあることは、早くに佐藤誠実氏の前掲「律令考」において指摘されていた。この佐藤説を受けて、開元三年令が養老二年帰国の遣唐使によって日本に将来され、養老令に影響を及ぼした可能性があると論じたのが石尾芳久氏の前掲「律令の編纂」である。石尾氏以後、開元三年令の日本への舶載を論じたのは、利光三津夫氏「続律令考三題」（『法学研究』五〇巻一〇号、昭和五二年、『律令制の研究』昭和五六年刊所収）と坂上康俊氏「『令集解』に引用された唐の令について」（『九州史学』八五号、昭和六一年）である。

養老律令の施行がなぜ遅れたかについても諸説が存在している。施行時期について、古くは中田薫氏の「養老令の施行期に就て：馬端臨の四裔考に見えたる比較法制史料」（『法制史論集』第一巻親族法・相続法付録、昭和元年三月刊）がある。本論文は、それまで養老令の施行をその撰定の年である養老二年とする従来の説を批判して、天平勝宝九年五月であることを論証した画期的なものである。その後、坂本太郎氏が前掲の「養老律令の施行について」において、養老律令が撰集後すぐに施行されなかった理由や天平勝宝九歳になってようやく施行された理由を、その当時の政治的事情などを中心として精緻に考察された。同氏は施行を促した事情として、藤原仲麻呂の施政の精神があったとされて、

新律令を施行することが或いは紫微内相の官を定め、或いは孝経を家毎に蔵せしめ、或いは能登・安房・和泉等を分立したと相通ずる、新制を施して天下の耳目を一新しようとする政策であったと見ることは困難ではない。

と述べておられる。この論述は説得的であり、妥当な見解であろう。なお坂本氏には「大宝令と養老令」(岩橋小弥太博士頌寿記念『日本史籍論集』上、昭和四四年刊所収)の論考もある。

戦後の律令研究を通観すると、まず社会経済史に関連する研究、令でいうと戸令・田令・賦役令などの研究が行われ、次いで位階制度に関する研究、令では選叙令・考課令などの研究、時代が落ち着いて日本の伝統への回帰が鮮明になるにつれて、儀礼関係制度に関する研究、令では衣服令や儀制令などの研究が行われるようになったといえる。

近年における律令研究の動向を見ると、天聖令に関連して日唐比較を行う研究が極めて多いことが看取される。たとえば『歴史評論』七五九号(平成二五年七月)は、前近代アジアの律令法を特集として組んでいるが、巻頭の特集にあたってにおいて、次の如く述べている。

一九九九年、中国寧波市の天一閣にて、宋代の天聖令が発見されました。それまで原本は存在しないとされてい

れた中国の令（行政法）が、はじめて発見されたのです。天聖令には、「不行唐令」として唐開元二五年令と目されるものも記されており、特に日本古代史研究者に大いに注目されました。それまでは、中田薫・仁井田陞・池田温などの中国史研究者が集めた唐令の逸文を、日本の大宝・養老令と比較して日本古代の特質を見出すという方法で、「日唐比較研究」が一部の研究者でなされてきました。天聖令発見後に状況は一変し、「日唐比較研究」はあらたな段階へとステップアップすることとなりました。

とある。『歴史評論』同号掲載の川村康氏の「中国律令法の変容」は重要な論考であり、精読する必要がある。今後の日唐律令の比較研究、特に両令の比較研究は天聖令を抜きにしては考えられないものがある。但し、日唐両令比較の前提として、宋代における天聖令の制定過程天聖令そのものの位置づけについては、なお一層深く追求する必要があることを痛感する。

（付）律令関係研究文献目録

凡　例

一、ここに蒐集したのは、明治以後発表された、律令関係の基礎的研究文献である（昭和四五年現在）。
二、著者の配列は五十音順とし、敬称は省略した。
三、同一著者の論文は原則として年代順に配置した。雑誌発表論文で、後に単行本にまとめられたものは、単行本を掲げ、個々のものは原則として取り上げなかった。
四、雑誌掲載論文などは「　」で示し、単行本の場合は『　』をつけ区別した。
五、雑誌名の下の数字、たとえば「5の3」とあれば、「五巻三号」を意味する。また、M、T、S、はそれぞれ明治、大正、昭和、を意味する。（S33）とあれば、昭和三三年発行を示す。その他類推されたい。

以　上

会田　範治
『註解養老令』（S39）
『唐律及び養老律の名例律梗概』（S39）
青木　和夫

「古記の成立年代について」　史学雑誌63の2（S29）
「浄御原令と古代官僚制」　古代学3の2（S29）
「雇役制の成立」　史学雑誌67の3・4（S33）
「〈輪講〉賦役令・田令」（井上光貞、亀田隆之と共著）　日本歴史149（S35）
「〈輪講〉戸令・戸籍・計帳」（竹内理三、井上光貞、土田直鎮、池田温と共著）　日本歴史151・152・153（S39）
「律令論」　『日本史の問題点』所収（S40）
「古記の作者」　国史大系月報52（S41）

赤堀又次郎
「大宝令の施行及び破棄」　歴史地理34の3（T8）

浅見倫太郎
「日本原始法典の研究」　法律学研究26の2（S2）

新井喜久夫
「官員令別記について」　日本歴史165（S37）

荒木　良仙
『僧尼に関する法制の研究』　（S5）

有高　巌

「『唐律』の日本に対する関係」　日本諸学振興委員会研究報告4（S13）

安津　素彦

「養老元年の詔と養老僧尼令について」　神道学45（S40）

池田　温

「〈輪講〉戸令・戸籍・計帳」（竹内理三、井上光貞、青木和夫、土田直鎮と共著）　日本歴史151・152・153（S36）

石尾　芳久

『日本古代法の研究』（S34）

「谷垣守手写本『残律』」　関西大学法学論集10の4（S36）

「谷垣守自筆稿本残律抄」　同右　10の5（S36）

「谷垣守手写本『関市令義解』」　同右　12の4・5（S38）

「荷田春満の令集解考証」　同右　12の6（S38）

「薗田守良自筆本『新釈令義解』」　関西大学法学論集13の2・3　14の1・2（S38　S39）

「長瀬真幸本『衣服令打聞』」　同右　13の4・5（S39）

『日本古代法史』（S39）

「戸婚律放家人為良還圧条論考」　関西大学法学論集14の4・5・6合併号（S40）

「近江令官制に認められる隋官制の影響」　関西大学法学論集16の4・5・6（S42）

「藤原不比等と律令の成立」　歴史教育15の4（S42）

「日本律令制の形成と中国法」　仁井田博士追悼論文集一『前近代アジアの法と社会』（S42）

石母田　正

「古代法の成立について」　歴史学研究229（S34）

「古代法」　『岩波講座日本歴史古代4』所収（S42）

泉谷　康夫

「養老令と唐令について」　人物叢書『藤原仲麻呂』附録153号（S44）

井上　辰雄

「古代籍帳より見たる大宝令戸令応分条の一考察」　日本歴史72（S28）

「戸令応分条の成立」　『日本古代史論集』下 所収（S37）

「令釈をめぐる二、三の問題」　続日本紀研究10の8・9（S38）

「跡記及び穴記の成立年代」　同右122（S39）

「『朱説』を中心として」　国史大系月報52（S41）

井上　順理

「令集解所引玉篇佚文考――孟子伝来考附論――」　鳥取大学教育学部研究報告人文社会科学17（S41）

井上　光貞

「〈輪講〉賦役令・田令」（青木和夫、亀田隆之と共著）　日本歴史149（S35）
「〈輪講〉戸令・戸籍・計帳」（竹内理三、土田直鎮、青木和夫、池田温と共著）　日本歴史151・152・153（S36）
「固有法と律令制——太政官制の成立——」　信濃17の10（S40）
「日本における仏教統制機関の確立過程」　『日本古代国家の研究』所収（S40）
「太政官成立過程における唐制と固有法との交渉」　仁井田博士追悼論文集一『前近代アジアの法と社会』（S42）

猪熊　兼繁
『古代の服飾』（S37）

伊野部重一郎
「余戸管見」　日本歴史183（S38）

今江　広道
「戸籍より見た大宝前後の継嗣法」　書陵部紀要5（S30）

今宮　新
『上代の土地制度』（S32）

弥永　貞三
「大宝令逸文一条」　史学雑誌60の7（S26）

岩橋小弥太

『上代史籍の研究』第二集 （S33）

「唐律と日本律」 歴史教育9の5 （S39）

「令の施行について」 國學院雑誌67の2 （S41）

「大和宿禰長岡」 神道学48 （S41）

「大化改新と令」 國學院大学紀要6 （S42）

「令と続日本紀」 國學院雑誌70の3 （S44）

植木直一郎

「交替式と倉庫令」 國學院雑誌13の1 （M40）

「大宝令の大学制度を論ず」 同右 13の3・4・5 （M40）

「惟宗直宗、直本、公方および令宗允亮」 同右 13の9 （M40）

「県居門下の律令家」 同右 13の11 （M40）

「賀茂真淵翁の律令研究」 同右 24の11 （T7）

「本邦律に於ける道徳主義の立法」 国史学33 （S13）

「大宝以前に於ける本邦律令」 法学新報48の5 （S13）

植松 考穆

「律令制に於ける品部雑戸の由来と大化改新」 史観19 （S14）

宇佐見徳衛
「賦役令集解調庸物条の古記について」　史観41（S29）
梅田　義彦
『神祇制度史の基礎的研究』　（S39）
太田晶二郎
「律逸文」　日本歴史19（S24）
小川清太郎
「律令法の推移」　国民精神文化9の2（S18）
奥野　彦六
『律令制古代法』　（S41）
奥村　郁三
「書評・利光三津夫氏著『律令及び令制の研究』」　日本上古史研究4の4（S35）
「『令集解』講読覚書――集解所引漢籍校訂稿――」二・三・四・五・六
日本上古史研究3の9（S34）、4の1（S35）、4の8（S35）、5の2（S36）
「断獄律・依告状鞫獄の条について――律令の糺問主義と弾劾主義――」　大阪市立大学法学雑誌11の2（S39）
小沢正太郎

「法典編纂の沿革」　法学新報73（M30）

押部　佳周

「養老律令の成立時期について」　続日本紀研究122（S39）

「律令体制の変動にともなう令解釈の変化——古記から令釈へ——」　日本歴史202（S40）

「養老律令の撰修方針」　史学研究96（S41）

「朱記について」　続日本紀研究150（S45）

尾上　秀郷

「日・中法律比較研究」　二松学舎S43年度卒論

加藤　泰造

『日唐令の研究』　（S12）

亀田　隆之

「令釈説の成立について」　日本歴史54（S27）

「賃租制の一考察」　史学雑誌62の9（S28）

「令集解法令索引」　白山史学2（S31）

「令集解索引稿」　白山史学5（S34）

「令義解索引稿」　白山史学6・7合併号（S35）

「〈輪講〉賦役令・田令」（井上光貞、青木和夫と共著）　日本歴史149（S35）
「虎尾俊哉著『班田収授法の研究』」　史学雑誌70の10（S36）
「大宝軍防令数条の復原と二・三の問題」　続日本紀研究151（S45）

河音　能平
「日本令における戸主と家長」　史朋2・4（S38・S39）

岸　俊男
「令集解所収諸法令編年索引」　続日本紀研究1の10（S29）
「書評・『日本古代史論集下巻』」　史学雑誌72の10（S38）
「令集解と大宝令の復原——田令公田条についての一試案——」　国史大系月報39（S41）
「律令体制下の豪族と農民」　『岩波講座日本歴史古代3』所収（S42）

喜田　新六
「日本古代に於ける田制租法の変遷」　歴史教育4の5（S31）
「大宝令条文の復元について」　日本歴史110（S32）
「令の官吏任用制度とその実際」　中央大学文学部紀要17（S34）
「令制官吏の成績審査と位階昇進規定」　中央大学文学部紀要21（S36）

鬼頭　清明

「位禄の支給額についての覚書」　続日本紀研究126（S40）
木村　正辞
「日本古律の略説」　『法制論纂続編』所収（M37）
清原　貞雄
「唐制採用と日本精神」　歴史教育8の7（S8）
隈崎　渡
「盗の古代法的解釈」　法学新報60の9（S28）
蔵中　進
「『令集解』所引『切韻』考」　神戸外大論叢19の3（S43）
桑原　隲蔵
『支那法制史論叢』　（S10）
小酒井儀三
「大宝令の俸給規定」　歴史と地理34の4・5（S9）
小島　憲
「暴利取締に関する古代法令の研究」　国家及国家学7の11（T8）
小中村清矩

「本朝法律起源沿革」　国家学会雑誌4の38（M23）

小西　徹

「田令公田条について——特に天平八年太政官奏と関係して——」　日本歴史218（S41）

小林　宏

「利光三津夫著『裁判の歴史——律令裁判を中心に——』」　法学研究38の8（S40）

「律令研究史」（瀧川政次郎、利光三津夫と共著）　法制史研究15（S40）

「静嘉堂文庫所蔵の律令研究書について」（利光三津夫と共著）　法学研究39の12（S41）

小山　松吉

「我国に於ける流刑」　法曹会雑誌6の8・9・10（S3）

坂本　太郎

「律令について」　歴史教育8の7（S8）

『日本古代史の基礎的研究』下、制度篇　（S39）

「大宝令・養老令異同二題」　国史学76（S43）

「大宝令と養老令」　『日本史籍論集』上巻所収（S44）

坂吉　次郎

「養老律令の完成時期について」（矢野主税と共著）　史学研究10の2（S13）

佐々波与佐次郎
「本邦上古行刑考」 法曹会雑誌14の6・7（S11）
「本邦上古刑事訴訟法考」 法学新報47の1（S12）
「本邦古代の罪・刑」 青山学院法学論集7の4（S41）
「本邦古代法典編纂及法例」 同右8の1（S41）
笹山　晴生
「書評・利光三津夫著『律令及び令制の研究』」 日本歴史142（S35）
佐藤　誠実
「律令考」（再掲） 國學院雑誌68の8（S42）
佐藤　俊雄
「養老令にみえる中央官吏の勤務評定基準について」 白山史学12（S41）
滋賀　秀三
「課役の意味及び沿革」 国家学会雑誌63の10・11・12（S24）
下斗米　清
「日唐律令に現われた彼我の妻の地位」 日本歴史45（S27）
神野　清一

「令集解『讃記』の性格分析」続日本紀研究138・139合併号（S43）
杉山　晴康
「我が古代刑法の成立について」法制史研究5（S30）
鈴木　靖民
「『賦役令』外蕃条覚え書」國學院雑誌68の10（S42）
鈴木芳太郎
「本邦古代法取調項目」人類学雑誌4の38（M22）
鈴木　吉美
「大宝令田令諸条の復旧」立正史学32（S43）
曽我部静雄
「律令の根源としての周礼」日本上古史研究1の3（S32）
「大宝令の姓氏の解釈」日本歴史120（S33）
「我が律令の源流」日本歴史147（S35）
「唐律と日本律との比較研究」歴史教育11の5（S38）
『日中律令論』（S38）
『律令を中心とした日中関係史の研究』（S43）

「養老令の田租の条文について」　日本歴史239（S43）
「日本と唐の律令の比較」　歴史教育18の4（S45）

薗田　香融

「神祇令の祭祀」　関西大学文学論集3の4（S29）

高島　正人

「大宝戸籍の依令について」　日本上古史研究2の1（S32）
「浄御原令諸条の復旧」　立正史学29（S40）
「令前令後における嫡長子相続制と婚姻年令」　『対外関係と社会経済』所収（S42）

高梨　公之

「万葉集に見えた婚姻法――序説――」　日本法学24の1（S32）

高橋　崇

「大宝禄令『季禄』条の復元とその解釈」　文化25の3（S36）
「律令兵制における軍団数と兵士数」　続日本紀研究10の4・5（S38）
「軍国の兵士と兵器」　古代学12の1（S40）
『律令官人給与制の研究』　（S45）

高橋万次郎

「再び吉田博士の『石城石背両国建置沿革考』に就きて」　史学雑誌24の3（T2）

高柳　真三

「喪葬令の服紀親と服忌令の親類」　文化2の5（S10）

「隈崎渡『盗の古代法的解釈』——律の「准盗論」の罪を中心に——」　法制史研究5（S30）

瀧川政次郎

『法制史上より観たる日本農民の生活　律令時代』上・下　（T14・T15）

『日本奴隷経済史』　（S5）

『定本令集解釈義』（三浦周行と共著）　（S6）

『律令の研究』　（S6）

『支那法制史研究』　（S15）

『日本法制史研究』　（S16）

「中田薫著『古法雑感』」　法制史研究4（S29）

「坂本太郎著『飛鳥浄御原律令考』」　法制史研究6（S31）

「神宮と律」　瑞垣45（S34）、47（S35）

「平安時代の法家」　歴史教育9の6（S36）

「律令に於ける大神宮」　神道史研究9の4（S36）

「衛禁律三条」 法制史研究13（S38）
「万葉集に現われた法制一班」 政経論叢11の4（S38）
「律令制の問題点」 歴史教育11の5（S38）
「律の罪刑法定主義——山田英雄氏の「奈良時代における律の適用」を読んで——」 日本歴史185（S38）
「右大臣清原夏野伝」 続日本紀研究125（S40）
『法制史論叢』一・二・三・四 （S42）
「佐藤誠実博士『律令考』解題」 國學院雑誌68の8（S42）
「万葉学と律令学」 同右70の11（S44）
「律令と陰陽道」 東方宗教35（S44）

竹内　理三

「律逸五条」 歴史地理73の4（S14）
『律令制と貴族政権』I・II （S32・S33）
「〈輪講〉戸令・戸籍・計帳」（青木和夫、井上光貞、土田直鎮、池田温と共著） 日本歴史151・152・153（S36）
「筑前国風土記と律逸文」 日本歴史160（S36）

辰巳小次郎

「大宝令の政府組織」 国家学会雑誌1の8（M20）

田中　卓
「大宝令に於ける死亡者口分田収公条の復旧」　社会問題研究7の4（S32）
「大宝二年西海道戸籍における『受田』――浄御原令受田一歳説に対する疑――」　社会題問研究8の1（S33）
「令前の租法と田積法の変遷」　藝林9の4（S33）
「『令集解』講読覚書――仮寧令における大宝令の復原――」一・四　日本上古史研究3の8（S34）、4の4（S35）
「天智天皇と近江令」　神道史研究8の6（S35）
田中　初夫
「律令時代の神祇制度と伊勢の神宮」　瑞垣29（S31）
田辺　勝哉
「律令に見えたる墓の制度」　歴史公論3の11（S9）
田村　円澄
「僧尼令成立の歴史的背景」　史淵84（S36）
土田　直鎮
「〈輪講〉戸令・戸籍・計帳」（竹内理三、井上光貞、青木和夫、池田温と共著）　日本歴史151・152・153（S36）
「律令――紅葉山文庫本令義解――」　日本歴史194（S39）
角田　文衞

「大和宿禰長岡の事蹟」　『律令国家の展開』所収（S40）

時野谷　滋

「年給制度の基礎的考察」　史学雑誌59の3（S25）

「日唐令に於ける官と位」　藝林4の5・6（S28）

「田令と墾田法」　歴史教育4の5（S31）

「大宝令若干条の復旧条文について」　日本上古史研究2の7（S33）

秃氏　祐祥

「大宝令の制定と寺院制度」上・下　歴史と地理16の2・3（T14）

虎尾　俊哉

「律令用語としての白丁」　日本歴史48（S27）

「浄御原令の班田法と大宝二年の戸籍」　史学雑誌63の10（S29）

「大宝養老令に於ける口分田収授規定」　法制史研究7（S32）

『班田収授法の研究』（S36）

「大宝令と養老令——田制を中心に——」　歴史教育9の5（S36）

「令集解考証三題」　弘前大学人文社会33（S39）

「惟宗允亮おぼえ書」　国史大系月報6（S39）

「律令時代の公田について」　法制史研究14（S39）
「雑律私鋳銭条の存否」　古事類苑月報21（S43）
「公田をめぐる二つの問題」　『律令国家と貴族社会』所収（S44）
内藤　乾吉
「近江令の法官理官について」　大阪市立大学法学雑誌4の1（S32）
直木孝次郎
「養老令官制とその定員」　続日本紀研究4の6（S32）
「律令制と伊勢神宮」　史学雑誌71の4（S37）
永石　和夫
「大宝令学令の復原」　立正史学32（S43）
中沢　巻一
「伴信友の律令研究について」（林紀昭と共著）　法学論叢85の1（S44）
仲　節雄
『日本古代刑法思想史考』　（S18）
中田　薫
『法制史論集』一・二・三・四　（T15・S13・S18・S39）

中谷　英雄

「養老律索引第一部名例」　中原5（S35）

長山　泰孝

「浄御原律令の存否についての史料」　続日本紀研究151（S45）

難波　俊成

「僧尼令の構成と成立について」　仏教史学13の2（S42）

鍋田　一

「律令と土地の所属」　法律論叢23の1（S25）

仁井田　陞

「古代支那・日本の土地私有制」　国家学会雑誌44の8（S5）

「唐初の肉刑と日唐律の加役流刑」　歴史学研究8の5（S13）

「日唐両令の婚姻法比較」　日本諸学振興委員会研究報告14（S17）

新野　直吉

「令条に於ける『国造』の意義」　神道史研究6の4（S33）

「大化改新第二詔と令条文とにおける郡領任用の『国造』」　古代学6の4（S36）

「余部補考」　日本歴史187（S38）

西宮　一民
「令集解所引『古記』について」　国語・国文27の11（S33）
「令集解所引語彙一覧及び索引」　日本上古史研究2の11（S33）
「令集解と玉篇」　萬葉70（S44）
「令集解所引『古記』の仮名遣」　『日本上代の文章と表記』所収（S45）
西山　徳
「神祇令研究の成果と問題点」　歴史教育11の5（S38）
『神社と祭祀』（S40）
野沢　富恵
「親族制度上より見たる婚姻制度の沿革」　國學院雑誌16の9（M34）、17の1・2・3（M44）
野田　嶺志
「日本律令軍制の特質」　日本史研究76（S40）
野間　繁
「比較弾劾法」　法律論叢26の2（S28）
野村　忠夫
「令集触雑感」　国史大系月報39（S41）

「養老律令の成立をめぐる問題――養老二年成立否定論の展開――」　古代学13の2（S41）
『律令官人制の研究』　古代学14の1（S42）
「明法科の成立過程――養老令創始説の提起――」　（S43）
『律令政治の諸様相』　（S43）
「養老令の仲麻呂修整加筆説をめぐつて」　日本歴史260（S45）

橋口　長一

「律令の変遷」　國學院雑誌28の3・4・6（T11）

橋本　政良

「僧尼令とその施行について」　続日本紀研究127（S40）
「天武・持統朝の仏教統制――法制化への動き――」　史学研究96（S41）

早川　庄八

「令集解逸文の功罪」　国史大系月報39（S41）

林　紀昭

「伴信友の律令研究について」（中沢巻一と共著）　法学論叢85の1（S44）
「飛鳥浄御原律令に関する諸問題」　史林53の1（S45）
「令集解箚記」上・下　法学論叢86の5・6（S45）

林　　陸朗
「近江令と浄御原律令」　国史学63（S29）
「浄御原律令の制定」　歴史教育9の5（S36）
平野　邦雄
「律令の法的性格について」　日本歴史38（S26）
「大宝養老両令の歳役について」　九州工大研究報告5（S32）
藤井　作一
「固有法及律令に現はれたる皇国精神」　早稲田法学20（S15）
藤川　正数
「大宝令服紀制と大陸文化との関係」　香川大学学芸学部研究報告第一部7（S30）
藤木喜一郎
「律令学者曽我部元寛について」　関西学院史学5（S34）
藤　　直幹
「名古屋藩に於ける律令学の考察」　史林13の4（S3）
布施弥平治
『日本死刑史』（S8）

「学令の研究」　日本法学17の5（S27）
「明法博士中原章貞と明法博士中原範貞」　法制史研究7（S32）
「令制に於ける親族」　『沼田博士古稀記念論文集』所収（S32）
「令制における年令による刑事無責任について」　日本法学25の3・4・5合併号（S34）

二葉　憲香

「民族宗教を地盤とする戒律の受容――僧尼令成立の宗教的基礎――」　龍谷史壇36（S27）
「僧尼令の先行法としての道僧格」　龍谷史壇43（S33）
「飛鳥浄御原令における僧尼令」　龍谷史壇44（S33）

祝　宮静

「律令による雑戸・陵戸の比較」　國學院雑誌35の12（S4）

細川　亀市

『日本固有法研究』（S11）
『日本固有法の展開』（S14）
「日本固有法の基調」　日本諸学振興委員会研究報告7（S15）
「律令の奴隷解放制」　専修大学論集10（S31）
「律令に於ける私田の地主権」　『瀧川博士還暦記念論文集』（S32）

穂積　陳重
「日本古代法典批評」　法学新報15（M25）
牧　健二
『日本法制史論　朝廷法時代』上（S4）
「我国中古の律令に見えたる階級制度の構成」『内藤博士頌寿記念史学論叢』所収（S5）
『日本固有法の体系』（S16）
牧　英正
「戸婚律放家人為良還圧条の研究」大阪市立大学法学雑誌9の3・4合併号（S28）
「律令前後の人身売買法制」大阪市立大学法学雑誌4の1（S32）
「書評・石尾芳久著『日本古代法の研究』」ヒストリア26（S35）
『日本法史における人身売買の研究』（S36）
増田福太郎
「日本古代の法思想の特徴」岡山大学法経学会雑誌14の1（S39）
黛　弘道
「令釈の成立年代について」史学雑誌63の7（S29）
「穴記の成立年代について」同右63の7（S29）

「跡記の成立年代について」　同右63の7（S29）
「大化改新詔と律令との関係」　歴史教育9の5（S36）
「律令官人の序列——公式令朝参行立条の成立——」　『日本古代史論集』下所収（S37）

三浦　周行

『法制史之研究』正・続　（T8・T14）
「大宝養老二律の異同論について」　史学雑誌39の10（S3）
「再び大宝養老二律の異同論について」　同右39の12（S3）
「大宝養老二律の比較研究」　法学論叢20の11（S3）
「奈良朝仏教と法制」　鶴故郷26（S5）
『定本令集解釈義』（瀧川政次郎と共著）　（S6）

皆川　完一

「岡谷本令義解について」　国史大系月報39（S41）
「名例律称二等親祖父母条の復原」　国史大系月報50（S41）

宮城　栄昌

「大化前後における中国律令の継受」　東洋学術研究9の1（S45）

三宅　米吉

「日本古代婚姻法取調材料」　人類学雑誌5の45・46（M21）
宮崎　市定
「日本の官位令と唐の官品令」　東方学18（S34）
宮本　救
「日本古代家族法の史的考察」　古代学3の4（S29）
「日本古代家族法補考――継嗣相続法について――」　藝林7の6（S31）
「大宝令の施行について」　続日本紀研究11（S32）
桃　裕行
『上代学制の研究』　（S22）
森　鹿三
「令集解所引玉篇考」　東方学報41（S45）
諸戸　立雄
「僧尼令に現われた僧綱について」　秋大史学9（S34）
八木　充
「律令制における田租」　歴史学研究別冊特集（S38）
矢野　主税

「養老律令の完成時期について」（坂吉次郎と共著）　史学研究10の2（S13）

山口鋭之助

「律令と陵」　歴史地理43の5（T13）、44の2（T13）、45の2（T14）

山田　英雄

「律令制と学問」　『国民生活史研究』所収（S33）

「奈良時代における律の適用」　『山田孝雄追憶史学語学論集』所収（S37）

山内　正瞭

「大宝令制定ニ至レル顛末並ニ大宝律令ノ批評」　国家学会雑誌20の6（M39）

吉田　三郎

「河村秀根とその遺著」　国民精神文化2の1（S11）

吉田　孝

「日唐律令における雑徭の比較」　歴史学研究264（S37）

「律令における雑徭の規定とその解釈」　『日本古代史論集』下所収（S37）

「雑徭の変質過程」　古代学11の4（S39）

吉村　茂樹

「『氏令』私考」　歴史地理64の6（S9）

「わが国律令制に於ける国家組織」　国民2（S22）

米田　雄介

「兵制研究の成果と問題点」　歴史教育11の5（S38）

「大宝令前後の兵制について」　続日本紀研究9の4・5・6（S37）

「律令的軍国の成立」　ヒストリア32（37）

利光三津夫

『律令及び令制の研究』（S34）

『律の研究』（S36）

『裁判の歴史――律令裁判を中心として――』（S39）

「律令研究史」（瀧川政次郎、小林宏と共著）　法制史研究15（S40）

「稿本『倭漢比較律疏』」　『広池博士記念論集』所収（S42）

『律令制とその周辺』（S42）

「律叢残続貂」　法学研究42の2（S44）

「養老律令の編纂とその政治的背景」　同右43の5（S45）

和田　英松

「惟宗氏と律令」　國學院雜誌20の2（T3）

『国書逸文』 （S15）

『本朝書籍目録考証』 （S11）

渡辺　茂

「律令制下の僧尼統制」 北海道学芸大学人文論究21 （S36）

和辻　哲郎

「大宝令に於ける富の分配の制度に就いて」 思想9 （T11）

〔附記〕

その後のものとしては、武光誠氏「日中律令制関係文献目録」（『東洋文化』六〇、——特集律令制の比較史的研究のために——、昭和五五年刊所収）などがある。

第二章　日本律令の成立史論

第一節　近江令の存否について

はじめに

天智天皇を祀る近江神宮は平成二年に創祀以来五十周年という記念すべき年を迎えた。

天智天皇は、〝不改の常典〟の制定・官職制度を始めとする国家機構の大改革・百済救援の役、およびその後の国防に関する措置など、多くの御事業を行われた。そのなかで最も重要なものの一つである、近江令の制定について考えてみたい。その制定について、『日本書紀』に明文の記載が無いことなどから、近江令否定説も存在するからである。

近江令の制定

近江令は、大化改新の指導者であった中大兄皇子が、その即位後に大化以後の法令を集大成されたものとみられる。そしてこの近江令は日本律令法の最初の本格的なものとして、歴史の上に燦然と輝く存在である。

近江令存在説の論拠となる史料を書き下して示すと左記の通りである。

①『弘仁格式』序

推古天皇十二年に曁《およ》び、上宮太子親ら憲法十七条を作る。国家の制法茲《これ》より始まれり。降りて天智天皇元年に至りて、令廿二巻を制す。世人のいわゆる近江朝廷の令なり。

②『家伝』上、天智天皇七年条の記事

此より先、帝、大臣をして礼儀を撰述し、律令を刊定し、天人の性に通じ、朝廷の訓を作せしむ。大臣、時の賢人と旧章を損益して、ほぼ条例をなす。

③『懐風藻』序

近江先帝の命を受けたまうにおよびて、（中略）五礼を定め、百度を興したまう。憲章法則、規模弘遠、敻古《けいこ》（遠い昔）以来、未だ有らざるなり。

④『官位令集解』

上宮太子并びに近江朝廷、ただ令を制して律を制せず。

⑤『続日本紀』養老三年十月辛丑条

詔して曰く、開闢以来、法令尚し。（中略）中古におよびて由り行うと雖も、未だ綱目を彰さず。降りて近江の世に至りて弛張悉く備わる。

⑥『続日本紀』天平宝字元年閏八月壬戌条

淡海大津宮御宇皇帝は天縦の聖君にして聡明の睿主なり。制度を考正し、章程を創立したまいき。

右に掲げた史料からすれば、近江令二二巻が天智天皇元年（称制七年・六六八年）に制定されたことは明瞭であると言ってよいであろう。しかし、この近江令存在説には、有力な否定説が存在するのである。それは青木和夫氏の論文「浄御原令と古代官僚制」（『古代学』第三巻第二号・昭和二九年六月刊行）である。青木氏の学説の影響は大きく、たとえば今日よく用いられる代表的な歴史辞典である『日本史辞典』（高柳光寿・竹内理三両氏編・角川書店刊行・第二版）の「近江令」の項目には、「内容がまったく不明で、制定に関する確かな史料もほとんどないため、存在を否定する説もある。」と見えている。それでは学界などに大きな影響を与えた青木氏の否定説を、項を改めて検討することにしよう。

近江令否定説について

青木氏の近江令否定説の要点を箇条書にすると次のようになるであろう。

I、律令の語義を広狭二義に区別し、広義の律・令は単なる法規を意味し、詔・勅などの形をとる単行法であるとし、狭義の律・令は詔・勅などの形をとる単行法を編纂した法典であると規定する。通説でいう近江令は狭義のものであるが、「令として施行された形跡は全く無い。」すなわち狭義の近江令は存在しない。

II、広義の律・令である大化以後の単行法規（その存在は認められる。）は集積されて天武天皇朝に及び、同天皇十年二月甲子詔によって新たに改定に着手された。

III、天武天皇十年二月甲子詔により着手された法典編纂事業は、受け継がれて大宝律令として初めて完成する。狭義の浄御原律は存在しないし、「大化から大宝までの間に施行された法典は持統三年六月に班賜された令一部二十二巻のみ」である。そしてそれは「不完全かつ暫定的なもの」で、「政治的情勢の必要に応じて不備ではあるが一時凌ぎに施行された。」ものである。

右の要点をさらに簡単に言うと、㈠狭義の近江令は存在せず、㈡浄御原令は不完全で暫定的なものとして施行され、

㈢法典としての律令の完成は大宝律令に始まる、と言うことになるであろう。

ここでは、浄御原律令以下については触れる余裕がないので、近江令に関してのみ、青木氏の否定説の論拠について検討してみたい。まず最初に同氏の根拠を次に列挙しておく。

A、『日本書紀』にいわゆる近江令について明記するところがない。

B、大織冠伝（『家伝』上）によれば、中大兄皇子は藤原鎌足に命じ時の賢人とともに旧章を損益、略条例をなさせたらしい。しかしそれが令として施行された形跡が全くない。

C、通説が施行の典拠とする天智天皇十年正月甲辰紀の「施行冠位法度之事」は、同天皇紀三年二月丁亥条の誤りとすべきであり、十年条の「法度」は三年条の「氏上民部家部等事」についての単行法規を指す。

D、十年条の「法度冠位之名、具載新律令」という割注は、後人の竄入であり、大織冠伝を書いた恵美押勝、もしくはその一党の仕業で、鎌足の功業、すなわち近江律令の顕彰事業であるとみる。

E、弘仁ごろから、天武天皇およびその系統の業績を無視する傾向が露になり、そのとき奏上された『弘仁格式』序が、藤原家に伝わる天智天皇称制七年ごろ鎌足が中心になって法典を編纂したという説（巻数も施行期も不明）と、『日本書紀』にその施行を明記する令二二巻（編纂者と編纂期が不明）とを、天武・持統天皇にではなく、天智天皇に結びつけて、世人所謂云々と逃げたのであろう。その後、この序文は官位令集解に採択されて「上宮太子并近江朝廷、唯制令而不制律」と敷衍され、『本朝書籍目録』にはあたかも現存するかのごとく麗々しく「令二十二巻云々」と転載されたのである。

おおよそ青木氏の近江令否定説の論拠は右の五点であろうと思われるが、それらについて、検討を加えることとする。

まずAについては、青木氏の言われる通りである。これは壬申の乱によって、多くの史料などが失われた結果、天智天皇紀を構成すべき基本史料のなかで、律令編纂関係のそれもその多くが滅失したと考えられるのである。壬申の乱による史料の湮滅については、『家伝』下ならびに『懐風藻』序により知られるところである。

Bについては、青木氏は「条例」の成立を承認されるようであるが、それならば②により条例は律令（近江令）を含むと考えられ、また天智天皇十年正月甲辰紀の「施行冠位法度之事」の法度は近江令のことであり、その施行は明らかと言わねばならない。

Cについてみると、天智天皇紀の記事の錯簡については、すでに先人により指摘されていることであるが、この場合は、黛弘道氏に推定に従って「三年に二十六階冠位を施行し、十年に至って、その冠位制をも含めた法典が施行された」（『日本上古史研究』第一巻第八号）と考えるべきであろう。

Dに言う「新律令」の割注は、いずれの律令かはっきりせず、青木氏の言われる「近江律令の顕彰事業」としてはふさわしくない。

Eについては、青木氏の論拠であるA〜Dが否定されるならば、問題とはならないであろう。

近江令の成立を物語る最も有力な史料は、⑤に掲げた『続日本紀』養老三年十月辛丑条の元正天皇の詔であろう。同天皇は、母系において天智天皇系、父系では天武天皇系であって、いわば天智・天武の両天皇に公平な立場から詔を出しておられることは、注意しなければならないであろう。その詔のなかに、「近江の世に至りて弛張悉く備わる。」とあり、またそれ以前の法令が「未だ綱目を彰さず。」とあることからすると、近江令に至って始めて綱目も整った法典となったことが推定されるのである。

法典としての近江令の存在を推定せしめるもう一つの史料は、天武天皇紀十年二月甲子条の詔である。そこには「朕、今更に、律令を定め、法式を改めんと欲す。」と見えて、〝更に〟・〝改めん〟の言葉からすると、天武天皇朝以前に法典の存在を考えざるを得ないのである。同天皇朝以前に法典と称し得るものとしては、天智天皇の近江令を考えるのが穏当であろう。

まとめ

日本の古い法典のなかで重要な位置を占める近江令が存在したことは、右に述べたことによって明らかと言ってよいであろう。現代における中華人民共和国の代表的な日本上古史の研究者である王金林氏は、その著『奈良文化と唐文化』のなかで、『弘仁格式』序・大織冠伝・官位令集解を引用して、「天智天皇の命を受けて、中臣鎌足を頭とする一部の学者が『近江令』を制定し始めたとするのは可能である。」と述べている。

天智天皇の時代は日本上代国家の基礎が構築されたたいへん注目すべき時期であり、天智天皇の御事業はいずれも後の時代の模範となったと言って過言ではないであろう。ただ壬申の乱による史料の湮滅により、その詳細を知ることができないのは、まことに残念である。

第二節　『続日本紀』文武天皇二年七月乙丑条について

一

『続日本紀』巻第一、文武天皇二年七月乙丑（七日）条には、

以公私奴婢亡匿民間、或有容止不肯顕告、於是始制笞法、令償其功、事在別式、又、禁博戯遊手之徒、其居停主人、亦与居同罪

と見えている。

この史料は、浄御原律の存否問題に関するものとして著名であるが、(1)本節では日本律令成立史の観点からこの史料を再検討することにする。

まず研究史として、主なものに、

一、小中村清矩「本朝法律起源沿革」（『国家学会雑誌』四―三八、明治二三年、後に『陽春廬雑考』二所収）。

二、佐藤誠実「律令考」（『國學院雑誌』五―一三～六―三、明治三二～三三年、後に同雑誌六八―八に滝川政次郎氏の解題を附して再録）。

三、中田薫「古法制三題考」（『国家学会雑誌』二六―六、明治四五年、後に『法制史論集』一所収）。

四、瀧川政次郎『律令の研究』昭和六年。

五、坂本太郎『大化改新の研究』昭和一三年。

六、中田薫「古法雑観」(『法制史研究』一、昭和二六年、後に『法制史論集』四所収)。
七、坂本太郎「飛鳥浄御原律令考」(『法制史研究』四、昭和二九年、後に『日本古代史の基礎的研究』下、制度篇所収)。
八、青木和夫「浄御原令と古代官僚制」(『古代学』三―二、昭和二九年)。
九、青木和夫「律令論」(『日本史の問題点』昭和四〇年)。
一〇、石尾芳久(『日本古代法の研究』昭和三四年。
一一、利光三津夫『律の研究』昭和三六年。
一二、林紀昭「飛鳥浄御原律令考」(『史林』五三―一、昭和四五年、後に『論集日本歴史二』律令国家所収)。
一三、小林宏「日本律の成立に関する一考察」(『牧健二博士米寿記念　日本法制史論集』、昭和五五年)。
一四、押部佳周『日本律令成立の研究』昭和五六年。
一五、高塩博『日本律の基礎的研究』昭和六二年。
などがあり、(2)岩波続紀一の補注2、八七では「今日では法典としての浄御原律の存在を否定して唐律が参考にされていたとみる考えが有力」と述べている。はたしてそれでよいかどうか、項を改めて考察することにしたい。

二

前項に引用した史料を訳すと次のようになろう。

公私の奴婢、民間に亡げ匿れし、あるいは容し止めて肯て顕し告げざること有るを以て、是に於いて始めて笞法を制す。其の功は償はしむ。事は別式に在り。又、博戯遊手の徒を禁ず。其の居停主人も亦与（居）同罪。

前段で公私の奴婢の逃亡に関する規定、後段で博戯・遊手の禁止についての規定を制定する旨の記事である。いまここでは、後段の規定についてはひとまず置いて、前段の公私奴婢の逃亡に関する法制についての研究史を回顧しておくと、

①瀧川政次郎「奴婢逃亡に関する律令の法制」（『法学協会雑誌』四〇—九・一〇、大正一一年、後に『律令賤民制の研究』所収）。

②長山泰孝「浄御原律の存否についての一史料」（『続日本紀研究』一五一、昭和四五年）。

③牧英正「律令前後の略・和誘罪について」（『法学雑誌』〈大阪市立大学〉一九—三・四合併号、昭和四八年）。

④高塩博「養老律若干条の復原について」（『法研論叢』〈國學院大學大学院法学研究会〉七、昭和五四年、後に『日本律の基礎的研究』所収）。

⑤岩波続紀一、補注1、七六（平成元年〈巻一の注解の主たる担当は、井上光貞・早川庄八の両氏〉）。

などがある。

本条について考える場合、この規定がはたして浄御原律令に関係する史料なのか、または大宝律令と関係がある史料なのかということが基本的な問題として存在するであろう。しかし、ここではその問題を検討する前に、この記事の意味をさらに深く吟味してみることとしたい。

公私の奴婢が、民間に逃亡した場合、またはこの逃亡した奴婢を〈民間人が〉容止（許し留めること）してあえて役

所に告げなかった場合など、いままでは法の規制がなかったが、ここに始めてその規制のために笞法を制定する。その功は償わしめる。その事は笞法ではなく、別式に規定してある。

大略、右のごとき意味かと思われるが、「その功」の意味するところは難解である。その意味については、第四項において検討する。

後の律令制の五保の制度は、保内の相互検察・逃亡者の検索などをも目的としたものであり、戸籍制度にしても、『日本書紀』の天智天皇九年庚午二月条に「造戸籍、断盗賊浮浪」とあることからもわかるように、浮浪（このなかには本貫を離れた公民と逃亡した奴婢を含む）を断つことも大きな目的の一つであった。

後の律令法の規定では、五保は保長を中心に相検察せしめて非違を造さしめないようにしていたのであって、逃亡者をそのなかに容止することは許されていない〈戸令九条参照〉。

本条の意味が、逃亡の奴婢を容止した者のみに対して笞法を制定したのか、あるいは民間に亡匿した公私奴婢をも対象にして笞法を定めたのかは、十分に考えねばならない問題であろう。

後の律令法を見ると、奴婢の逃亡罪に関する律の規定は未だ発見されていないが、唐捕亡律第一三条に相当する律条が存在したと推定されている〈高塩前掲論文参照〉。ただし、その具体的内容については判らないとされている。唐律同条は「諸官戸官奴婢亡者、一日杖六十、三日加一等、部曲私奴婢亦同」とあり、公私の奴婢に対する逃亡罪は、杖刑であり、『続日本紀』にいう「笞法」（笞と杖を含めてかく称することはありうるか）は、この唐律を承けた規定であった可能性がある。公私の奴婢の逃亡を禁ずる法条が、このときまで存在しなかったものか。私は、『続日本紀』の記事を、公私の奴婢とその容止者の双方に対する笞法の制定と解するものである。

さて、次に「容止」であるが、この言葉は明らかに律令用語であり、許し留めるとの意味であろう。(3) 試みに『唐律疏議』を見ると、衛禁律六条・擅興律九条・賊盗律五四条・捕亡律一七条に見えている。『続日本紀』の記事に直接あるいは間接に関係するのは、賊盗律五四条・捕亡律一七条であろう。

賊盗律五四条は、部内容止盗者条であり、本条は日本の大宝・養老の両律にも存在したことが明らかである。(4) 養老律同条では、部内の人物が盗罪を犯した場合および盗罪を犯した人物を容止した場合の、里長の刑罰などを規定している。

捕亡律一七条も容止の語を含み、『続日本紀』の記事と密接な関連を有すると考えられるが、項を改めて考察することにしたい。

三

捕亡律一七条は唐律では容止他界逃亡条であり、日本律でも本条が置かれていたことが、僧尼令集解、戸令集解、考課令集解などに見える逸文によって復原されている。その復原文を示すと次のごとくである。

凡部内容止他界逃亡浮浪者一人、里長笞卅、謂経十五日以上者

右に掲げたものが、現在までに明らかにされている逸文の全てである。

『続日本紀』の記事から、文武天皇二年当時、逃亡した奴婢を保内に容止した保人に対して笞（あるいは杖）刑を科

す規定が設けられたと考えられるのである。(5) この規定が何故設けられたか考えるとき、参考となるのは闘訟律六〇条の規定である。同条は監臨の主司が所部の人間が法令格式に違犯した場合、罪状取り調べの義務があるのにそれをおこたったときに科せられる刑罰などについて規定している。日本律同条の疏文によると、主司とは里長以上であり、保人も犯罪を知れば官司に告げる義務があるが、同条の疏には「犯百杖以下、保人不糺無罪」とあって、百杖以下の場合には保人は告げる義務がなかったのである。この条が前提になって『続日本紀』の笞法の制定となった可能性が考えられるのではなかろうか。

もう一つ考えておくべきことは、文武天皇二年の時点で、公私の逃亡奴婢を容止した保人に対して笞法を制定したことからすると、その前提として当然、律令制下の末端行政組織五保より、上部の組織である里の「里長以上」に対する刑罰が存在したと考えねばならないであろう。

以上のことからして、唐捕亡律第一七条に対応する日本捕亡律には、部内に他界逃亡奴婢を容止した里長以上に対する刑罰を定めていたと推定されるのである。唐律同条では「其官戸部曲奴婢亦同」とあるから、日本律では「其官戸家人奴婢亦同」とあった可能性がある。この規定は大宝・養老の両律に存在したであろう。

四

次に「令償其功、事在別式」について考察することにする。

この記事に対する研究史をたどると、まず第二項に掲げた瀧川政次郎氏の論稿が挙げられる。

瀧川氏は「ここに其の功を償はしむとあるのは、捕捉者に賞を与へたのである。故にこれは養老の捕亡令の先駆をなすものとみてよい。」と述べられた。

この瀧川氏説に対して長山泰孝氏は、第二項に掲げた論稿において「『償』は『賞』とは意味が異なるから、これは奴婢を不法に容止してこれを駆使した分を体刑をもつて償わしめたと解すべきである。」という見解を表明し(6)、賊盗律略奴婢条〈四六条〉との関連を指摘された(7)。

次に触れなければならないのは、これも第二項所引の岩波続紀一の補注である。「続紀本条の理解に関しては、大筋においては長山の意見にしたがうべきであろう。」とし、「『償』の意味からも、また『功』は労働力を意味することからも、容止した者に、奴婢を引き留めて不法に労働させた分だけ本主に対して賠償させるという意味に解すべきである。」と述べている。

「令償其功」は、はたして瀧川氏のごとく捕捉者に対する賞と解するのが良いのか、または長山氏や岩波続紀一の補注のように容止者に対する賠償の意味と理解するのが良いのかということになるが、これは後者のごとく解するべきであろう。この『続日本紀』の記事に直接対応する律令の規定は見当らないようであるが、唐の捕亡律第一三条に「諸官戸官奴婢亡者、一日杖六十、三日加一等、部曲私奴婢亦同　主司不覚亡者、一口笞三十、五口加一等、罪止杖一百、故縦官戸亡者、与同罪、奴婢準盗論、即誘導官私奴婢亡者、準盗論、仍令備償」とあって、官私奴婢を誘導して逃亡させた主司や凡人は、「準盗論」となし、逃亡官私奴婢の身価を備償しなければならなかったのである。日本律本条は今日残されていないが、この条が存在したことは推定されている(8)。恐らく日本律同条でも同様の規定が存在したと考えられる。「誘導」とは積極的に官私奴婢の逃亡を手助けすることをいうのであろう。

ただし、捕亡律一三条では、奴婢の逃亡を積極的に手助けするという重大犯罪に対しての刑罰規定なのに対して、『続日本紀』の記事では、逃亡奴婢を容止したという比較的軽微な犯罪に対する刑罰を規定するところが異なってい る。このことからすると、長山氏のごとく「体刑をもつて償わしめた」とするのは如何なものであろう。捕亡律一三条の「仍令備償」が、逃亡官私奴婢の身価を備償せしめることであったのに対して、『続日本紀』に見える「令償其功」の「功」は、「功力」〈擅興律二一条・賊盗律四四条・雑律五九条疏・賦役令三〇条など〉「功庸」〈名例律三四条・同律五五条・擅興律一七条疏・賊盗律二九条疏・雑律五五条疏など〉という場合の「功」と同じ意味であり、必ずしも体刑を意味しないであろう。

前述のように私は、「令償其功」を容止者に対する賠償の意味と理解する。しかし、長山氏と岩波続紀一補注が逃亡奴婢を容止した場合の罰則を賊盗律略奴婢条〈四六条〉に求めるのに対して、私は直接同条が適用できないことが理由で、『続日本紀』の記事のような法令が出されたものと考えるのである。何故ならば、略奴婢条に「若得逃亡奴婢、不送官而売者、以和誘論、蔵隠者、減一等坐之」とある。「蔵隠」は、『続日本紀』の記事にある「容止」とは異なると考えるからである。蔵隠は積極的に隠すことであり、容止は消極的に許し留めることを意味すると思われるからである。蔵隠の場合ならば略奴婢条を適用すれば済むであろうが、容止の場合は直接適用すべき条文が存在しなかったものと考えられるのである。むしろここで想起せねばならないのは、前項で触れた容止の語を含む捕亡律第一七条であろう。同条が里長以上の主司を対象として規定し、保内の凡人（保人）は含まれていなかったため、『続日本紀』に見られるような法令の公布をみたと考えるのが穏当であろう。

以上のように考えられるとすれば、長山氏らのごとく、奴婢蔵隠に対する刑罰と『続日本紀』に見える「笞法」との隔たりを問題とする必要はないであろう。

なお、岩波続紀一の補注は、「於是始制笞法」を「違令罪を単行法として定め、笞刑を科することにした」と解しているが、このとき違令罪が単行法として定められたとは考えられない。すでに「浄御原朝庭制」のなかに存在していたとするべきであろう。

五

最後に浄御原律の存否について考えておきたい。

浄御原律の形成過程については、大筋において、私は小林氏の見解に従いたいと思う(9)。同氏は「浄御原律は律法典としては完成しなかったとしても、その実体はなお存在し、少くともその第一次草案的なものは完成していた」とされ、また「持統三、四、五年頃には、律法典が編纂されても無理のない条件が殆ど整えられていた」と述べられた。

持統天皇三年四月には草壁皇子が薨じているが、浄御原律は同皇子の即位に合わせて準備されたものであったのではないかと、私は推測している。同年六月には浄御原令が班たれているが、律の方は恐らくその完成度が今一歩であったために、その施行が延期されたのではなかったかと思うのである。

持統天皇朝においては、ほぼ完成していた新律の草案と唐律や唐律疏がともに実務に参照されていたのではないかと考えるのである。大宝律令の施行後間もない時期に、問答による律令条文解釈の治定作業が行われたことが知られるが、(10)律疏が奈良時代初期の明法家に重視されるのは、大宝以前に準用されていたからではなかろうか。

注

(1) 長山泰孝氏「浄御原律の存否についての一史料」(『続日本紀研究』一五一、昭和四五年)を参照。また、関連論文として、瀧川政次郎氏「奴婢逃亡に関する律令の法制」(『法学協会雑誌』四〇—九・一〇、大正一一年。後に『律令賤民制の研究』所収)がある。最近の『続日本紀』注釈書として、
林陸朗氏校注訓訳『完訳注釈続日本紀』巻第一—巻第八(古典文庫七四、昭和六〇年)。

直木孝次郎氏他訳注『続日本紀』1(東洋文庫四五七、昭和六一年)。

青木和夫氏他校注『続日本紀』一(新日本古典文学大系、平成元年)。

などがある。

(2) なお、研究史については、「律令研究史」(『法制史研究』一五、昭和四〇年、瀧川政次郎・利光三津夫・小林宏の三氏執筆。後に瀧川政次郎氏『律令の研究』〈昭和四一年復刻版〉附録所収)・新日本古典文学大系『続日本紀』一(岩波書店、平成元年刊、以下岩波続紀一と略称す)の補注2、八七など参照。

(3) 諸橋氏の『大漢和辞典』を見ても、この意味では採用されていない。

(4) 律の復原については『訳註日本律令』律本文篇下巻参照、以下律の復原については同書による。

(5) 瀧川氏は、前項所引論稿の注で「ここに笞法を制するとあるのは、逃亡奴婢を捉へて官司に送らざる者を笞刑に処す事にした

事である。養老律にては、之を奴婢を和誘する罪に準じ、竊盗を以て論じた。」と述べられた。

（6）長山氏は「容止」を賊盗律略奴婢条の「蔵隠」と同義と解しておられるが、はたしてそうであるか検討を要する。この点については、本項後段において取り上げる。

（7）ただし、注（5）に引用したごとく、瀧川氏も『続日本紀』の記事が賊盗律同条と関連があることに触れられている。

（8）第二項所引高塩氏論稿参照。

（9）第一項所引の同氏論稿参照。

（10）早川庄八氏「奈良時代前期の大学と律令学」（『万葉集研究』七、昭和五三年）。

第三節　大宝律令成立記事の再検討

はじめに

律令法は、中国古代の戦国から秦漢時代以来、長年月を経て形成された法体系であって、隋唐時代には完成の域に達したと言ってよい。その完成された姿は極めて精緻で、しかも普遍的な成文法典であった。その中国律令法は周辺諸民族によって盛んに継受された。日本もその例外ではなく、六世紀から七世紀にかけて、内外の政治的および社会的な諸情勢を打開するために、律令制度の導入が計られ、八世紀初頭の大宝律令の成立で一応の完成をみる。

しかし、わが国における律令法典の編纂事情を伝える史料は極めて少ない。その少ない史料のなかで最も注目すべきものは、『続日本紀』の大宝元年八月癸卯条である。二、三の研究者により、この記事の解釈をめぐって論争が提起されている。そこで、日唐律令法の比較研究に従ってきた筆者としては、この解釈をめぐって、唐代史料との比較検討をしながら、浄御原律令と大宝律令の関係を可能なかぎり明らかにしたい。

一　研究史の概要

まず、基本史料である『続日本紀』大宝元年八月癸卯条を掲げると左のごとくである(1)。

遣三品刑部親王、正三位藤原朝臣不比等、従四位下下毛野朝臣古麻呂、従五位下伊吉連博徳、伊余部連馬養等撰定律令、於是始成、大略以浄御原朝庭《(ママ)》為准正、仍賜禄有差、

この記事に関する研究史の概要をたどってみると、第一に挙げねばならないのは佐藤誠実氏の「律令考」[3]であろう。少し長くなるが、同論文の大宝律令成立に関する部分を引用すると次のごとくである。

大宝律令は続日本紀文武天皇四年庚子三月甲子に、詔二諸王臣一読二習令文一、又撰二成律条一といひ、六月甲午に、勅二浄大参刑部親王云々等一、撰二定律令一、賜レ禄各有レ差といひ、大宝元年辛丑三月甲午始依二新令一、改二制官名位号一といひ、六月己酉の勅に遣二使七道一、宣下告依二新令一為上レ政といひ、八月癸卯に遣二三品刑部親王等一撰二定律令一、於レ是始成、大略以二浄御原朝廷一為二准正一、仍賜レ禄有レ差といひて、此事業は大宝より前に始まりしかど、元年に成りし故に、大宝に係けて、大宝律令とはいふなり、大宝元年は唐の中宗の嗣聖十八年、周の則天武氏の長安元年に当る、大宝二年に至りて、頒布等の事あり、二月戊戌朔、始頒二新律於天下一といひ、十月戊申頒二下律令律令は新令の誤にてはなきか、上に新令を頒つことのあればなり、于天下諸国一とあるが如し、此諸国に頒つといふは、一般に人民に頒つことにはあらずして、国衙などに頒ちしことならん、此時にも律令を読み習はしめし事あり、大宝二年七月乙亥詔令二内外文武官読二習新令一新令を類聚国史、日本紀略には、新律に作るとあるが如し以上引く所は皆続日本紀の文なり、こは法制に習熟せしめ、実際の用を資けんとの意にて、隋書開皇六年の勅に、諸州長史以下行参軍已上、並令レ習レ律、集レ京之日試二其通不一とある類なるべし、此時の律令は、続日本紀に大略以二浄御原朝廷一為二准正一旧唐書に、高祖及二受禅一、勅二尚書左僕射裴寂等一、撰二定律令一、大略以二開皇一為レ准とあるに似たる事なり、とありて、律は天武天皇の撰定したまひしに拠り、令は同じ朝に近江令を修正したまひしに拠れるなり、

「諸国に頒つ」の解釈[4]、「読習新令」の解説に『隋書』を引用している点、「大略以浄御原朝廷為准正」の記事と『旧唐書』に見える高祖の記事[5]を対比させていることなどにすぐれた理解を示しているといってよいであろう。

第二に、瀧川政次郎氏はその著『律令の研究』において「大宝律令が、飛鳥浄御原朝廷の律令を原案としてこれに修正を加へたもの」とされ、『続日本紀』の大宝元年八月癸卯条を引用されている。

第三に中田薫氏は「古法雑観」(6)において、

大宝令の制定を「大略以浄御原朝廷為准正」(これは唐会要三九所出、原書未考の文に、唐武徳律令「大略以開皇為准正《ママ》」とあるを襲用したものである)と云ったのは、此天智朝に起草された我国最初の令が天武朝に完成されたが故に、これを基準としたと云ったに過ぎない。「准正」を任意に「令」に書換えて新「天武令」の実在を主張するのは、正に空中楼閣を画くに等しい。

と述べられた。佐藤氏は「准正」の出典として『旧唐書』を挙げられたが、中田氏は『唐会要』を示しておられる。

第四に青木和夫氏は「浄御原令と古代官僚制」(7)において、

大宝律令完成の際の『続日本紀』の記事「大略以浄御原朝廷、為准正」も、その出典を思へば令一部二十二巻を主として指すのであらうが、今までの考証によつて、浄御原朝廷時代に行はれた詔勅など広義の律令も参酌されてゐることが判明する。

と述べられた。また「律令論」(8)において、『続日本紀』の記事について「あたかも浄御原朝廷の律令を基準にした、すなわちすでに律令ともに存在したかのように記している。」とされる。同氏の立場は、まとまった法典としての近江令否定・浄御原令暫定施行・浄御原律非施行説である。

第五に坂本太郎氏は「飛鳥浄御原律令考」(9)において「浄御原律令の実体の存在を示している証拠を古文献の中から

あげることができる。」として次のごとく述べられた。

その第一にあまねく人に知られている文であるが、続紀大宝元年八月癸卯条、大宝律令撰定のことを記したあとに「大略以㆓浄御原朝廷㆒為㆓准正㆒」と加えられた説明である。これは中田博士も注意せられているように、唐会要に武徳律令の撰定について、「大略以㆓開皇㆒為㆓准正㆒」と記されているのに類似した文であり、おそらくは続紀の文は、この会要の原史料であった文を参考として書かれたものであろう。その「浄御原朝廷」は、かれの「開皇」に対するものとして用いられているのに違いないが、かれの開皇は明らかに開皇律令を意味しており、単に隋文帝の治世を指すものではない。それはこの会要の同じ条の少し前に、武徳元年六月一日五十三条の格を制したことを記して、「因㆓隋開皇律令㆒而損㆔益之㆓」という文があることによってもうなずき得るのであり、あとの「開皇」は、この「開皇律令」をうけて、律令の文字を略したに違いないのである。してみれば、これに応じた続紀の文の「浄御原朝廷」も浄御原朝廷律令という意を含ませて書かれていると思われるのであり、単なる天武朝という意味で書かれたとしては文意がしっくりしない。浄御原朝廷律令という名称こそないが、それを言外に推せしめる表現が当時に近いころに存在した一証である。

また同論考の別の箇所では「続紀大宝元年八月紀の大宝律令を以て浄御原律令を准正としたとある記事の解釈」として「大宝律令はほぼ浄御原律令を準拠として撰ばれたものであること、とりわけ令については大宝における篇目や条文は浄御原にも大部分は存在したものであることの二点を認めたいと思う」とも述べられた。

第六に小林宏氏は「日本律の成立に関する一考察(10)」において次のごとく述べられた。

私は浄御原律の草案、もしくはその大綱の存在を想定するものであるが、よしそれが認められないにしても、天武・持統朝が唐律の全面的継受の準備段階であり、日本律編纂に向って鋭意努力の為されていた時期であることは、これを否定することはできないであろう。その努力の上に大宝律が本邦最初の律法典として結実したのであって、かゝる見地からすれば、続紀、大宝元年八月条の「撰定律令。於是始成。大略以浄御原朝庭為准正。」という記事は、単に令のみをいうに止まらず、律についても、なお具体的な意味をもつものではなかったかと思われる。

以上、何人かの先学の論考を紹介したが、「准正」の語について、程度の差こそあれ浄御原朝廷の法令に準拠したとの点では、一致していると言ってよいであろう。

一方、浄御原令と大宝令との差異を強調する学説も発表されている。その萌芽は、直木孝次郎氏の著書『持統天皇』などにみえているが、林紀昭氏の論考「飛鳥浄御原律令に関する諸問題」(11)は代表的なものであろう。同氏は「唐武徳律令の撰定について『大略以開皇為准正』と記す唐会要の原史料を参考にして書かれた、前記続日本紀・大宝元年八月癸卯条の記事の『准正』の文字の意味する内容の究明」を問題とされ、左に掲げる私見を表明された。浄御原令の篇目に「考仕令」「戸令」が存在していたことは書紀から窺われるが、多数の研究により、浄御原令が大宝令と篇目を同じくする内容の令であることは、既に確認されているように思われる。しかしながら、いまだ大宝令と同じ条文が大多数存在していたと結論づけるに足る十分な確証は得られていない。また、いくつかの条文は大宝令と内容的に異なっていたことが、証明されている。それ故、現在の段階では、准正の語を以って浄御原令は大宝令とほぼ同じ篇目及び条文であったとまで解することは危険で、大宝令と類似した篇目構成であった位に留めるのが妥当と考えておきたい。

さらに押部佳周氏は「大宝律令の成立[12]」において、

大宝令が浄御原令をもって准正となす意味であるが、いままでみてきたように位階制や官制において、その称呼の訓に浄御原令制を准用するというように、形式的、表面的な面を准正とする意味であって実質的な内容にまで及ばないのではあるまいか。むしろ准正を宣言することによって、実質的内容の変革をカムフラージュする役割を果たさせたようにもみえる。

とされ、大宝律令が編纂された意義を、

浄御原令から大宝律令への質的転換は根幹的なものにかかわるものであって、それは皇親政治体制から貴族政治体制への転化であった。そして大宝律令が浄御原令を准正としたものであることを強調した背景には、大宝律令体制の主導者が円滑な質的転換をはかるべく、その表面を偽装した施策であったとも考えられる。

と結論される。「准正」の語にカムフラージュとか偽装を認められ、両令間の差異を強調されている。

また直木孝次郎氏は「大宝令前官制についての二、三の考察[13]」において、

大宝律令は「大略、浄御原朝廷を以て准正と為す」とされる（続日本紀、大宝元年八月癸卯条）。この続日本紀の記述などによって、かつては浄御原令は大宝令にかなり類似したものと考えられていた。しかし戦後、研究が精密になるに従って、両者のあいだの差異が次第に明らかにされ、単純に類似の令といえないことが認識されるよう

になった。

と述べられた。

右に見たごとく「准正」の語については肯定・否定の両説が存在するのであるが、東野治之氏によって短篇ではあるが注目すべき論考が発表されている。同氏の説については項を改めて検討することにしたい。

二　東野氏説の再検討

東野氏の論考「『続日本紀』の『大略以浄御原朝庭為准正』」[14]は、浄御原令と大宝律令との異同に関する極めて注目すべきものと称してよいであろう。それは同氏が末尾で述べられた「ともあれ浄御原令と大宝令の異同を論ずる場合、続紀のこの一段は考慮の外に置くべきものと思う。」との文章に象徴的に現れている。現在までの両律令比較研究史上の基礎的史料ともいうべきこの一段の信憑性が根底から失われようとしているのである。はたして東野氏の立論は盤石の基礎の上に立つものであろうか。まず同氏の説を私なりに要約紹介し、次いで検討を加えることとする。[15]

東野氏の論考は『続日本紀』大宝元年八月癸卯条（本節第一項に掲載）の史料批判を中心としたものである。まず中田薫氏の説[16]を紹介し、続紀の記事は『唐会要』巻三九定格令の記事と関連がある。「即ち『唐会要』のこの記事には何らかの基づくところがあり、それを直接間接に参照して書かれたのが続紀の記事であったと考えてよかろう。」とする〈以上Ⅰ〉。次に『冊府元亀』巻六一二刑法部定律令第四の記事を引用し、「あるいはこれなど唐の実録より出たもので、その類似ぶりからいっても、続紀の記事の原拠はこのあたりに求められそうに思われる。」とする〈以上

Ⅱ〉。

しかしこのことよりも重要なのは、続紀の記事と『冊府元亀』『唐会要』の文との間に、看過できない相違が認められることである。即ち続紀の文を読み下せば、「大略浄御原朝庭を以て准正と為す」となるのに対し、『冊府元亀』『唐会要』の文は、「大略開皇を以て准となす」と読めるからである。現に世界書局版の『唐会要』にも、「大略以開皇為准、正五十三条」と読点が加えられている。

とする〈以上Ⅲ〉。この読みの正しさは、前引の『冊府元亀』の記事の直前の文によって裏付けられる。「これによるならば、先の問題の個所を『准と為す』と読んで『正』以下と切り離すべきことは、多言を要しないと思われる。」

とする〈以上Ⅳ〉。

これに対して続紀の文は、前述の通り「准正と為す」と読む他はない。続紀の記事は実録等を参照して書かれたが、その際「准」「正」の二字を一語としたのであろう。この改変は作文者の意識的な工夫ともみえるが、「准正」という語は、『大漢和辞典』などを検しても成語としての用例がみあたらない。また字数の面でもここを特に二字に整えねばならない必然性もないようである。

とする〈以上Ⅴ〉。

結局「為准」と「為准正」の違いは、作文者の創意より出たのではなく、原書の文の誤読に起因するとみるのが妥当であろう。即ち先掲の『冊府元亀』の「又云」に近いものを典拠とする際、その文中の「大略以開皇為准正五十三条」を、誤って「大略開皇を以て准正と為す」と解してしまったと考えられる。

とする〈以上Ⅵ〉。

続紀の「大略浄御原朝庭を以て准正と為す」は、唐の公的記録を下敷きにしているばかりでなく、その意味の把握も不確かなままに利用したということになる。（中略）以上の考察結果からいって、この条の史料価値には大きな限界があるといえよう。

とする〈以上Ⅶ〉。

以上、東野氏の論点を私なりに要約したが、触れ得なかった部分については必要に応じて論及することにする。

Ⅰ・Ⅱ段に見られる続紀の記事の原拠に関する考え方についていえば、異論の余地は少ないであろう。Ⅲ・Ⅳ段においては、続紀が「准正と為す」と読むのに対して、『冊府元亀』・『唐会要』は「准と為す」と読めるとされる。この点に関しても異論はないが、だからといってこの両者に意味の上で「看過できない相違が認められる」であろうか。Ⅴ段は「准正」の語に成語としての用例がみあたらないとされるが、この点に関しては『大漢和辞典』（修訂版）に「準正」（準は准の正字）の成語のあることがすでに指摘されている。[17] Ⅵ段では、続紀の「為准正」は作文者の、原書の文の誤読に起因するとされるのであるが、単なる誤読として片づけられないことは荆木美行氏の次のような論述によっても首肯されるであろう。同氏は、

律令の編纂の如き国家の根幹にかかわる大事業についての記録に、はたしてそのような軽率な表現が存在するのであろうかという疑いである。（中略）漢籍に通暁していたであろうこれらの人々が、このような誤読を犯し、しかもそのまま我が国の律令の撰定の記事に利用したとは、ちょっと想像しがたいのである。[18]

と述べられた。東野氏の誤読説に対して、私はおおむね荊木氏の考えに従いたいと思う。もし荊木氏の指摘するごとくV・VI段の説が成立せず、III・IV段の「准正」と「准」に「看過できない相違」がないとするならば、VII段のごとき結論に到達することは不可能であろう。むしろ逆にこの条は浄御原朝廷の制と大宝律令との異同について正史が言及した稀な場合であって、その史料価値はなお十分に存する、いやまことに貴重なものというべきであろう。

ここで翻って東野氏が引用された史料などについて検討を加えることにする。

まずI・III段に取り上げられている『唐会要』であるが、東野氏も見ておられる世界書局版によって関係部分を左に掲げる。

A 『唐会要』巻三九、定格令

武徳元年六月一日、詔劉文静、与当朝通識之士、因隋開皇律令、而損益之、遂制為五十三条、務従寛簡、取便于時、其年十一月四日、頒行、仍令尚書令左僕射裴寂、吏部尚書殷開山、大理卿郎楚之、司門郎中沈叔安、内史舎人崔善為等、更撰定律令、十二月十二日、又加内史令蕭瑀、礼部尚書李綱、国子博士丁孝烏等、同修之、至七年三月二十九日成、詔頒于天下、大略以開皇為准、正五十三条、凡律五百条、格入于新律、他無所改正、

右掲の『唐会要』中、末尾の「大略以開皇為准、正五十三条、凡律五百条、格入于新律、他無所改正、」は文章としておちつかない。この『唐会要』の文章をそのまま訳せば「(武徳七年に成った律令について)その大要を述べれば、隋の開皇律令に準拠したものである。」となる。ここまではよいが、次の「正五十三条、凡律五百条。格入于新律、他無所改正、」はそのままでは意味が通じにくい。「正五十三条」・「格入于新律」は各々どういう意味になるのであろ

うか。また「凡律五百条」の位置がしっくりしないのである。今、試みに「凡律五百条」を省いて句読を打ってみると、「大略以開皇為准、正五十三条格、入于新律、他無所改正、」と読みうる。このようにすれば、隋の開皇律令を損益して成立した五十三条格が、そのまま正式の律条として新律（武徳律）に組み入れられ、他には改正するところがなかったとなって、すっきり意味が通じる。これは『唐会要』書写の過程などで錯乱が生じたことによる可能性も考えられる。[19]「凡律五百条」の位置については断定をさしひかえるが、「為准」の次に置かれていたと考えうる。すなわち、『唐会要』の原文は「大略以開皇為准、凡律五百条、正五十三条格、入于新律、他無所改正、」となっていた可能性がある。[20]『唐会要』の記事に「因隋開皇律令而損益之、遂制為五十三条、」とあるこの「五十三条」こそ、新律に組み入れられた「五十三条格」のことであろう。またここでいう「格」の意味は、唐代に入って確定された律令格式の一つとしての格とは異なり、開皇律令を損益して成立した法であり、後に新律に組み入れられたことからもわかるように、建国当初の唐の治安維持などに必須の刑罰法規を主な内容とするものであったろう。

II段には『冊府元亀』が引かれているが、次にそれを掲げる。

B　『冊府元亀』巻六一二、刑法部定律令第四

又云、詔遣裴寂殷開山郎楚之沈叔安崔善為之徒、定律令、数歳始成、大略以開皇為准、正五十三条、権用班行、
　展矜之科、有所未略、

この記事は唐高祖に関するもので、その末尾に双行注の形で載せられている。[21]「遣」「始成」などの用語から推すと、この『冊府元亀』の原史料が続紀の記事のもとになった可能性は高いと考えられる。[22]

Ⅳ段にはBに掲げた双行注の記事の直前の文が引用されているが、それを次に掲げる。

C　『冊府元亀』巻六一二、刑法部定律令第四

先是、高祖勅尚書左僕射裴寂右僕射蕭瑀及大理卿崔善為給事中王敬業中書舎人劉林甫臣欽若等按林甫作議万余言擢拝中書侍郎[23]顔師古王孝遠涇州別駕靖延太嘗丞丁孝烏大理寺丞房軸上将府参軍李桐客太嘗博士徐上機等、検定律令、大略以開皇為准、于時諸華始定、辺方尚梗、救時之弊、有所未暇、惟正五十三条格、入新律、余無所改、至是奏上、于是頒行天下、

右の文章は、『旧唐書』刑法志と類似のものであり、あるいは刑法志の方が原史料により近いかとも思われるので、念のため刑法志の該当部分を次に掲げる。

D　『旧唐書』巻五〇、志第三〇刑法志

尋又勅尚書左僕射裴寂尚書右僕射蕭瑀及大理卿崔善為給事中王敬業中書舎人劉林甫顔師古王孝遠涇州別駕靖延太常丞丁孝烏隋大理丞房軸上将府参軍李桐客太常博士徐上機等、撰定律令、大略以開皇為準、于時諸事始定、辺方尚梗、救時之弊、有所未暇、惟正五十三条格、入於新律、余無所改、至武徳七年五月奏上、

CとDを比較してみると、「太嘗」と「太常」、「検定」と「撰定」、「諸華」と「諸事」など、『旧唐書』の方が良質の史料とみることが可能であろう。[24] また『旧唐書』には、『唐会要』・『冊府元亀』の「准」が、「準」と正字で見えることも注目すべきである。

以上、ABCDの四つの史料を挙げたが、唐代の実録に近い姿を持つのはCDであろう。

AとBを比較すると、「大略以開皇為准、正五十三条、」の部分で全く共通する。あるいはBはAを見て文を成して

いるのかも知れない。少なくとも共通の史料に拠った可能性がある。また浅井虎夫氏によれば「唐会要ハ主トシテ旧唐書ニ拠レリ」[25]ということであるが、AとDを比較すると、この部分に関してのみ言えば、『唐会要』は『旧唐書』刑法志を節略して引用していることは明瞭である。[26]すなわち、Dに「大略以開皇為準、于時諸事始定、辺方尚梗、救時之弊、有所未暇、惟正五十三條格、入於新律、余無所改、」と見えるのを、Aは「大略以開皇為准、正五十三条、凡律五百条、格入于新律、他無所改正、」と一部変改を加え節略引用していると考えられるのである。なぜなら、「于時」から「未暇」までは、唐の国初における寛大・簡略で時勢にかなった五三条格が、どのような事情のもとに制定されたかの説明であって、いわば挿入句であり、意味の上からは省略が可能である。『唐会要』に「為准惟正五十三条」とあれば、「准正」との読みは生じなかったであろう。「惟」の一字をも省略したために、「准正」と誤読される可能性を残したといえよう。「惟」も『唐会要』に見えないところからすると、会要の編者あたりが、実録から節略引用するに際して、「准＝（準）」と「惟」はその文字の類似性から欠落させた可能性も考えられる。

いずれにしてもCDは唐代の実録の原姿に近いものであり、ABは節略されたものということは動かない。そうであるとすると、続紀の編纂者か律令の編纂に関与した者が見たのは、唐代の実録そのものではなくして、その節略されたものということになる。なぜなら、「大略以開皇為準于時」を「准正」と誤読する可能性は殆んどないからである。また実録に「為準」と正字が用いられていたとすると、続紀の「為准正」はやはり『唐会要』などにある節略した記事を参照していた可能性が高いと思われる。ただし、『唐会要』の成立は続紀編纂より後であるから、その前身である蘇冕の『会要』四〇巻に類するような書籍が七世紀から八世紀前半に成立し、それが我国に将来されたものでもあろうか。

右にみたごとく、続紀の記事の原拠となった彼の史料は、AまたはBといった類のもの（会要の前身的なもの）であり、唐代の実録に由来すると見られるCやDの記事の原史料から直接に影響をうけているのではなかろうという推測を述べた。続紀の「准正」は、実録を会要などが節略したことによって生じた語順である可能性が高く、またそれ自体が成語としても存在し得るのであり、この会要類を続紀編者あるいは律令編纂者が見たとすれば、それは必ずしも誤読によるものとは言えないであろう。

次いで「惟正五十三条格、入於新律、」の意味について考察することにする。東野氏はⅣ段において、

この記事は、高祖が裴寂らに勅し、ほぼ開皇の制に則って武徳律令を制定させたことを述べている。後段の部分は、その詳細について記しており、当時は中国が平定されたばかりで辺境は平らがず、時世の弊害を救う余裕もないままに、ただ五十三条のみ開皇の制を改正し、格として新しい律に入れ、他は何ら改訂を加えず奏上したという。

と述べられた。東野氏は「ただ五十三条のみ開皇の制を改正し」と解されたが、ここは改正との意味に解しえない[27]。唐初における法典編纂についてみると、唐の高祖は、隋の大業十三年京師に入り、約法一二（三〇）条[28]とした。その内容は「殺人却盗、背軍叛逆者死、」とし、その他はすべて免除した。これは漢初、秦の苛法を除いて約法三章としたことに対比される。次いで武徳元年五（六）月[29]には、隋の開皇律令を損益して新格五三条を制定し、頒ったと考えられる。『旧唐書』刑法志には「因開皇律令、而損益之、尽削大業所由煩峻之法、又制五十三条格、」と見えるが、

開皇律令を損益したものと五三条格が平行して制定されたと解することは無理があると思われる。(30)『資治通鑑』巻一八五、武徳元年五月壬申に「命裴寂劉文静等、修定律令、」、同年六月に「廃大業律令、頒新格、」とあることを合わせ考えると、開皇律令を損益して新格五三条を構成し、大業律令の廃止と合わせて新格を頒行したのであろう。(31)唐初の法は、約法一二（二〇）条から五三条新格へと移ったと解し得るであろう。ただし、『資治通鑑』の「廃大業律令」の記事からすると、唐初なお隋代の法令が援用された可能性は存在する。(32)そのことは、『唐大詔令集』巻一二三所引の武徳四年、平王世充赦に「律令格式、且用開皇旧法、」とあることによっても窺われる。(33)順序としては、大業十三年の約法一二（二〇）条→武徳元年の五三条新格→武徳四年（天下の平定〈社会の安定〉とともに）の開皇律令の援用(34)→武徳七年の武徳律令制定となるであろう。すなわち、武徳律令の成立は、それ以前暫く行われていた隋開皇律令と新格五三条との併用という臨時の措置から、独自の新律令を制定したところにその意義が見出せる。ただし、その内実は、開皇律令と新格五三条を統一したところにあり、(35)具体的には新格五三条を新律に組み入れたことを意味するであろう。新格五三条は刑罰関係の法規であったことがわかるし、開皇律・武徳律がともに五百条であったことは明瞭であるから、新格は新律のなかに吸収されたことになる。(37)この間の事情は、曹魏における新律編纂の、旧科と漢律の関係に近いものがあると思われる。(38)

右のごとく解し得るとするならば、五三条格は、開皇律令を損益して唐初に制定された、刑罰法規を主体とした法令であった。武徳元年以来、唐朝独自の法典編纂が計画され、七年に至ってようやく新律の完成をみたが、唐初、開皇の旧法とともに用いられた五三条格は、この新律のなかに発展的に吸収されたと考えられる。いわば、武徳律のなかで、国家そのものの維持に最も重大である条項を網羅したものが五三条格であり、形式の上で変化はあったとしても、その内容はそのまま正式の律条として組み入れられたものと考えられるのである。(39)

三　「准」の用法と意味

本項では、隋唐法制史の概説書などにおける武徳律成立への言及について紹介し、いささか私見を述べることとしたい。

楊鴻烈氏の『中国法律発達史』(40)第一九章唐の武徳格律の項には、『唐会要』巻三九が、

……武徳元年六月一日詔劉文静与当朝通識之士、因隋開皇律令而損益之、遂制科五十三条、務従寛簡、取便于時。(中略)至七年三月二十九日成、詔頒於天下、大略以開皇為准、正五十三条、凡律五百条、格入於新律、他無所改正。

と引用され、また『新唐書』巻一〇五韓瑗伝から「瑗父仲良、武徳初与定律令、建言周律其属三千、秦漢後約為五百、依古則繁、請崇寛簡、以示惟新、於是採開皇律宜於時者定之。」を採っている。これらのことからみて、楊氏が「准と為す」の意味に理解していたことは明白であり、韓瑗伝をそのまま引用登載していることからして、武徳律が「於是採開皇律宜於時者定之」として成立したことを承認しておられたごとくである。『新唐書』の編者の意識も、そのようであったことは勿論であろう。すなわち、「為准」を「時に宜しきを採る」の意としていたと考えられる。私見を述べれば、「為准」とは、開皇律令と全く同一ではないが、唐初の国情に適うものを採用し、そうでないものは削

ったの意味かと思われるのである。

陳寅恪氏の『隋唐制度淵源略論稿』[41]四刑律の項を見ても、所引の『唐会要』「大略以開皇為准、正五十三条、凡律五百条、格入于新律、他無所改正。」の句読に関して言えば、楊氏と全く同じである。陳氏は『唐会要』の引用に続いて自ら案文を附し、「唐律因於隋開皇旧本、隋開皇定律又多因北斉、而北斉更承北魏太和正始之旧、然則其源流演変固瞭然可考而知也。」と述べておられる。陳氏も武徳律が開皇の旧本によって編纂されたことを明言しておられるのである。

すなわち、揚・陳両氏の著書についてみても明らかなごとく、「為准」の読みについての異論は提出されていない。

それでは当時、「准」は如何なる意味において用いられていたのであろうか。ここでは「准」の正字である「準」についていささか考えてみたい。『唐会要』巻三九定格令には「(永徽)至三年五月、詔律学未有定疏、毎年所挙明法、遂無憑準、宜広召解律人、修義疏奏聞、仍使中書門下監定、」とある。[42]この詔は『永徽律疏』の編纂を命じた周知のものであり、ここに見える「憑準」はよるべき手本といった意味であろう。この詔文そのものも、日本に伝来していた可能性もある。後の時代のものではあるが、『令義解』序には「一法之定準」の用語もある。これらの用語は西晋の杜預らの律令およびその注解撰定の影響をうけたものかと思われるが、定準・憑準の語彙は奈良・平安時代の明法家にとっては耳馴れたものであったろう。大宝律令の編纂時点、または続紀編纂時点のいずれにおいても、準の意味を取り違えるとは思えないのである。

また明法家の立場から見ると、「准」の字は法条に散見し、[43]周知のものである。すなわち、「准盗論」「准枉法論」

などと用いられるからである。後代のものになるが、唐律を承けた明律注釈書巻頭「例分八字之義」には「准者与真犯有間矣、」と見え、(44)准は全く同じという意味には使われないことがわかる。さらに「准」の用例を同じ『続日本紀』によって示すと、大宝元年七月戊戌（二十七日）条に「太政官処分、造レ宮官准レ職、造二大安薬師二寺一官准レ寮、造二塔丈六二一官准レ司焉、」とあり、同年八月甲辰（四日）に「太政官処分、（中略）又斎宮司准レ寮、属官准二長上一焉、」と見える。これらの記事は「准正」の用語を含む大宝律令成立記事の直前・直後に見えるものであり、時期的に極めて近い「准」の用例として注目すべきものであるが、同時に、両方とも「太政官処分」という法令に用いられている点でも注意されねばならないであろう。これらの用法を考え合わせると、「準」は拠るべき手本とはするが全く同じではない、といった意味で使用される場合のあることがわかる。

続紀における「准正」の意味について、林氏は「現在の段階では、准正の語を以って浄御原令は大宝令とほぼ同じ篇目及び条文であったとまで解することは危険で、大宝令と類似した篇目構成であった位に留めるのが妥当と考えておきたい。」(45)と述べられ、また荊木氏は「『大略……准正と為す』という表現のもつ意味について一言しておくと、筆者は、これが律令体制を形づくる上での基本的な路線の継承のことをいったものであると解している。」(46)と言われた。『唐六典』巻六刑部郎中員外郎注に「皇朝武徳中、命裴寂殷開山等、定律令、其篇目一准隋開皇之律、刑名之制、又亦略同、」とある。(47)ここに「其篇目一准隋開皇之律」と見えることを勘案すると、続紀における「准正」の「准」は、主として「篇目」についての意味であると解することができる。浄御原律令と大宝律令はともにすでに亡佚しており、史料の残存状況から、篇目および内容の異同を比較検討することは困難であるが、今、試みに浄御原令の篇目として確認されるものを挙げると、「考仕令」(持統天皇紀四年四月庚申〔十四日〕条)、「戸令」(持統天皇紀四年九月乙亥〔一日〕条)の二篇名がある。この二篇名は『令集解』などによって確認される大宝令の篇目と同一である。浄御原律令と大宝律令は、その内容全体の細部にわたってまでほとんど同一であったとまでは考えられないが、両者間で基本的路線の継承があったことは確かであろう。(48)

唐代史料の「為准」と『続日本紀』の「為准正」は意味の上で何ら変わらないと思っているが、何故に「准」が「准正」となったのであろうか。前項で論じたことであるが今一度要約すると、大宝律令編纂者あるいは『続日本紀』編者は、唐代の実録に由来すると見られる『冊府元亀』や『旧唐書』の原史料によって、大宝律令編纂記事を構成したのではなくして、それらを節略して成った会要の原形のようなものを参照してその文章を書いたと思われるのである。

四　唐史料の伝来経路

最後に、本項においては、武徳律令編纂の事情がどの程度日本に知られていたかという点について考えてみたい。

『日本書紀』巻二二、推古天皇三十一年秋七月条に、

是時、大唐学問者僧恵斉・恵光・及医恵日・福因等、並従智洗爾等来之。於是、恵日等共奏聞曰、留于唐国学者、皆学以成業。応喚。且其大唐国者、法式備定之珍国也。常須達。

とある。ここに見える福因は推古天皇十六年に留学生として入隋しているから、一五年目にして帰朝したわけである。

恵日らの渡航年次は不明であるが、この記事により、『日本書紀』に八人の留学生の名が見える推古天皇十六年の遣隋使派遣以外にも留学生が渡航したことがわかる。恵日は、遣隋留学生らがすでに十分の成果を挙げており、召還すべきことを奏しているのである。その奏聞に「且其大唐国者、法式備定之珍国也。常須達。」とあることは注目される。『日本書紀』によると、遣隋留学生らのなかで、僧旻は二五年、恵隠は三二年、南淵請安と高向玄理は三三年の留学の後帰国しているのである。すなわち、遣隋留学生らは十数年から三十年を越える長期の勉学の後、彼の国の制度文物を我国に将来し、大化改新の実現に重大な貢献をしたのである。私は日本における律令法の本格的な摂取は聖徳太子による遣隋使の派遣にはじまると考えているが、遣隋留学生らの帰朝によって隋唐の国情はかなり詳しく日本に伝わっていたと思われるのである。ことに隋末唐初の激動の時代を身をもって体験したことは貴重なものであったろう。唐国の法制が特に注目されていたことは、恵日らの奏聞によって明らかであるが、留学生らにとって、隋煬帝の定めた寛大な大業律令やその後の苛惨な法制、唐初の簡約な法の実態、そして大業律令ではなく、開皇律令を准となして成った武徳律令制定に至る経過は知悉されていたと考えられるのである。(49) この武徳律令制定過程に関する知識は、大化改新の推進のため存分に活用されたと思われる。(50) この間の事情は、少なくとも続紀編纂ごろまでは伝えられていたであろうから、「為准」の意味についても正確に把握していたとみるのが穏当であろう。

また『日本国見在書目録』には『唐実録』（房玄齢ら撰）『同』（許敬宗撰）などが見えており、さらに天平ごろに初唐の実録が重視されていた様子が正倉院文書によって確認される。(51) さらに山田英雄氏は、『日本書紀』の即位前紀の文辞に唐の高祖・太宗時代の実録相当分と類似の部分があることを指摘されている。(52)『日本書紀』の成立は養老四年であるから、唐の実録の将来がそれ以前であった可能性も存するのである。少なくとも、続紀編纂の時点で初唐の実録を参照したことは明瞭であろう。

次に暦法の伝来について考えてみると、南朝宋の何承天が元嘉二十年に編集した元嘉暦は、少なくとも雄略天皇朝ごろには日本に伝来していたとされる(53)。また『日本書紀』巻三〇、持統天皇四年十一月甲申条に「奉勅始行元嘉暦与儀鳳暦、」と見え、このときから儀鳳暦が採用されたごとくである(54)。天智天皇八年に遣唐使が派遣されて以来、大宝元年の遣使まで約三〇年間遣唐使は中断されるのであるが、これは日唐間の関係が円滑でなかったことに主な原因があると思われる。儀鳳暦が、新羅で採用された唐の麟徳暦のことであるとすると、『日本書紀』の記事から考えて、遣唐使中断中の唐国の文物は、新羅を経由して日本に齎された可能性が大である(55)。『日本国見在書目録』には「元嘉暦」「麟徳暦」「儀鳳暦」が見えているが、大宝以前に儀鳳暦が日本へ将来されたとするならば、やはり新羅経由であった可能性が大きい(56)。新羅より齎された儀鳳暦は、早速天武天皇朝の修史に用いられたと思われる。

暦法と同様に、このころ唐の最新の律令法も新羅経由で日本に将来された可能性が濃厚である。林紀昭氏は前掲の「飛鳥浄御原律令に関する諸問題」において「七世紀後半、時期を相前後して新羅日本両国で内容の類似する律令に基づく個別政策が実施にうつされていることが確認される以上、両国の律令の実施の間には密接な関係のあったことが立証された」と述べられた。このことも当時の日羅関係の親密さを知る上で参考になる。また嵐義人氏は「大宝・養老律令の原形について——逸文と考証法の吟味を通して——(57)」において「大宝律の編纂に際しては、それ以前半世紀近く遣唐使が派遣されてゐないことからも、編纂者の参看しえたテキストが普及版的なものであった可能性は、むしろ高い」と述べられたが、これは大宝律のテキストが唐より直接導入されたものでないことを示唆するものであろう。当時の為政者は、遣唐使中断後も新羅を通じて唐の国情には十分な注意を払っていたと思われる。そのことが是認されるならば、唐の高祖や太宗時代の実録も、新羅を通じて大宝以前に入手していたことも考えられる。『隋書』巻二五、志第二〇刑法志に「(開皇)六年、勅諸州、長史已下、行参軍已上、並令習律、集京之日、試其通不、」と見え、『続日本紀』巻二、大宝二年七月乙亥条には「詔、令内外文武官読習新令《(律カ)》、」とある。(58)

これらのことからすると、当時の為政者は唐における律令読習の方法を知悉していたと思われるのである。『隋書』刑法志の成立は顕慶元年であるからして、大宝元年ごろまでに同志も将来されていたかも知れない。(59)少なくとも、新令《(律カ)》の読習の記事が『続日本紀』に見えることからして、隋唐における律令施行の実態はよくわかっていたと考えねばならない。

以上のことから考えれば、武徳律令編纂の事情もよく日本に知られていたと思われるのである。

おわりに

以上四項にわたって述べた論点を、要約すれば次のようになる。

一、『続日本紀』大宝元年八月癸卯条に見える大宝律令成立記事についての研究史を概観し、同記事に見える「准正」の語について、大宝律令は浄御原朝廷の法令に準拠したとの説と、両者の差異を強調する説の存することを述べた。

二、東野治之氏の論考を検討し、『続日本紀』に見える「為准正」の原書の文の誤読に起因するという説は、荆木美行氏が批判されたごとく、成立しない。すなわち、『続日本紀』大宝元年八月癸卯条は、正史が浄御原律令と大宝律令との異同に言及した記事として史料価値は十分に存する。『唐会要』・『冊府元亀』・『旧唐書』を検討し、それらのなかで『旧唐書』刑法志が良質の史料とみられることを述べた。また『続日本紀』大宝律令成立記事の原拠となった彼の史料は、会要の類であるとの推測を述べた。唐朝初期の法典編纂について、五三条格は隋の開皇律令を損益して制定され、武徳七年これを武徳律に組み入れたと考察した。

三、隋唐法制史の概説書などにおける武徳律成立への言及を紹介し、「為准」の読みについて異論が提出されていないことを述べた。ついで「准」・「準」について考察し、それは拠るべき手本とはするが全く同じではないと解釈した。また『続日本紀』における「准正」の「准」は、主として「篇目」について述べたものであるとの私見を述べた。

四、武徳律令編纂事情が、遣隋留学生らによって日本へ伝えられたことを述べた。また唐実録および暦法の伝来経路・時期について考察し、それらが新羅経由で大宝以前のことであった可能性の大きいことを述べた。

（昭和六十二年丁卯三月十五日稿）

注

（1）　新訂増補国史大系本による。なお、浄御原朝廷の「廷」は、続紀原文に「庭」とあるが、以下の説明文には「廷」を用いる。

引用文には混用がみられるが原文のままとした。

（2）律令研究史については瀧川政次郎氏『律令の研究』（復刻版、昭和四一年）附録「律令研究史」（瀧川政次郎・利光三津夫・小林宏の三氏執筆）など参照。上掲論考以後、律令研究史上の基本的文献を翻刻した主なものは次の通りである。

林紀昭氏「令集解劄記」（荷田春満の講義を弟で門弟でもある信名が筆記したもの、『法学論叢』〈京大〉八六—五・六、昭和四五年）。

薗田守良著『新釈令義解』（瀧川政次郎氏解題、昭和四九年）。

広池千九郎氏編纂『倭漢比較律疏』（利光三津夫氏解題、昭和五五年）。

森田悌・小口雅史両氏「旧紅葉山本『令義解』書入」（『金沢大学教育学部紀要（社会科学・人文科学編）』三一、昭和五七年）。

水本浩典氏「令義解古写本書入・裏書集成」（『神戸学院大学紀要』一六・一七、昭和五九年）。

八重津洋平・林紀昭両氏「紅葉山文庫本『令義解』書入補考」（『律令制の諸問題』、昭和五九年）。

伊能秀明氏「稲葉通邦著『神祇令和解』について（一）——古代法研究史(1)——」（『明治大学刑事博物館年報』一七、昭和六一年）。

（3）『國學院雜誌』五—一三〜六—三（明治三二〜三三年）、後に瀧川政次郎氏の解題を附し『國學院雜誌』六八—八（昭和四二年）に再録。

（4）『旧唐書』巻五〇刑法志には「（開元）二十二年、戸部尚書李林甫、又受詔改修格令、（中略）共加刪緝旧格式律令及勅、総七千二十六条、其一千三百二十四条、於事非要、並刪之、二千一百八十条、随文損益、三千五百九十四条、仍旧不改、総成十《（ママ）》一《（ママ）》巻、律疏三十巻、令三十巻、式二十巻、開元新格十巻、又撰格式律令事類四十巻、以類相従、便於省覧、二十五年九月奏上、勅於尚書都省、写五十本、発使散於天下、」と見える。佐藤氏は、この刑法志の文章を念頭に置きながら解釈を行ったのであろう。土肥義和氏は「永徽二年東宮諸府職員令の復元――大英図書館蔵同職員令断片（S一一四四六）の発見に際して――」（『國學院雑誌』八三―二、昭和五七年）において「書写されて全国に散布された律令格式類は、実際には主要な府州や都督府・都護府に限られて配布され、それ以外の中小諸州には直接配布されることはなかったと見るべきであろう。そして、これよりやや時代が遡るが、本職員令の巻末に見える涼州都督府管下の沙州写律令典の肩書をもつ二人の場合は、中央から涼州都督府に直接配布されてきた永徽二年律令を書写するために沙州から涼州に赴き、そこで本職員令を書写・校勘したと見ることができよう。」と述べられている。

（5）『旧唐書』刑法志を省略しつつ引用した取意文と考えられる。本節後段の引用文参照。
（6）『法制史研究』一（昭和二七年）、後に『法制史論集』第四巻補遺所収。
（7）『古代学』三―二（昭和二九年）。
（8）『日本史の問題点』（昭和四〇年）。
（9）『法制史研究』四（昭和二九年）、後に『日本古代史の基礎的研究』下、制度篇所収。
（10）『牧健二博士米寿記念　日本法制史論集』（昭和五五年）。
（11）『史林』五三―一（昭和四五年）、後に『論集日本歴史二』律令国家所収。
（12）『ヒストリア』六〇（昭和四七年）、後に『日本律令成立の研究』所収。
（13）『古代史論叢』中巻（昭和五三年）。
（14）『日本歴史』四五三（昭和六一年）。
（15）同氏の論考に対してはすでに、田中卓氏の『律令制の諸問題』、同上書所収嵐義人氏の「解説」にも言及があり、荆木美行氏の批判論考（「大宝律令の編纂と浄御原律令――東野治之氏の所論に触れて――」『日本歴史』四六三、昭和六一年）が出ている。以上の論考などは必要に応じて言及することにする。要約紹介の段落については、荆木氏の論考を参照し、私に附した。

(16) 注(6)前掲書所収。

(17) 注(15)所引荆木氏論考参照。

(18) 注(17)に同じ。

(19) 『唐会要』一〇〇巻は宋代の王溥の撰であるが、その後の脱漏・竄入などが多く、清代の乾隆年間に補正されたものが現行本である。平岡武夫氏は「唐代史料の集成について」(『学術月報』七—六、昭和二九年)において「唐会要は、明鈔本および引用文を参考することが絶対に必要であり、武英殿版本のみを見て研究していることは、はなはだ危険である」と述べられている。『唐会要』については、鈴木俊氏「旧唐書食貨志の史料系統について」(『史淵』四五、昭和二五年)、島田正郎氏「在台北・国立中央図書館蔵鈔本・唐会要について」(『律令制の諸問題』昭和五九年)など参照。

(20) 私はかつて「大略以開皇為准正、凡律五百条、五十三条格、入于新律、他無所改正」(「日唐律比較研究序説」『律令制の諸問題』昭和五九年、本書第三章第一節に再録)と読点を加えたが、本節では、東野氏論考の指摘に従って点を改めた。また「正」字を「凡律五百条」の次に置いた。ただし、「凡律五百条」の位置は、「入於新律」の次に配置するなどの処置も可能かと思われる。

(21) 『冊府元亀』一〇〇〇巻は宋代の王欽若らの撰である。宋刊本で現存するものが五百数十巻あるが、そのうち四七四巻は静嘉堂文庫に所蔵する。『冊府元亀』については、注(19)所引の平岡氏報告、ならびに同氏の「唐代史料稿」(『東方学報』京都、二五、昭和二九年)など参照。

(22) 平岡氏は注(19)所引報告において、「冊府元亀・唐会要・旧唐書・新唐書・資治通鑑など、唐代史料の代表的なものは、いずれもこの実録をもっとも重要な史料の源泉としているようである。」と述べられている。東野氏も池田温氏説(「中国の歴史書と六国史」『歴史と地理』三五八、昭和六〇年)を援用して述べておられるように、『冊府元亀』には実録に基づく史料が少なくないと考えられる。

（23）双行注によると、林甫が「議万余言」を作ったとなるが、『旧唐書』巻八一劉祥道伝には「林甫因著律議万余言」とあり、林甫が著したのは「律議万余言」であろう。

（24）ただし、Cの「先是」「至是」「于是」の記載様式は原史料の彿を伝えるものかも知れない。

（25）『支那ニ於ケル法典編纂ノ沿革』（明治四四年、昭和五二年再刊）。

（26）注（19）所引平岡氏報告参照。関連していうと、堀敏一氏は「中国における律令法典の形成――その概要と問題点――」（『中国律令制の展開とその国家・社会との関係――周辺諸地域の場合を含めて――』唐代史研究会報告第五集、昭和五九年）において「旧唐書刑法志（冊府元亀これに拠る）」と述べられている。

（27）大漢和辞典巻六の六五八頁以下に「正」およびその成語が見えるが、そこに引かれた『春秋左氏伝』の隠公一一年条「刑以正㆑邪」、『魏志』夏侯太初伝「革㆓正法度㆒」、張衡、東京賦「弁㆓方位㆒而正㆑則」、『漢書』武帝紀「大初元年夏五月、正㆑暦、以㆓正月㆒為㆓歳首㆒」などの「正」の用法をみると、「正」には「改める」の意味も確かに存在する。しかしここでの「正」は、隋の開皇律令を損益して制定された五三条格をそのまま正式の律令とするの意味であろう。

（28）『通典』・『唐会要』・『太平御覧』・『冊府元亀』・『新唐書』刑法志・『玉海』は「一二条」であるが、『旧唐書』刑法志は「二〇条」である。

（29）『資治通鑑』では五月壬申に「修定律令」とみえるが、『唐会要』では六月一日に「因隋開皇律令而損益之、遂制為五十三条」とある。

（30）『通典』巻一七〇に「因開皇律令而損益之、尽刪大業苛惨之、制五十三条、務存寛簡、以便於時、」と見えるが、上記のごとく読点を加え得るとすると、開皇律令によって損益し、大業の苛惨の法をことごとく除いて、五三条の法を制したと解し得る。

「尽刪大業苛惨之制五十三条、」と読み得るかとも思われるが、『旧唐書』刑法志と合わせ考えると、『通典』は「苛惨之」の下に「法」一字が脱していると考えることもできる。因みに『旧唐書』刑法志をみると、隋の文帝の記事に「以定律令、除苛惨之法、務在寛平、」とある。

(31) 大業律は開皇律よりも寛大なものであったとされるが、その後次第に峻厳なものとなった。大業律を廃止するとは、この峻厳な法の廃止を意味するかと思われる。

(32) 平岡武夫氏の「唐代史料稿（三）」（『東方学報』京都、二七、昭和三二年）には、「武徳元年、因隋旧制、為尚書省、」などの記事がいくつか見えている。

(33) 滋賀秀三氏「漢唐間の法典についての二三の考証」（『東方学』一七、昭和三三年）参照。

(34) 滋賀氏は注（33）所引論考において「唐初は隋の開皇年度の律令格式をそのまま襲用していた。」と述べられたが、この「平王世充赦」の時点で開皇の律令格式の暫定的踏襲が令せられたのではあるまいか。

(35) 滋賀氏は注（33）所引論考で「武徳年度の改修は、律ですら、唐初の新格五三条を律正文のうちに折込むというより以上の手を加える暇がなかった」と述べられた。また土肥氏は注（4）所引論考において「永徽二年律令は、前後の年次に行われた律令刪定の例とは異なり、創業期以来（武徳七年—貞観一一年）の律令法典を大幅に改刪している蓋然性を大ならしめるであろう。」と述べられている。

(36) 『隋書』巻二五、志第二〇刑法志の開皇三年の記事に「更定新律、除死罪八十一条、流罪一百五十四条、徒杖等千余条、定留唯五百条、凡十二巻、」とある。また『新唐書』巻五六、志第四六刑法志の武徳四年の記事の次に「已而又詔僕射裴寂等十五人、更撰律令、凡律五百、麗以五十三条、」と見えている。

(37) 「附律」の問題については、岡野誠氏「唐代における『守法』の一事例——衛禁律闌入非御在所条に関連して——」（『東洋文化』

六〇、昭和五五年）滋賀秀三氏「唐代における律の改正をめぐる一問題――利光三律夫・岡野誠両氏の論考によせて――」（『法制史研究』三〇、昭和五六年）など参照。注（20）所引拙稿においても言及している。

（38）『晋書』巻三〇、志第二〇刑法志に「其後天子又下詔、改定刑制、命司空陳群散騎常侍劉劭給事黄門侍郎韓遜議郎庾嶷中郎黄休荀詵等、刪約旧科、傍采漢律、定為魏法、制新律十八篇、州郡令四十五篇、尚書官令、軍中令、合百八十余篇、」とある。滋賀氏は注（33）所引論考において「晋志に『刪約旧科、傍采漢律』というのは、このような国初以来の科と、漢朝から伝わった律令その他の諸法令とを綜合し整理する意味」と述べられている。

（39）武徳律が五百条であったことは注（36）参照。貞観律は、『唐六典』巻六刑部郎中員外郎の注、注（20）所引『唐会要』、および『資治通鑑』巻一九四の貞観一一年の記事に「玄齢等定律五百条、立刑名二十等、比隋律減大辟九十二条減流入徒者七十一条、凡削煩去蠹、変重為軽者、不可勝紀、」などとあり、やはり五百条であった。仁井田陞・牧野巽両氏「故唐律疏議製作年代考」（下）（『東方学報』東京、二、昭和六年、後に『訳註日本律令』一首巻所収）二〇一頁など参照。永徽律の条数を明記するものは現在まで知られていないが、開元二六年の成立とされる『唐六典』に、律は「大凡五百条」と記されており、また『唐律疏議総目録』にも「凡五百条」とあって、五百条であったと考えられている。唐律の条数については、『法制史研究』二三（昭和四九年）会報欄の報告要旨、嵐義人氏「律五百条考」、滋賀秀三氏「唐律の条数をめぐって」など参照。最近出版された張国華・武樹臣両氏編著の『中国法律史』（一九八六年一二月）は「唐律（永徽律）共五百零二条、分十二篇、」と記しているが、何故に五〇二条としたかは明らかでない。

（40）中華民国一九年刊。注（15）所引嵐氏「解説」に、次に掲げる陳氏著書とともに言及あり。

（41）一九四四年刊。

（42）また『旧唐書』巻五〇、志第三〇刑法志には「（永徽）三年詔曰、律学未有定疏、毎年所挙明法、遂無憑準、宜広召解律人、

条義疏奏聞、仍使中書門下監定、」と見えている。『唐会要』の「修義疏奏聞、」は、条奏との用例もあり、『旧唐書』のごとく「条義疏奏聞、」が原形であったかも知れない。

(43) 現在見うる『唐律疏議』を閲すると、「準」と「准」は混用されている。

(44) 『明律集解附例』、『明律直解』、『明律国字解』など参照。

(45) 注(11)所引論考。

(46) 注(15)所引論考。

(47) 寛平初年ごろ成立したとされる藤原佐世勅撰の『日本国見在書目録』には『唐六典』が著録されている。続紀編者は『唐六典』を披見し得た可能性も存する。金沢文庫本系の『令集解』職員令太政官条書き入れにも『唐六典』が引用されている。

(48) 大宝律令は、浄御原朝廷の制をその篇目および内容について相当程度踏襲したと考えられるが、その比較研究については今後なお多くの余地があるであろう。たとえば、考文の送付方法について言えば、浄御原朝廷の制に近いのは、大宝令よりもむしろ大宝元年の太政官処分である（拙稿「諸司考文の送付方法について」『史料』八一、昭和六一年、本書第四章第八節に再録）。故に、「准正」の意味について考えようとする場合、史料の残存状態からみて困難ではあるが、個々の条文の比較研究の積み重ねが何よりも必要であると思われる。

(49) 武徳律令は武徳七年（六二四）の成立であるが、旻の帰朝は舒明天皇四年（六三二）、請安・玄理の帰朝は同一二年（六四〇）であり、その成立を知っていたことは疑いない。

(50) 少し大胆な推測を述べれば、あるいは彼の約法一二（二〇）条に対比されるものが我が改新詔になるのかも知れない。ただし、彼我の異なるところは、彼が隋唐の王朝交替に際して出され刑罰法規を内容とするものであったのに対して、我にあっては後の令に相当する行政の根本法であったことである。

(51)　注(22)所引池田氏論考参照。

(52)　「日本書紀即位前紀について」(『日本歴史』三六八、昭和五四年)。

(53)　岸俊男氏「画期としての雄略朝――稲荷山鉄剣銘付考――」(『日本政治社会史研究』上、昭和五九年)など参照。

(54)　『日本三代実録』巻五、貞観三年六月十六日己未条には「高天原広野姫天皇四年十二月、有勅始用元嘉暦、次用儀鳳暦、」と見える。儀鳳暦は唐の李淳風が作った麟徳暦であるが、新羅に齎された儀鳳年間から使用されたため、この名があるという。『三国史記』巻七、新羅本紀第七文武王十四年春正月条には「入唐宿衛大奈麻徳福伝学暦術還、改用新暦法、」とある。

(55)　拙稿「日唐律令における君主の称号について」(『神道史論叢』昭和五九年、本書第四章第二節に再録)など参照。

(56)　大谷光男氏は「『日本書紀』の暦日」(『古代の暦日』昭和五一年)において「新羅で麟徳暦を儀鳳暦と改めて、わが国にもたらすに至ったとは考えられない。(中略)儀鳳暦そのものは直接、唐から輸入されたものと推測される。」と述べておられる。しかし、すでに能田忠亮氏は、その著『暦』(昭和四一年刊)において「儀鳳暦というのは、唐の李淳風の作で、麟徳二年(六六五)から六十四年間唐土に行われた麟徳暦である。(中略)おそらく儀鳳年間(六七六―六七八)に新羅に渡り、それが日本につたわって、儀鳳暦の名をもつようになったものではあるまいか。」といわれた。私も、持統天皇朝に儀鳳暦が用いられたとすると、当時、日唐両国は不和の関係であり、日羅両国間は和親関係にあって、頻繁に双方が使を遣わしていたことから考えて、儀鳳暦は新羅から齎されたと考えざるをえない。唐から直接の、正式ルートによる暦法の伝来は、天平七年吉備真備による大衍暦、宝亀十一年羽栗翼の貢した五紀暦に限られると考えられている。『続日本紀』巻一二、天平七年四月辛亥条には「入唐留学生従八位下下道朝臣真備献唐礼一百卅巻、大衍暦経一巻、大衍暦立成十二巻、(下略)」と見え、『日本三代実録』巻五、貞観三年六月十六日己未条には「宝亀十一年、遣唐使録事故従五位下行内薬正羽栗臣翼貢宝応五紀暦云、大唐今停大衍暦、唯用此経、(下略)」とある。

(57)『律令制の諸問題』昭和五九年。

(58) 注(3)所引佐藤氏論考参照。

(59)『日本国見在書目録』には「隋書八十五巻、顔師古撰」と見えている。

〔附記〕

(一) 東野治之氏の論考「再び『大略以浄御原朝庭為准正』について――荊木美行氏の高説に接して――」(『日本歴史』四六七号、昭和六二年)に接したが論及することができなかった。合わせて参照して頂くことをお願いする。

(二) 注(2)に掲げた伊能氏の論考については、その後「稲葉通邦著『神祇令和解』について(二・完)――古代法研究史(2)――」(『明治大学刑事博物館年報』一八、昭和六二年)が刊行されている。

(三) 注(2)に関して、その後『神道大系　古典編九　律・令』(小林宏氏校注、昭和六二年)が刊行され、神祇関係の主要な律令注釈書が翻刻されている。

第四節　養老律令の成立年次について
――改めて養老二年説を支持する――

はしがき

養老律令は現存する日本最古の法典であり、奈良時代史を研究する上での根本史料の一つであるが、その成立に関してはは学界に種々の議論があり、問題を成立年次に限っても、古来の養老二年説に対して、その後成立時期を養老五～六年に引き下げる新説が提示されている。本節では先学の驥尾に付して従来の諸見解を再検討し、養老律令の成立年次を古来の説である養老二年として何ら不都合でない理由を述べてみたいと思う。

一　従来の諸見解

養老律令の編纂に関する史料および先学の諸論考を左に掲げる。

〝史　料〟

Ⅰ　『続日本紀』養老六年二月戊戌条

賜二正六位上矢集宿禰虫麻呂田五町、従六位下陽胡史真身四町、従七位上大倭忌寸小東人四町、従七位下塩屋連古麻呂五町、正八位下百済人成四町一、並以下撰二律令一功上也、又賜下諸有二学術一者廿三人田上、各有レ数、

Ⅱ　『続日本紀』天平宝字元年五月丁卯条

又勅曰、頃年選人依レ格結レ階、人々位高、不レ便二任官一、自今以後、宜レ依二新令一、去養老年中朕外祖故太政大臣、奉レ勅刊二修律令一、宜下告二所司一早使中施行上、

Ⅲ 『続日本紀』天平宝字元年一二月壬子条

太政官奏曰、旌レ功錫レ命、聖典攸レ重、褒レ善行レ封、明王所レ務、我天下也、乙巳以来、人々立レ功、各得二封賞一、但大上中下雖レ載二令条一、功田記文或落二其品一、今故比二校昔今一、議二定其品一、大織藤原内大臣乙巳年功田一百町、大功世々不レ絶、贈小紫村国連小依壬申年功田一十町、贈正四位上文忌寸禰麻呂、贈直大壱丸部臣君手、並同年功田各八町、贈直大壱文忌寸智徳同年功田四町、贈小錦上置始連莵同年功田五町、五人並中功、合レ伝二二世一、正四位下下毛野朝臣古麻呂、贈正五位上調忌寸老人、従五位上伊吉連博徳、従五位下伊余部連馬養、並大宝二年修二律令一功田各十町、四人並下功、合レ伝二其子一、以上十条、先朝所レ定、贈大錦上佐伯連古麻呂乙巳年功田卌町六段、被二他駈率一、効レ力誅レ姦、功有レ所推、不レ能レ称レ大、依レ令上功、合レ伝二三世一、従五位上尾治宿禰大隅壬申年功田卌町、淡海朝廷諒陰之際、義興二警蹕一、潜出二関東一、于時大隅参迎奉レ導、掃二清私第一、遂作二行宮一、供二助軍資一、其功実重、准レ大不レ及、比レ中有レ余、依レ令上功、合レ伝二三世一、贈大紫星川臣麻呂壬申年功田四町、贈大錦下坂上直熊毛同年功田六町、贈正四位下黄文連大伴同年功田八町、贈小錦下文直成覚同年功田四町、四人並歴二渉戎場一、輸レ忠供レ事、立レ功雖レ異、労効是同、比校一同二村国連小依等一、依レ令中功、合レ伝二二世一、大錦下笠臣志太留告二吉野大兄密一功田廿町、所レ告微言尋非二露験一、雖レ云二大事一、理合二軽重一、依レ令中功、合レ伝二二世一、従四位下上道朝臣斐太都天平宝字元年功田廿町、知二人欲レ反、告令二芟除一、論実雖レ重、本非二専制一、依レ令上功、合レ伝二三世一、小錦下坂合部宿禰石敷功田六町、奉二

使唐国一漂二著賊洲一、横斃可レ矜、称レ功未レ愜、依レ令下功、合レ伝二其子一、正五位上大和宿禰長岡、従五位下陽胡史真身、並養老二年修二律令一功田各四町、外従五位下矢集宿禰虫麻呂、外従五位下塩屋連吉麻呂、並同年功田各五町、正六位上百済人成同年功田四町、五人並執二持刀筆一刪二定科条一、成功雖レ多、事匪二匡難一、比校一同二下毛野朝臣古麻呂等一、依レ令二下功一、合レ伝二其子一、以上一十四条当今所レ定、

Ⅳ　『弘仁格式』序

（前略）暨二乎推古天皇十二年一、上宮太子親作二憲法十七条一、国家制法自レ茲始焉、降至二天智天皇元年一、制二令廿二巻一、世人所謂近江朝庭之令也、爰逮二文武天皇大宝元年一、贈太政大臣正一位藤原朝臣不比等奉レ勅撰二律六巻、令十一巻一、養老二年、復同大臣不比等奉レ勅更撰二律令一、各為二十巻一、今行二於世一律令是也、故去天平勝宝九歳五月廿日勅書偁、頃年選レ人、依レ格結レ階、人々高位、不レ便レ任レ官、自今以後宜レ依二新令一、去養老年中、朕外祖故太政大臣奉レ勅刊二修律令一、宜下仰二所司一早令中施行上、

Ⅴ　応レ撰二定令律問答私記一事

右得二彼省解一偁、大学寮解偁、明法博士外従五位下額田国造今足解偁、謹撿二旧記一、律令之興、年代侵遠、沿革随レ時、損益因レ世、藤原朝庭御宇正一位藤原太政大臣、奉レ勅制二令十一巻、律六巻一、博士正四位下下毛野朝臣古麻呂、贈正四位上調忌寸老人、正五位下守部連大隅、従五位上道公首名、従五位伊吉連博徳、従五位下伊予部連馬甘等、至二于大宝元年一、修撰既訖、施二行天下一、平城朝庭養老年中、同太政大臣、復奉レ勅刊二修令律一、各為二十巻一、博士正四位下大和宿禰長岡、従五位下陽胡史真身、従五位下矢集宿禰虫麻呂、従五位下塩屋連古麻呂、従五位下山田連白

金等、（この下脱文あるか）

Ⅵ　『本朝法家文書目録』

律一部十巻　十三篇　元正天皇養老二年、贈太政大臣正一位藤原朝臣不比等奉レ勅作二律令一、並二十巻、天平勝宝九年五月廿日勅令二施行一、令一部十巻　三十篇　養老二年与レ律並作、天平勝宝九年五月二十一日勅令二施行一、

Ⅶ　『本朝書籍目録』

律　養老二年　十巻

令　養老二年　十巻、与レ律並作、

Ⅷ　『水鏡』中　元正天皇条

（前略）養老二年ト申シ、ニ、不比等ハ律令撰テ御門ニ奉リ給キ、

〝論考〟

〔A〕　瀧川政次郎氏『律令の研究』昭六年九月

〔B〕　坂本太郎氏「養老律令の施行について」（『日本古代史の基礎的研究』下、制度篇所収）昭一一・七

〔C〕　石尾芳久氏「律令の編纂」（『日本古代法の研究』所収）昭三四年七月

〔D〕　利光三津夫氏「養老律令の編纂について」（『律の研究』所収）昭三六年一月

〔E〕　押部佳周氏「養老律令の成立時期について」（『続日本紀研究』122号）昭三九年八月

〔F〕角田文衞氏「大和宿禰長岡の事蹟」（『律令国家の展開』所収）昭四〇年一二月
〔G〕野村忠夫氏「養老律令の成立をめぐる問題──養老二年成立否定論の展開──」（『古代学』一三の二）昭四一年一二月
〔H〕利光三津夫氏「奈良朝官人の推挽関係」（『律令制とその周辺』所収）昭四二年一一月
〔I〕野村忠夫氏「養老律令の編纂」（『律令政治の諸様相』序章）昭四三年四月
〔J〕泉谷康夫氏「養老令と唐令について」（人物叢書『藤原仲麻呂』附録一五三号）昭四四年三月
〔K〕林　紀昭氏「著書論文紹介・野村忠夫　養老律令の成立をめぐる問題──養老二年成立否定論の展開──」（『法制史研究』一九）昭和四四年一二月
〔L〕野村忠夫氏「養老令の仲麻呂修正加筆説をめぐって」（『日本歴史』二六〇号）昭四五年一月
〔M〕利光三津夫氏「養老律令の編纂とその政治的背景」（『続律令制とその周辺』所収）昭四八年八月
〔N〕野村忠夫氏「養老律令の成立時期について」（『官人制論』所収）昭五〇年五月
〔O〕井上光貞氏「日本律令の成立とその注釈書」（日本思想大系『律令』解説）昭五一年一二月

⑴　通　説

養老律令の編纂については多くの論考があるが、通説としての養老二年成立説は瀧川政次郎氏の著書『律令の研究』第五章「養老律令」第一節「養老律令の編纂」にみられる見解によって代表されるであろう。瀧川氏は、養老律令編纂のことは当時の正史である『続日本紀』には見えないが、『弘仁格式』序（史料Ⅳ）・『続日本紀』天平宝字元年

十二月壬子条（史料Ⅲ）・『本朝法家文書目録』（史料Ⅵ）を根拠に、

故に其の編纂が養老二年（七一八年）に行はれたことは疑の余地がない。類聚国史、文部、国史条及び日本後紀、延暦十六年二月己巳条に拠れば、続日本紀は、もと三十巻あつた文武天皇元年以後天平宝字二年に至る記注を削つて二十巻とし、更にそれ以後延暦十年に至る記注を二十巻に勅成したものである。故に恐らくもとの三十巻の記注には養老度の律令撰定の記事があつたのを、延暦の撰修の際にこれを遺落したものでもあらうか。何れにしても続紀の編者が、養老撰令の論功行賞の記事を掲げながら、養老撰令の記事を脱してゐるのは大なる失体である。（一九四〜九五頁）

と述べられている。

(2) 近来の説

養老律令養老二年成立説に最も早く疑問を提出されたのは坂本太郎氏であった（論考〔B〕）。坂本氏は、養老律令の文章上の単なる刪定も満足に行われなかった例を挙げ、史料Ⅱ・Ⅲ・Ⅰなどを論拠として、「私にはこの養老二年の年紀が何か頼りないもののように思われてならない。」と述べ、養老律令刪定の事業が主任者である藤原不比等の薨去（養老四年八月）によって実質的に十分な成功を収めなかったことを示唆された（二八〜三一頁）。

坂本氏以降、戦後においては先に掲げたごとく諸々の養老二年成立否定説が発表されているが、野村忠夫氏の著書『律令政治の諸様相』序章（論考〔Ⅰ〕三四〜三六頁）には、それまでの養老二年成立説を批判する論点が要領よく整理されており、後の議論とも関係するので少し長くなるが引用させて頂くことにする。

○直接的な論点

（a）　関係史料との関連から引き出される論点。入唐請益生大倭忌寸小東人（後の大和宿禰長岡）は、遣唐使とともに養老二年十月に帰国、十二月中旬入京、翌三年正月に遣唐使は拝朝した。小東人が「刀筆ヲ執リ持チテ科条ヲ刪定」して、行賞賜田された事実は、養老律令の成立が養老三年正月より後であることを推測させる。またこの遣唐使がもたらしたとみられる開元三年（?）令が、養老律令の刪定に大きな影響を与えたと推測されることも、同じ意味を考えることができる。この論点は利光三津夫氏によって提示された。

（b）　現存の養老令内部の徴証から引き出される論点

(イ)　養老官位令が、養老三年九月および五年六月に創設された官職について、その官位相当を載せていることは、あるいは刪定が養老三年以降少なくとも五年六月ごろまで継続されたと解釈することができる。

(ロ)　養老三年二月に「初メテ」（「始メテ」ではない）姿を現わした官人の把笏制が、養老二年末帰京の遣唐使のもたらした唐衣服制の影響で創始され、これが養老令条に定着されたと推測できる可能性が濃い。この仮説が成立するとすれば、養老律令の成立は三年二月以降かと推測することが可能になる。

この（b）の論点は、いずれも拙稿で提示したものである。

○間接的・傍証的な論点

（a）　養老律令成立の時期を示す初見史料といえる『続日本紀』天平宝字元年五月の勅（史料B）およびこの章句を継承したとみられる天長三年十月の「額田国造今足解」（史料E）は、その時期を「養老年中」として、養老二年と限定してはいない。これは他の史料や論点と関連して、養老二年成立説を疑うべき一つの論拠となる。この論点は坂本太郎氏によって提示され、後者「額田国造今足解」の史料は、押部佳周氏によって追補された。

(b) 成立時点を養老二年とする初見史料は、『続日本紀』天平宝字元年十二月の太政官奏(史料C)である。この功田等級の決定に関する史料は、大宝律令の成立を大宝二年(事実は大宝元年か)に係け、養老律令は養老二年とするが、その年紀に絶対的な信頼がおけるかどうか疑わしい。坂本太郎氏は「大宝二年」と「養老二年」との連絡性を指摘して、この論点を提示された。また押部佳周氏は前者の誤記から後者の年紀への不信を指摘し、この『続日本紀』天平宝字元年の巻次が、『続日本紀』編修の過程で一たび草案が失われ、遅れて史料を蒐集し再編修された問題の巻次であると注意された。

(c) 大宝元年八月に成立した大宝律令での行賞賜田は三年二月に行われ、この間約一年半である。しかし養老律令の場合は養老六年二月に行賞賜田がみられた(史料A)。もし養老二年に成立したとするならば、行賞がやや遅すぎる感があるといえよう。この論点は坂本太郎氏によって提示された。

(d) 大宝律令の撰修は、その過程および成立時点がほぼ明らかであるのに、同じ『続日本紀』は養老二年の時点だけではなく、全く養老律令の成立時点での記載がない。この姿は、瀧川氏のように『続日本紀』編修上の失体による遺落と推測するよりも、その成立が養老二年ではなかったことを傍証するという理解に比重がかかりそうである。この論点は諸氏の見解のなかから、必然的に引き出されてくるであろう。

野村氏は右のごとく諸説を整理されたのであるが、利光氏が論考〔H〕で提示された『懐風藻』所載の藤原宇合七言長詩については別に議論しておられる。この詩に関しては第二項において改めて考えてみたい。野村氏は右の著書において、養老律令の成立を左のごとく結論づけておられる。

養老律令の刪定は、養老二年が開始の年ではありえても、成立の年ではありえない。その事業はむしろ三年以降に本格化し、養老四年八月における主宰者不比等の薨去によって実質的に終ったも同様であった。しかし積極性を喪失しながら、その仕事はつづけられ、養老五年後半～六年初めごろ、形式的に一応成立（?）として打ち切られたのである。そこに内容的な刪定の不備、不十分な点が見出されるのは否めない事実である。（五六頁）

野村氏の右の整理以後、泉谷康夫氏は論考〔J〕において養老令仲麻呂加筆説を提唱され、これに対して野村氏は論考〔L〕において仲麻呂による養老令修整加筆説が立証できないという消極的否定論で以て答えられた。(1)

林紀昭氏は、野村氏の論考〔G〕に対する書評〔K〕において、

養老律令の編纂終了と格の実施との先後関係が必ずしも明確に判別できぬ以上、氏の上限される養老五年後半の時期は、まだ編纂が終了していない確実な時期——大和長岡の刪修に参加した養老三年正月以降——に、戻さざるをえないのではなかろうか。なお養老六年二月を下限とする氏の見解は、衣服令朝服条集解私説所引、養老六年二月廿三日格によっても認められる事を附記しておく。（二六八頁）

と述べられた。これに対し野村氏は論考〔N〕において林氏の見解に触れられて、

この林氏の批判に、いま明快に解答する余裕をもたないし、また自説に固執するつもりもないが、私見の成立する可能性が消えたわけではない。ただ養老二年成立説の誤りであることだけは、動かしえないと考える。（一四四

頁）

と記しておられる。

利光氏は論考〔M〕において養老律令編纂の政治的背景を考察されて、新律令編纂の動機の大部分を不比等の功名心にのみ帰することを問題として、

律令の編纂、及びこれに伴う遣唐使派遣のことが、太政官の会議において認められ、さらに元正天皇、元明太上天皇の御裁可をうるに至ったことは、別に、万人を納得せしめるような動因があったものと推測せられるべきである。而して、その動機とは、既に和銅七年に立太子され、霊亀二年には、年十六歳に達し、早晩登極せられることが確実視されていた首皇子、即ち、聖武天皇のために、新律令を調進しておこうということであったと思う。（九九頁）

と述べられ、その編纂の遅れた理由を、「今回の編纂事業は、上述の如く首皇子の御即位に間に合えばよいと考えられていたからであろう。」（一〇六頁）とされ、「養老律令の編纂が終了せしめられた直接の原因は、養老五年十二月、元明太上天皇が崩御せられたことにあったと思う。」（一一七頁）と推定しておられる。

井上光貞氏は論考〔O〕において、利光・野村両氏の説を批判された。利光氏の養老律令霊亀二年編修開始説に対しては、大和長岡の律令刪定関与が霊亀二年以前であって、そのときに生じた疑問を携えて入唐し、帰国後その成果を用いれば養老二年中に律令を奏上することは可能であるとされた。野村氏説の衛府の医師や官人の笏の規定に対しては、養老令の格による一部施行の例とすべきだとされた。また坂本氏説に対しては、「私は坂本が養老二年説を疑

うことには別に異論をもたないが、まだ決定的な論拠はでていないといえる。」（七七四頁）と述べ、養老二年成立否定説を批判されているが、積極的に養老二年説を支持されている訳でもなく、疑問を提出して慎重を期しておられるごとくである。

二　いわゆる「直接的な論点」の批判

野村氏は、養老二年成立説を批判する「直接的な論点」の（a）として、先にも掲げたごとく、大和長岡の入唐請益の問題と、このときの遣唐使がもたらしたとみられる開元三年（?）令の問題を取り上げておられるが、これらについて、以下二段に分って論じてみたい。

(1)　大和長岡の関与について

大和長岡は、『続日本紀』神護景雲三年十月癸亥条の卒伝に、

霊亀二年、入唐請益、擬滞之処、多有二発明一、当時言二法令一者、就二長岡一而質レ之、

と見え、霊亀二年（七一六）八月、多治比真人県守を遣唐押使、藤原朝臣馬養（宇合）を副使とする第八次の遣唐使が任命されているが、長岡もこの一行に加えられて入唐請益したことがわかる。多治比真人県守は養老元年（七一七）三月に節刀を賜っているから、第八次の遣唐使一行は三月に難波津を出港したものと思われる。一行は養老二年十月には無事に筑紫に帰っており(2)、十二月壬申(十三日)には平城京に着き、甲戌(十五日)には節刀を進上している。同日条の『続日本紀』には、「此度使人略無二闕亡一」とみえている。

利光氏は論考〔D〕において、『旧唐書』日本伝の「所得錫賚尽、市文籍、泛海而還、」および『新唐書』日本伝の「悉賞物、貿書以帰、」の記事によって、「霊亀の遣唐使は、その帰国に際して、わが国民が愛好した美術品よりも、律令編纂に資する文籍を購入して帰ったのである。」（一四四頁）と述べられている。利光氏も紹介された（一四四頁）が、『旧唐書』日本伝には、

開元初、又遣使来朝、因請儒士授経、詔四門助教趙玄黙、就鴻臚寺教之、

と見え、これは長岡の請益生としての活躍を想像させる史料である。

ここで注意せらるべきは、『続日本紀』の長岡卒伝に見える「入唐請益」の語義である。もともと「請益《しょうやく》」の意味は、『日本国語大辞典』を借りると「仏語。師に対して不明の点につき、さらに一段の教えを請うこと。」とある。木宮泰彦氏は、その著『日華文化交流史』において、

請益とは已に教を受けて更に請ふところのあるものをいふので、例へば、日本の大学に於て明経なり紀伝なり、それ〴〵専門の学業を卒へた学生や、或は師僧に就いて一通の経論を習得した僧侶が、更にその蘊奥を極めんが為に留学するのである。（一三七頁）

と述べられている。高向玄理や南淵請安といった推古天皇朝の遣隋留学生の在留年数が三十年以上に及んだのに対して、請益生の場合は、その言葉の意味からも、また実際も在留期間は短かった。長岡の場合は、それまでの法令で擬滞していた問題を携えて霊亀三年（養老元）の三月以降に入唐し、彼の国の律学博士に疑問点を質し、多くの法律関係の典籍とともに、翌養老二年十月帰国した。

長岡の入唐請益に関して思い起こされるのは、『日本三代実録』貞観四年（八六二）八月の明法博士讃岐朝臣永直の卒伝である。そこには、

嘗大判事興原敏久、明法博士額田今人（足カ）等、抄二出刑法難義数十事一、欲レ遣二問大唐一、永直聞レ之、自請詳二解其義一、累年疑滞、一時氷釈、遣レ唐之問、因レ斯止矣、

とある。先に掲げた長岡の卒伝の記事と考え合わせると、長岡が遣唐使に加えられた霊亀二年八月以前に、大宝律令施行以後、多くの律令条文の意味や解釈、その他施行する上での疑問などが山積していたものと思われ、新律令を編纂施行するためにはこれらの疑義を質しておく必要があり、遣唐使一行に請益生として長岡が加えられたのもそのような事情によるものと思われる。井上氏が論考〔O〕で問題提起されたように、養老律令の刪定開始時期は霊亀二年の遣唐使任命以前に置いた方がよいのではなかろうか。私は「請益」の意味から考えて、井上氏の刪定開始時期に対する考え方は支持されるべきであろうと考える。

　霊亀二年八月に長岡の入唐請益が命ぜられたことから推測すると、新律令の編纂は元正天皇が即位された霊亀元年九月ごろに開始されていたのではなかろうか。もし、このころに開始されたとすると、長岡は入唐までに約一年半ほど編纂に関与したことになる。第八次遣唐使一行が帰国したことは、養老二年十月庚辰（二十日）に大宰府の使者によって中央に報ぜられているから、長岡のみがこの使者とともに入京したとすれば二十日、駅制を利用したとしても十月中には平城京に帰着できたと思われる。そこで長岡が、請益して得た唐土の新知識を開陳すれば、養老二年中に新律令が完成したとしても少しも不自然ではないであろう。

さて『懐風藻』所載の藤原宇合七言長詩であるが、まず議論に関係ある部分を左に掲げる。

七言、在二常陸一贈二倭判官留在レ京、一首、并序

僕与二明公一、忘レ言歳久、義存二伐木一、道叶二採葵一、待二君千里之駕一、于レ今三年、懸二我一箇榻一、於レ是九秋、如何授官同日、乍別二殊郷一、以為二判官一、公潔等二氷壺一、明逾二水鏡一、学隆二万巻一、智載二五車一、留二驥足於将レ展、預レ琢二玉条一、廻二皃鳥之擬レ飛、忝レ簡二金科一、何異下宣尼返レ魯、刪二定詩書一、叔孫入レ漢、制中設礼儀上、聞二夫天子下レ詔、包レ列置レ師、咸審二才周一、各得二其所一、明公独自遺二闕此挙一、理合二先進一、還是後夫、（中略）今贈二一篇之詩一、輒示二寸心之歎一、其詞曰、（中略）

日下皇都君抱レ玉、雲端辺国我調レ絃、清絃入レ化経二三歳一、美玉韜レ光度二幾年一、

この史料は、第一項で述べたように、利光氏が論考〔H〕において紹介されたものであるが、後に論考〔M〕においてもこの詩に論及して、「右の詩并序によれば、養老五年当時、長岡は、中央のいずれかの司或いは寮の判官であり、兼ねて律令删定官の一人でもあった。」（一一五頁）と述べられた。利光氏の説に対して、野村氏は、論考〔I〕において、①この詩が贈られた養老五年ごろの長岡が倭判官とよばれていたこと、②養老五年正月諸学芸の優秀者が退朝の後に東宮（後の聖武天皇）に侍せしめられ、また明経明法などの代表的な官人たちに賞賜がみられるが、長岡がいずれにも漏れていること、③養老六年二月の删定関係者への行賞賜田において長岡が賜田四町のグループに入ったことは彼の删定関係期間が相対的に短かかったこと、以上三点を論拠として、「私は小東人（私云、長岡）が、主宰者不比等の薨後、おそらく養老五年正月より前に、律令删修の仕事から切り離されて、某司判官としての職務に専念す

ることになったのではないかと想定したい。」（五五頁）と述べられて、利光氏説を批判された。すなわち、利光氏は養老五年当時長岡が律令删定官であったとされるが、野村氏は、不比等の薨後、養老五年正月以前に、長岡が律令删定の仕事を解かれたとされるのである。私は、養老律令は養老二年中には完成したと考えるから、この詩并序に「如何授官同日、乍別㆓殊郷㆒、以為㆓判官㆒」とあることにより、養老三年正月壬寅の叙位で藤原馬養は正五位上となり、『続日本紀』には見えないが、同時に常陸守に任ぜられて当国へ赴任し、長岡も、馬養と同じ日に昇叙され、法律を箇琢する役所の判官となったものと思う[3]。この詩并序に見える「玉条」「金科」を、利光・野村両氏はその意味するところを「養老律令」と限定しておられる[4]が、私は、「法令」「法律」といった一般的な意味に解して差しつかえないと考える。

以上、これを要するに、『続日本紀』、および『懐風藻』の詩并序を併せ考えると、養老二年帰朝の遣唐使によってもたらされた新知識により、新律令は年内に完成させられたものと思われる[5]。その完成には、入唐請益生としての大和長岡の力が大きく作用したであろう。養老三年正月に、この度の遣唐使の労に対して叙位があり、同時に馬養は常陸守に任ぜられ、長岡は法律関係の仕事を司る役所の判官に任用されたものと思われる。

(2)　開元令との関係について

石尾芳久氏は、論考〔C〕において、大宝令が養老令に改められる際に、開元三年令が参照された可能性を論じられ、一六条にわたって考察を加えられている。石尾氏は同論考において、「勿論開元令に開元三年令、七年令、二十五年令があるが、これら略大差ないものと考えられる。」（二〇八〜〇九頁）と述べられているが、『唐会要』巻三九定

格令に、

開元（中略）二十五年九月一日、復刪輯旧格式律令、中書李林甫、侍中牛仙客、中丞王敬従、前左武衛冑曹参軍崔冕、衛州司戸参軍直中書陳承信、酸棗県尉直刑部兪元杞等、共加刪緝旧格式律令及勅、総七千二十六条、其一千三百二十四条、于事非要、並刪除之、二千一百八十条、随事損益、三千五百九十四条、仍旧不改、総成律十二巻、律疏三十巻、令三十巻、式二十巻、開元新格十巻、又撰格式律令事類四十巻、以類相従、便于省覧、奉勅、于尚書都省写五十本、頒于天下、

とあって、開元二十五年度の刪輯は相当な規模で行われており、特に開元三年令・七年令と開元二十五年令との差異は無視できないように思われる。石尾氏の論に対して、すでに井上光貞氏は論考〔〇〕において、喪葬令職事官条を例に引かれて、

右の場合のように、永徽令によってなったと考えられる大宝令文を、その後の令文によって改めたと推せられる場合にも、必ず開元三年令によったと断定するにはなお未しの感が残るわけである。このように厳密に考えると、かなり適例と考えられるものにも問題は残るけれども、十六例の大部分が、開元令と養老令の関係について、今後解明すべき課題を投げかけていることは否定できない。（七七五頁）

と問題点を指摘しておられる。そこでここでは、石尾氏の挙げられた一六例について検討を加えてみたいと思う。

（一）　大宝令の官員令を養老令で職員令と改めているが、石尾氏は、開元二十五年令には「皇帝妃嬪、及太子良娣以下為内命婦、公主及王妃以下為外命婦、今内命婦、具職員令中、」とあることを以て、この改竄が『唐開元令』に

依拠せる改竄であることは明白であるといわれている（一〇九頁）。しかし『唐六典』巻六に、

隋開皇、命二高熲等一、撰二三十巻一、一官品上、二官品下、三諸省職員、四諸寺職員、五諸衛職員、六東宮職員、七行台諸監職員、八諸州郡県鎮戍職員、九命婦品員、十祠、十一戸、十二学、十三選挙、十四封爵俸廩、十五考課、十六宮衛軍防、十七衣服、十八鹵簿上、十九鹵簿下、二十儀制、二十一公式上、二十二公式下、二十三田、二十四賦役、二十五倉庫厩牧、二十六関市、二十七仮寧、二十八獄官、二十九喪葬、三十雑、

とみえて、すでに隋の開皇令において「職員」の名称がみえている。唐の武徳・貞観・永徽三令の篇目は伝わらないが、『唐会要』巻三九に、

武徳元年六月一日、詔二劉文静一、与二当朝通識之士一、因二隋開皇律令一、而損二益之一、遂制為二五十三条一、務二寛簡一、取二便于時一、其年十一月四日、頒行、仍令二尚書令左僕射裴寂、吏部尚書殷開山、大理卿郎楚之、司門郎中沈叔安、内史舎人崔善為等一、更撰二定律令一、十二月十二日、又加二内史令蕭瑀、礼部尚書李綱、国子博士丁孝烏等一、同修レ之、至二七年三月二十九日一成、詔頒二于天下一、大略以二開皇一為レ准、正二五十三条一、(6) 凡律五百条、格入二于新律一、他無レ所二改正一、

とあって、武徳令は、「大略以二開皇一為レ准、」とみえるように、その篇目は開皇令に等しかったと考えられる。また、『旧唐書』経籍志、『旧唐書』芸文志に、その巻数が三一巻であることがみえるが、これは『隋書』経籍志に、「隋開皇令三十巻、目一巻」とある「目録一巻」を加えて「三十一巻」と記されたものと思われる。(7) 『唐会要』巻三九によると、貞観令は三〇巻二七篇、永徽令は三〇巻より成っていたことが知られるが、その篇目の詳細は伝わらない。しかし、

『唐六典』によって伝えられている開皇令と開元七年令の篇目に「職員」の語が見えることからして、日本の大宝令の藍本となった永徽令に「職員」の篇目が存在したことは疑い得ないであろう。

（二）　大宝戸令三歳以下条は、大宝二年戸籍や『令集解』同条『古記』などによって、

凡男女、三歳以下為レ緑、十六以下為レ小、廿以下為レ少、其男廿一為レ丁、六十一為レ老、六十六為レ耆、無レ夫者、為二寡婦一、

と復原される。(8) 養老令同条では、

凡男女、三歳以下為レ黄、十六以下為レ小、廿以下為レ中、其男廿一為レ丁、六十一為レ老、六十六為レ耆、無レ夫者、為二寡妻妾一、

と改められている。石尾氏は、武徳令・開元七年令に、

諸男女始生為黄、四歳為小、十六為中、二十一為丁、六十為老、

とあり、開元二十五年令に、

無夫者為寡妻妾

とみえる(9)ことを論拠に、緑→黄、少→中、寡婦→寡妻妾への改定が武徳令あるいは開元令によるものであることを述べられている（一〇九～一一〇頁）。しかし、『通典』巻七食貨七丁中の記事などによって知られる隋の開皇令には、

男女三歳以下為黄、十歳以下為小、十七以下為中、十八以上為丁、以従課役、六十為老乃免、

とあって、隋の開皇令にすでに「黄」「中」の用語がみえるのであって、開皇令を准正とした唐初の武徳令では、条

文の体裁は変わったが、黄・小・中・丁・老の用語は不変であり、恐らく大宝令の藍本となった永徽令においてもその用語は用いられていたと考えるのが穏当であろう。すなわち、大宝令では、唐の「黄」の用語にかえて、極めて日本的な用語である「緑児（みどりご）」の「緑」を採用したが、養老令においては、唐令の用語の採用にふみきったといえるであろう。「少丁」を「中男」に改めたのも同じ考え方によるものであろうが、「少丁」の語が何に由来するかはわからない。大宝二年の御野国戸籍には、「次丁」「次女」の記載がみられるが、『晋書』巻二六食貨志から知られる晋戸調令に、

男女年十六已上、至六十為正丁、十五已下至十三、六十一已上至六十五為次丁、十二已下六十六已上為老小、不レ事、

とあるのに近い。日本令が六六を「耆」としているのも、この晋の制と関係があるかもしれない。[10]戸令・賦役令などをみると、唐制では丁男と中男が課口で老男（六〇歳以上）は不課口であるが、日本の制は丁男・中男（少丁）および老男が課口で耆老（六六歳以上）が不課口となっている。右に掲げた隋の開皇令では、すでに「六十為老乃免」とみえて、老男は不課口であったことが知られるから、日本令が老男を課口としたのは晋戸調令の影響を受けている可能性がある。「寡妻妾」の用語は、仁井田氏の『唐令拾遺』（六〇九頁以下）によると、武徳令および開元七年令の田令にもみえているから、永徽令にも存在した可能性が大きい。日本令では、戸令の六条・一三条・二三条にみえるが、『古記』によって復原される大宝令には、それぞれ寡婦・寡婦・寡妻とあったと考えられている。[11]唐令で「寡妻妾」となっていたところを、大宝令で「寡婦」「寡妻」と改めたが、養老令では唐制に従ったと思われる。

（三）　大宝令夫妻条は、

凡官戸、陵戸、家人、公私奴婢、与二良人一為二夫妻一、所レ生子、不レ知レ情者従レ良、皆離レ之、其逃亡所レ生子皆従レ賤、

とあったと思われるが、(12)養老令同条では「子」を「男女」と改めている。『唐律疏議』所引の令（開元二十五年令と考えられている）(13)に、「所生男女」とみえることを以て、石尾氏は、本条の養老令における改竄が『唐開元令』に依拠したものであることを推定されている（一一〇頁）。しかし、養老令の藍本である唐永徽令本条が「所生男女」となっていなかった証拠も存在しない。

（四）　大宝田令王事条は、同条集解所引の『古記』によって、

凡因二王事一、没二落外蕃一不レ還、有二親属同居一者、其身分之地、三班乃追、身還之日、随レ便先給、即身死二王事一者、其地伝レ子、

となっていたと考えられる。(14)養老令は、大宝令の「三班乃追」を「十年乃追」と改めている。また、『通典』巻二食貨二田制下などによると、開元二十五年令では「六年乃追」となっていたことがわかる。(15)そこで石尾氏は、「大宝令の十八年を十年に短縮することについて唐開元令の影響を受けたことが推定される。」と述べられている。石尾氏は、大宝令の「三班」を「十八年」と解しておられるが、同条『古記』には、

古記云、三班乃追、謂二班之後、三班之年、即収授也、問、計レ班之法、未レ知、若為、答、以二身死一応レ収レ田条一種、仮令、初班之年、知レ不二還収一、三班収授、又初班之内、五年之間亦初班耳、

とあり、また、田令六年一班条『古記』には、

古記云、初班、謂六年也、後年、謂再班也、班、謂約二六年一之名、仮令初班死、再班収也、再班死、三班収耳、
問、人生六年得レ授レ田、此名為二初班一、為当、死年名二初班一、未レ知二其理一、答、以二始給レ田年一為二初班一、以二死年一為二初班一者非、問、上条三班乃追、与二此条三班収授一、其別如何、答、一種无レ別也、三班収授、謂即三班収授也、

とみえて、一班は六年であり、「因二王事一、没二落外蕃一不レ還」の時点から三班までの期間は、「六年以上十二年未満」であったと考えられる。[16] 故に、養老令において「十年乃追」と改めたことは、必ずしも短縮とはいえない。唐制では班田は毎年行われたが、日本令では六年一班であり、本条の規定も、大宝令では班年を基準としていたが、養老令では、班年ではなく、「不レ還」より十年という年数に改定されている。そこには「班年」を基準とする考え方から、「不レ還」からの年数（この場合は十年）による考え方への変遷がみられる。唐の永徽令の規定がどのようなものであったか明らかではないが、恐らく開元二十五年令の「其身分之地、六年乃追、」の規定と大きな差異はなかったものと思われる。唐制の毎年班田制を、大宝令で六年一班制に改めたのに関連して、本条も唐令の「六年乃追」を「三班乃追」に改定したものと考えられる。[17] 養老令では、口分田が次第に不足してきたこととともに、唐制に近づける意図もあって、「十年乃追」としたものと思われるのである。

（五）　大宝田令班田条は、

凡応レ班田者、毎二班年一、正月卅日内、申二太政官一、起二十月一日一、京国官司、預校勘造レ簿、至二十一月一日一、総集対共給授、二月卅日内使レ訖、

とあったと考えられるが、[18] 養老令では、「総集対共給授」を「総ニ集応レ受之人一、対共給授、」と改めている。『唐律疏議』『宋刑統』によって知られる開元二十五年令には、「総集応退応受之人、対共給授、」とある。唐制の「応退応受之人、」を養老令では「応受之人、」に改めているのであるが、これは日唐の田制の差異に基づくものと思われる。すなわち、唐制では、年齢などによって授田額に変更のあることがあり、「応退之人」が存在したが、日本の田制では、口分田が収公されるのは、本人が死亡した場合などで、班田に立ち合うことが不可能であったから、唐令にみえる「応退」の語を省いたものであろう。[19] 永徽令の制は不明であるが、開元二十五年令と大きな相違はなかったものと考えられる。また、本条冒頭に、唐令では「諸応収授之田、毎年、」とあり、養老令では「凡応レ班田者、毎ニ班年一、」とみえるのも、日本令で彼の「応退」を除いたことと関係があろう。

（六）　大宝田令在外諸司職分田条は、

凡在外諸司公廨田、大宰帥十町、（下略）

とあった思われるが、[20] 養老令は「公廨田」を「職分田」と改めている。石尾氏は、本条を『唐六典』『通典』などによって復原される、

諸州及都護府親王府官人職分田、二品一十二頃、（下略）

の条文（開元七年令・開元二十五年令）と対比しておられる[21]（一一〇～一一一頁）。しかし、私は、本条は、

諸在外諸司公廨田、大都督府四十頃、（下略）

の唐令条文に対応するものと思う。[22] 唐制では、「公廨田」は公用に供されるものであったが、大宝令では、その官職

にある者の私用に供されたのではなかろうか。故に、養老令においては「職分田」と改めたものと思われる。田令三四条における、大宝令の「公廨田」から養老令の「職分田」への変更も、同様の意味を持つものと考えられる。『通典』などによれば、隋の開皇令には、すでに「公廨田」「職分田」の両方の用語が存したことが知られ(23)、大宝令から養老令への改変が開元令に依拠するものであるとは断言できないであろう。

（七）　大宝田令在外諸司条には、

凡在外諸司公廨田、交代以前種者、入二前人一、若前人自耕未レ種、後人酬二其功直一、闕官田、用二公力一営種、所レ有当年苗子、新人至日、依レ法給之、

とあったと考えられるが(24)、養老令では、「公廨田」「依レ法給之」を各々「職分田」「依レ数給付」と改めている。『唐六典』巻三戸部郎中員外郎条註に、

凡給公廨田、若陸田限三月三十日、稲田限四月三十日、以前上者並入後人、以後上者入前人、其麥田以九月三十日為限、

とあり、また『通典』巻二食貨二田制下に、大唐開元二十五年令として、

諸職分陸田限三月三十日、稲田限四月三十日、以前上者並入後人、以後上者入前人、其麦田以九月三十日為限、若前人自耕未種、後人酬其功直、已自種者、准租分法、其価六斗以下者、依旧定、以上者、不得過六斗、並取情願、不得抑配、

とみえる。ところで、田令集解本条の釈云には、

養老八年正月廿二日格云、凡新任外官、五月一日以後至レ任者、職分田入二前人一、其新人給レ粮、限二来年八月卅日一、若四月卅日已前者、田入二後人一、功酬二前人一、即粮料限二当年八月卅日一、

とあって、この格の内容は、外官の交替にともなう職分田の苗子の所属について、前人と新人（後人）のいずれにするかをはっきりとさせるために、その時期を決めたものである。この格は、右に引用した唐田令の規定と密接な関係がある。すなわち、外官の交替にともなう職分田（大宝令では公廨田であるが、内容的には等しいと考えられる。）からの収穫を、前人のものとするか後人のものとするかという点に関して、大宝令養老令ともに、「交替以前種」とか「未種」といった表現で一定の期日を定めていなかったが、養老八年に至って、唐令の制度を用いて、その時期を「四月三十日」と確定したものと考えられる。[25]『唐六典』の註は開元二十五年以後に成ったと考えられているから、[26]開元七年令・三年令・永徽令の規定は明らかではないが、日本の養老八年格によって、開元三年令またはそれ以前の永徽令にも開元二十五年令に近い規定が存在したことを推定し得るであろう。養老二年に帰朝した第八次の遣唐使によって開元三年令がもたらされ、その田令中に右に掲げた唐開元二十五年令に近い規定（「四月卅日」の語句を含む。）が存在したにもかかわらず、養老令ではこの規定を採用しなかったと思われるのである。[27]

（八）　大宝賦役令蠲符条では、

凡任官応レ免二課役一者、皆待二蠲符至一、然後注レ免、符雖レ未レ至、位記灼然者亦免、

とあったと思われるが、[28]養老令では、冒頭の「任官」の二字を除き、「位記灼然者亦免、」を「験二位記一、灼然実者亦免、」と改めた。「任官」の二字を養老令で除いたのは、唐の官品制と日本の官位制との差異に気づいた養老令の編纂

者が、意味を整えるために除いたものと思われる。[29]石尾氏は、「験㆓位記㆒、灼然実者亦免、」の「験」と「実」の二字が養老令に加えられたことを以て、開元七年令二十五年令による改竄であると推定されている（一一一頁）。しかし、永徽令および開元三年令の規定は不明であり、あるいはすでに、永徽令に「験告身、灼然実者亦免、」とあり、大宝令にも「験位記、灼然実者亦免、」とあったかも知れないのである。私は、本条『古記』の「位記灼然者亦免、」という引用文に省略のある可能性も考えてみる必要があると思う。

（九）養老賦役令貢献物条は、

凡諸国貢献物者、皆尽㆓当土所出㆒、其金、銀、珠、玉、皮、革、羽、毛、錦、罽、羅、縠、紬、綾、香薬、彩色、服食、器用、及諸珍異之類、皆准㆑布為㆑価、以㆓官物㆒市充、不㆑得㆑過㆓五十端㆒、其所㆑送之物、但令㆑無㆓損壊穢悪㆒而已、不㆑得㆓過㆑事修理、以致㆓労費㆒、

となっている。考課令内外官条集解所引の『古記』などによって復原される大宝令本条は、その冒頭が養老令の「諸国」に対して「朝集使」となっている以外は養老令に等しかったと思われる。[30]『通典』巻六食貨六賦税下註によって知られる開元二五年令には、

諸諸郡（州カ）貢献、皆尽当土所出、准絹為価、不得過五十疋、並以官物充市、所貢至薄其物易供、

とあるから、[31]冒頭の部分は養老令に近い。しかし、大宝令の藍本となった永徽令の規定は不明であり、永徽令にすでに「諸州」とあった可能性も否定できないであろう。

（一〇）養老令の考課令という編名は、大宝令では考仕令となっていた。また、浄御原令も大宝令と同じ考仕令と

いう編名であったと考えられている。(32)『唐六典』巻六によると、中国では隋の開皇令にすでに考課令の編名がみえている。大宝令の藍本となった永徽令の編名は明らかではないが、開元七年令および二十五年令も考課令とあったと考えられるから、永徽令も同様であったと思われる。浄御原令・大宝令においては隋唐の令に拠らないで考仕令の編名を置いたが、養老令では中国風の編名を採用することとして考課令に改めたものと考えられる。

（一二）大宝考課令内外官条は、

凡内外文武官初位以上、毎レ年当司長官、考二其属官一、応レ考者、皆具録二一年功過行能一、並集対読、議二其優劣一、定二九等第一、八月卅日以前校定、京官畿内、十月一日、外国、十一月一日、考文附二朝集使一、送二太政官一、考後功過並入二来年一、若本司考訖以後、太政官未レ校以前、犯罪断訖、准レ状合二解及貶降一者、仍即附レ校、有レ功応レ進者、亦准レ此、無二長官一、次官考、

となっていたと思われるが、(33)養老令では、大宝令の「京官畿内、十月一日、外国、十一月一日、考文附二朝集使一、送二太政官一」「若本司考訖以後、太政官未レ校以前、」の部分を、各々、「京官畿内、十月一日、考文申二送太政官一、外国、十一月一日、附二朝集使一申送、」「若本司考訖以後、省未校以前、」と改めている。日本の官制は、唐の三師三公三省六部九寺の複雑な官制を簡略化して、二官八省とした。職員令太政官条には、

太政大臣一人

右師二範一人一、儀二形四海一、経レ邦論レ道、燮二理陰陽一、无二其人一則闕、

とあって、日本の官制における太政大臣が、唐官制の三師三公に相当するものであったことがわかるが、また日本令における太政官は、唐制の三省の一つである尚書省にも相当し、我国の太政大臣は彼の尚書令に比されるものであ

った。[34] 考課令本条集解、および分番条集解によると、大宝令で「太政官」とある部分が唐令では「尚書省」であったことがわかるが、これは大宝令の編纂者が、唐令を継受するにあたって、彼の複雑な官制を我国の国情に合うように簡略化して二官八省の官制を設けたときに、彼の令にある「尚書省」の語を「太政官」と置き換えたことに基づくものと思われる。養老令において、大宝令の「太政官」を「省」と改めたのは、校定の実際面を反映させたのと、唐制の「尚書省」の「省」に影響された唐風化の方針によるものと考えられる。永徽令本条については明らかではないが、養老令本条に近い形ではなかったかと思われる。「京官畿内」と「外国」の場合の規定が大宝令と養老令で異なるように考えられるが、実際上の差異はほとんどなく、養老令制でも畿内諸国の考文は朝集使に附されたと考えられ、この場合も養老令がより唐令風に改められたものと考えてよいのではなかろうか。

（一二）　大宝考課令官人景迹条は、

凡官人景迹功過、応レ附レ考者、皆須二実録一、其未レ任レ官前、犯二私罪一、断在二今任一者、亦同二見任法一、即改レ任、応下計二前任日一為上考者、功過並附、（下略）

となっていたと思われるが、[35] 養老令同条では、大宝令の「其未レ任レ官前、犯二私罪一」を「其前任有レ犯二私罪一」と改めている。『五代会要』『冊府元亀』などによって復原される開元二十五年令本条は、

諸官人景迹功過、応附考者、皆須実録、其前任犯私罪、断在今任者、同見任法、即改任、応計前任日為考者、功過並附、（下略）

とあって、[36] 右の差異に関して言えば養老令に近い。永徽令の規定は不明であるが、右掲の部分に関しては開元二十五

年令と差異がなかったのではなかろうか。私は、大宝令が『唐永徽令』に「其前任犯私罪」とあったのを「其未レ任レ官前、犯二私罪一」と改めたが、養老令では唐令風に「其前任有レ犯二私罪一」に改めたものと思う。名例律官当条疏文に、

私罪、謂、不レ縁二公事一私自犯者、雖レ縁二公事一、意渉二阿曲一、亦同二私罪一、対レ詔詐不レ以レ実者、対レ詔雖レ縁二公事一、方便不レ吐二実情一、心挟二隠欺一、故同二私罪一、受レ請枉レ法者、謂、受二人属請一、屈レ法申レ情、縦不レ得レ財、亦為二枉法一、此例既多、故去二之類一

とあって、「私罪」とは官人の犯す罪であり、大宝令の「其未レ任レ官前、犯二私罪一」という規定は、名例律官当条の「私罪」と矛盾するために、養老令において改められた可能性がある。また、大宝令本条にはすでに「前任日」の語句が存在することからも、その前段の「未任官前」の語句はおちつきが悪く、養老令において「前任」と改められたことによって、文意が整ったとみることができるであろう。

(一三) 大宝宮衛令宮閤門条は、

凡応レ入二中内門一者、皆本司具注二官位姓名一、送二中務省一、付二衛府一、各従二便門一著レ籍、但五位以上著二籍中門一、皆非二著レ籍之門一者、並不レ得レ出、(下略)

とあったと思われるが[37]、養老令本条では、「中内門」「皆本司」「中門」を各々「宮閤門」「本司」「宮門」と改めている。唐の京城宮城の諸門は、『唐六典』巻八城門郎の註に、

明徳等門為二京城門一、朱雀等門為二皇城門一、承天等門為二宮城門一、嘉徳等門為二宮門一、太極等門為二殿門一、通内等門

並同二上閤門一、東都諸門准レ此、

とあって、京城門・皇城門・宮城門・宮門・殿門・上閤門の六種類あったことが知られる。日本においては、京城門・宮城門・宮門・殿門・閤門の五種類であったことが、衛禁律行宮諸門条・宮門外守衛条などによってわかる。また、『唐六典』巻二五左右監門衛大将軍条によって復原される開元七年令本条には、

凡京司、応以籍入宮殿門者、皆本司具其官爵姓名、以移牒其官、（若流外官、承脚色、幷具其年紀顔状、）以門司送于監門勘同、然後聴入、

とみえる。[38] 大宝令では唐制を改めて外門・中門・内門という名称を採用したが、養老令では唐令風に宮城門・宮門・閤門と改称したものと思われる。永徽令の規定は明らかではないが、恐らく『唐六典』にみえる諸門の名称と相違なかったのではなかろうか。

（一四）　養老儀制令五等親条は、

凡五等親者、父母、養父母、夫、子為二一等一、（中略）高祖父母、従祖々父姑、従祖伯叔父姑、夫兄弟姉妹、兄弟妻妾、再従兄弟、外祖父母、舅、姨、兄弟孫、従父兄弟子、外甥、曽孫、孫婦、妻妾前夫子為二四等一、妻妾父母、姑子、舅子、姨子、玄孫、外孫、女聟為二五等一、

とあるが、喪葬令服紀条集解に「舅、姨、」の解釈として、「古記云、舅、従母、釈親云、母之昆弟為レ舅、母之姉妹為二従母一、案外祖父之子、母之兄弟姉妹也、俗云二母方乎遅乎婆一也、」とあって、養老令にみえる「姨」は大宝令では「従母」となっていたと考えられる。また、養老戸令嫁女条には「舅、従母、」の用語が二ケ所みえ、同条集解による

と養老雑律姦従祖祖母姑条にも「従母」の語句が存したごとくである。一方、養老名例律八虐条の五曰不道の疏文には「依令、従祖伯叔父姑、舅姨、再従兄姉等是、」とみえる。(39)『唐六典』巻一六宗正卿条には、

凡皇周親皇后父母、為第一等、準三品、(中略)皇緦麻親、為第四等、皇祖免親、太皇太后小功卑属、皇太后皇后緦麻親、及舅母姨夫、為第五等、並準六品、其籍如州県之法、

とあって、養老儀制令本条の「姨」は唐の皇帝五等親制の「姨夫」の用語に由来することが看取される。現存の『唐律疏議』をみると、戸婚律嫁娶違律条の疏文、雑律姦従祖祖母姑条の本文および疏文に「従母」の語句がみえ、名例律十悪条八曰不睦の疏文、戸婚律同姓為婚条の本文および疏文には「姨」の用語が使われている。『爾雅』の釈親に「母之姉妹曰従母、」「妻之姉妹同出為姨、」とあり、『左伝』襄公二十三年の「穆姜之姨子也、」の記事についての疏に「抛父言之、謂之姨、抛子言之、当謂之従母、但子效父語、亦呼為姨、」とみえて、本来、「従母」とは母の姉妹を言い、「姨」とは妻の同母姉妹を呼んだのであって、その称呼の対象は同じであったが、主格は一方が子であるのに対し他方は夫であるという相違があったものと思われる。現存の『唐律疏議』にはこの二種類の用語がみえるのであるが、永徽律および令にも「従母」ならびに「姨」の両様の語句が存在したのではなかろうか。私は、大宝律令の藍本となった永徽律令に「従母」「姨」の二つの用語がともに使用されていたが、大宝律令の編纂者はこれを「従母」の用語に統一したのではないかと考える。そして養老律令の編者はこの二つの語句の意味の違いに気づき、唐律令の用語に従ったのではないかと思う。

(一五) 養老喪葬令職事官条には、

凡職事官薨卒、賻物、正従一位、絁卅疋、布一百廿端、鉄十連、（下略）

とあるが、同条集解の『穴記』に「古及本令、称㆓百官㆒、此令、称㆓職事㆒」とみえて、古令と本令、すなわち大宝令と唐令（恐らく永徽令）では、右の「職事官」の部分が「百官」となっていたと考えられる。(40)『白孔六帖』巻六五賻贈、および『通典』巻八六礼四六凶八喪制之四賵賻によって知られる開元七年令および二十五年令には、

諸職事官薨卒、文武一品、賻物二百段、粟二百石、（下略）

とある。(41)大宝令は、永徽令の用語を継承して「百官」としたが、養老令では、開元七年令または二十五年令によって「職事官」に改めたものと思われる。(42)

（一六）　養老獄令杖笞条には、

凡杖皆削㆓去節目㆒、長三尺五寸、訊㆑囚、及常行杖、大頭径四分、小頭三分、笞杖、大頭三分、小頭二分、

とあるが、『律書残篇』には、

今新令刪定、杖長三尺五寸、頭三分末二分、節侄皮皷、削可㆑用者、古条云、長三尺六寸、頭四分末三分非㆑法、

新令不㆓用須㆒也、

とみえて、(43)大宝令本条での杖長は「三尺五寸」であったことがわかる。(44)『旧唐書』巻五〇刑法志、『唐六典』巻六刑部郎中員外郎条註、『唐律疏議』巻二九断獄上決罰不如法条、『通典』巻百六八刑六考訊附などによると、唐制では貞観令から開元二十五年まで、杖長は「三尺五寸」である(45)（恐らく永徽令も同じ）。故に、唐令を継受するにあたって、大宝令では何らかの理由によって彼の「三尺五寸」を「三尺六寸」と改めたが、養老令では唐制を採用したものと思われ

る。

以上、石尾氏の挙げられた一六例について少しく検討を加えたが、養老令の編纂に影響を及ぼす可能性のある開元三年令に確実に比定される例は一例もなく、僅かに第一五例において、開元七年令または開元二十五年令による変改の可能性が高いことを指摘し得るのみである。(46) 故に、養老令編纂に開元三年令が利用されたとする証拠は、現在のところ見出し得ないといえるのではなかろうか。

なお、石尾氏は、瀧川氏が論考〔A〕（三六二頁下）で指摘された、大宝律と養老律の異同七ケ条についても検討を加えておられるが、開元三年には、格式令の删定があったのみで、律には手が加えられておらず、律の删定は開元七年と二十五年に行われているから、養老律編纂時点での開元律の影響は不問に附してよいであろう。

三　いわゆる「現存の養老令内部から引き出される論点」の批判

第一項に掲げたb(イ)の論点は、野村氏の論考〔G〕および〔I〕によって提示されたものである。野村氏は、養老三年九月に置かれた衛門府医師、および養老五年六月に置かれた左右兵衛府医師の官位相当が養老官位令に記載されていることを以て、養老律令の删定が養老三年以降少なくとも五年六月ごろまで継続されたと解釈された。しかし、林氏（論考〔K〕）、および井上氏（論考〔O〕）が批判されたごとく、野村氏の指摘された右の例は、完成後直ちに施行されなかった養老令と同一内容の格が単行法令として実施されたもの、と解した方が穏当であろう。

b(ロ)の論点も、野村氏の論考〔G〕および〔I〕によって示されたものである。唐における把笏制については、

『唐会要』巻三二輿服下に「笏」として、

武徳四年八月十六日詔、五品已上執象笏、已下執竹木笏、旧制、三品已下、前挫後直、五品已上、前挫後屈、武徳已来、一例上円後方、其日勅、凡周制七、周礼、諸侯以象、大夫以魚須文竹、晋宋以来、謂之手板、自西魏後、五品已上、通用象牙、六品以下、兼用竹木、近唯尚書郎執笏、公卿但以手板、後周保定四年、百官始執笏、至晋宣時、内外婦人執笏、其拝俛伏興倶執之、

開元八年九月勅、諸笏、三品已上、前屈後直、五品已上、前屈後挫、並用象、九品已上、竹木、上挫下方、男以上聴依品爵執笏、仮板官亦依例、

とみえる。唐の高祖の武徳四年は西暦六二一年、日本では推古天皇二十九年に相当する。推古天皇朝の末年から舒明天皇朝にかけては、聖徳太子が派遣した遣隋留学生が二〜三十年に及ぶ留学を終えて帰国し、隋・唐の新知識を日本に齎すが、このときに隋の大業令や唐の貞観格勅などが輸入されたものと考えられる[47]。恐らく、武徳四年詔にみえる把笏制についても、当時の朝廷にはその内容が伝わっていたものと推測されるのである。ただし、把笏制が日本において採用されたのは、養老令からである可能性が強い。養老三年二月壬戌条の『続日本紀』には、

初令天下百姓右襟、職事主典已上把笏、其五位以上牙笏、散位亦聴把笏、六位已下木笏、

とみえて、養老令の内容が単行法令として実施に移されたものと思われる。野村氏は、養老三年二月の把笏制が養老令条の把笏規定として定着したと解しておられる（論考〔Ⅰ〕四二〜四三頁）が、私は、把笏制の内容がすでに推古天皇朝の末年から舒明天皇朝には日本に伝わっていたと推定されることからして、養老二年末に帰国した遣唐使一行が翌

三年正月に「入唐使等拝見、皆著二唐国所レ授朝服一」したことを契機に、養老令条の把笏に関する規定が施行されたものと考える。(48)

四　いわゆる「間接的・傍証的な論点」の批判

野村氏が論点（a）として取り上げられたのは、史料IIおよびVにみえる「養老年中」の語句の問題である。史料Vは史料IIの内容を承けたものと考えられるので、ここでは史料IIについて検討してみたい。史料IIにみえる「養老年中」の語句は、文章の構造上前出の「頃年」と対句をなすと考えられ、これを以て養老二年の年紀を否定することはできないのではなかろうか。史料IIIおよびIVには「養老二年」と明記されており、本節の第二項第三項に述べた批判が認められるとすれば、史料IIおよびVにみえる「養老年中」の語句は、さほど問題とするに足らないであろう。

論点（b）は、史料IIIが木宝律令の成立を「大宝二年」とする問題である。『続日本紀』大宝元年八月癸卯条には、「撰二定律令一、於レ是始成、大略以二浄御原朝庭一為二准正一、仍賜レ禄有レ差、」とあり、大宝二年十月戊申条には、「頒二下律令于天下諸国一」とみえて、大宝律令の撰定は大宝元年であり、その頒下、すなわち全国への施行は翌大宝二年のことであった。史料IIIで大宝二年を「修二律令一」とするのは、確かに問題のある表記である。しかし、大宝律令の成立は「大宝元年」の明証があるのだから、「二年」は明らかに誤写とみてよいと思われる。(49)坂本氏は論考〔B〕（三〇頁）において、

私にはこの養老二年の年紀が何か頼りないもののように思われてならない。先の勅には養老年中とあつて二年と

限定していないことや、功田を定めた太政官奏には大宝律令の撰修を大宝二年に係けていて、それと養老二年との連絡が思われることなどは考慮に値しないであろうか。

と述べられ、また、押部氏は論考〔E〕（二八頁）において、「大宝二年に律令を修したというのは明らかに誤謬である。一方、養老律令の場合、養老二年という年代にも絶対の信頼をおいてよいかどうか迷わざるを得ない」と記され、両氏とも養老二年の年紀を疑っておられる。しかし、別の確実な史料によって養老二年が誤りと判断されるときに初めてこの「養老二年」を疑うというのであればそれは差し支えないが、異説の確証もないのに「大宝二年」の誤写に引かれて同じ太政官奏中の「養老二年」までも同様に疑わしいとするのは論理の飛躍であろう。

論点（d）は、『続日本紀』に養老律令の完成の記事を載せていないことに関する問題である。ここで考えてみなければならないのは、はたして『続日本紀』には当時の重要な史実が網羅されているのかという問題であろう。『続日本紀』に記載されていない顕著な例を一つ挙げるとすれば、霊亀元年式による郷里制の実施と天平十二年ごろのその廃止であろう。[50] 大化改新の詔には、「凡五十戸為ㇾ里」とあるが、改新詔の藍本となったと考えられる唐令には、「百戸為里、五里為郷、四家為鄰、五家為保、」とあったと思われる。[51] 改新詔では、当代の日本の社会状態を反映して「五十戸為ㇾ里」として編戸を実施するという方針を立てたが、大化以来七十年を経て社会も段々に向上し戸口も増加したので、当代の唐風化政策もあって霊亀元年に至って唐制を採用して郷里制を実施したものと考えられる。この変化は民政上重要なものと思われるが、なぜか『続日本紀』には全く記載されていないのである。その理由としては、『続日本紀』編纂時点での編纂者の問題関心ということを考慮する必要があるのではなかろうか。すなわち、『続日本紀』は延暦十六年（七九七）の成立であるが、当時は郷里制はすでに廃止されて郷制となっており、郷里制は現行法でなかったために関心が薄く洩れてしまったと考えられないであろうか。

養老律令の場合も、『続日本紀』の編纂時においては、その完成よりも施行により重要な意味があったので、施行の記事だけが重視され、それのみが『続日本紀』に記載されたものと考えられる。

以上、野村氏の整理された四つの論点のうち（a）・（b）・（d）について述べたが、（c）のなぜ行賞賜田が遅れたかという問題は重要な論点であり、項を改めて考えることとする。

五　養老律令の行賞の遅れた理由

養老律令の編纂については、その完成を伝える記事が『続日本紀』の当該年次の条にみえない。そこで大宝律令の場合についてみると、『続日本紀』大宝元年八月癸卯条に、

遣二三品刑部親王、正三位藤原朝臣不比等、従四位下下毛野朝臣古麻呂、従五位下伊吉連博徳、伊余部連馬養等一撰二定律令一、於レ是始成、大略以二浄御原朝庭一為二准正一、仍賜レ禄有レ差、

とみえ、その行賞については大宝三年二月丁未条に、

詔、従四位下下毛野朝臣古麻呂等四人、預レ定二律令一、宜レ議二功賞一、於レ是、古麻呂及従五位下伊吉連博徳、並賜二田十町封（百）五十戸一、贈正五位上調忌寸老人之男、田十町封百戸、従五位下伊余部連馬養之男、田六町封百戸、其封戸止レ身、田伝二一世一、

とある。すなわち、大宝律令編纂完了の大宝元年八月の段階ですでに「賜ﾚ禄」されており、約一年半後の大宝三年二月になってさらに功賞を議され功田を賜っているのである。[52]養老律令の完成が養老二年とすると養老六年の行賞賜田（史料I）が遅すぎるという問題は、大宝律令の場合にもあてはまるのではなかろうか。すなわち、大宝律令の完成と行賞賜田との間が約一年半もあるのはなぜかということである。私は、この問題を解く鍵は班田との関係にあると思う。結論を先に述べるならば、大宝律令の施行から奈良時代を通じて班田収授法の十分に機能した時代にあっては、造籍と班田の中間（校田の年を中心に班田以前）に功田賜与を行う原則があったために、法典編纂完了と功田賜与の間が一年半または三年以上になったものと考えられるのである。

造籍・校田・班田の実施については幾多の先人の業績があるが、宮本救氏の作製された表[53]によって持統天皇四年の造籍から延暦十九年の班田までを次頁に掲げる。

この表で明らかなように、大宝律令および養老律令の完成に対する功田賜与の年すなわち大宝三年および養老六年は、各々両法典完成後最初の校田の年に相当している。『続日本紀』にみえる功田賜与の記事について検討すると、造籍と班田の中間に功田賜与がないのは、天平宝字元年における上道朝臣斐太都に対する上功二〇町と天平宝字二年八月甲子に藤原朝臣仲麻呂（恵美押勝）に賜わった大功一百町の二例で、前者は橘奈良麻呂の反を告した武功であり、後者は大保（右大臣）として当時臣下として最高の位におり、ともに例外となし得る。霊亀二年四月癸丑の壬申年功臣の子息に対する功田賜与、天平神護元年三月辛丑の和気王・大津宿禰大浦、および天平神護二年二月丁未の山村王・日下部宿禰子麻呂・坂上大忌寸苅田麻呂・佐伯宿禰伊多知・淡海真人三船・佐伯宿禰三野・紀朝臣船守・民忌寸総暦への功田賜与[54]などは右の原則に合う。史料Ⅲに掲げた『続日本紀』天平宝字元年十二月壬子条には功田の等級が議定され該当する人名が列挙されているが、武功以外で挙げられているのは大宝律令および養老律令の撰者のみであり、律令撰修の重要性がわかる。同年に功田の品が議定されたことは、当時名の挙げられた本人が故人となっていてもその子孫がいるわけだから重要な意味があり、その記事中にみえる「養老二年」の年紀に誤りがあるとはこの点からも考えにくい。

以上述べたごとく、大宝律令は完成時に「仍賜㆑禄有㆑差」とあるように行賞が行われ、功田賜与は班田年との関係

7〜8世紀造籍校田班田施行表

年代	造籍(A)		校田		班田(B)		(A)〜(B)
持統 4 (690)	○			1			
5 (691)		6	○				2
6 (692)					○		
持統 10 (696)	○			1		6	
文武 1 (697)		6	○				2
2 (698)					○		
大宝 2 (702)	○			1		6	
3 (703)		6	○				2
慶雲 1 (704)					○		
和銅 1 (708)	○			1		6	
2 (709)		6	○				2
3 (710)					○		
和銅 7 (714)	○			1		6	
霊亀 1 (715)		7	○				2
2 (716)					○		
養老 5 (721)	○			1		7	
6 (722)		6	○				2
7 (723)					○		
神亀 4 (727)	○			1		6	
5 (728)		6	○				2
天平 1 (729)					○		
天平 5 (733)	○			1		6	
6 (734)		7	○				2
7 (735)					○		
天平 12 (740)	○			1		7	
13 (741)		6	○				2
14 (742)					○		
天平 18 (746)	○			2		7	
20 (748)		6	○				3
21 (749)					○		
天平勝宝 4 (752)	○			2		6	
6 (754)		6	○				3
7 (755)					○		
天平宝字 2 (758)	○			2		6	
4 (760)		6	○				3
5 (761)					○		
天平宝字 8 (764)	○			2		6	
天平神護 2 (766)		6	○				3
神護景雲 1 (767)					○		
宝亀 1 (770)	○			2		6	
3 (772)		6	○				3
4 (773)					○		
宝亀 7 (776)	○			2		6	
9 (778)		6	○				3
10 (779)					○		
延暦 1 (782)	○			3		7	
4 (785)		6	○				4
5 (786)					○		
延暦 7 (788)	○			3		6	
10 (791)		6	○				4
11 (792)					○		
延暦 13 (794)	○			5		8	
18 (799)		6	○				6
19 (800)	○				○		

で約一年半後に実施されたのであるが、養老令においても同様に、その完成時（養老二年）に行賞が行われ、やはり班田年との関係で三年余の後に功田賜与がなされたものと考えられるのである。

むすび

養老律令の成立については多くの先人が議論した問題であるが、戦前における通説的見解は瀧川政次郎氏の養老二年説によって代表されていた。この通説に対して最初に疑問を呈されたのは坂本太郎氏であった。その後、利光三津夫氏・野村忠夫氏らによって養老二年成立否定説（その成立を養老四〜六年とする）が展開されて行ったが、最近井上光貞氏によって養老二年成立否定説への疑問が提出されている。

本節では、野村氏のまとめをよりどころとして養老二年成立否定説への批判を試みたのであるが、今その要点を左に箇条書にしてまとめてみることにする。

○　入唐請益生大和長岡の養老律令編纂への関与は入唐以前が主であって、長岡の入唐までに新律令の刪定はほぼ完成していたと考えられる。

○　『懐風藻』の藤原朝臣宇合の詩序の内容は必ずしも養老律令の編纂が養老五年ごろまで続行されていたことを意味せず、大和長岡が明法関係の役所の判官であったことを示すものと解し得る。

○　養老律令の編纂に開元三年令が利用された可能性があるとの説が石尾氏によって呈示されたが、唐令のなかで開元三年令に確定し得る例がなく、決定的な論拠とはならない。

○野村氏の提出された衛門兵衛両府の医師および官人把笏制の規定の問題は、ともに養老律令が完成してすぐに施行されなかったために、養老律令の内容の一部が格として実施に移されたものと考えられる。

○『続日本紀』天平勝宝九歳五月丁卯条に「養老年中」とあるのは、前にみえる「頃年」と対句をなしており、年紀としての不確実性を意味するものではない。

○『続日本紀』天平宝字元年十二月壬子条は「大宝二年修㆓律令㆒」とするが、「大宝二年」は「大宝元年」の誤写と考えられる。

○養老二年の時点で養老律令完成の記事が『続日本紀』にみえないという問題は、『続日本紀』編纂当時の為政者の関心の度が反映されていると考えられる。具体的な例としては霊亀元年実施の郷里制がある。

○養老律令の行賞については、班田との関係を考慮する必要があること。完成直後の行賞は大宝律令と同様に行われ、功田賜与は造籍の後、班田の前、すなわちこの場合校田の年に行われている。

以上、論証は多岐にわたったが、これらの私見が承認されるならば、養老律令養老二年成立否定説はその拠って立つ基盤を失うであろう。よって私は再び古来の説である養老二年説を唱え、瀧川氏の見解に従うものである。

最後に、では何故に養老二年という時点で新律令が編纂されたかという問題について私見を述べておきたい。もちろん、頻繁な唐の法典編纂事業に刺激されたとか他にもいろいろな要素が考えられるが、養老二年が干支でいうと戊午の年に当たっているという事実に注目する必要がありはしないかということである。養老四年に成った『日本書紀』をみると戊午年が重要視されており(55)、養老律令成立の養老二年戊午との関連が想定されるのである。以上は臆説であるが、一説として提示しておきたい。

（昭和五三年戊午正月十日稿）

注

（1）養老律令の施行に関する問題についていえば、その施行にあたっては最新の唐令（開元二十五年令）および養老年間以降の格などによる改訂が加えられている可能性が高いと思われる。

（2）『続日本紀』によると、十月庚辰（二十日）に大宰府の使者が平城京に入っているから、一行は二十日以前に帰国（大宰府到着）していたであろう。遣唐使の概要は使者によって奏上せられたであろう。また、急を要する場合には、使者とともに入京することも可能であったと思われる。

（3）「授官同日」に関して、利光氏は、論考〔H〕において、「宇合と長岡とは、共に和銅八年の恩詔（私云、『続日本紀』和銅八年九月庚辰条所載）に浴して叙位せられたのであつて、この両名は、まさに『授官同日』であつたわけである。」（二〇七頁）と述べておられるが、野村氏は、論考〔I〕において、「わが律令制下では、官位を『官』と表現することが少なくないので、この遣唐使の労功による馬養と小東人との同日の叙位（私云、『続日本紀』養老三年正月壬寅条参照）を、詩で『授官同日』と表現したと推測するのが最も妥当であろう。」（五三頁）とされた。私は、「如何授官同日、乍別二殊郷一、以為二判官一」を、遣唐使で労苦を共にした馬養と長岡が帰国後、同日に昇叙され、馬養は常陸守に、長岡は某司の判官になってところを異にしたと解するから、「授官同日」とは、野村氏のいわれる「養老三年正月壬寅」と考える。

（4）利光氏論考〔H〕（二〇一頁）。野村氏論考〔I〕（五二頁）。

(5) さらに臆測をたくましくすれば、遣唐使の出発(養老元年三月以降)までに、ほぼ新律令の完成をみており、日本でも立派な新律令ができたことを唐朝に知らせるためと、さらに疑問な点を請益するために、新律令全篇を携えて入唐した可能性が大きいのではなかろうか。なお、第七次の遣唐使は、大宝律令の編纂官の一人であった粟田朝臣真人が遣唐執節使であり、大宝元年八月に完成した大宝律令を唐朝に示したものと思われる。同様に、『日本書紀』も、養老四年に奏上された後、恐らく第九次の遣唐使によって唐朝にもたらされたと考えられる(瀧川政次郎氏「日唐戦争」『皇學館論叢』四巻三号一三~一四頁参照)。その目的は、日本が史書と法式の備わった文化国家であることを知らしめることにあったと思われる。

(6) 「五十三条」の四字は、「凡律五百条」の下に置くべきである(『旧唐書』巻五〇、および浅井虎夫氏『支那ニ於ケル法典編纂ノ沿革』一四三~四四頁参照。以下、浅井氏著書と略称する)。

(7) 浅井氏著書(一四五頁)参照。

(8) 瀧川氏論考〔A〕(四五八頁以下)参照。

(9) 仁井田陞氏『唐令拾遺』(二二四頁以下)参照。

(10) 日本思想大系『律令』(五五一頁)参照。

(11) 瀧川氏論考〔A〕(四五八~六〇頁)および日本思想体系『律令』(五五九・五六二頁)参照。

(12) 瀧川氏論考〔A〕(四七〇~七一頁)。

(13) 『唐令拾遺』(二六二~六三頁)。

(14) 瀧川氏論考〔A〕(四七三頁)。

(15) 『唐令拾遺』(六三三~三四頁)。

(16) 田中卓氏『日本古典の研究』(五五八頁以下)および日本思想大系『律令』(五七六~七七頁)参照。

(17)　日本思想大系『律令』(五七五～七六頁）参照。

(18)　瀧川氏論考〔A〕(四七四～七五頁)。

(19)　日本思想大系『律令』(五七七頁）参照。

(20)　瀧川氏論考〔A〕(四七五～七七頁)。

(21)　虎尾俊哉氏『班田収授法の研究』附録「田令対照表」(五〇三～〇四頁）も同じ。唐令同条の復原に関しては『唐令拾遺』(六四七～五二頁）参照。

(22)　『唐令拾遺』(六四四～四五頁)。

(23)　『唐令拾遺』(六四三・六四五・六四七頁）参照。

(24)　瀧川氏論考〔A〕(四八〇頁)。

(25)　日本思想大系『律令』(五七九頁）参照。

(26)　浅井氏著書（一九四頁）参照。

(27)　永徽令に「四月三十日」の規定が存したとすれば、大宝令において、すでにこの唐令の規定を改めて、その時期を「交替以前種」とぼかしていたということになる。養老令は、大宝令の規定をそのまま承けたのであろう。

(28)　瀧川氏論考〔A〕(四八三頁)。

(29)　日本思想大系『律令』(五八八頁）参照。

(30)　日本思想大系『律令』(五九一～九二頁）参照。なお、瀧川氏（論考〔A〕四八五頁）および石尾氏（論考〔C〕一一一頁）は、大宝令本条の冒頭を「凡諸国朝集使貢献物者、」としておられるが、考課令内外官条集解（新訂増補国史大系『令集解』五三八～三九頁）に「古記云。(中略) 賦役令云。凡朝集使貢献物者。皆尽二当土所一出。其金銀珠玉皮革羽毛錦罽縠紬綾香薬彩色服食器用。及諸珍異之類。」とあって、大宝令本条に「諸国」の語句は存在しなかったと思われる。

(31)『唐令拾遺』(六九〇～九一頁)。

(32)瀧川氏論考〔A〕(四九三～九四頁)。

(33)瀧川氏論考〔A〕(四九四～九六頁)。

(34)『支那法制史論叢』「王朝の律令と唐の律令」(桑原隲蔵全集第三巻、二三〇～三三頁)参照。

(35)瀧川氏論考〔A〕(四九六～九七頁)。

(36)『唐令拾遺』(三三〇～三二頁)。

(37)瀧川氏論考〔A〕(五〇五～〇六頁)および石尾氏論考〔C〕(一一二頁)では、「皆本司」を「主当門司」としているが、宮衛令本条集解(新訂増補国史大系『令集解』六七三頁)に「古記云。皆本司。謂在京諸司也。」とある。なお、日本思想大系『律令』(三一一頁)頭注では「本司――大宝令では『皆本司』。」としている。

(38)『唐令拾遺』(三五九～六〇頁)。

(39)この疏文は、註文「四等以上尊長」に対応するものであり、「依令」の令は儀制令五等親条を指している。また、この疏文は、唐名例律十悪条八曰不睦の註文「夫及大功以上尊長、小功尊属」についての疏文に対比されるものであるが、彼の疏文には、「依令」ではなく「依礼」とみえる。恐らく、等親の規定は唐令条文中になく、『礼』(この場合『儀礼』の喪服篇か)を適用したものと思われる。それまでに日本では『礼』が行われておらず、新たに儀制令に五等親条を置いたのであろう。

(40)瀧川氏論考〔A〕(五四三～四四頁)。

(41)『唐令拾遺』(八一四～一六頁)。なお、『白孔六帖』は、註の形で「文武一品、賻物二百段、粟二百石、」以下の『唐六典』を引用しているが、引用の『六典』中には、「職事官」の語句はみえず、開元七年令本条に「職事官」とあったか「百官」とみえたかは断定できない。

(42)　喪葬令同条集解に「釈云、職事官薨卒賻物、百官京官及国司也、」とみえ、『令義解』も令釈説を襲って「職事官」を京官と国司と解している。また、朱説の引く『二巻私記』には「職事官者、内外皆同、但郡司不給、」とある。一方、公式令百官宿直条集解には「内外百官」の解釈として「或云、外官、謂二郡司等一者、」とあり、喪葬令百官在職条集解には「朱云、問、此条百官者、京官外官同哉不何、額云、会レ喪以上、京外官並同、」とみえ、同令薨奏条集解には「釈云、名掛二内外一百官者皆是、古記云、文称二百官一、此一端挙耳、何者、及二三位以上一者、職事散官同故、」とある。これを要するに、令条で「百官」という場合、京官(内官)外官を総称し、外官には「郡司」を含んでいた(考課令内外官条集解所引の『古記』によって復原される公式令京官条は「凡在京諸司、為二京官一、其監司在外、及国郡軍団、皆為二外官一、」とあったと思われる。瀧川氏、論考〔A〕五三四～三五頁参照)。これに対して、「職事官」は、官位令(大宝令では官員令)に官位相当がある官職に就いている者を言い、「郡司」は含まなかったと考えられる(公式令内外諸司条集解で、『穴記』は、「内外諸司、有二執掌一者、為二職事官一、」の令文を「官位令有レ文、職員令有二職掌一也、」と解釈している)。大宝喪葬令本条の「百官」が養老令で「職事官」と改められているが、そこで問題となるのは変更の理由と改定された時期であろう。私は、『類聚三代格』巻五定内外五位等級事にみえる神亀五年三月二十八日格、同書巻六賻物事にみえる延暦八年八月十一日格および天長元年九月二日格などによって、その間の事情を次のごとく考える。すなわち、大宝喪葬令本条では「百官」とあるごとく、郡司にも内位の官人と同じくその位に応じて賻物を賜ったが、神亀五年三月二十八日の格によって外五位の郡司の賻物は内位の半分に減ぜられた(外六位以下の郡司については明らかでないが、恐らくこの時点で外六位以下の郡司の賻物は廃止されたのではなかろうか)。そして、養老令施行の段階で神亀五年以来の郡司賻物の実情を反映させ、郡司をその意味のなかに含まない「職事官」の語句を『唐開元令』より採用したものと思われる(なお、外五位の郡司の賻物はそれまで通りに、例外として残されたであろう)。

(43)『改定史籍集覧』第二七冊（二〇〇頁）。

(44)瀧川氏論考〔A〕（五五〇～五一頁）。

(45)『唐令拾遺』（七九三～九五頁）。

(46)養老令の施行時における修整加筆説については、注（1）参照。

(47)『日本国見在書目録』刑法家に、「隋大業令卅巻、唐貞観初格十巻、（中略）貞観勅九巻、」とある。

(48)野村氏は、五位以上牙笏、六位以下木笏の内容が唐制を継受したものとして、その史料に『唐六典』尚書礼部巻四の記事を掲げておられる（論考〔I〕四三頁）が、この記事の内容は、私が本文中に挙げた『唐会要』の開元八年九月勅に等しい。五品と六品で象笏と竹木笏の差を設けたのは、武徳四年と思われる。

(49)元・二・三といった数字は、誤写される可能性が高い。たとえば『古語拾遺』である。同書の成立は、巻末の日付によって大同二年二月十三日であることがわかるが、「二年」は写本によって「元年」「三年」とみえる。史料Ⅲの「大宝二年」は諸写本間に異同はなく、最古の写本である金沢文庫本にも「大宝二年」とあるから、この誤写は相当早くに行われたものと思われる。

(50)岸俊男氏『日本古代籍帳の研究』Ｘ「古代村落と郷里制」（二四三～七六頁）参照。『出雲国風土記』には、「右件郷字者、依二霊亀元年式一改レ里為レ郷、其郷名字者、被二神亀三年民部省口宣一改レ之、」とみえる。

(51)『唐令拾遺』（二一四～一八頁）参照。ここに掲げた唐令は武徳七年令である。改新詔の直接の典拠となったのは、聖徳太子が遣隋使とともに派遣した留学生により齎された唐の最新の現行法である貞観律令格式と思われる。なお、『通典』巻三食貨三には、「隋文帝受禅頒新令、五家為保、保五為閭、閭四為族、皆有正、畿外置里正比閭正、党長比族正、以相検察、蘇威奏置五百家郷正、令理人間詞訟、」とみえて、隋代にすでに五百家を以て郷とする制度のあったことが知られる。『日本国見在書目録』に、「隋大業令卅巻、」とあるから、改新詔の成立までに郷の制度が日本に伝わっていたのは確実であろう。

(52)『続日本紀』に「其封戸止レ身、田伝二一世一」とあるから、田令功田条および賜田条に照して、この田は賜田ではなく功田であり、等級は下功と判断される。

(53)『土地制度史Ⅰ』第二章「律令制的土地制度」（体系日本史叢書六、九三頁）。

(54)『続日本紀』天平神護二年二月丁未条には、「並伝二其子一」とあるから、山村王などの功田の等級は下功であったことになる。

(55) 岡田芳朗氏ら『日本古代史の諸問題』第三部「古代の展開」第七章「三善清行と革命改元」（一二九～三四頁）参照。『日本書紀』のなかでも神武天皇紀は戊午年を最重要視している。三善清行の『革命勘文』の案文に「謹案、易緯以二辛酉一為二蔀首一、詩緯以二戊午一為二蔀首一」とあって、讖緯説中で戊午を重視するのは『詩緯』の説である。岡田氏は右の著書（一三二頁）で「『書紀』編纂のある段階で、この『詩緯』の戊午革運、辛酉革命、甲子革政の思想が強く影響したのであろう。」と述べておられる。また、同書第六章「「和同開珎」と平城遷都」（一二五頁）において「和同開珎は和銅元年にはじめて鋳造発行されたもので、その銭文は年号和銅と同音で、『詩緯』の「天下和同」からとったものと考えられる。」と記しておられる。右の二点を考え合わせると、元明天皇朝から元正天皇朝にかけて、為政者の間で『詩緯』が重視されていたことが推察され、戊午革運の年に新律令を撰定することが早くから朝廷において計画され準備がなされてきていたのではなかろうか。

第五節　神亀五年七月二十一日格について

——唐格の将来に関連して——

本節では、神亀五年格の一部が唐格の影響下に成立したのではないかという説を提示し、合わせて養老二年における法典の将来について考えてみたい。

『類聚三代格』巻四、加減諸司官員并廃置事には、

勅

大学寮

律学博士二人　直講三人

文章学士(ママ)一人　生廿人

以前。一事已上同二助博士一。

神亀五年七月廿一日

とある[1]。この格によると、大学寮に律学博士二人、直講三人、文章学士(ママ)一人が新たに置かれ、助博士[2]と同じ処遇とされた。明法科の設置年代については議論があるが[3]、私は、貞観十三年十二月二十七日の応加増算博士位階事と題する格[4]に、

去神亀五年初置二律学一為二正七位下官一。

と見えることを重視したい。ただし、ここに見える「律学」は、その文意から考えて「明法科」そのものを意味するのではなく、「律学博士」のことであろう。(5) また職員令大学寮条集解所引の釈説(6)には、

天平二年三月二十七日奏。直講四人。一人文章博士。律学博士二人。已上同二助教一。(7) 明法生十人。文章生二十人。簡三取雑任及白丁聡慧一。不レ須レ限二年多少一也。得業生十人。明経生四人。文章生二人。明法生二人。算生二人。並取二生内人性識聡慧芸業優長者一。（下略）

とあって、天平二年にそれまでの大学は改組され、新たに明経・文章・明法の三科が置かれ、以前からの書・算二科と合わせて五科となった。神亀五年の格と天平二年の奏とを勘案すると、神亀五年にまず律学・文章などの教官が設けられ、天平二年になって新たな五科から成る制度が発足したと考えられる。大学寮の拡充をなさしめた要因は種々考えられるであろうが(8)、私はやはり、唐朝の制度の推移にも大きな影響を受けていると思う。

大学寮の拡充において、唐制の影響を受けたと考えられる最も顕著な例は「直講」の設置であろう。『唐六典』巻二一、国子監によると、

直講四人、

皇朝初置、無二員数一。長安四年、始定為二四員一、俸禄賜会、同二直官例一、

直講掌レ佐二博士助教之職一、専以二経術一講授而已、

とあり、『通典』巻二七、職官九には、

直講四人、大唐初置、無員数、長安四年、始定為四員、大成二十人、大唐置、（中略）武大后長安中、省而置直講、

定為四員、

と見える。すなわち、直講は博士助教の職を補佐して専ら経術を以て講授することがその職掌であり、唐代になって初めて置かれたが、その定員が四人と定まったのは則天武后の長安四年のことであった。(9)この長安四年の直講の定員決定のことは格として発せられ、『神竜刪定垂拱散頒格』七巻に収められたものと考えられる。(10)

ところで、平安時代の寛平三年ごろに藤原佐世が勅命をうけて撰修したと伝えられる『日本国見在書目録』(11)の刑法家の部に、

撒頒格七巻

と見える。狩谷棭齋は『日本現在書目証注稿』に、

新唐志　永徽散頒天下格七巻垂拱散頒格三巻

と載せ、『日本国見在書目録』に著録する『散頒格』七巻が、永徽、あるいは垂拱のときのものと解するがごとくであるが、『唐永徽格』五巻、『垂拱格』二巻が同目録にあり、私は、この『散頒格』七巻は『神竜刪定垂拱散頒格』七巻のことだと考える。(12)

もし、『日本国見在書目録』に著録されている『散頒格』七巻が『神竜刪定垂拱散頒格』七巻のことであるとすると、この散頒格が将来されたのはいつであろうか。神亀五年格に見える直講に関する規定が、則天武后の長安四年のそれを承けたものであり、この長安四年の制が『神竜刪定垂拱散頒格』七巻に載せられていたとすると、この散頒格が将来されたのは、養老元年に入唐し、翌養老二年に帰朝した第八次遣唐使によってであった可能性が極めて大きい。(13)(14)

以上述べてきたことに大過なしとするならば、直講のことを規定した神亀五年の格は、唐制に倣った格の最も初期の例の一つということができるであろう。(15)

注

(1)　新訂増補国史大系本一五八頁（以下同）。

(2)　この表記は大宝令に拠っており、養老令は助教である。瀧川政次郎氏『律令の研究』四三六頁参照。

(3)　桃裕行氏『上代学制の研究』、利光三津夫氏「奈良時代における大学寮明法科」（『律令制とその周辺』所収）、早川庄八氏「奈良時代前期の大学と律令学」（『万葉集研究第七集』所収）など参照。

(4)　『類聚三代格』二二四頁。

(5)　このことから律学博士の相当官位は正七位下であり、神亀五年格により助博士も同位であるから、大宝令における大学助博士の相当官位は正七位下であり、養老令と同じであったことが判明する。養老官位令が規定する各々の官位相当が大宝令でも同一であったかの論証の必要性は、「大宝令復原研究の現段階㈠」（林紀昭氏執筆担当の一官位令一六一・一六二頁、『法制史研究』三〇所収）参照。

(6)　新訂増補国史大系本『令集解』八〇頁。

(7)　「助博士」とあるべきところである。あるいは養老令の用語が奏に用いられたのかも知れない。職員令集解大学寮条所引の『古記』（大宝令の注釈書）にも「助教」と見えている。

(8)　早川氏前掲論文、二六八―七一頁参照。

（9）直講は、『唐六典』巻二一、国子監によると国子直講四人のみであるが、『新唐書』巻四八、百官志によると国子学と四門学の二つの学校に各四人が置かれている。

（10）『旧唐書』巻五〇、刑法志第三〇、刑法には、「中宗神竜元年、（中略）時既改易制、尽依貞観永徽故事、勅中書令韋安石、礼部侍郎祝欽明、尚書右丞蘇瓌、兵部郎中狄光嗣等、刪定垂拱格後、至神竜元年、巳来制勅、為散頒格七巻、刪補旧式、為二十巻、頒於天下、」とあって、このときの『散頒格』七巻は垂拱格の後、神竜元年に至るまでの制勅を刪定して収めている。

（11）日本最古の漢籍目録であり、『旧唐書』経籍志より四十余年、『新唐書』芸文志より一五〇年ほど前に著されている。『続群書類従』巻第八八四所収。群書解題第二〇、雑部(二)参照。

（12）『日本国見在書目録』著録の隋唐法典と彼の法典編纂との関係については、池田温氏「唐律令の継受をめぐつて」、（日本思想大系、月報五五、第六四巻『洋学』上、所収）に掲げられた隋唐法典の舶載を概観する表を参照。なお、この表は『八世紀の日本と東アジア四　律令制と国家』（平凡社刊）所収の同氏の講演録「中国の律令」に〔資料1〕「隋唐・日本律令対照略年表」として附載された。池田氏はこの表において、垂拱格が慶雲元年に帰朝した第七次遣唐使によって将来されたと解しておられるようであるが、大宝令は垂拱格によって文をなしている（瀧川政次郎氏『律令の研究』一四四・一四五頁参照）と考えられるので、垂拱格の舶載は大宝元年以前と思われる。また、利光三津夫氏は、垂拱格を日本にもたらしたのは天武天皇紀十三年十二月に帰朝した土師宿禰甥と白猪史宝然の二名の留学生のごとく考えておられるようである（『律令制とその周辺』一〇八・一〇九頁）が、垂拱格が撰せられた垂拱元年三月は天武天皇紀十四年に相当し、遣唐留学生の両名が垂拱格を将来することは不可能である。垂拱格が日本にもたらされたのは、天武天皇紀十四年以後、大宝元年以前であると思われるが、現在のところ何年と断定できない。

（13）大宝二年出発の第七次遣唐使は、日唐の和平が実現して後、最初の遣唐使であったが、その帰朝は慶雲元年であって、神竜格をもたらすことは不可能である。また第九次の遣唐使は天平六年と天平八年に帰朝しているが、これは直講定員を定めた神亀五年より後であり可能性は薄い。日唐の関係が改善された後に法典が将来される機会としては遣使のときが最も重要であり、しかも第八次の遣唐使は『続日本紀』に「此度使人略無二闕亡一。」にあるごとく、その航海は平穏であった。

(14)　養老元年入唐請益し、翌養老二年帰国したと考えられる大和長岡の法典将来に果たした役割は大きなものがあったと思われる（拙論「養老律令の成立年次について（上）――改めて養老二年説を支持する――」四一―四五頁、『皇學館論叢』一一の二所収、本書第二章第四節に再録）が、『神竜格』もまた彼によってもたらされたのかも知れない。なお、拙論以後、森田悌氏が「養老律令の撰修について」（『続日本紀研究』二二四号所収）と題する論文において、養老律令養老二年成立説を主張しておられる。

(15)　従来、日本格式の規定に唐格式の影響はほとんど見られないという説が一般的であったが、瀧川政次郎氏は「唐格式と日本格式」（『律令格式の研究』所収）という論文において、唐格式の影響が見られる日本格式を数例示されている。

〔附記〕

その後の養老律令の編纂・施行に関する主な研究としては、

押部佳周氏「養老律令の成立」（『日本律令成立の研究』塙書房、昭和五六年刊所収）

鈴木靖民氏「日本律令制の成立・展開と対外関係」（『古代対外関係史の研究』吉川弘文館、昭和六〇年所収）

森田悌氏「養老律令の撰修」（『日本古代律令法史の研究』文献出版、昭和六一年刊所収）

栗林史子氏「養老律令の編纂施行に関する諸問題――特に編纂主宰者に関して――」（『駿台史学』七五、平成元年刊所収）

榎本淳一氏「養老律令試論」（『日本律令制論集』上巻、吉川弘文館、平成五年刊所収）

などがある。

第六節　奈良時代初頭における郡司の地位

本節では、律令制下における中央集権体制の整備と、それにともなう郡司の地位の低下について、神亀五年三月廿八日勅を中心に考えてみたい(1)。

『類聚三代格』巻七、郡司事には、

勅、諸国郡司五位以上相逢当国主典以上者、不問貴賤皆悉下馬、如有官人於本部逢国司者、同位以下必須下馬、不然者揖而為過、其有故犯者、内外五位以上録名奏聞、六位以下決杖六十、不得蔭贖、

神亀五年三月廿八日

と見える。郡司のなかで五位以上の者が国司の主典以上に会った場合、下馬しなければならない。官人が本部において国司に会った場合、同位以下ならば必ず下馬しなければならない。それ以外ならば拱手して過ぎることができる。もし故らに犯した場合は、内外五位以上は名を録して奏聞し、六位以下は決杖（六〇）され、蔭贖が許されなかった。大宝儀制令の規定（『古記』による）では、郡司が本国司に会った場合、下馬することになっていたが、五位の郡司は六位以下の国司に対して下馬する必要はなかった。この五位の郡司は、神亀五年の勅によって、たとえ初位であろうと国司の主典以上に対しては下馬の礼をとらざるを得なくなったのである。一般官人の路上敬礼については儀制令に規定があり、三位は親王に対して、四位は一位に、五位は三位に、六位は四位に、七位は五位に対して下馬すると解し得るから(2)、この郡司に対する措置は非常に厳しいものといえる。

大宝令制の外位は、外正五位上から外少初位下までの二〇階があり、郡司などの外考の官職に授けられた。内外五位の待遇は大宝令制では同等であったが、神亀五年奏「定内外五位等級事」によって、その待遇に大きな格差が設けられた。この奏により外五位の諸特権は大幅に削減されたが、これは中央氏族の一部に外五位を経由せしめたこともあり、中央有力氏族とその他の中央氏族・地方豪族との格差を明瞭にした規定である。外五位の郡司の地位の低下はここにはっきりとしたのである。

神亀五年奏には「其有断罪行刑之日不得乗馬辞訣及自尽私家、自余依令」と見える。しかし大宝獄令決大辟条（獄令集解『古記』逸文）には「凡決大辟罪、皆於市、五位以上及皇親、犯非悪逆以上、聴自尽於家、」とあったごとくであり、一般に死刑を執行する場合、人の集まる市において行い、見せしめとして犯罪の予防を期したが、五位以上の場合は自宅にて自尽することが許された。これは行刑上の貴族の特権であった。さらにいうならば、名例律贖条によって、八位以上の官人（職事の初位も含む）は死刑と五流（加役流、反逆縁坐流、子孫犯過失流、不孝流、会赦猶流）以外は贖することが許され、実刑を科せられることはなかった。それがこの奏によると、外五位の人の自尽の特権が剝奪され、一般人と同じく市において刑が執行されることになったのである。

また神亀五年奏には「若有歩行僧尼忽逢道路者下馬過去」とあって、もし外五位の者が歩行の僧尼に道路で遭遇した場合には、馬より下りて過ごせということである。僧尼令遇三位已上条の規定では「凡僧尼、於道路遇三位以上者隠、五位以上、斂馬相揖而過、若歩者隠」とあり、僧尼が道路において乗馬で、五位以上の官人に会った場合には、馬を斂えて拱手して過ごさねばならず、歩行している場合に五位以上に会えば隠れねばならなかった。令とこの奏を比較すると、外五位の場合、僧尼と立場が逆転しているではないか。

位禄、位田、賻物については、神亀五年奏に「右内位禄析減半給之、如无故不上経一年者停給、女減三分之一」と見え、禄令食封条によると、正五位の位禄は絁六疋、錦六屯、布三六端、庸布二三〇常、従五位のそれは、絁四疋、綿四屯、布二九端、庸布一八〇常であり、(3)これが神亀五年以後外位については半分となった。また令では「無故不上二年者、則停給」とあるから、この期間も半分に短縮されている。位田は田令位田条に見え、正五位一二町、従五位八町であった。これも外位は半分となった。賻物は喪葬令職事官条に「凡職事官薨卒、賻物、（中略）正五位、絁十一疋、布四十四端、鉄二連、従五位、絁十疋、布四十端、鉄二連、」と見え、いずれも半分となった。

位分資人は、軍防令給帳内条によると「資人、（中略）正五位廿五人、従五位廿人、」とあり、神亀五年奏で「外正五位五人、外従五位四人、」と五分の一に激減せられている。

蔭位については、選叙令五位以上子条に規定があり、「凡五位以上子出身者、（中略）正五位嫡子正八位下、庶子及従五位嫡子従八位上、庶子従八位下、（中略）外位蔭准内位、」と見えるが、これも神亀五年奏では「外正五位嫡子従八位上、庶子大初位上、外従五位嫡子従八位下、庶子大初位下、」となり、一、二等引き下げられた。また外五位の嫡子は内舎人になることができなくなった。そして「即有犯罪者准犯配決、不須蔭贖、」ということになったのである。

蔭には刑法上の蔭、税法上の蔭、官吏任用法上の蔭の三つがあるが、(4)外五位の嫡子を従八位上に叙するというのはその第三である。大学出身の秀才でも正八位下に叙せられることを考えると、蔭による出身が如何に有利であったかがわかるが、その外位の蔭に制限が加えられたのである。また賦役令三位以上条には「凡三位以上父祖兄弟子孫、及五位以上父子、並免課役、」とあって、外五位の子も課役を免ぜられた。これは税法上の蔭である。刑法上の蔭は、名例律議条、請条、減条、贖条などに規定されている。前にも述べたように、八位以上の官人は、死刑と五流以外実刑を科せられないが、この規定は官位減を得る人の子、すなわち外五位の郡司の子であれば適用される。しかし、この神亀五年奏によって、外五位の郡司の子は蔭贖が許されず、配決、すなわち実刑が科せられることになったのである。名例律贖条より他の律条の特例規定が優先することは、唐名例律本条別有制条疏議に「又例云、九品以上、犯流以下聴贖、又断獄律、品官任流外及雑任、於本司及監臨、犯杖罪以下、依決罰例、如此之類、並是与例不同、各依本条科断」とあることにより明らかである。格で律令と異なる制が立てられるときも格によるのである。

外五位の郡司の特権は、右に見たごとく極めて縮小されてしまったのであるが、このような措置は何によって取られたのであろうか。一つには、郡司の任用について、選叙令郡司条に「其大領少領、才用同者、先取国造、」とあり、国造が郡司に任用される場合が多かったことを窺わせる。郡司層の中央有力貴族に対する相対的地位の低下、と同時に郡司が地方律令官僚機構のなかに明確に位置づけられたことを物語るのであろう。そして律令制の確立にともなう官僚制の充実・中央官人の地方進出などが、神亀五年奏における外五位の位置づけの変化となったのであろう。外五位の新しい規定は、一方で中央貴族の格差の拡大を反映したものでもある。

最後に、神亀五年勅をもう一度見てみると、「六位以下決杖六十、不得蔭贖、」とある。この勅の内容を考える場合、儀制令内外官人条との関連を考慮しなければならないが、私は同条の規定は、大宝令の成立時に当時の最新の唐法であった垂拱令格を参照してできたものと解している（この点は第四章（付）「敦煌発見神竜散頒刑部格と令集解」参照。）が、この神亀五年勅も、唐の令格の内容を斟酌して発せられたものである可能性がある。特に「六位以下決杖六十」という科刑基準については、明瞭に唐垂拱格によったといって過言ではないであろう。その意味でこの勅の成立には、国内的な要因と唐格の将来という二つの問題を考慮しなければならないであろう。

注

（1）関連論文として、野村忠夫氏「律令郡司制の形成――唐制の継受を中心に――」（『法制史研究』二）、同氏『律令官人制の研究』、同氏『官人制論』などがある。

（2）坂本太郎氏「郡司の非律令的性質」（『日本古代史の基礎的研究』下）。

（3）ただし、慶雲二年十一月庚辰に五位の位禄は加増されている。

（4）滋賀秀三氏『訳註日本律令』五、唐律疏議訳註篇一。

第三章　日唐律比較と逸文の研究

第一節　日唐律比較研究序説

はじめに

昭和五十年代における律令研究の発展には目をみはるものがある。ことに律に関する論考は、律令研究会編になるテキスト[1]および日本思想大系の『律令』が刊行されたころから数多く発表されるようになってきた。筆者は日中法制の比較研究をテーマとしているが、わけても継受法である日本律令の成立に深い関心を抱いている。当時の論考のなかでは、律・律疏の書式などに関する、小林・高塩両氏と吉田氏岡野氏の相異なる論文[2]を興味深く読むことができた。また、日本律の成立に関しては、小林氏の極めて示唆に富む論説[3]に接することができた。ただ日本律成立をめぐる諸問題は、その史料が極めて限られていることもあって、にわかには論断しかねる部分が多いのである。

本節は、現存する史料を再検討することによって、少しでも日唐間の法典継受の実態にせまろうとする試みである。まず、中国における法典編纂史上に重大な意味を持つと考えられる杜預の『律令注解』を取り上げ、つぎに永徽律・律疏の問題を検討し、さらに日本律の編纂に及ぶ。その過程で、律疏と日本律の関係に論及することになるであろう。

一　杜預による『律令注解』の編纂

唐律は、「戦国時代以来の国家制定法の発達の結果として、特には、魏晋以来頻々と行われた律令の編纂・改正事業の、いわば最後の仕上げとして、現われ来った法典[4]」とされる。そして「唐の律疏もまた、そのような多年にわたる法律学の伝統の上に生れたものであった。いわばその摘要・精華[5]と考えられている。このように唐の律・律疏は、中国法典編纂史上の頂点に位置するのであるが、ここでは法解釈の統一という意味で、唐律疏撰定の先蹤であったと考えられる晋・杜預の『律令注解』について考察を加えたい。

『晋書』巻三四、杜預伝[6]に、

> 与車騎将軍賈充等定律令、既成、預為之注解、乃奏之曰、「法者、蓋縄墨之断例、非窮理尽性之書也。故文約而例直、聴省而禁簡。例直易見、禁簡難犯。易見則人知所避、難犯則幾於刑厝。刑之本在於簡直、故必審名分。審名分者、必忍小理。古之刑書、銘之鍾鼎、鋳之金石、所以遠塞異端、使無淫巧也。今所注皆網羅法意、格之以名分。使用之者執名例以審趣舍、伸縄墨之直、去析薪之理也。」詔班于天下。

この新律が天下に班たれた[7]。『晋書』刑法志によると、泰始律は二〇編六二〇条[8]から成っていた。同志に「其後明法掾張裴（斐カ）又注律、表上之、其要曰、律始於刑名者、所以定罪制也、（下略）」とあり、張裴の律注が上表文とともにたてまつられ、「其要曰」として上表文の要文が掲げられている。この上表文は、『北堂書鈔』、『太平御覧』などに「張斐律序」としてその一部が引用されている[9]。『晋書』に上表文の要旨として掲げられている文章が、『藝文類聚』、『北堂書鈔』、『太平御覧』などの唐・北宋時代に成立した類書に「張斐律序」として見えることは注意せねばならないところであろう。これは、本来は張裴が律注をたてまつったときの上表文であったと思われるが、しだいに律の概説として重要視され、律注の前に序として附されたのではないだろうか。『隋書』経籍志に見える『漢晋律序注』一巻は、この上表文が独立し、それに双行注が附されたものだったかも知れない[10]。この表から序への転化は、時と処を異にして八世紀から九世紀の日本でも見られる。(11)あるいはこの変化は、晋代以降の中国の影響をうけているといえるのかも知れないのである。

これらのことからも、張裴の律の注釈が重んぜられたことがわかるのであるが、公式に採用されたのは、杜預伝に「詔班于天下」とあるごとく、杜預の『律令注解』のみだったのではなかろうか。このことは、『晋書』刑法志に「諸儒章句十有餘家、家数十万言、凡断罪所当由用者、合二万六千二百七十二条、七百七十三万二千二百餘言、言数益繁、覧者益難、天子於是下詔、但用鄭氏章句、不得雑用余家」とあり、「叔孫郭馬杜、諸儒章句、但取鄭氏」と見え、魏の時代にもっぱら鄭氏の解釈が公式に採用されたことと合わせ考える必要があろう。『隋書』刑法志に「斉武時、刪定郎王植之、集注張杜旧律、合為一書、凡一千五百三十条、事未施行、其文殆滅、法度能言之、於是以為兼尚書刪定郎、使損益植之旧本、以為梁律」と見えることから考えて、南朝では張・杜二注が重んぜられ、梁に至って公式に制定されたことがわかる。このように、南朝にては二注の調整を図って解釈の統一を行ったのであったが、晋代には、二注が公権的注釈として並立したのではなく、詔によって天下に班たれた杜預の注解のみが公の解釈とされたのであろう。(12)

ところで、杜預の『律令注解』については、前に掲げた類書に、「杜預奏事云」「杜預奏記云」「杜預云」などとして、その上奏文が引用されている。また「杜預律序云」とも見える。この場合の「奏事」と「律序」が同じ内容を言っているか否か、断定はむつかしいが、張裴の律注と同様に考えてよいのではなかろうか。(13)その根拠は、『藝文類聚』に「晋杜預奏事曰」として「法出一門」と見え、全く同文ではないが、日本の『令義解』序に杜預律序曰として「法出於一孔」とあることである。杜預の『律令注解』の奏事も、後に重んぜられて序に転化したのではなかろうか。[14] かりに一歩譲って律序と奏事が別に存在したとする説を採用する場合でも、少なくとも両者に同様の内容を盛った部分が存したとは言えるであろう。

さらに考えねばならないことは、『令義解』序に加えられた双行注に「注事記曰、古之刑書、銘之鼎鐘、鋳之金石、所以塞異端、絶異理也」と見えることである。『藝文類聚』、『北堂書鈔』、『令集解』などには、ほぼ同文が、「杜預（豫）奏事云」「杜預奏記云」として引用されているのである。この奏事・奏記と注事記との相違は如何に解すればよいのであろうか。まず奏事は、『史記』、『漢書』、『後漢書』などに見え、奏記も『漢書』や『藝文類聚』などにある。両者の意味するところは、天子に事を奏すること、またはその内容をさすであろう。[15] これに対して注事記はどうか。その引用文とほぼ同文が、『官位令集解』に「杜預奏事云」として引用されている。また『北堂書鈔』にも「杜預奏記云」として同様の文章が見える。『官位令集解』の漢籍の引用については、原典からの直接引用か、または類書からの孫引きかという問題について研究がなされており、『修文殿御覧』が出典ではないかと考えられている。[16] これらのことからして、まず確実に言えることは、注事記は杜預奏事の内容をなすことである。『藝文類聚』、『北堂書鈔』などの唐代初期に成立した類書に、注事記が杜預奏事（記）として引用されており、すでに唐以前において、注事記が奏事に附せられていたということになるであろう。『魏志』、『蜀志』には、記録の意味で「注記」の用例が見え、『後漢書』には「注紀」が用いられている。注事記とは注記と同様な意味であろうか。注事記が杜預奏事の原文に附されていたとするならば、『令義解』序のこの双行注は、奏事の原形を考える上で貴重な史料といえるであろう。そうであるとすると、唐代の類書は、奏の本文も注も合わせて奏事と呼んでいることになる。この奏事に注が附せられたのはいつかということになるが、可能性としては、奏事成立の時点、または南朝における晋律の実用時代のいずれかではなかろうか。日本には、南朝から『玉篇』をはじめとして多くの典籍がもたらされたと考えられるが、それらのなかには杜預の奏事の原形を留める書籍が含まれていたのではなかろうか。また『官位令集解』に注事記の内容が杜預奏事として引用されているのは、シナの類書の影響と思われるが、類書に奏事とあることは、早くから注事記の内容が奏事そのものと理解されていたからではなかろうか。北斉律は河清三年に天下に班行されているが、『唐六典』に「大抵採魏晋故事」とあって、魏晋律の内容を継受している。恐らく杜預の奏事も注解とともに伝えられていたのであろう。ただし、注事記を奏事と区別していないのは、その拠った文献が奏事の原形を保っていなかったことも考えられる。

ここで隋唐の正史に見える「律本」と「律令注解」との関係についてふれてみたい。まず『隋書』巻三三経籍志に「律本二十一巻杜預撰」とあり、『旧唐書』巻四六経籍志に「刑法律本二十一巻賈充等撰」と見え、『新唐書』巻五八藝文志に「賈充杜預刑法律本二十一巻」とある。正史の経籍志類に「律令注解」は見あたらない。これは如何に理解すべきであろうか。瀧川政次郎氏は「泰始律を注解した律本[17]」「晋書、杜預伝によれば、杜預の律本は武帝に上奏せられ、泰始四年、武帝の詔によって天下に班たれた。ということは、杜預が施した注解の文にも、その律本文と同一の法的効力が賦与せられた、ということである。[18]」と述べられており、律本＝律令注解と解しておられるごとくである。これに対して橋川時雄氏は「晋・杜預の『律令注解』と『律本』の両部書[19]」と考えられ、「隋唐両王朝のあいだでは、はじめ賈充・杜預らの撰定した律令と、杜預の『律令注解』とが合訂されて、杜預の『律本』、あるいは、賈充・杜預らの撰『刑法律本』の二十一巻の呼び名で伝承されていた[20]」と述べられている。私は、律本と律令注解は同一書ではないと考えるから、橋川氏の合訂説に従いたいと思う。それは『旧唐書』経籍志に「刑法律本二十一巻賈充等撰」とあることから、律本が杜預個人の著作として存在したとは考えにくく、やはり勅撰の法典である泰始律そのものの姿を思わせるからである。ただし『隋書』経籍志に「律本二十一巻杜預撰」とあることから推察できるように、杜預の関与が極めて大きなものであり、律令注解が合訂されていた可能性が高い。これは、南朝で張・杜二注が重んぜられていたことを思うとき、『隋書』経籍志などに張斐の律注釈書である『雑律解』(新・旧唐書は律解)のみが見えて、杜預の注釈書が姿を見せないことと関連があると思われる。すなわち、杜預の律令注解が「詔班于天下」として公のものとなったために泰始新律と合され、私の注釈としての意味が失われ、経籍志類での伝承を絶ったものであろう[21]。

最後に、令にも注解が附されていたのか否かについてふれてみたい。『晋書』刑法志に「明法掾張裴又注律」とあり、張裴は律の注解を作ったと見えるのに対して、同書杜預伝に「与車騎将軍賈充等定律令、既成、預為之注解」とあって、杜預は律令の注解を作ったごとくである。しかし杜預律序、晋律注が『北堂書鈔』・『太平御覧』などの類書に見える[22]のに対し、晋令注の逸文が見られないことからすると、晋令に対する注解は個々の条文にまでは及ばず、奏事または序において、凡論として令に言及したのみであったのではなかろうか。

二　永徽律・永徽律疏の編纂

唐代の法典編纂として主要なものは、高祖の武徳律令格式、太宗の貞観律令格式、高宗の永徽律令格式、玄宗の開元七年および二十五年律令格式がある。このなかで、永徽と開元二十五年の律には別に律疏が撰され(23)、注目に値する。ここでは、武徳・貞観二律の成立について概観し、ついで唐代最初の律疏である『永徽律疏』の撰上について、史料を掲げて検討を加えてみたい。

唐代最初の法典は、武帝の武徳元年、隋の開皇律令に損益を加えて制された新格五三条であろう。このときに隋の大業律令が廃されている。同年には律令の撰定が命ぜられており、七年に成立し、詔により天下に頒たれている。この武徳律令は、『唐会要』巻三九、定格令に「大略以開皇為准正、凡律五百条、五十三条格、入于新律、他無所改正(24)」とあって、隋の国初の法典である開皇律令により、七年の歳月を要して完成されたのである。そのなかで、律は開皇律と同じく一二篇であり、新格五三条を加えた以外、隋開皇律とほぼ同様であった(25)。

武徳律についで編纂された貞観律の、唐法典編纂史上における意義は大なるものがある。貞観元年三月に裴弘献が律令四十余事を駮したので、太宗は弘献を参加させて重ねて律令に刪定を加えるように房玄齢に詔している。玄齢らは隋律に損益を加え、律五百条を定めた。隋律より大辟を減じたもの九二条、流を減じて徒に入れたもの七一条などであり、貞観十一年正月に頒行されている。このように十一年を要して完成された貞観律は精密なものとなったはずである。『旧唐書』刑法志には「凡削煩去蠹、変重為軽者、不可勝紀」とあって刪定の苦労がしのばれる。そしてこの貞観律は、その内容の一部が新・旧唐書の刑法志によって知られる。その内容を現存の『唐律疏議』と比較するとほぼ同様であり、唐律の基礎は貞観律によって定まったと考えて大過ないであろう(26)。

永徽律は、高宗が長孫無忌らに命じて編纂せしめたものであり、永徽二年に撰上されている。恐らく永徽初年に着手し、二年ほどで完成したのであろう。これは、唐律の基礎が貞観律で固まっていたために、この短期間で出来上ったものと考えられるのである。永徽三年五月には無忌らに詔して律疏の撰定が命ぜられ、翌四年十月にこれが奏上・頒行されている。この律疏は、わずか一年半ほどで完成されているのであるが、唐代法を考える場合、画期的な立法事業であったといって過言ではないであろう。

『永徽律疏』撰定の経緯については、『旧唐書』巻五〇、刑法志に「三年詔曰、律学未有定疏、毎年所挙明法、遂無憑準、宜広召解律人、条義疏奏聞、仍使中書門下監定」とあって、高宗は、律学に定疏がないことを憂えて、明法科受験生のために公定の解釈を与えることを決意し、解律人を召して義疏を条して奏聞することを命じたのであった。[27] そして一年半後に律疏三〇巻が完成したことによって、同上書に「自是断獄者、皆引疏分析之」とあるように、裁判に用いられるようになったのである。前掲の詔によると、明法科受験生のために憑準を与えることが律疏撰定の目的であって、『旧唐書』本文には律疏が裁判にも援用されたように記されている。しかし、裁判に律疏を用いることも、その撰定の最初からの主要な目的であったものと思われる。[28] 右詔中に見える「憑準」の語は、長孫無忌らの進律疏表にも「信百代之準縄」といった形で、類似の用例が見える。なお、この定疏・憑準・義疏を撰することは、晋代の杜預律序（『令義解』序所引）に「法出於一孔」、杜預奏事（『藝文類聚』所引）に「法出一門」などとあること、また『令義解』序に「一法之定準」と見えることなどと合わせ考えねばならない問題であろう。さらに考えねばならないことは、この律疏の撰定が如何にして一年半ほどの短期間に行われ得たかという問題であろう。今日伝わる『唐律疏議』の本文本注および疏の分量とその論理的整合性を考えるならば、疏の撰定が容易ならざる大事業であることがわかるからである。この問題を考える場合に想起せねばならないのは、晋代杜預によって著された『律令注解』の存在であろう。隋唐律の基礎が魏晋の刑典にあることは前にふれたが[29]、晋代の張裴、杜預によって中国法典編纂史上はじめて律令の注解が作られている。特に杜預の注解は詔により天下に班たれており、公定の解釈となったのであった。この杜預の注解が『永徽律疏』の編纂に参考とせられたであろうことは想像に難くない[30]。

ここで、皇帝の律法典編纂への関与という問題に関して、検討を加えねばならない史料を左に掲げる[31]。

Ⅰ『旧唐書』巻六三、蕭瑀伝[32]

瑀兄子鈞、隋遷州刺史、梁国公琮之子也。博学有才望。貞観中、累除中書舎人、甚為房玄齢、魏徴所重。永徽二年、歴遷諫議大夫、兼弘文館学士。

時有左武候引駕盧文操踰垣盗左蔵庫物、高宗以引駕職在糾縄、身行盗窃、命有司殺之。鈞進諫曰、「文操所犯、情実難原。然恐天下聞之、必謂陛下軽法律、賤人命、任喜怒、貴財物。臣之所職、以諫為名、愚衷所懐、不敢不奏。」帝謂曰、「卿職在司諫、能尽忠規。」遂特免其死罪、顧謂侍臣曰、「此乃真諫議也。」

尋而太常楽工宋四通等為宮人通伝信物、高宗特令処死、乃遣附律、鈞上疏言、「四通等犯在未附律前、不合至死。」手詔曰、「朕聞防禍未萌、先賢所重、宮闕之禁、其可漸歟、昔如姫窃符、朕用為永鑒、不欲今茲自彰其過、所搦憲章、想非濫也。但朕翹心紫禁、思覿引裾、側席朱楹、冀旌折檻。今乃喜得其言、特免四通等死、遠処配流。」

鈞尋為太子率更令、兼崇賢館学士。顕慶中卒。所撰韻旨二十巻、有集三十巻行於代。

II　『唐会要』巻五五、諫議大夫条

（永徽）五年八月十七日、太常楽工宋四通入監内教、因為宮人通伝消息。上令処斬、仍遣附律。蕭鈞奏曰、四通等所犯、在未附律前、不合至死。上曰、今喜得蕭鈞之言、特免死、配流遠処。

これらの史料については、諸氏によって議論されているが[33]、私の理解するところは次の通りである。

このI・IIの史料は、唐衛禁律一二条〔闌入非御在所条〕後段に関連を有するが、同条後段の成立はいつか、皇帝はどのように関与したのであるかという点が問題となるであろう。『旧唐書』の記載からすると、蕭鈞が諫議大夫となったのは永徽二年である。永徽二年閏九月辛未条の『旧唐書』高宗本紀には「頒新定律令格式於天下」とあって、永徽律が天下に班たれている。また鈞は後に太子率更令兼崇賢館学士となり、顕慶中に卒しているから、諫議大夫であったのは、永徽二年以後ほぼ永徽年中ということになるであろう。盧文操ならびに宋四通らの二つの事件に関し、諫議大夫としての鈞の活躍が『旧唐書』に見えているが、この二つの事件も永徽中のことであって、しかも「尋」の語からすると、文操の事件と四通らの事件は、その起こった順に記されているのであろう。とすると、四通らの事件は永徽三・四年のころに発生したものと考えられる。

「附律」の語については岡野氏に考証があり、「律典に『麗《つ》ける』ことであり、それは必ずしも法典末尾に附加するのではなく、条文として律典中に『入れる』ことを意味する」[34]ことである。とすればその時点はいつか。『唐会要』の永徽五年八月十七日を、高宗の手詔により「特免死、配流遠処。」の決定がなされたときとするならば[35]、鈞の上奏はそれ以前であり、そのときには衛禁律一二条後段はすでに規定されていたと思われる。この間の事情を考えしめるのは、上奏文に見える「四通等犯在未附律前」の語である。すなわち四通らの犯罪の時点でこれを罰する律条はなかった。そこで高宗は勅断によって死を賜い、律に規定することを命じた。これらのことからすると、永徽二年閏九月新律を天下に頒った後、宋四通らの事件が発覚し、該当する律条がないために、高宗は勅断によって四通らの死刑を命じ、同時に律条を載せることを命じた。このとき、律は疏の撰定作業中であったが、このなかに取り入れられ、四年十一月になって衛禁律一二条後段をもつ律疏が頒行された。このとき「律」本文も内容に改変が加えられたことになる。(36)

まとめると、①宋四通らの犯罪は、永徽二年閏九月〔律の成立〕以後に起こった。②高宗は四通らを詔勅による断罪で死刑とし、同時に撰定中の律疏に入れることとした。③永徽四年十一月律疏が撰定され、天下に班たれたが、四通らは律疏の頒行以後、死刑が行決されようとした。④この時点で諫議大夫の蕭鈞が上疏して、法の不遡及を述べた。⑤ここで高宗は鈞の諫言を容れ、四通らを死一等減じ流刑に処した〔永徽五年八月十七日〕。

以上のように解すると、高宗は律疏の撰定に対して直接に関与している様子がうかがえるのである。そして、この衛禁律一二条後段の律疏への附加は、同時に律本文の変更をも意味している。すなわち、永徽の律疏の撰定は、法解釈の統一ということ以外に、新しい規定を設けたような場合も存在することが推定されるのである。

岡野誠氏は、唐戸婚律三三条〔同姓為婚条〕第三段が、永徽律成立ののち、開元二十五年までの間の増補であるとされる。(37) 戸婚律三三条第三段の内容は、永徽二年九月、(38) 左衛大将軍紀王慎らによってなされた上奏と異なる。この禁婚親の範囲についての、上奏文と律疏との差異は如何に解すべきであろうか。紀王慎らの上奏を永徽律に組み入れることは、岡野氏の説かれるごとく時間的・形式的に不可能であるかも知れないが[39]、永徽四年の律疏頒行までに、上奏を踏まえてさらに律文を修定拡大することは可能であろう。もしこのように解し得るならば、律頒行から律疏頒行までの二年間の律疏撰定作業中に、律文の公定解釈の作成以外に、さらに律本文の問題点に関しても改訂増補が行われ、それらをも修正した律・律疏が永徽四年の時点で頒たれたのではなかろうか。

三　『名例律勘物』に見える律疏逸文と『唐律疏議』との比較

ここで検討を加えようとするのは、新訂増補国史大系本律に収められた『名例律勘物』である。この勘物は、史料編纂所所蔵本名例律（田中光顕伯旧蔵本）の欄外・行間・紙背に見える書き入れであるが、その紙背に「唐法」として諸書が引用されている。そこには、『名例律集解』、『年代記』、『律疏』、『史記』、『晋書』、『宋書』、『隋書』などの書名が見えている。この勘物の唐法に検討を加えられたのは小林宏・高塩博の両氏であるが、両氏はここに見える律疏を『名例律集解』所引とされ、

律集解所引の律疏の文を、その内容から検するに、この文は、所謂名例律篇目疏議に相当する前掲傍線部分（私云、名例律集解云、同集解云として引用された部分のうち、双行注の部分を除いたもの）を注釈し、且つその意を敷衍したものであって、両者の関係は密接不可分なものを窺わせるに十分である。そうすると、やはりこの律疏は、永徽四年に撰上された律疏の一部である可能性を有するものといえよう[40]。

と述べられた。この勘物に引用された律疏が、永徽四年に撰上された律疏の一部であることを明らかにされたのは両

氏の大きな功績であり、私もその見解に従いたいと思う。

しかし、「名例律集解云」と「律疏云」とは、勘物に並列に引用されていると、私は考えている。[41] なぜならば、勘物には「名例律集解云、○○○○○年代記曰、○○○○○律疏云、○○○○○又曰、……○○○○○案此等文、○○○○○而集解文、○○○○○但集解所謂○○○○○」とあって、「案此等文」以下は引用者の言であり、「此等文」「而集解文」とするからには、『名例律集解』、『年代記』、『律疏』の三書が並列に引用されていると考えざるを得ない。この引用態度および案文からすると、引用者は「律疏」を見ていると解される。また勘物には「同集解云、○○○疏曰……○○○○○疏曰……而此文……」とあり、〜〜〜部の「疏曰」は『律集解』引用の疏と考えられるが、「而此文」以下は直本の意見と思われる。[42] そして後者の「疏曰」は前掲の「律疏云」の末尾の部分を指していると考えられるが、[43] 取意文であって、直本が律疏の内容を節略して引用した可能性が存在する。臆測するならば、勘物の作者は「律疏云」として原文を忠実に引用し直したのかも知れない。

ところで、「而」の次に「此文」と見えることは注意されねばならない。「此文」とは、同集解云として引かれたいわゆる名例律篇目疏議を指しているが、直本は「疏」と「此文」(篇目疏議)を区別していたと考えられるからである。すなわち、篇目疏は直本に、律疏とは異なるものと認識されていたと思われる。恐らくいわゆる名例律篇目疏議は「律疏の序文的性格をもつ文」[44]であり、大字にて記されていたのであろう。小林・高塩両氏は、勘物所引の「律疏」を、名例律篇目疏議に附された小字双行の夾注と理解しておられるごとくであるが、[45] 前述のごとく、私は、双行に記された「疏曰」を直本の引用と考える。「同集解云」以下の引用が、『永徽律疏』の「序文的性格をもつ文とその注解たる疏[46]」の体裁を反映するものならば、双行注の冒頭に「疏曰」とあるのは不自然であり、ここは「謂」または「議曰」などとあるべきであって、少なくとも「疏曰」とはならないであろう。私は、勘物の「唐法」に見える「律疏云」「疏曰」の大字の引用文と、双行の「疏曰」とでは、引用者が異なると思う。すなわち、「律疏云」「疏曰」のなかで、大字の部分は勘物の作者の引用であり、双行の部分は直本の引用であろう。

ところで名例律篇目疏議は、滋賀秀三氏の見解[47]によれば七段に分かれるが、勘物の「唐法」冒頭に引く「名例律集解云」は第五段（刑法典、とくに名例篇の沿革）のはじめの部分であり、「同集解云」は同段のつづきの部分であって、五段の全部が以上に尽きている。最後の「同集解云」は第六段（名例第一の字義）の前半、すなわち「名例」に関する部分のみを引用している。そこで「名例律集解云」と「律疏云」の対応関係をみると、「名例律集解云」の引用は名例律篇目疏議の第五段のはじめの部分であるが、「律疏云」に引く「大刑用兵甲、次刑用斧鉞、中刑用刀鋸、其次用鑽鑿、薄刑用鞭朴」は、名例律篇目疏議第一段にほぼ対応する文章が見出される。この文章は『漢書』および『晋書』の刑法志にも見え、また進律疏表の注釈部分にも引かれている。「律疏云」に名例律篇目疏議前段の章句らしきものが見えることからしても、『名例律集解』引用の名例律篇目疏議と律疏云は互いに独立したものと考えるのが穏当であろう。また、「疏曰、至於六国之時、○○○○○」の文章のなかで「至於大唐膺録」以下の部分は、その前の同集解云として引用された名例律篇目疏に対応する部分をもたない[48]が、このことからも大字の疏曰が名例律篇目疏の注釈として存在したものでないことが確かめられる。

以上見たごとく、勘物に大字で記された「律疏云」「疏曰」は独立の文章と考えられるが、「疏曰」の末尾に「略序五刑之原由」とあることからして、この「律疏云」「疏曰」という一連の文章は、五刑の序として存在したのではなかろうか。小林・高塩両氏は、

> 永徽の「律」の方には本来「五刑」なる見出しが存したが、これを注釈した「律疏」は、名例律の篇目疏の中ですでに五刑についての原由を叙述したため、五刑を解説した疏文を附する必要がなくなり、従って五刑なる見出しを省いたと考えられる。(49)

と述べられた。しかし私は、勘物所引の「律疏云」「疏曰」は五刑の序としての性格を持つと考えるから、本来律疏にも五刑の見出しは存したと思う。ただ勘物の引用態度から見ると、名例律篇目疏議は「名例律第一」という標目の次に大字で以て記され、律疏全体の序としての性格を有し、「律疏云」「疏曰」の引用文は「五刑」の見出しの次に「議曰」として記されていたのではなかろうか。滋賀秀三氏は、律疏の書き出しを「名例律第一の標目—篇目疏議（冒頭に「議曰」の字あり）—五刑の標目—勘物に見える疏—笞刑五」という構成であった(50)と想定される。私は滋賀氏の構想をほぼ承認するが、ただ名例律第一の標目に続く篇目疏には、その序文的性格の故に、「議曰」の字はなかったのではないかと想像する。

ここで翻って勘物そのものについて考察することにする。『名例律勘物』は田中光顕伯旧蔵名例律（上）の書き入れであって、原本は大正十二年の関東大震災によって焼失したと伝えられ、その影写本が東大史料編纂所に存在する。この名例律の奥書に「以外戚証本垂露已畢　敢無残一説之　有隣」とある。ここに見える有隣は、平安時代後期の明法博士小野有隣(51)であって、彼は久安五年四月十四日に卒している（『本朝世紀』）。このことから、田中光顕伯旧蔵本名

例律の書写年代は久安五年以前ということになる。また、奥書に見える外戚は、外祖父菅原有真[52]であろう。それでは勘物の著者は誰かということが問題となる。奥書に「外戚証本」と見えることからすると、有隣は外祖父菅原有真所有の律を書写したのであり、また奥書に「敢無残一説之」とあるのは、『律集解』などの書き入れ（勘物）をも書写したことを言っているのではなかろうか。私は、有隣が有真所有の律およびその書き入れ（勘物）を忠実に書写したものが田中光顕伯旧蔵名例律（上）であったと考える。[53]勘物に引用されている『律集解』は惟宗直本の撰と伝えられる[54]が、明法家の菅原氏は惟宗氏の支流であると考えられており[55]、その菅原氏の誰かが、家伝の律に『律集解』や律疏などを附記したものが、有真所有の律ではなかろうか。あるいは律疏や『律集解』などを附記したのは有真その人であったかも知れない。

有真については、『平戸記』寛元三年四月十四日条に「寛治明法博士有真者、博覧之儒也、（中略）彼時引山田白金（意改）説并唐律釈所立之義是也」とあるように、すぐれた法曹であり、勘物の作成にあたって、山田白金の説や唐律釈を引用して注目されている。また『二中歴』に見える十大法律家のなかに含まれている[56]。前掲『平戸記』同日条の菅原為長の説に「我朝律令集解、疏義之釈、皆出自経史、法家先賢定了知歟」とあって[57]、寛元のころまでは律令集解が確実に伝来していたことがわかる。これらのことから考えると、寛治年間に有真が、「唐律釈」という唐律の注釈書[58]を所持していたことが察せられ、恐らく『永徽律疏』そのものも備えていたものと思われる。想像を逞しくすれば、勘物作成の便宜などのため、律に『永徽律疏』などを書き入れたのではなかろうか。

右に見たごとく、『名例律勘物』の著者（私見では菅原有真か）は、律の「名例律第一」と標目のある紙背に『律集解』所引のいわゆる名例律篇目疏議を書き込み、ついで『永徽律疏』より『律集解』には見えない五刑の序とも称すべき文章を引用したのであろう。[59] 勘物の著者は、『律集解』とともに『永徽律疏』そのものをも所持していたと思われるのである。

以上、『名例律勘物』に見える「唐法」の律疏に検討を加え、『唐律疏議』との比較をも試みた。『名例律勘物』所引の律疏が『永徽律疏』であろうとする小林・高塩両氏の見解は承認されるべきであると考えるが、これを以て『永徽律疏』そのものの原型（書式など）を復原することは、現在のところ困難であると言わざるを得ない。ただし、勘物所引律疏は現存の『唐律疏議』には見えない部分であり、明確に永徽の旧を伝えるという点でも貴重なものである。これは、滋賀氏の推定のごとく、律疏冒頭の「笞刑五」より前が全部欠落したことに由来する可能性が大であろう。[60] その意味では、『永徽律疏』の冒頭は、今日見る『唐律疏議』のそれとは異なっていたといえるであろう。

四　日本律の編纂

日本律の編纂については、瀧川政次郎氏の『律令の研究』、坂本太郎氏の「飛鳥浄御原律令考」など数多くの論考が存在するが、近年のものとしては小林宏氏の「日本律の成立に関する一考察」[61] がある。小林氏も同論考で述べられるように、日本律の成立に関する史料はすでに出し尽くされた感があるが、ここでは、日本律の編纂について、特に五罪・八虐・六議の形式を中心に、若干の考察を加えてみたい。

小林・高塩両氏は、

日本律の撰者が、大宝律・養老律を編纂するに当って、唐の永徽律とその公権的注釈書である永徽律疏との両方を参酌したであろうことは容易に想像される。（中略）しかしながら日本律の撰者は、唐の「律疏」の方を藍本として特に重んじたようである。(62)

と述べられ、養老律に「五罪」の見出しがないのは唐の「律疏」を藍本としたことを示すものと理解されている。しかし私は、前項でも述べたように、「律疏」には本来「五刑」の標目もそれを解説した文章も存在していたと考えている。故に、日本律が「五罪」という標目を除いたのは、唐の「律疏」の体裁を継承したためではなく、別の理由が存するように思われる。恐らく、「律疏」の「五刑」の標目下に置かれていた解説が唐土におけるその沿革を縷々述べているために、日本律の文章としてはふさわしくないと編者が判断し、削除されたものであろう。

吉田孝氏は「名例律継受の諸段階(63)」という論考において、大宝律八虐条疏の不存在説を主張された。この論文に対しては小林宏氏の批判(64)が存在するが、ここでは、小林氏によって、吉田氏説にとって最も有利な証拠とされた、公式令集解四九条〔駅使在路条〕所引『古記』について考察を加えることにする。同条『古記』には「賊盗律謀殺詔使条注云、奉勅定名及令所司差遣」と見える。唐賊盗律五条〔謀殺府主等官条〕疏文には「制使、（中略）已従名例解訖」とあり、唐律においては制使の解説は名例律十悪条大不敬の疏に見え、賊盗律の疏文では解説を省略しているのである。ところが養老賊盗律同条は、この唐律疏に相当する部分を欠いている。そこで吉田氏は、大宝律には大不敬の「詔使」に対する疏文が存在せず、そのかわりに賊盗律に規定されていたと考えられたのである。

しかし私には、この大宝賊盗律疏文は次のように解し得るように思われる。養老律では五罪・八虐・六議の部分が名例律の条文数から除かれていたことは、吉田氏の述べられたところであるが[65]、恐らく名例律そのものにも含まれなかったものと考えられる[66]。そうであるとすると、恐らく大宝律においても同様であったろう。すなわち、五罪・八虐・六議は律目録篇として考えられ[67]、名例律は議条よりはじまったのであろう[68]。とするならば、大宝律の編者は、唐賊盗律疏の「已従名例解訖」の語句を見て、「名例」の語を含むこの一文を除き、大不敬の詔使に対する疏文をそのまま挿入したのであろう。養老賊盗律疏においてこの「奉勅定名及令所司差遣」の語句が除かれたのは、大不敬の疏にこれらの語句を移したからではなくて、養老律編者が、八虐の大不敬疏と賊盗律疏の重複を削り、すっきりと調和のとれた条文構成を意図したためであったと思われる。これらのことは、唐職制律一二条〔合和御薬条〕疏文「医、謂当合和薬者、名例大不敬条内、已具解訖」ならびに唐賊盗律六条〔謀殺期親尊長条〕疏文「期親尊長外祖父母夫夫之祖父母父母、並於名例解訖」が、養老律の疏ではいずれも省略されていることからも傍証されよう。

以上見てきたように、私は旧来の説に従って、大宝律八虐条に疏文は存在していたと考えるのである。

日本律の藍本として永徽律および『永徽律疏』が参酌されたことは、佐藤誠実氏の「律令考」[69]、瀧川政次郎氏の『律令の研究』などによって明白であろう。また、大宝令の編纂に垂拱格が参照されたことも、かつて瀧川氏の指摘せられたところである。ところで、日本律八虐条謀叛には「謂、謀背圀従偽」とあって、一ケ所ではあるが圀の則天文字が使われている[70]。このことからすると、あるいは垂拱律も日本律の編纂に参照されたのではなかろうか[71]。敦煌発見唐職制戸婚廐庫律断簡に七字の則天文字が見えることにより、この断簡の書写年代を載初以後神竜以前と考え、「断簡の律は大体は永徽律と見てよく、ただこの垂拱の改定が含まれているかどうかが問題である。」とされたのは内藤乾吉氏である。[72]永徽律か垂拱律かは断定できないとしても、日本律の編者が則天武后時代の書写になる律を参照した可能性が高いことは言えるのではなかろうか。わずか二四条を改めたのみとはいえ、垂拱度の律を武后の時代に写したものを日本律の編者が見た、と私は考えている。

最後に、日本律編纂の意図の一つとして、法式備われる国としての日本を唐に知らしめる、といったことがあったのではないかということについて触れてみたい。石母田正氏は「続紀にも、新・旧唐書にもそれらしい手がかりがないから、まったくの憶測にすぎないが、新律令を唐王朝に紹介することが、大宝の遣唐使再開の一つの使命だったのではないか。[73]」と述べられた。『日本書紀』によると、推古天皇三十一年七月に医恵日、福因らが帰朝しており、恵日らは「留于唐国学者、皆学以成業。応喚。且其大唐国者、法式備定之珍国也。常須達。」と奏聞している。福因は推古天皇十六年に小野妹子に従って入隋した留学生（倭漢直福因）で、十五年目に帰国したわけである。聖徳太子の遣隋使派遣の最大の目的の一つは、その法律制度を学ぶことにあったと思われるが、最初の遣隋使以来約百年にして、ようやく大陸に匹敵する律令法を制定し、[74]彼国にもたらしたのであろう。それがすなわち大宝律令である。威名真人大村の墓誌銘に「以大宝元年、律令初定」と見え、弘仁刑部式に「大宝二年制律以後、依法科断」とあり、武智麻呂伝（『藤氏家伝』下巻）に「大宝元年已前為法外、已後為法内」と見えることなどからしても、大宝律令の完成が日本の律令法成立史上特別に重要な意味を持っていることがわかるのである。それは、はじめて大陸の律令法に比肩し得る完備した法典が成立したことを物語るのであろう。

おわりに

以上四項にわたって述べたが、要約すれば次のようになる。

一、杜預による『律令注解』は中国法典編纂史上画期的な意味を持つものであり、その解釈のみが公式に採用されたと考えられる。杜預の奏事・律序について考察し、『令義解』序との対比を行った。『律令注解』と律本との関係について述べた。

二、唐代法典編纂史上重要な位置を占める永徽律・『永徽律疏』の編纂について述べ、杜預の『律令注解』の影響についてふれた。律法典編纂に対する皇帝の関与の問題を検討した。

三、『名例律勘物』の「唐法」に見える律疏は『永徽律疏』であるが、直接『永徽律疏』の形式を復原する史料とはなし得ないことを述べた。勘物そのものについても考察を行った。

四、日本律冒頭の書式などについて考察した。日本律の藍本に垂拱律も含まれるのではないかとの推測を述べた。大宝律成立の意義についてふれた。

注

(1)『訳註日本律令』(全一一巻)の第二・三巻に相当する律本文篇上下二冊。他に第一巻首巻、第四巻律本文篇別冊、第五・六・七・八巻唐律疏議訳註篇(一〜四)。第九・一〇・一一巻令義解訳註篇(一〜三)。

(2) 小林宏氏「唐律疏議の原文について」(『國學院法学』一二の二)、小林宏・高塩博両氏「律集解の構成と唐律疏議の原文について㈠・㈡・㈢」（『國學院法学』一三の四・一四の三・一五の三）、同上両氏「律疏考――我が国における唐律継受の一断面――」（『國學院法学』一六の四）、吉田孝氏「名例律継受の諸段階」（『日本古代の社会と経済』上巻所収）、岡野誠氏「西域発見唐開元律疏断簡の再検討」（『法律論叢』五〇の四）、同氏「日本における唐律研究――文献学的研究を中心として――」（『法律論叢』五四の四）。

（3）「日本律の成立に関する一考察」（『牧健二博士米寿記念　日本法制史論集』所収）。他に、日本律成立に関する論考として高塩博氏「日本律編纂考序説」（『法制史研究』三〇所収）などがある。

（4）滋賀秀三氏「訳註唐律疏議（一）解題」（『国家学会雑誌』七二の一〇）三二頁。

（5）同上書三三頁。

（6）校点本一〇二六頁。

（7）泰始律令に関しては、浅井虎夫氏『支那ニ於ケル法典編纂ノ沿革』（五四～八四頁）、堀敏一氏「晋泰始律令の成立」（『東洋文化』六〇）を参照。

（8）二〇篇の篇目名については、『唐六典』と『晋書』刑法志で説を異にする。滋賀秀三氏と内田智雄氏の間で議論があるが、私見は拙稿「律学博士の設置について」（『産大法学』一五の四、本書第三章第二節に再録）の注（12）で述べておいた。

（9）注（7）所引浅井氏著書五八～五九頁参照。

（10）『隋書』経籍志に「序注」とあるから、晋代以降隋までに、表から序への変化がおこったのであろう。南朝において晋律が重視されたことに関連があると思われる。なお、同志に『雑律解』二一巻とあるのは張裴の律注のことであろう。

（11）日本思想大系本『古事記』補注三〇五～〇六頁参照。

（12）ただし、『南斉書』巻四八、孔稚珪伝には「尚書删定郎王植、撰定律章、表奏之曰、臣尋晋律、文簡辞約、旨通大綱、事之所質、取断難釈、張裴杜預同注一章、而生殺永殊、自晋泰始以来、唯斟酌参用、（下略）」とある。

(13) ただし、『藝文類聚』巻五四、刑法部刑法では、書奏の項目下に奏事を配しており、序の項目下に律序を置いている。また中田薫氏は「支那における律令法系の発達について」(『法制史論集』第四巻八六頁)において「杜預は律序を作り律令成るや奏事を作り、律令注解を著作した時の奏文をも遺してゐる。」と述べられ、律序と奏事を別ものと解しておられる。

(14) 橋川時雄氏は、注(1)所引の首巻四七頁において、杜預の『律令注解』の奏上文について、「この一篇は、杜預の律令注解の序としても読める。」と述べておられる。

(15) 『隋書』巻三三経籍志には「南台奏事二十二巻、漢名臣奏事三十巻、魏王奏事十巻、魏名臣奏事四十巻目一巻」などとあって、奏事は書物にまとめられたものを意味する場合もあった。

(16) 林紀昭氏『令集解漢籍出典試考(上)』一四〜二一頁参照。なお『修文殿御覧』三六〇巻は北斉の祖孝徴らの撰になる。宋の『太平御覧』の祖本とされる。

(17) 注(1)所引の首巻二三八頁。

(18) 同上二三九頁。

(19) 同上四六頁。

(20) 同上五一頁。

(21) 同上五二頁参照。

(22) 注(7)所引浅井氏著書五九頁参照。

(23) 楊廷福氏は「『唐律疏議』制作年代考」(『文史』第五輯、後に同氏『唐律初探』所収。岡野誠氏が『法律論叢』五二の四において「唐律疏議の製作年代について」という表題でその全訳を発表された。ここでは岡野氏の訳による)において「開元期に(中略)『律』および『律疏』は、新たに編纂されることがなかった」(岡野氏訳、一六一頁)とされ、「開元時に(中略)『律』及び『律疏』に対しては、重ねて「刊定」が行なわれた」（同上、一六三頁）と考えておられる。岡野氏は「唐代において律疏の編纂が行なわれたのは永徽に一度だけであり（楊氏説）、開元にその手なおしが行なわれて、それが後の唐律疏議の主要な材料となった（仁井田・牧野説）と折衷的に考えている。」（同上訳者附記、一七九頁）と述べられた。私は、『通典』巻一六五に「開元（中略）至二十五年、又令刪緝旧格式律令及勅総七千四百八十条、其千三百四条、於事非要、並刪除之、二千一百五十条、随文損益、三千五百九十四条、仍旧不改、総成律十二巻、疏三十巻、令三十巻、式二十巻、開元新格十巻、（中略）二十五年九月、奏上之、勅於尚書都省、写五十本、発使散於天下」とあることなどからすると、刪緝の主体は格式令にあったが、「総成」の語からすると「律」および「律疏」にも刪緝が加えられ、天下に頒たれたと考える。

（24）『唐会要』の原文では「五十三条、凡律五百条、格」となっているが、『旧唐書』刑法志に「惟正五十三条格、入於新律」とあるのによって、私に改めた。本書第三章第三節注（20）も参照。

（25）ただし、六巻巻六によると「唯三流皆加一千里、居作三年二年半二年、皆為一年、以此為異、又除苛細五十三条」とある。また、開皇律も五百条であり、武徳律は、新格五三条をその五〇〇条中に摂取したものと考えられる。『隋書』巻六六、裴政伝によると、開皇元年、詔によって律令の修定が命ぜられており、編纂官の一人であった裴政は「政採魏晋刑典、下至斉梁、沿革軽重、取其折衷、同撰者十有余人、凡凝滞不通、皆取決於政」とあって、その編纂実務の中心的人物であった。ここに「採魏晋刑典」と見えることから、主として魏晋の法典に拠ったことが察せられる。また開皇三年に「更定新律」のことあり。『隋書』刑法志に「除死罪八十一条、流罪一百五十四条、徒杖等千余条、定留唯五百条、凡十二巻」とあって、ここに律五百条が姿をあらわす。開皇律の範となったと考えられる泰始新律は、晋・武帝の泰始三年に成り、翌年正月に天下に頒行されているが、『晋書』巻二、文帝紀、魏・咸熙元年の条に「秋七月帝奏司空荀顗定礼儀、中護軍賈充正法律、尚書僕射裴秀議官制、太保鄭沖総而裁焉」と見え、法律撰定の開始が伝えられており、頒行までに約五年の歳月を要している。

(26) 注（4）所引滋賀氏訳註、解題三二頁に「律は貞観において、疏は永徽において、大局的には、今日見るのと殆んど違わぬものを完成していた」と見える。
(27) 条奏には箇条書きにして上奏するという意味がある。なお、『唐会要』巻三九は「条」を「修」に作る。
(28) 注（4）所引滋賀氏訳註、解題三二頁参照。
(29) 注（25）参照。
(30) 中田薫氏「古法雑観」（『法制史論集』第四巻四一頁）、瀧川政次郎氏「令集解巻首の令総叙」（注（1）所引の首巻二四一頁）など参照。
(31) 同様もしくは節略したものが、他に『新唐書』巻一〇一蕭瑀伝、『冊府元亀』巻六一七刑法部守法にも見える。
(32) 校点本二四〇五頁。
(33) 岸辺成雄氏『唐代音楽の歴史的研究』
利光三津夫氏『続律令制とその周辺』
嵐義人氏「衛禁律・闌入非御在所条」（小林宏氏編「律条拾羨」『國學院大學日本文化研究所紀要』第三八輯所収）
岡野誠氏「唐代における『守法』の一事例——衛禁律闌入非御在所条に関連して——」（『東洋文化』六〇号所収）
滋賀秀三氏「唐代における律の改正をめぐる一問題——利光三津夫・岡野誠両氏の論考に寄せて——」（『法制史研究』三〇所収）
瀧川政次郎氏「書評・特集『律令制の比較史的研究のために』（東洋文化六〇号）」（『法制史研究』三一所収）
池田温氏「書評・滋賀秀三『唐代における律の改正をめぐる一問題——利光三津夫・岡野誠両氏の論考に寄せて——』（法制史研究第三〇号）」（『法制史研究』三二所収）
などがある。

（34）注（33）所引岡野氏論考九一頁。

（35）注（33）所引滋賀氏論考一五六～五七頁参照。

（36）注（33）所引滋賀氏論考一五七頁参照。

（37）岡野誠氏「唐代における禁婚親の範囲について――外姻無服尊卑為婚の場合――」（『法制史研究』二五所収）、同氏注（33）所引論考九一～九二頁参照。

（38）この年月は『唐会要』巻八三嫁娶にのみ明記されている。他の二つの史料、『通典』巻六〇礼二〇嘉五、『冊府元亀』巻六一六刑法部議讞第三には見えない。私は、岡野氏説に従って、紀王慎らの上奏は永徽二年九月の時点でなされたと考える。

（39）ただし、注（38）所引の『冊府元亀』を見ると、紀王慎らの上奏の後に「仍令著於律令」とあって、永徽二年律に上奏の内容が組み込まれた可能性も存する。紀王慎らの上奏が永徽二年九月、律の頒行が同年閏九月辛未であるから、全く不可能ではない。

（40）注（2）所引小林・高塩両氏論考前者㈡一五頁。以下「原文㈡」と略称す。

（41）滋賀秀三氏「書評・小林宏 高塩博『律集解の構成と唐律疏議の原文について㈠～㈢完』」（『法制史研究』二九所収）一七〇頁参照。

（42）注（41）所引滋賀氏書評一七一頁参照。

（43）注（42）に同じ。

（44）小林・高塩両氏「原文㈡」二〇頁。

（45）「原文㈡」二一頁参照。

（46）小林・高塩両氏「原文㈡」二一頁。

（47）注（4）所引滋賀氏訳註五六～五八頁。

（48）瀧川政次郎氏「律集解巻首の律総叙」（注（1）所引の首巻三五七頁）参照。

(49)　注（2）所引小林・高塩両氏論考後者補論二、五三頁。

(50)　注（41）所引滋賀氏書評一七一頁。

(51)　桃裕行氏『上代学制の研究』三二八頁参照。なお有隣の伝は、布施弥平治氏『明法道の研究』二二六〜二八頁に見える。

(52)　注（51）所引桃氏著書三二八頁。有真の伝については、同注所引布施氏著書二一五〜一六頁参照。

(53)　井上光貞・吉田孝両氏「書評・『訳註日本律令　二・三　律本文篇上巻・下巻』」（『史学雑誌』八五の九）七八頁、早川庄八・吉田孝両氏『日本思想大系　律令』「解題」八四二〜四三頁参照。

(54)　和田英松氏『本朝書籍目録考証』二一八〜一九頁、同氏「惟宗氏と律令」（『国史説苑』所収）四六四〜七四頁など参照。

(55)　注（51）所引布施氏著書二一五・二二一頁参照。

(56)　『二中歴』第一三に「明法　永継宍人　永直讃岐　永成同　直本惟宗　公方同　允亮令宗　允正同　右弼桜井　道成令宗　有真菅原」とある。

(57)　注（54）所引和田氏著書前者二一九頁参照。

(58)　利光三津夫氏『律令及び令制の研究』八八〜九〇頁参照。

(59)　現存の「律」は五罪（または五刑）の標目を持たない。恐らく養老律にもその標目は存在しなかったであろう。その故に、『律集解』も五罪（五刑）の標目を持たず、また解釈も載せていなかったことが考えられる。よって、五刑の序とも称すべき『永徽律疏』も引用していなかった可能性が高い。

(60)　注（41）所収滋賀氏書評一七一頁参照。

(61)　注（3）参照。

(62)　注（2）所引両氏論考後者補論二、五二頁。

(63) 注(2)所引。
(64) 小林宏氏「書評・吉田孝『名例律継受の諸段階』」(『法制史研究』二九所収)一六四～六五頁。
(65) 注(2)所引吉田氏論考二七九・三一二頁参照。
(66) その可能性についても注(2)所引吉田氏論考三一二頁で示唆されている。また小林・高塩両氏は注(2)所引論考後者四〇頁で「五罪以下の部分は、名例律そのものには含まれなかった」とされる。
(67) 注(2)所引吉田氏論考三一二頁、同注所引小林・高塩両氏論考後者四〇頁参照。
(68) ただし、五罪・八虐・六議の部分が、養老律内部において名例律としての扱いをうけた場合もある。注(2)所引吉田氏論考三一二頁、同注所引小林・高塩両氏論考後者四〇頁参照。
(69) 『國學院雑誌』五の一三～六の三掲載、同雑誌六八の八に瀧川政次郎氏の解題を附して再録。
(70) 常盤大定氏「武周新字の一研究」(『東方学報』東京、第六冊)、内藤虎次郎氏『読史叢録』(『内藤湖南全集』第七巻所収)五七七頁、内藤乾吉氏「敦煌発見唐職制戸婚廐庫律断簡」(『中国法制史考証』所収)一九六～九九頁など参照。
(71) 大宝・養老令の藍本に垂拱令を加え得ることは、拙稿「敦煌発見神竜散頒刑部格と令集解」(『産大法学』一六の四、本書第四章付論に再録)一四頁参照。
(72) 注(70)所引同氏論考。
(73) 同氏『日本古代国家論』第一部、三四八～四九頁。
(74) 本朝麗藻、法令部に見える大江以言の「七言、夏日於左監門宗次将父亭聴講令詩一首」の序に「夫法令之興、其義遠矣、(中略)我国家已自推古之聖朝、下迄養老之宝暦、上下三四代之間、増損屢悛、章条数十篇之裏、修撰甫就、以安四海之波瀾、以定一天之防禦」と見える。

第二節　律学博士の設置について

一

魏晋南北朝の動乱を経て、中国は隋に至ってその統一をみた。開皇九年（五八九）に南朝の陳を滅ぼして中国全土を統一した隋の治世は、わずかに二八年の短期間であったが、その制度文物上の改革は、次の唐代の基礎となったと言っても過言ではない。

学校制度についてみても、隋の煬帝のときにはじめて設けられた国子監は教育行政のことを掌ったが、この制度は唐代以降にうけつがれた。また、隋は、儒教の教典を教授する国子学・太学・四門学の外に、書学および算学を設置したが、この点も唐代に踏襲された。

唐代における中央政府の主要な学校は、国子学・太学・四門学・広文館・律学・書学・算学の七つから成り、七学と称され、尚書省礼部に属する国子監によって統轄されていた。(1) 唐代の学校は、父兄の身分の違いによって、子弟の入学資格が厳しく決められていた。そして、七学のなかで、国子学・太学・四門学・広文館は、今日の大学に近い性格の学校であり、律学・書学・算学は、今の専門学校的な性質を有していた。そのなかで、唐代の律学は、法律技術に関する専門学校としての性格を持つもので、当代貴族のそれほど重要視しないものであったから、入学資格に関する制限も比較的ゆるやかであった。また、入学年齢は一般には十四歳から十九歳までであったが、律学のみは十八歳以上二十五歳までになっていた。(2)これは、修得のむずかしい法律専攻の故であったと思われる。律学においては、律令を専攻し、兼ねて格式法令を学習したが、その課程の詳細については判明しない。(3)

一応律学は右のごとく位置づけすることができるのであるが、唐の治世は三百年に近く、その間に律学は何度かの改廃を繰返している。そこで本節では、唐代における律学を考察する前段階として、中国における律学博士の設置について考えてみたいと思う。

二

まず、律学博士の設置に関する基本的史料を列挙しておくと左の通りである。

近衛本『大唐六典』巻二一、国子監、律学博士の項目には、

Ⓐ律学博士一人、従八品下、

晋百官志、延尉官属当作属官、下同、有律博士員、晋刑法志曰、衛覬奏請置律学博士、転相教授、東晋宋斉並同、梁天監四年、廷尉官属、置冑子律博士、位視員外郎、第三班、陳律博士秩六百石、品第八、後魏初律博士第六品、後魏志、第六品中、太和二十二年、為第九品上、北斉大理寺官属、有律博士四人、第九品上、隋大理寺官属、有律博士八人、正九品上、皇朝省置一人、移属国学、

助教一人、従九品上、

皇朝置之、

律学博士、掌教文武官八品已下、及庶人子之為生者、以律令為専業、格式法例亦兼習之、其束脩之礼、督課試挙、如三館博士之法、

助教掌佐博士之職、如三館助教之法、

と見える。『通典』巻二七、職官九の国子監には、

Ⓑ律学博士、晋置、属廷尉、衛覬奏請律学博士転相教授、東晋以下因之、梁曰、冑子律博士、属廷尉、陳亦有律博士、後魏北斉並有之、隋大理寺官属、有律博士八人、大唐因之、而置一人、移属国学、助教一人、而従九品上、

とある。ここで『唐六典』に引用されている『晋書』巻三〇、刑法志を見ると、

Ⓒ衛覬又奏曰、刑法者、国家之所貴重、而私議之所軽賤、獄吏者、百姓之所懸命、而選用者之所卑下、王政之弊、未必不由此也、請置律博士、転相教授、事遂施行、然而律文煩広、事比衆多、離本依末、

と記されている。(4)

さて、『六典』、『通典』、『晋書』刑法志を比較すると、いくつかの異同はあるが、律学博士の起源は、制度的には三国の魏に求められるようである。(5)そして、魏における律博士設置の年次を明記するものは『資治通鑑』である。同書巻七一、魏紀三、明帝太和三年冬十月の条に、

改平望観曰聴訟観、(中略)尚書衛覬、奏曰、(中略)請置律博士、帝従之、

とある。(6)その成立の事情は、右に掲げた『晋書』刑法志Ⓒに明らかであるが、今さらに明確にするために、内田智雄氏編の『訳注中国歴代刑法志』所収の訳注晋書刑法志の当該部分の訳文を左に引用させて頂くことにする。

衛覬《えいき》はまた奏して次のようにいった。

「刑罰法律は、国家の貴び重んずるところであるが、私的な論議では軽んじいやしむところである。獄吏は、民がその生命を托するものであるが、任用するものの卑しみ下げすむところである。王政の弊《すた》れるのは、これが原因でないとはいいきれまい。願わくは、律博士をおいて、つぎつぎに教え伝えさせるようにせられよ」と。

このことはそのまま実施せられた。しかしなお法律の条文は煩多で、判決の事例は数多く、根本を離れ末節にとらわれるありさまであった。

また、同書の注によると、衛覬は、字は伯儒、河東安邑の人。曹操に仕えて治書侍御史、尚書、侍中を歴任し、魏国の制度をととのえ、文帝（220—226）の践祚するや再び尚書となった。明帝即位（226）ののち、律博士の設置を始め、忠言するところが多かった。魏官儀を作ったほか、撰述するところ数十篇あり、また文章をもって著名であった。

魏の第二代明帝即位の後、衛覬の奏が入れられて、律博士の設置が決定したのであったが、当時における刑法の占める地位については、右に掲げた『晋書』刑法志にあるごとく、それほど重要視されていたとは考えられない。また、律文が煩広で、事比が衆多であったとあるが、それらの様子を項を改めて述べてみたいと思う。

三

中国にあっては、道徳・政治・法は密接不可分な関係にあり、法は礼・楽・刑・政をその内容とした。この意味において、儒教の経典や諸子百家の著作は広義の法とも呼び得る。春秋・戦国時代には種々の思想が存在したが、法律思想の形成に重大な影響を及ぼしたのは、儒家の思想と法家の思想である。この両者の思想は相対立するものであったが、漢が儒家の思想を正統化した後、歴代の王朝は王道徳治を国家統治の根本理念とした。そして表面的には儒家の思想を用い、その実、法家の思想を採用して、両者をうまく融合して運用したのであった。

右のような一般的状況から考えて、魏の時代においても、経典に基づく王道政治が理想とされ、刑典は表立ってはそれほど重んぜられなかったものと思われる。たとえば、礼と刑との関係について言えば、『後漢書』列伝三六陳寵伝に、「礼之所去、刑之所取、失礼則入刑、」と見え、礼に違背した場合に刑が適用されるのであり、礼が重視されているのがわかるであろう。『礼記』曲礼上には、「礼は庶人に下らず、刑は大夫に上らず。」と見えている。

『礼記』曲礼上の原文は、

礼不下庶人、刑不上大夫、

とあり、「礼不下庶人」に対する唐の陸徳明の釈文(7)には、

謂庶人貧無物、為礼又分地、是務不服燕飲、故此礼不下与庶人行也、

と見え、「刑不上大夫」に対する漢の鄭玄の注は、

不与賢者犯法、其犯法則在八議軽重、不在刑書、

とあり、この注に対する唐の孔穎達らの疏(8)は、

与猶許也、不許賢者犯法、若許之則非進賢之道也、大夫無刑科、而周礼有犯罪致殺放者、鄭恐人疑、故出其事、

雖不制刑書、不与賢者犯法、其犯法則在八議軽重、不在刑書、若脱或犯法則在八議、議有八条事、在周礼、一曰議親之辟、謂是王室有罪也、二曰議故之辟、謂与王故旧也、三曰議賢之辟、謂有徳行者也、四曰議能之辟、謂有道芸者也、五曰議功之辟、謂有大勲立功者也、六曰議貴之辟、謂貴者犯罪即大夫以上也、鄭司農云、若今之吏墨綬有罪先請者、案漢時墨綬者是貴人也、七曰議勤之辟、謂憔悴憂国也、八曰議賓之辟、謂所不臣者三恪二代之後也、（中略）大夫罪未定之前、則皆在八議、此経注是也、（下略）

とある。『礼記』曲礼上の意味するところは、礼が周の王侯大夫士のいわゆる支配者集団に適用されていた法であり、人民には無関係のものであったとする思想を述べたものである。すなわち、礼という名の法は支配者集団のみに関係があり、人民は刑によって律せられるとする考え方が存在したのである。このような礼重視の影響は三国の魏にまで及んでいたものと思われる。

次に、律文煩広の状況を少しく述べてみたい。魏晋以後、律と令の意義が分化し、律は禁止法である刑法を意味し、令は命令法である行政法、訴訟法、民商法などを意味する言葉となった。

魏の明帝のときに、劉劭らが旧科を刪り、漢律を採って、新律一八篇を編纂したことが、『三国志』魏書巻二一、劉劭伝、および『晋書』巻三〇、刑法志などに見えている。その篇目と排列は、滋賀秀三氏の説(9)に従うならば、①刑名、②盗、③劫略、④賊、⑤詐偽、⑥毀亡、⑦告劾、⑧捕、⑨繫訊、⑩断獄、⑪請賕、⑫雑、⑬戸、⑭興擅、⑮乏留、⑯驚事、⑰償贓、⑱免坐、であり、このなか一字の篇名五つは漢律に依ったものであり、二字の篇名一三篇は新たに増加したものということである。

このように魏の新律一八篇によって、律の法が体系づけられ、整理されたのであるが、衛覬の上奏がなされたのは、この新律制定以前のことである。そこで、新律以前の魏における法のあり方を見ると、明帝の時代にはまだ、秦や漢の旧い律を継承して用いていたのである。漢代の法は総じて九〇六巻あり、世々増減があったが、『晋書』刑法志には、

集類為篇、結事為章、一章之中、或事過数十、事類雖同、軽重乖異、而通条連句、上下相蒙、雖大体異篇、実相採入、

と見えて、法の分類がおおまかであって、各篇章の間で錯綜していることがあった。また同志によると、

凡断罪所当由用者、合二万六千二百七十二条、七百七十三万二千二百余言、言数益繁、覧者益難、天子於是下詔、但用鄭氏章句、不得雑用余家、

とある。後漢代において法律の解釈学が起こり、十余家の説があり、各家数十万言あった。右に見えるごとく、罪を断ずる場合に拠るべき法条が二万六二七二条、諸家の章句の総計が七七三万二二〇〇余も存在したのであった。このような状況では律文煩広と言わざるを得ないであろう。そこで天子（明帝）は詔を下して、鄭氏の章句のみを用いることにされた。これによって拠るべき解釈が一家に限定され、司法官の仕事が軽減されたことであろう。

なお、律と令がそれぞれ刑法典および行政法典を明確に意味したことは、三国魏の元帝の時代、景元四年（二六三）に文帝が晋王になったとき、賈充に命じて法律を改定させた[11]ことを記した『晋書』刑法志中に見えている。

文帝為晋王、患前代律令、本注煩雑、陳群劉劭、雖経改革、而科網本密、又叔孫郭馬杜、諸儒章句、但取鄭氏、

又為偏党、未可承用、於是令賈充定法律、（中略）就漢九章、増十一篇、仍其族類、正其体号、改旧律為刑名法例、弁囚律為告劾繋訊断獄、分盗律為請賕詐偽水火毀亡、因事類為衛宮違制、撰周官為諸侯律、合二十篇、六百二十条、二万七千六百五十七言、蠲其苛穢、存其清約、事従中典、帰於益時、其余未宜除者、若軍事田農酤酒、未得皆従人心、権説其法、太平当除、故不入律、悉以為令、施行制度、以此設教、違令有罪則入律、其常事品式章程、各還其府為故事、

右の文中に「違令有罪則入律」と見えることからして、令は非刑罰法規、律は刑罰法規とされていたことがわかるのである。このことは、『唐六典』に見える晋律令の篇目を一覧するだけでも首肯されるであろう。すなわち、『唐六典』巻六、刑部郎中員外郎注には、

晋氏受命、議復肉刑、復寝之、命賈充等十四人、増損漢魏律、為二十篇、一刑名、二法例、三盗律、四賊律、五詐偽、六請賕、七告劾、八捕律、九繋訊、十断獄、十一雑律、十二戸律、十三擅興律、十四毀亡、十五衛宮、十六水火、十七廐庫、十八関市、十九違制、二十諸侯、凡一千五百三十条、

とあり(12)、同書、刑部郎中員外郎令注には、

晋命賈充等、撰令四十篇、一戸、二学、三貢士、四官品、五吏員、六俸廩、七服制、八祠、九戸調、十佃、十一復除、十二関市、十三捕亡、十四獄官、十五鞭杖、十六医薬疾病、十七喪葬、十八雑上、十九雑中、二十雑下、二十一門下散騎中書、二十二尚書、二十三三台秘書、二十四王公侯、二十五軍吏員、二十六選吏、二十七選将、二十八選雑士、二十九宮衛、三十贖、三十一軍戦、三十二軍水戦、三十三至三十八皆軍法、三十九四十皆雑法、

と見える。

このように晋代においては、律と令は明瞭に区別されていたことがわかるのであるが、漢代においては、律と令はそれほど厳密に区別されていなかった。たとえば、官の所有する財物の管理出納に関する法令である金布律は、『晋書』刑法志には「金布律」と見えるが、『漢書』巻七八、蕭望之伝には「金布令甲」とあり、律と令は通用せらるるがごとくである。(13)

以上のことを勘案すると、律と令を刑罰法規と非刑罰法規とに明確に区別するのは、あるいは魏に始まるのかも知れない。

次に、判決の事例が数多いということについて述べる。『漢書』などに決事比として見えているものがそれで、判決例を意味し、刑律の正文に規定なきものはこれを引用して罪を決した。『漢書』巻二三、刑法志には、

及至孝武郎位、(中略)律令凡三百五十九章、大辟四百九条、千八百八十二事、死罪決事比、万三千四百七十二事、

文書盈於几閣、典者不能徧睹、

と見えて、漢の武帝の時代には、死罪決事比が一万三四七二事の多きにのぼった。(14)

決事比については、『周礼注疏』巻三五、秋官司寇の士師の注に、(15)

鄭司農云、八成者行事、有八篇、若今時決事比、

と見え、同書巻三四、秋官司寇の大司寇の疏に、

若今律其有断事、皆依旧事断之、其無条、取比類以決之、故云決事比也、

とある。また、『後漢書』列伝三六陳忠伝には、

初父寵在廷尉上、除漢法溢於甫刑者、未施行、及寵免、後遂寝、而苛法稍繁、人不堪之、忠略依寵意、奏上二十三条、為決事比、以省請讞之弊（中略）事、皆施行、

と見えて、陳忠がその父寵の意によって、二三条を奏上して決事比となしたことがわかる。(16)『資治通鑑』巻七一、魏紀三、明帝の太和三年冬十月条に、

蕭何定漢律、益為九篇、後稍増至六十篇、又有令三百余篇、決事比九百六巻、

と見えて、「決事比九百六巻」が存在したと述べている。

判決の事例は、『資治通鑑』の説を採っても九〇六巻、『漢書』刑法志の説に従うならば一万三四七二事ということであり、厖大な数にのぼっていたことがわかる。これは漢代のことであるが、魏の明帝の時代にあっても、『晋書』刑法志の記述を借りるならば「是時承用秦漢旧律」という状態であったから、決事比のごときも前代より継承されていたことと思われる。

右に見てきたように、秦から漢にかけて多くの法令が集積されてきたが、法典として十分な体系化がなされておらず、律・令・決事比などが互いに錯綜しており、また諸家の解釈も多く、『晋書』刑法志の記述によれば、「凡断罪所当由用者、合二万六千二百七十二条、七百七十三万二千二百余言、言数益繁、覧者益難、」といった状態であった。この煩多な法および諸家の学説の汪溢は、魏の時代に入っても続いていたと思われるが、魏の第二代皇帝明帝のときに、法解釈の統一が図られ、断罪において諸家の学説を援用することが禁止され、唯一鄭玄の法文解釈を正しいもの

として採用することが、天子の詔によって決定された。この決定の意味するところは重大なものがあったであろう。この公権的解釈の採用は、新たな立法作業といっても過言ではないであろう。そして衛覬の上奏に見える律博士の設置は、あるいはこの公権的解釈の徹底を期するのがその目的の重要な部分を占めたとも考えられるのである。この鄭氏章句の採用、律博士の設置という段階を経て後、また詔によって、「刪約旧科、傍采漢律、定為魏法、」が実行される。「刪約」の二字に、その立法事業の性格が顕われているように思われる。すなわち、それまでの錯綜していた法条を整理して体系化が図られたのであろう。また、漢律が「傍采」されたという表現[17]にも、魏の明帝の法典編纂事業への自負があらわれているがごとくである。このようにして、新律一八篇、州郡令四五篇、尚書官命、軍中令、合一八〇余篇が成立する。

以上のことからすると、魏の明帝の時代における法典編纂の意味が明瞭になってくる。すなわち、秦・漢代に厖大なまでに発達し、集積された法条が、魏の明帝の時代になってようやく整理・体系化され、法典としての基礎が確立されてきたといえるのではなかろうか。その意味で、中国法典編纂史上において、魏の明帝の占める位置は、決して低いものではない。また同時に、公権的解釈の採用・普及に活躍したと考えられる律博士設置の意義も忘れることはできないであろう。

四

ここで、魏の明帝による鄭氏章句の採用と、日本における養老令の官撰注釈書である『令義解』の成立とを比較して考察してみよう。

『令義解』は、清原夏野らが撰し、平安時代の天長十年（八三三）に成立した養老令の公権的注釈書であり、その編纂は一種の立法作業というべきであり、その解釈は令本文と同様の効力を有した。この『令義解』が成立したときの事情は、その施行の詔、上表、および序によって知ることができる(18)。

仁明天皇の承和元年（八三四）十二月十八日に出された『令義解』一〇巻の施行を命ずる詔には、

法令文義、隠約難詳、前儒註釈、方円逓執、

と見えて、法令の文章が難解であって、諸家の注釈も一致しない様子が窺える。また、天長十年（八三三）十二月十五日の年紀をもつ右大臣従二位兼行近衛大将臣清原真人夏野の上表文には、

前儒解釈、逓有乖向、浅深易混、軽重難詳、

とある。さらに、天長十年二月十五日に記された『令義解』序には、

猶慮天子自思惟是事、法令製作、文約旨広、先儒訓註、案拠非一、或専守家素、或固拘偏見、不肯由一孔之中、争欲出二門之表、遂至同聴之獄、生死相半、連案之断、出入異科、念此弁正、深切神襟、爰使臣等集数家之雑説、挙一法之定準、

と見える。これによると、法がさまざまに解釈されて、時には同じ訴えごとに対して二様の判断が示されるといった弊害が生じていた。そこで天子は深く宸襟を悩まされて、臣夏野らに命じて、一法の定準を天下に示そうとされたことがわかる。最後に、天長三年（八二六）十月五日の応撰定令律問答私記事と題する太政官符を引用しておくと、

自爾以来、諸博士等相承教授、文略義隠、情理難通、即無不由先儒旧説、而彼旧説、或為問答、或為私記、互作異同、未詳誰作、後学者等、属意彼此、毎有論、決難塞、夫古之刑書、鐘鼎鋳之、金石銘之、所以塞異端絶異理也、望請、命当時博士等、撰先儒之旧説、省彼迂説、取此正義、勒成巻帙、以備解釈、庶俾学者易解、与奪莫異者、

とある。

右に見てきたように、平安時代の天長年間における『令義解』の編纂という一種の立法事業は、魏の明帝による法文解釈の統一を考える場合の重要な参考史料となるであろう。

まず両者に共通するのは、ともに帝命によって法文解釈の統一が企図されていることである。『令義解』の場合は、淳和天皇の思し召しによってその編纂が開始されている。魏の場合も、明帝の詔によって鄭氏章句の採用が令せられているのである。日本においては、諸説並び立って判断し得ない場合には聖断を仰いだことが、『令義解』施行の詔、表、序のいずれにも見えており、このことについて橋川氏は、「『令義解』に法典としての尊厳と権威をもたせて、ひろく天下に施行する王朝政治のありかたである」と述べられている[19]。たしかにその通りであったろうと思われるが、同時に、法解釈の統一を図らねばならないような実務上の必要があり、天子もそのことを痛感されて詔が出されていることも否定できないであろう。法令が簡潔すぎて、諸家の学説が混じり合って軽重つけがたい状況であったことは、詔・序などに明確に記載されているごとくであり、少し後にはなるが、延喜式を編纂する際に、その奏上された草案に対し、醍醐天皇が自ら御意見を提示しておられる[20]ことなどから考えると、『令義解』の編纂過程においても、淳和

天皇は実際に聖断を下されたのかも知れないのである。

法実務の面から公権的解釈が必要とされた事情は、彼我ともに極めて類似していたといえよう。すなわち、魏にあっては、裁判を行う役人が、軽い法にこじつけて罪を定めたり、故意に重い法にこじつけて罪を定めたり、軽々しく法を枉げるものがそれからそれへと顕れていたのであり[21]、日本にあっても、同じ訴えごとを聴き、ともに罪を断じて刑獄に下し、一人は生かし一人は殺す、一人は罪科に入れ一人はその罪を認めないということにたち至ったのであった。ついでに述べておくと、『令義解』序に極めて近い表現が『漢書』刑法志にも見出される。同志には、

是以郡国承用者駮、或罪同而論異、姦吏因縁為市、所欲活則伝生議、所欲陥則予死比、議者咸冤傷之、

とある。これを見ても、悪い役人が法を弄んで私腹を肥やしていた様子が窺われる。魏にしても前漢にしても、それぞれ『令義解』編纂に至る事情と極めて似ている。そのへだたること、魏までが約六百年、前漢に至っては九百年以上も前のことである。この長年月を隔てての彼我の表現の類似は、法発展の過程のみを中国から学んだのではなく、詔・表・序の起草に際して彼のそれを援用したことにその理由を見出すことができるのではなかろうか[22]。

魏の明帝も、また『令義解』の編纂を命ぜられた淳和天皇の場合も、この法解釈の混乱を正して、一法の定準を天下に示そうとされたのであった。その意図は共通するといって過言ではないであろう。ただし、その法定立の手段は異っていた。魏の明帝にあっては、諸家の説を捨て、鄭氏の章句のみを採用し、『令義解』の場合は、諸家の説のなかからすぐれたるものを採用したのである。ここで、義解と章句のそれぞれの意味について考えてみよう。

「義解」の義とは、わけ、意味をいい、宋の大儒朱熹（朱子）の大学章句には、「右伝之五章、蓋釈格物致知之義、」

と見える。また、周の荀況（荀子）の撰した『荀子』の王制には、「分何以能行、曰以義」とあり、注に、「義曰裁断也」と見える。『宋史』巻三二七、王雱伝には、「作老子訓伝及仏書義解、」とあり、「義解」とは意義の解釈、またはときあかした書物を意味するようである。『晋書』巻五〇、郭象伝には、「先是注荘子者数十家、莫能究其旨統、向秀於旧注外、而為解義、妙演奇致、大暢玄風、」と見え、この場合「解義」は意義の説明をいう。右の用例からするならば、「義解」の熟語は、性命の学、あるいは性理の学といわれる宋学によって盛んに用いられるようになったのかも知れない。類似の語句としての「義疏」は、『隋書』巻三二、経籍志に、「周易義疏十九巻、宋明帝集群臣講、」などと見えて、文章または文字の解きあかし、または経義を疏解する書を意味する。北斉の顔子推の撰した『顔子家訓』の勉学には、「経緯之外、義疏而已、」と見える。三国魏の何晏は『論語集解』を著している。これらのことから考えると、『令義解』の「義解」という名称は、何晏の集解、『晋書』の解義、『隋書』の義疏などを参考にして決定されたものであろうか。いずれにしても、令の正統な解釈であるとの認識に立つものであろう。

これに対して、彼の「章句」は如何なる意味を有するのであろうか。諸橋轍次氏の大漢和辞典によると、「文の章と句。詞の切れる所を句といひ、句が集まつて一段を成す所を章といふ。又、文章の章節を分け句読を正して、文意を精査玩味すること、及びその書。又、文章の句。」とある。もちろん、『晋書』刑法志に見える「章句」の意味は、文意を精査玩味すること、およびその書というのに近いであろう。また、同辞典の「章句学」の項には、「一章一句の末のみを究めて、大体に通じない学問。漢代訓詁学の特徴をなすもので、易に於ける施氏・孟氏・梁丘氏の章句、書に於ける欧陽氏・大小夏侯氏の章句、春秋に於ける公羊・穀梁の章句等の類をいふ。」として、『後漢書』列伝五二韓詔伝の「少能弁理、而不為章句学、」を引用している。ここでは、章句の学は、学問の亜流として否定的な扱いをうけている。[23] しかし、「章句」という旧い言葉は、唐代の新しい感覚でいう「正義」に等しい意味を有しており、「鄭氏章句」は、鄭玄が法条の章節を分かち、句読を正して、精査玩味し、注解を加えた個々の箇条、もしくはその全体を意味しており、魏の明帝が詔によってこれを採用して以後は、正しく「正義」の意味を担ったであろう。この意味において、鄭氏章句と『令義解』とはまさに対応するものと言ってよいであろう。

最後に、両者の類似点をもう一つあげるならば、法令の教授である。『晋書』刑法志によると、魏の明帝は、鄭氏章句の採用、すなわち法文解釈の統一を図った後、律博士を設置し、法解釈に疑義を生ぜしめないために、官吏を任用するに際して、法条（あるいは鄭氏章句を含むか）を「転相教授」せしめている。これに対して、『令義解』撰定の準備段階において出された天長三年十月五日の太政官符には、大宝・養老の律令制定以後、諸博士が律・令を「相承教授」してきた旨が述べられている。日本の律には最初から疏（公権的注釈）が附せられており、解釈に疑義が生ずる可能性は少なかったと思われ、撰定以後ずっと教授が続けられてきていたであろう。これに対して令は制定当時から疏を持たず、律と同様に講義が続けられてきてはいたが、令が日本国内に定着するに従って、法文の簡略からくる疑義が多く発生し来ったものと考えられる。そしてそれらの疑点について諸家の解釈が岐れ、公権的注釈が必要になり、『令義解』が成立したものと思われる。

このように見てくると、法条定立、解釈の確定、律博士による教授という形での法の普及が、彼我に共通してみられると言ってよいのではなかろうか。

（昭和五十七年壬戌正月十四日稿）

注

（1）唐代の学制については、多賀秋五郎氏『唐代教育史の研究』など参照。『唐書』巻四八、百官志には、「国子監（中略）掌儒学訓導之政、総国子大学広文四門律書算凡七学、」と見える。また同志の広文館博士の注に「天宝九載、置広文館、」とあり、『通典』巻二七、職官九に「広文館博士（中略）大智天宝九載置、」と見えて、広文館は玄宗の天宝九載（七五〇）に設置されたことがわかる。そのため、本文が開元二十五年（七三七）以前に成ったといわれる『唐六典』巻二一、国子監には、広文館のことは見えていない。七学は、この広文館を除いて六学とも称せられる。すなわち、『唐六典』巻二一、国子監には、「国子祭酒司業之職、掌邦国儒学訓導之政令、有六学焉、一曰国子、二曰太学、三曰四門、四曰律学、五曰書学、六曰算学、」と見える。

（2）『文献通考』巻四一、学校考二に、「唐制（中略）凡生限年十四以上十九以下、律学十八以上二十五以下、」と見える。

（3）『冊府元亀』巻五九七、学校総序には、「律学博士一人、（中略）以律令為専業、格式法例亦兼習之、」とある。法例は、『唐書』巻五八、芸文志に、「趙仁本法例二巻、崔知悌法例二巻」と見え、『旧唐書』巻四六、経籍志上に、「法例二巻崔知悌等撰」とある。法例については、瀧川政次郎氏「令集解に見える唐の法律史料」（『中国法制史研究』所収）参照。

（4）衛覬の奏は、この外に、『三国志』『魏書』巻二一、衛覬伝や、『資治通鑑』巻七一、『魏紀』三、明帝太和三年冬十月条、および『唐律疏議』の進律疏表の注釈などに見えている。

（5）東川徳治氏は、その著『中国法制大辞典』の律学博士の項目で、「博士ノ号ハ秦代ニ始マルモ専門ノ博士号ハ漢以後ニ始マル。律学博士ハ近世ノ法学博士ニシテ普代ニ始マル。但、支那ノ博士ハ官名ニシテ学位又ハ称号ニアラズ。【事物紀原】『晋初置二律学博士一。属二廷尉一。（中略）律学博士輔相教授。唐移属二国子監一。唐志曰。武徳初也。』（巻五）」と述べられている。同氏は、宋の高丞の撰と伝えられる『事物紀原』によって、律学博士の設置を晋代とされたのであろう。同様の解釈は、『通典』Ⓑの記事からも導かれるかもしれない。また、『唐六典』Ⓐの記事を見ると、律学博士晋設置説とも思われてくるが、『唐六典』巻一八、大理寺卿の注に「漢書百官表云、廷尉秦官、掌刑辟、有正左右監、景帝更名大理、（中略）後漢復為廷尉、魏初為大理、後復為廷尉、置律博士、晋置丞主薄明法掾、」とあって、魏が律博士を置いたと明記されている。なお、『六典』Ⓐの注、『通典』Ⓑの衛覬（私云、覲は覬の誤か）の奏請には律学博士と見えているが、『晋書』刑法志Ⓒ、ならびに右に掲げた『唐六典』、大理寺卿の注に律博士とあり、魏における律学博士の正式な称呼は「律博士」であった可能性が高い。あるいは、『唐六典』Ⓐの注の記事から考えると、律学博士の名称は唐よりはじまったのかもしれない。

（6）『晋書』刑法志は律博士設置の年次を記していないので、『資治通鑑』ではあるいは推定によって記したのかもしれない。しかし、『資治通鑑』は、その編集に際して、十七史の外に雑史諸書二二二種（一説に三三二種）より史料を採択したといわれるから、太和三年の年紀にも拠るべき書があった可能性も存在する。いずれにしても、『晋書』刑法志の記載から考えて、魏の明帝の治世（二二六―二三九）に律博士が設置されたことは動かない。

（7）『重栞宋本礼記注疏附校勘記』（校勘記清阮元撰、嘉慶二十年江西南昌府学重刊本、十三経注疏、芸文印書館印行所収、）の内題に、「附釈音礼記注疏」とあり、「国子博士兼太子中允贈斉州刺史呉県開国男臣陸徳明釈文」と見える。陸徳明は、『経典釈文』三〇巻、『老子疏』一五巻、『易疏』二〇巻を著している。その伝は、『旧唐書』巻一八九上儒学伝、『唐書』巻一九八に見える。

（8）注（7）所引本の『礼記正義』序に、「国子祭酒上護軍曲阜県開国子臣孔穎達等奉　勅撰」と見える。孔穎達は顔師古らとともに五経正義を撰した。その伝は、『旧唐書』巻七三、『唐書』巻一九八に見える。

（9）「曹魏新律十八篇の篇目について」（『国家学会雑誌』六九巻七・八号所収）。魏律の篇名と順序に関しては、滋賀氏以前に、浅井虎夫、沈家本、および中田薫氏の三説があり、滋賀氏の説を批判したものとして、内田智雄氏の「魏律『序略』についての二、三の問題」（『同志社法学』五五、五七号所収）などがある。

(10)　『晋書』巻三〇、刑法志に引用された魏の新律の序略に、「今制新律、宜都総事類、多其篇条、旧律因秦法経、就増三篇、而具律不移、因在第六、罪条例既不在始、又不在終、非篇章之義、故集罪例、以為刑名、冠於律首、」とあるように、新律では、罪例すなわち犯罪の条項に関する通則を集めて、これに刑名律の名を附して律の篇首に置いている。この刑名律を篇首に置いていることのなかに、律法典の体系化が端的に象徴されている。

(11)　景元四年（二六三）に文帝の命によって開始された法律の改定作業は、晋の武帝の泰始三年（二六七）に律令六〇巻、故事三〇巻として完成をみている。その編纂に五年を要している。

(12)　晋律二〇篇の篇名は、『唐六典』と『晋書』刑法志で説を異にする。『晋書』刑法志の説は、漢の九章律（具・盗・賊・囚・捕・雑・興・廐・戸）のなかで、具律を刑名篇・法例篇の二篇に改篇し、それに告劾・繋訊・断獄・請賕・詐偽・水火・毀亡・衛宮・違制・諸侯の一〇篇を加えて二〇篇としているがごとくである（内田智雄氏編『訳注中国歴代刑法志』所収の「訳注晋書刑法志」一二三頁の注参照）。これに対して『唐六典』の説は、二〇篇のなかに囚律を入れず、『晋書』刑法志には見えない関市律を加えている。滋賀秀三氏は、「漢唐間の法典についての二、三の考証」（『東方学』一七輯所収）において、『六典』の説を採っておられる。一方、内田氏編の「訳注晋書刑法志」の注では、『六典』の記載に疑問を呈しておられる。私は、『六典』の関市律新設説を傍証する史料を持たないが、囚律と繋訊律・断獄律が併置された可能性は少ないと考えるので、晋律の篇名に関しては『六典』の説に拠るべきではないかと思っている。なお、『晋書』刑法志に「辨囚律」、「分盗律」とあるのは、辨と分で異なる意味に用いられている可能性があるのではなかろうか。「辨」は説文の段注に「古辨判別三字義同也、」と見える。「辨囚律」とは囚律を剖判すること、すなわち「裂く」ことであって、囚律は原型をとどめなくなることを意味するものと思われる。一方「分盗律」の場合は、一部分を他に分かつも、なお盗律の篇目として残ることを示すものと思われる。このような分の用法は、唐名例律篇目疏のなかに見えている。「晋命賈充等、増損漢魏律為二十篇、於魏刑名律中、分為法例律、」これは魏の刑名律を分かって、刑名律と法例律の二篇とすることを意味している。

(13) 内田氏編の「訳注晋書刑法志」の金布律の注には、「もともと律と令とは、漢代では後世ほど厳密な区別はなく、律は刑法典として制定せられ、刑罰法規を主内容とするものであったのに対し、令は律以外に天子が随時詔勅をもって公布した法令を指し、それには律の補足や訓令や制度規定が含まれていた。従って、律と令とはその成立過程や法令形式を異にしながらも、内容的には相通ずる点があり、後世のように截然と刑罰法規と行政法規とに区別されていたわけではない。」と見えている。

(14) 『魏書』巻一一一、刑罰志には、「于定国為延尉、集諸法律、凡九百六十巻、大辟四百九十条、千八百八十二事、死罪決比、凡三千四百七十二条、諸断罪当用者、合二万六千二百七十二条、」と見え、『漢書』刑法志と比較すると、死罪決事比の数に一万（事、または条）の差がある。いずれかに誤りがあるのかも知れない。また、『漢書』刑法志は「大辟四百九条」とするが、敦煌本『漢書』刑法志残巻（ペリオ将来文書、第三六六九号）、および『魏書』刑罰志には「大辟四百九十条」と見える。

(15) 『重栞宋本周礼注疏附校勘記』（十三経注疏本）による。

(16) 『晋書』刑法志には「奏上三十二（武英殿本による。その他の諸本は二を三に作る）条為決事比」とある。

(17) 守屋美都雄氏は「近年における漢唐法制史研究の歩み」（『法制史研究』一〇所収）において、「『傍采漢律』というのは、『博引傍捜』の語のごとく、『漢律をひろく采る』という意味ではあるまいか。少くとも『傍』という文字を『かたわら』と断定し、しかもそれが前文の『剛（刪カ）約旧科』の行為に対して後文の『采漢律』の行為が従属的な行為であることを示す文字であると断定するのは早計のように思われる。」と述べられて、異なる解釈を提示されている。

(18) 『令義解』施行の詔、上表、序については、律令研究会編『訳註日本律令』一首巻に収められた、橋川時雄氏による「令義解附録〈官符・詔・表・序〉訳註」がある。

(19) 注(18)所引本三七・三八頁。

(20) 『延喜式覆奏短尺草第三度』(東山御文庫蔵)。虎尾俊哉氏『延喜式』(日本歴史叢書八)六六―七九頁参照。新訂増補国史大系本『政事要略』巻二五、年中行事十月初雪見参事(九八頁)には『蔵人式』が引用されており、その双行注の末尾に「此朱書、村上御代御短尺文也云々、」と見える。『蔵人式』一巻は橘広相が宇多天皇の寛平二年(八九〇)に撰したものであるが(和田英松氏『本朝書籍目録考証』、および『国書逸文研究』第二号所収の所功氏「蔵人式(校異・拾遺・覚書)」など参照)、村上天皇の御代に撰ばれた『天暦蔵人式』なるものも存在した(『貫首雑要略』に見える)。これらのことから考えると、村上天皇も『天暦蔵人式』の編纂に際して御意見を述べられたものと思われる。

(21) 『晋書』巻三〇、刑法志には、「決獄之吏、如廷尉獄吏范洪、受囚絹二丈、附軽法論之、獄吏劉象、受属偏考囚張茂物、故附重法論之、洪象雖皆棄市、而軽枉者相継、」と見える。

(22) 注(18)所引本四〇―四二頁において橋川氏は、北斉時代に成った勅撰類書『修文殿御覧』三六〇巻が『令義解』撰定にはたした役割を高く評価しておられる。

(23) 那珂通世氏は、『唐宋儒学』において、「儒道遂為章句訓詁之学矣、」と述べられているが、ここに見える章句訓詁之学とは、経典の文章や字句を解きあかす学問という意味であろう。

第三節　賊盗律謀殺主条について

律は令とともに奈良時代の国家制度の基礎をなす根本法典であるが、大宝律は全く亡佚し、養老律も全一二篇中僅かに名例律の前半、衛禁律の後半、職制律、賊盗律、闘訟律の一部を存するに過ぎない。

日本律は唐律を継受したものであるから、日本律の研究には母法である唐律との比較研究を行うことが重要な課題であるが、日唐両律を完全に比較対照し得るのは、わずかに職制・賊盗の二篇のみである。この二篇のなかで賊盗律第七は、名例律第一とともに律一二篇中に重要な位置を占めており、国家の法益を保護し政権を維持すること、個人の生命などの保護、国家および個人財産の保護、個人の自由の保護などを以てその目的としている。

本節においては、日唐賊盗律全条の比較対照作業によって明らかとなった諸問題のなかから、特に謀殺主条に焦点を絞って考察を加えてみたいと思う。

一

養老賊盗律本条七は左のごとくである。

凡家人奴婢。謀殺主者。皆斬。謂。謀而未行。但同籍良口。合有財分者。並皆為主。謀殺者。罪無首従。謀殺主之二等親。及外祖父母者絞。已傷者皆斬。主之二等親。謂。別戸籍者。

唐律同条本文は、我が養老律の「家人」「二等親」を「部曲」「期親」としている外は同文である。しかしその疏議を見ると、看過し得ない差異が存在する。すなわち、唐律本条疏議には、養老律には見えない「称部曲奴婢者。客女及部曲妻並同。」「其媵及妾。在令不合分財。並非奴婢之主。」の規定が存在するのである。養老律は、その母法である唐律を継受するにあたって、何故にこれらの規定を削除したのであろうか。前者の規定については、日唐賤民制の相違に基づく差異と考えられ、律令の賤民制度については幾多有力なる先学の論考が存する故に暫く措くとして、ここでは後者の規定の養老律における削除につき若干の考察を加えてみたいと思う。

媵は養老律令には見出せない。故にまず律令時代における妾について考察することになるが、それには我が国の奈良時代およびそれ以前の婚姻法について知らねばならない。

中田薫氏は「我が太古の婚姻法」[1]において、戸令殴妻祖父母条集解[2]に見える、

古記云。（中略）問。諸条次妻幷妾无文。若為処分。答次妻与妻同。但妾者不載文。夫任意耳。一云。本令。妾比賤隷。所以不載。此間妾与妻同体。宜臨時量也。

の記事に注目され、

奈良朝時代には妻・次妻及妾の三者が区別されて居たが、太宝（ママ）令の規定は此次妻の名称を除去したこと、併し法文の解釈としては、次妻は妻と同一視されて居たこと、及び唐令（本令）の妾は賤隷の一種であるけれども、我国（此間）の妾に至てはこれ亦妻と同体のものであると見る思想が存在したこと等の、諸点が明らかである。恐らく太宝令並びに養老令は、奈良朝の初期迄存在した次妻と妾との区別を撤廃し、次妻を妾の部類に入れてしまつたのであらう。これ即我令が妾を祖父母嫡母継母伯叔父姑兄弟姉妹夫之父母妻姪孫子婦と共に、二等親の中

に編入した所以で、又た『此間妾与妻同体』と云ふ思想が生じた所以ではあるまいか。兎に角く奈良朝の初期迄存在した妻と次妻との別は、即我が太古に於ける『こなみ』と『うはなり』との差別の遺物であると見ることを妨げない。

と述べられている。

奈良朝の初期まで存在したと思われる妻、次妻、妾の別は、一夫多妻制を示しており、妾の地位は唐に比して随分高かったものと考えられる。

養老儀制令五等親条[3]には、

凡五等親者。父母。養父母。夫。子為一等。謂。養子亦同也。祖父母。嫡母。継母。伯叔父姑。兄弟姉妹。夫之父母。妻妾。姪。孫。子婦為二等。謂。妾亦同。子妾尚為二等。父妾入二等明。其養子之父母及妻者。不得復為夫之父母及子婦也。（下略）

と見え、唐の五等喪服制では無服である妾が二等親に加えられていることは、中田氏が前掲書で述べられた理由によると思われるが、唐制に比し大きな差異と言わねばならない。

妾について、前掲の戸令殴妻条、儀制令五等親条とともに注目せねばならない規定は、戸令応分条である。本条については、中田薫氏の「養老戸令応分条の研究」[4]などの論考が存在する。

養老戸令応分条[5]には、

凡応分者。家人。奴婢。氏賤不在此限。田宅。資財。其功田功封。唯入男女。謂。不依財物之法。男女嫡庶。並皆均分也。摠計作法。嫡母。継母。謂。異母之男女所称。其養母分法亦准此。及嫡子。各二分。妾同女子之分。庶子一分。妻家所得。不在分限。兄弟亡者。子承父分。

（義解略）養子亦同。兄弟倶亡。則諸子均分。謂。仮有。兄子一人。弟子十人者。惣為十一分。各得一分也。其姑姉妹在室者。各減男子之半。謂。姑及姉妹。各得諸子之半也。雖已出嫁。未経分財者亦同。寡妻妾無男者。承夫分。謂。兄弟之妻妾無男者。承其夫分也。女分同上。（下略）

と見える。本条は、唐令、大宝令との間に顕著なる差異の存する条文であるが、ここでは妾に関する規定につき、いささか考えてみることとする。

右の規定によると、家人、奴婢、田宅、資財の分割に関しては、妾は女子の分に同じ、すなわち、「其姑姉妹在室者。各減男子之半。」の規定により、諸子（庶子）の半分、功田、功封に関しては、嫡子と同等の配分であったと考えられる。

『宋刑統』巻一二所引の戸令より復原せられる唐令本条第一項は、田宅および財物の分割を兄弟均分としており、そこに妾についての規定は見出せない。

また、戸令応分条集解ならびに喪葬令戸絶条集解所引の『古記』より復原される大宝令本条第一項は、宅家人奴婢の全部と財物の半分を嫡子に与え、財物の半分は庶子の間で均分せよと規定しており、やはり妾についての規定は見出せない。ただし、中田氏も注目しておられるごとく[6]、戸令応分条集解[7]には「古記。寡妻妾同分。无差別。蓋依前令所説歟。於今不合。」と見えており、大宝令本条第三項の復原文には「寡妻無男承夫分」とあって「妾」は見えないが、右の『古記』によって考えると、大宝令同条の「妻」は「妾」をも含んでいたと解し得る可能性が存在する。

いずれにせよ、唐令、大宝令、養老令の三者には、本条の規定について、右に述べた以外にも種々の相違が存在するのであるが、妾に関してのみ言えば、養老令は、唐令、大宝令に比し、その地位を十分に高く規定していたということは言い得るであろう。

また、養老律においてこのことを示唆する条文が見出される。

第一には賊盗律売二等卑幼条四七である。唐律同条疏文中の問答に「売妻為婢。」「妻服是期親。不可同之卑幼。」「故知売妻為婢。不入期幼之科。」などと見えるところを、養老律同条疏文は「其売妻妾為婢者。」「妻妾雖是二等。不可同之卑幼。」「故知売妻妾為婢。不入二等幼之科。」などとしている。

第二には、賊盗律知略和等条四八である。唐律同条に「知祖父母父母売子孫。及売子孫之妾若己妾。而買者各加売者罪一等。」、同疏議に「若知祖父母売子孫以下。得罪稍軽。故買者加売者罪一等。」などと見えるところを、養老律同条は「知祖父母父母売子孫買者。各加売者罪一等。」、同疏文は「若知祖父母売子孫。得罪稍軽。故買者加売者罪一等。」などとしている。

右二ケ条の本文および疏文における日唐両律間の差異で特に注目すべきは、後条において唐律に見える「及売子孫之妾若己妾。」の本文が、養老律では削除されている事実である。これは、前条において、唐律に見える注文「無服之卑幼亦同。」、同疏文「無服之卑幼者。謂己妾無子及子孫之妾。亦同売期親以下卑幼。従本殺科之。故云亦同。仮如殺妾徒三年。若略売亦徒三年之類。」を養老律が全く削除していることと関係がある。すなわち、唐律においては、無服の卑幼とは己の妾であって子が無い場合および子孫の妾を言い、期親以下の卑幼を売った場合と同じ取り扱いを受けたのであるが、養老律本条においては、妾は妻とともに二等親であるが、卑幼と同じではなかったからである。(8)故に養老律は、前条においては右掲の唐律注疏などを削除し、後条においても右掲の唐律本文を省いたものと考えられるのである。

また右二ケ条における日唐両律の相違は、妾の取り扱いにつき次のごとき差異を生んでいる。唐律において、己妾（無子）または子孫の妾を略売して奴婢となした場合、闘殴殺法と同じ処罰を受ける。己妾（無子）を略売した場合には闘訟律殴傷妻条二四によって処罰を受けることになる。同条疏議には「殺妾者。止減凡人二等。」とあるから、同闘訟律闘故殺用兵刃条五が適用され、「闘殴殺人者絞。」から二等を減ぜられて徒三年となる。(9) 子孫の妾を略売した場合には闘訟律妻妾殴詈夫父母条二九によって処罰を受けることになる。同条には「殴子孫之婦。（中略）死者徒三年。故殺者流二千里。妾各減二等。」とあるから、徒二年となる。

養老律において、妾を売りて奴婢となした場合、凡人和略の法に依る。賊盗律略人条四五によりその刑罰は遠流である。日唐両律間には、妾の取り扱いに関し、三等ほどの差が存在する。

右の二ケ条に見られる日唐両律間の差異も、日唐両国間の妾の地位の差に由来するものであろう。

右に述べたことから、養老賊盗律本条七がその疏文において、『唐律疏議』「其媵及妾。在令不合分財。並非奴婢之主。」に相当する規定を削除した理由が明らかとなるであろう。すなわち、媵は日本には存在せず、妾は令（戸令応分条）にありて分財に与ったからである。妾が奴婢にとって「主」であったか否かは、賊盗律本条七疏文によって明らかとなる。疏文には「但同籍良口。合有財分者。並皆為主。」と規定せられており、養老律令下における「妾」はこの規定に合致する。故に「妾」は奴婢にとって「主」であったと考えられ、唐律疏に見える「並非奴婢之主」の規定をも養老律の編纂者は削除したものと思惟せられるのである。

本条における差異は、如何なる意味を持ち、他の条文と如何なる連関を有するであろうか。ついでこの点に関して少しく考えてみたいと思う。

二

唐律において、部曲奴婢が主の妾を殺さんと謀った場合は、そのことを直接に規定する条文を見出せない。ここで注目しなければならないのは、闘訟律殴部曲死決罰条二一である。同条疏議中の問答には、

問曰。妾有子。或無子。殴殺夫家部曲奴婢。合当何罪。或有客女及婢。主幸而生子息。自余部曲奴婢而殴。得同主期親以否。

答曰。妾殴夫家部曲奴婢。在律無罪名。軽重相明。須従減例。下条云。妾殴夫之妾子。減凡人二等。妾子殴傷父妾。加凡人三等。則部曲与主之妾相殴。比之妾子与父妾相殴法。即妾殴夫家部曲亦減凡人二等。部曲殴主之妾。加凡人三等。若妾殴夫家奴婢。減部曲一等。奴婢殴主之妾。加部曲一等。至死者。各依凡人法。其有子者。若子為家主。母法不降於児。並依主例。若子不為家主。於奴婢止同主之期親。余条妾子為家主。及不為家主。各準此。客女及婢。雖有子息。仍同賤隷。不合別加其罪。

とある。右の問答によると、奴婢が主の妾（無子）を殴った場合、凡人の殴罪に四等を加え、死に至らしめたときには凡人の法に依る。子のある妾で、その子が家主（一家の尊長）となった場合はならびに主の例に依り、家主とならなかった場合には、奴婢に対して、主の妾は主の期親と同じ地位を付与される。また、妾子が家主となったときに妾は

主の例に依り、家主とならなかったときには奴婢において主の妾は主の期親と同じとする規定は、余条にも通じて適用される。

故に、部曲奴婢が主の妾を殺さんと謀った場合には、右の闘訟律の規定が比附せられたと考えられるのである。奴婢が主の妾（無子）を殺さんと謀った場合は、凡人の謀殺罪に四等が加えられる。賊盗律謀殺人条九には「諸謀殺人者徒三年。」とあるから、四等を加えれば絞になるが、名例律称加者就重条五六の「加者数満乃坐。又不得加至於死。」の規定により流三千里に止められたと考えられる。奴婢が流罪を犯した場合は、名例律官戸部曲条四七の「若犯流徒者。加杖免居作。」、および同疏議「准犯三流。亦止杖二百。決訖付官主。不居作。」の規定により加杖二百に処せられ、決し訖って官主に付せられたと思われる。またその居作は免除せられたであろう。

奴婢が主の妾（妾子為家主）を殺さんと謀った場合には、主の例に依るから、賊盗律部曲奴婢殺主条七に見える、

諸部曲奴婢。謀殺主者皆斬。謀殺主之期親及外祖父母者絞。已傷者皆斬。

の規定に依って、皆斬に処せられたものと考えられる。

奴婢が主の妾（妾子不為家主）を殺さんと謀った場合には、右の規定に依り、首犯は絞、従犯は、名例律共犯罪造意為首条四二に依って一等を減ぜられて流三千里に相当し、名例律官戸部曲条四七の規定に従って加杖二百に処せられたものと思われる。

なお、賊盗律部曲奴婢殺主条七疏議に「其媵及妾。在令不合分財。並非奴婢之主。」と見えるが、この場合の「妾」（恐らく媵も）は、右に述べたことを考え合わせると、無子の場合の規定であると考えられる。

これに対して、養老律は、家人奴婢が主を殺さんと謀った場合には皆斬と規定するから、主の妾を殺さんと謀った場合も、罪に首従の別なく皆斬であったと考えられる。養老律は妾に子がある場合、無い場合といった区別を設けていなかったものと思われる。

次に日唐両国間における妾の地位の相違により影響を受ける他の律条について述べることとする。

I　賊盗律憎悪造厭魅条

唐律本条一七には、

諸有所憎悪而造厭魅。及造符書呪詛。欲以殺人者。各以謀殺論減二等。於期親尊長及外祖父母。夫夫之祖父母父母。各不減。(疏議略)以故致死者。各依本殺法。欲以疾苦人者。又減二等。子孫於祖父母父母。部曲奴婢於主者各不減。(下略)

と見える。右の規定により、部曲奴婢が憎悪するところありて厭魅を造るかあるいは符書呪詛を造って以て主を疾苦せしめんと欲した場合は謀殺を以て論ぜられる。すなわち、賊盗律部曲奴婢殺主条七に依って皆斬である。なお、唐律において主の妾(無子)は奴婢にとって主ではないが、前述の例と同じく凡人より四等加重せられたと考えられるから、奴婢が憎悪するところありて厭魅を造るかあるいは符書呪詛を造って以て主の妾(無子)を疾苦せしめんと欲した場合は謀殺罪を以て論ぜられたと思われる。すなわち、賊盗律謀殺人条九の「諸謀殺人者徒三年。」の規定により、徒三年に相当したと考えられる。奴婢が徒三年の罪を犯した場合は、名例律官戸部曲条四七の規定に従って加杖二百に処せられたものと思われる。

養老賊盗律厭魅条一七においては、唐律の「期親」「部曲」をそれぞれ「二等」「家人」と置き換えた以外、本文および注文に異同はない。しかし、奴婢が憎悪するところありて厭魅を造るかあるいは符書呪詛を造って以て主の妾を疾苦せしめんと欲した場合、主の妾は奴婢にとって主に相当したと考えられるから、謀殺を以て論ぜられることになる。故に賊盗律謀殺主条七の「凡家人奴婢。謀殺主者。皆斬。」の規定が適用せられて、奴婢は斬に処せられたと考えられる。故に、無子の場合、唐律の加杖二百に比し、養老律は斬刑であるから、その科刑の差異は大きいと言わねばならない。

II　闘訟律主殺有罪奴婢条

養老律本条逸文二〇では、

凡補奴婢有罪。其主不請官司而殺者。杖八十。無罪而殺者。杖一百。家人者。各加一等。二等親殺者。与主殺同。過失殺者。各勿論。

とある。奴婢に罪ありて、その主である妾が、官司に請わずして奴婢を殺した場合は杖八〇、もし過失に依って奴婢を殺してしまった場合には罪に問われない。

唐律本条には、

諸奴婢有罪。其主不請官司。而殺者。杖一百。無罪而殺者。徒一年。期親及外祖父母殺者。与主同。下条部曲準此。

とある。奴婢に罪ありて、主の妾(有子)が、官司に請わずしてその奴婢を殺した場合には杖一百、奴婢に罪なくして殺した場合には徒一年に相当する。主の妾（無子）が奴婢を殺した場合には、闘訟律殴部曲死決罰条二一疏議の「至死者。各依凡人法。」に依ったと思われるから、闘訟律闘故殺用兵刃条五の「諸闘殴殺人者絞。以刃及故殺人者斬。」の規定が適用されたと考えられる。

III　闘訟律殴傷妻妾条

唐律本条二四には、

諸殴傷妻者。減凡人二等。死者以凡人論。殴妾折傷以上。減妻二等。

疏議曰。妻之言斉。与夫斉体。義同於幼。故得減凡人二等。死者以凡人論。合絞。以刃及故殺者斬。殴妾非折傷無罪。折傷以上減妻罪二等。即是減凡人四等。若殺妾者止減凡人二等。

と見える。

また、唐名例律十悪反逆縁坐条一八疏議には、

其故殺妾及旧部曲奴婢。経放為良。本条雖罪不至死。亦同故殺之例。

とある。この名例律疏議に見える「故殺妾（中略）本条雖罪不至死。亦同故殺之例。」の場合の「本条」は、闘訟律本条二四を指すものと考えられる。

右二ケ条を考え合わせると、夫が妾を故殺した場合には凡人に二等を減ぜられたものと思われる。故殺罪は、闘訟律闘故殺用兵刃条五の「闘殴殺人者絞。以刃及故殺人者斬。」の規定に依り斬だから、夫が妾を故殺した場合には、斬から二等を減ぜられて徒三年であったと考えられる。

養老律本条は亡佚してしまっているが、『律逸』は、『金玉掌中抄』および『法曹至要抄』によって、「殴傷妻者。減凡人二等。死者以凡人論。」の本文、および「死者以凡人論合絞。以刃及故殺者斬。」の疏文を復原している。この逸文からは、夫が妾を故殺した場合の規定は不明と言わざるを得ない。

ところで、養老名例律除名条一八疏文に、

其故殺旧家人奴婢。経放為良。本条雖不至死。亦同故殺之例。

とある。これを右に掲げた唐律同条疏議と比較すると、養老律には、唐律疏に見える「妾及」の二字が省かれている。これは養老律の伝写上の脱落に非ずして、養老律の編纂者が日本の国情を斟酌して削除したものと考えられるのである。すなわち、日本では唐に比して妾の地位が高く、妾を故殺した場合に死刑を科すことを規定した条文が存在したことを意味するものと思われるのである。また、唐賊盗律略売期親卑幼条四七疏議には、

売期親卑幼。妻固不在其中。只可同彼余親。従凡人和略之法。其於殴殺。還同凡人之罪。故知売妻為婢。不入期幼之科。

とある。養老律同条疏文には、

売二等卑幼。妻妾固不在其中。只可同彼余親従凡人和略之法。其於殴殺。還同凡人之罪。故知売妻妾為婢。不入二等幼之科。

と見える。右の疏文に依ると、唐律においては、妻を殴殺した場合には凡人の罪に同じことを規定するのみであるが、養老律においては、妻妾を殴殺した場合には凡人の罪に同じであることを明記している。凡人の殴殺罪は、闘訟律闘

殴殺人条五に「凡闘殴殺人者絞。」と規定せられている。故に、養老律に、夫が妾を殴殺した場合に凡人の罪に同じであるということを規定した条文が置かれていたと考えられるのである。

夫が妾を故殺または殴殺した場合に死刑を科す規定は、養老闘訟律殴傷妻妾条二四であったと考えられる。故に、養老律同条は、唐律本文「殴妾折傷以上。減妻二等。」に相当する部分にかなりの改変を加えていたものと思われる。あるいは、「妾与妻同。」の注文に置き換えていたのではなかろうか。

利光三津夫氏は、『律令及び令制の研究』第二章「裁判例による律の復原」第三節「闘訟律殴傷妻妾条の復原」において、『類聚国史』配流所収の『日本後紀』天長六年十一月丁亥の条逸文に見える、

藤原朝臣全雄。降死罪一等。処之遠流。殺妾飛鳥戸造福刀自売故也。

の記事に依り、日本律において、妾を殺害する者に対する最高刑が死刑にまで至ったことを明らかにしておられるが、右に述べたことは利光氏の御推論の傍証となり得るものであると思われる。

Ⅳ　闘訟律部曲奴婢告主条

唐律本条四八には、

諸部曲奴婢告主。非謀反逆叛者。皆絞。被告者。同首法。告主之期親。及外祖父母者流。

とある。奴婢が主の妾（無子）を告した場合には、本条の適用はなかったと思われる。奴婢が主の妾（妾子為家主）を告した場合には、皆絞であったと思われる。奴婢が主の妾（妾子不為家主）を告した場合には、流に相当し、加杖二百に処せられたと思われる。

養老律本条逸文には、

凡補奴婢告言主。非謀反逆叛者皆絞。

とあり、奴婢が主の妾を告した場合には、皆絞であったと思われる（以上全て非謀反逆叛の場合）。

Ⅴ　雑律奴姦良人条

唐律本条二六第二項には、

其部曲及奴。姦主及主之期親若期親之妻者絞。

とあり、同疏議には、

若姦妾者。自主以下準上例。並減妻一等。即妾子為家主。其母亦与子不殊。雖出亦同。

と見える。この「上例」とは、唐雑律姦緦麻親及妻条二三に、

諸姦緦麻以上親。及緦麻以上親之妻。（中略）者。徒三年。強者流二千里。折傷者絞。妾減一等。余条姦妾準此。

とあるなかの「妾減一等。余条姦妾準此。」、および同疏議中の、

注云。余条姦妾準此。謂余条五服内。及主之緦麻以上親。直有姦名而無妾罪者。並準此条。減妻一等。其奴及部曲。姦主之妾及主期親之妾。亦従減一等之例。

を意味していると思われるのである。

故に、唐律において、奴が主の妾（無子）を姦した場合、主の妻を姦した場合より一等を減ぜられて流三千里に相当し、加杖二百に処せられたと考えられる。また、奴が主の妾（有子）を姦した場合も、同じく加杖二百であったと

思われる。

右に見られるごとく、姦罪における奴と主妾との関係は、奴と主（妻）の場合よりその刑罰を一等軽く規定せられている。これは、奴婢が主の妾を殴った場合の科刑を凡人に四等加えるとする規定（闘訟律殴部曲死決罰条二一）とは、その立法の趣旨を異にしているといえる。

養老律同条第二項は、『金玉掌中抄』によって復原されているが、それに依ると、

其家人及奴姦主者絞。

とある。また、『金玉掌中抄』には、雑律姦父祖妻条二五の疏文として、

其奴及家人姦主妾。及主親妾。亦減一等。

の一句が掲げられている。

以上のことにより、養老律において、奴が主の妾を姦した場合の科刑は、遠流に相当したことが推測される。故に、奴が主の妾を姦した場合加杖二百の刑に処せられたと思われるのである。

養老律は、姦罪関係諸条文においては、「主」のなかに「妾」を含めていなかったと推測される。

VI　断獄律聞知恩赦教犯条

唐律本条二一には、

諸聞知有恩赦而故犯。及犯悪逆。若部曲奴婢。殴及謀殺若強姦主者。皆不得以赦原。

と見える。養老律同条逸文は『明文抄』・『式目抄』により復原されているが、唐律の「諸」「部曲」を「凡」「家人」

としている以外同文である。

唐律の場合、奴婢が主の妾（妾子為家主）を殴及謀殺若強姦[10]したときには赦原せられない。

養老律の場合、奴婢が主の妾を殴および謀殺したときには赦原せられない。奴が主の妾を強姦した場合の規定は不明であるが、あるいは赦原せられたのかも知れない。

三

以上述べてきたことを総合するならば、唐律においては、妾の地位が、主の子を産むか否か、またその妾子が家主となるか否かで異なり、一家における奴婢と主妾との関係についてもこの地位の位置づけはそのまま適用された。ただ、主の妾に子がない場合の、妾の姦罪の規定については、闘殴罪などとは異なっていたと言い得る。すなわち、唐律においては、地位身分を異にする者の姦罪を重く罰しているのである。これは中国における儒家思想などの影響に依るものと思われるが、さらに考察されねばならない課題として残るであろう。

日本律においては、主の妾に子がある場合ない場合を問わず、奴婢が妾に対して犯した罪には、主に対する犯罪規定が適用せられたと考えられる。ただ、妾に関する姦罪および嫁聚などの規定については、妻の場合に一、二等の差を設けていたと考えられるのである。これは当代の日本における姦、ならびに婚姻に対する考え方の相違に基づくものと思われる。

一般的に言えば、姦罪については、日本律よりも唐律の方が厳格であったと言い得るであろう。[11]

注

(1)『法制史論集』第一巻所収。
(2)新訂増補国史大系本『令集解』三一〇頁。
(3)新訂増補国史大系本『令義解』二一一頁。
(4)『法制史論集』第一巻所収。
(5)新訂増補国史大系本『令義解』九八頁。
(6)『法制史論集』第一巻六二二頁。
(7)新訂増補国史大系本『令集解』二九六頁。
(8)職制律聞父母夫喪匿条三〇疏文には「其妻既非尊長。又殊卑幼。在礼及詩。比為兄弟。即是妻同於幼。」と見え、一般に妻は二等の幼であったと思われるのである。
(9)名例律称加者就重条五六の「唯二死三流。各同一減。」の規定に依る。
(10)強姦に関しては奴のみ。
(11)例えば、賊盗律謀殺期親尊長条六を日唐両律間で比較すると、養老律では、唐律に見える「犯姦而姦人殺其夫。所姦妻妾。雖不知情。与同罪。」の注文、および関係する同疏文を省いていることなどによってもそのことが知られる。

第四節　律逸文考

——闘訴律三条の復原について——

養老律は、もと一二篇一〇巻あり、奈良時代に完成した法典として国史上に重要な位置を占めるものであるが、その大半は亡佚してしまい、今は、僅かに名例律の前半、衛禁律の後半、職制律、賊盗律の一部を存するに過ぎない。したがって、律の研究は、まず、その逸文の蒐集から着手されねばならなかった。

さて、その律の復原は、江戸時代後期、神宮禰宜薗田守良の『律義解』、塙保己一の『律逸』によって端緒が開かれ、明治初期、司法省編纂の『律逸』、後期、広池千九郎氏の『倭漢比較律疏』を経て、大正年間以降には瀧川政次郎氏の『律逸々』によって律逸文が飛躍的に増加され、その成果は、新訂増補国史大系本『律』附収の『律逸文』に受け継がれた。その後も、竹内理三氏、太田晶二郎氏、佐藤進一氏、山田英雄氏、皆川完一氏たちによって、律逸文が発見追加された。さらにまた、利光三津夫氏は、律の総合的な研究をすすめられ、先学の拾い遺された逸文を数十条に亘って蒐められた(1)。以上略記したごとく、多くの律逸文が、諸先学によって蒐集され、律研究の基礎的な業績となっていることは、寔に慶賀にたえない。

律逸文の復原方法については、『律逸』以来の伝統的方法である、諸書を博捜して、「律云、云々」の語句より条文を復原する方法、また、利光氏が用いられた、裁判例により、そこに適用された律条を推測する方法、『令集解』その他に見える明法家の学説の検討により、その前提となった律条文を推測する方法などがあるが、さらに、唐律と本邦律の精密な比較対照、また、本邦律令諸条の相互比較などにより、逸文を復原する方法があるように思う。筆者は、このような観点に立って、律の研究に志す者の一人であるが、その研究の過程において、新訂増補国史大系本『律逸文』に関し、若干の疑問点を見出すに至ったので、以下その二、三を述べ、先学諸賢の御高教を仰ぎたいと思う。

一　闘訟律二〇　奴婢有罪主不請官司殺条

新訂増補国史大系本『律』に附収されている『律逸文』（以下『律逸文』と略称する）は、左のごとく復原している。

凡〔補〕奴婢有レ罪。其主不レ請二官司一而殺者。杖八十。○政事要略〔八二〕無レ罪而殺者。杖一百。家人者。各加二一等一。○掌中抄〔二等親○政事要略〕及外祖父母〔殺者。[与]二主殺一同。○政事要略八二〕下条部曲準レ此。○唐律 過失殺者。各勿レ論。○至要抄 奴婢雖三各有二其主一。至二於殺戮一。宜レ有二承稟一。○政事要略〔八四〕

〔　〕内の字句は、『律逸文』以後、瀧川氏によって発見されたものである。(2)『律逸文』以後、利光氏は、『聖徳太子平氏伝雑勘文』より、冒頭の「凡」の一字を拾っておられる。(3)

さて、本条を唐律と比較すると、本邦律に、唐律には見えない、「家人者。各加二一等一。」「過失殺者。各勿レ論。」の字句が見られる。(4) 坂本太郎氏は、唐律令において、「部曲は賤民であるのに対して、家人は家内の人、一般の人という意味であって良民であり、または良賤を包含した広い意味をもつ。」こと、「意義のまったく異なる部曲と家人との二つの概念を、わが律令では家人という一語で表わしている」ことを明らかにされている。(5) ところで、本条は、主またはその親属の、賤民に対する犯罪を規定している。よって、本条にいう「家人」は、坂本氏の言われる、唐律令の部曲と家人の二つの概念のなかで、彼の「部曲に相応」するものと思われる。そこで、唐律において、主が部曲を殺した場合の規定を捜してみると、唐律本条の次に、「主殴部曲至死条」（A）が見出される。また、唐名例律「称道士女冠条」（B）の疏文にも、（A）冒頭の取意文が掲げられている。本邦律において（A）は全く発見されていない。そこで（A）本文を左に掲げておく。

諸主殴部曲至死者、徒一年、故殺者、加一等、其有愆犯、決罰致死、及過失殺者、各勿論、

（B）に相当する、本邦名例律「僧尼犯罪条」（C）は、幸いにも逸文が伝わっている。（C）の復原は、『政事要略』、『小野宮年中行事』、『僧尼令御抄』などの信憑性のある史料に拠っており、省略、加筆があるとは思われない。因みに、疏文を多く載せているのは、『政事要略』と『小野宮年中行事』であるが、この二書の引用する疏文を比較してみると、後者には、少し省略が見られるが、中略する場合には、必ず「云々」の句を挿入している。問題点を明らかにするために、（B）と、（C）の必要部分を、対比しながら左に掲げる。

唐律・（B）

本文

観寺部曲奴婢於三綱、与主之…期親同、

疏文

上座寺主都維那、是為三綱、其当観寺部曲奴婢、於三綱有犯、与俗人…期親部曲奴婢同、依闘訟律、主

本邦律・（C）

本文

…寺家人奴婢於三綱、与主之二等親同、

疏文

上座寺主都維那、是為三綱、其当…寺家人奴婢、於三綱有犯、与俗人二等親家人奴婢同、依闘訟律、…

毆殺部曲、徒一年、又条、（Ⅰ）奴婢有犯、其主不請官司
而殺者、杖一百、……………………
……注云、……期親殺者、与主…同、下条、部曲
准此、（Ⅱ）又条、部曲奴婢毆主之…期親者、絞、詈者、
徒二年、

……………… 奴婢有罪、其主不請官司而
殺者、杖八十、無罪而殺者、杖一百、家人者、各加
一等、（Ⅲ）注云、二等親殺者、与主殺同、…………
…　又条、家人奴婢毆主之二等親者、殺、詈…、徒
二年、

右の表は比較の便宜上、上下の字を対称的に配置した。なお、……部分は、他方にみえない部分であり、両者の相違点は──と──で示した。

もし、（C）に、省略、加筆が認められないとするならば、本邦律は、唐律に見える、「主毆殺部曲、徒一年、又条、」（Ⅰ）および「下条、部曲准此、」（Ⅱ）の疏文に相当する字句を欠き、逆に、唐律にない「無罪而殺者、杖一百、家人者、各加一等、」（Ⅲ）の疏文を加えているということになる。さて、（C）が、（B）の（Ⅰ）、（Ⅱ）を省略し、（Ⅲ）を加えていたと仮定すると、闘訟律本条とよく対応しているように思う。それは、（A）の「主毆部曲至死者、徒一年、故殺者、加一等、」を「家人者、各加一等、」の形で本条につけ加え、「過失殺者、各勿論、」はそのままの形で本条に附加していたと思われるからである。もし、本邦律に（A）に相当する条文が置かれていたとすると、本邦律は唐律の部曲を全て家人と書き換えているから、「凡主毆家人至死者、云々」といった形ではなかったかと思われるのであるが、現在のところ、このような形での逸文は発見されていない。（B）と（C）の比較より知られることであるが、本邦律に省かれている（Ⅰ）（Ⅱ）の疏文に「又条」「下条」の語のあることは、本邦律にては（A）が存

在しなかったことを推測せしめるように思われる。本邦律が、（A）を置かず、その内容の大部分を本条に附加していたと考えると、本邦律（C）が、唐律（B）の（I）（II）を欠いていることも、唐律に見えない（III）を加えていることも、さらに本条が「家人者、各加一等、」「過失殺者、各勿論」の規定を設けていることも、全て矛盾なく理解し得るように思われるのである。

もし、如上の考察にして大過なしとするならば、本条は、唐律本条と（A）を合わせて一条となしていたと思われる。唐律（A）に見られる「其有愆犯、決罰致死、」を、本条が如何に扱っていたかについては断案はないが、「過失殺」に含めていたのではなかろうか。律において、「下条」と言う場合、その条文より後の、特定の条文を意味するように思われる。そして、「下条部曲者、下条無期親及外祖父母、傷殺部曲罪名、若有傷殺亦同於主、故云準此、」の唐律疏より考えて、「下条、部曲准此、」の「下条」は、（A）を意味していると思われる。故に、本邦律に（A）が置かれていなかったとすると、「下条云々」の字句は不要になると思われる。よって、『律逸文』本条に見える「下条、部曲准此、」の注文は省かれていたと思われる。

『政事要略』における、律の引用は正確であり、「本文」に続けて「疏云」と引く場合、その本文に対する疏文であると考えてよいと思われる。故に、『政事要略』[6]に見える「奴婢云々」の疏文は、「杖八十」の本文の後に移した方がよいと思われる。なお、『法曹至要抄』[7]は、「按レ之」として「奴婢云々」の疏文を掲げているが、『政事要略』には見えない「賤隷」の字句がある。この二字は唐律疏にも見えているから、あるいは逸文であるのかも知れない。因みに、名例律三〇（七〇以上条）の疏文に「奴婢賤隷」と見えている。しかし、『法曹至要抄』は、「按レ之」として載せており、あるいは、この部分のみ唐律疏を引用したという可能性もあり、今は疑を存するに止めておきたいと思う。

左に復原私案を示す。

凡○聖徳太子平氏伝雑勘文奴婢有㆑罪。其主不㆑請㆓官司㆒而殺者。杖八十。奴婢雖㆔各有㆓其主㆒。至㆓於殺戮㆒。宜㆑有㆓承稟㆒。○政事要略八四無㆑罪而殺者。杖一百。家人者。各加㆓一等㆒。二等親○小野宮年中行事及外祖父母○唐律殺者。与㆓主殺㆒同。○小野宮年中行事過失殺者。各勿㆑論。○至要抄

〔補考〕

中国唐の律令を日本に継受するにあたり、令は日本の国を斟酌して改変が加えられたが、律はほとんど唐律をそのまま用いたと考えられてきた。これに対して、本邦律が唐律の条文を削除したり、唐律の一条文を分って二条にしたりして相当綿密に手を加えていることを明らかにされたのは瀧川氏であった。氏は『律令の研究』（五八五頁）において、本邦律の編纂者が唐衛禁律一（闌入太廟門条）を分かって闌入大社門条と闌入山陵兆域門条との二条としたことを明らかにされた。その後、利光氏は『律令及び令制の研究』第三章「わが律に削除せられた唐律」において、養老律が唐賊盗律三六（監臨主守自盗条）に相当する条文を削除したことを証明された。さらに、瀧川氏は、「衛禁律後半の脱落条文について」[8]において、衛禁律にも削除された条文の存することを明らかにされた。

唐律に二条であったものを本邦律が一条に合わせた例としては、竹内氏が「律逸五条」[9]において、『続々修正倉院文書』第四六帙第九巻に見える雑律逸文に、庫蔵不得燃火条（第四一条）と失火及非時焼田野条（第四二条）の後半を合わせて一条に作っている例を挙げておられる。しかし、意味の上から考えて、やはり二条であったと考える方が穏

当であるように思われる。『律逸文』の編者も、この雑律逸文を二条と考えておられるようである。

もし、竹内氏の挙げられた雑律逸文が二条を一条にしたものでないとすると、闘訟律本条が唐律（A）を合わせていたと思われることから、あるいは本条が唐律の二条を一条としていたことを見出した最初の例と言い得るのかも知れない。

二　闘訟律二七　殴兄姉条

『律逸文』によると、本条は左のごとく復原されている。

〔凡〕（○僧尼令抄）殴㆓兄姉㆒者。徒一年半。（○至要抄）〔傷者徒二年。折傷者近流。刃傷及折㆑支。若瞎㆓其一目㆒者絞。死者皆斬。詈者杖八十。（○僧尼令抄）〕伯叔父姑外祖父母。各加㆓一等㆒。（○至要抄）〔即過失殺傷者。各減㆓本殺傷罪二等㆒。（○僧尼令抄）〕若殴㆓殺弟妹及兄弟之子孫。曽玄孫者。各依㆓本服㆒論。外孫㆒者。徒三年。以㆑刃及故殺者。流二千里。過失殺者。各勿㆑論。（○唐律）

〔　〕内の字句は、『律逸』以後、瀧川氏ならびに『律逸文』の編者によって発見されたものである。

『律逸文』の復原によって、本条前半は、疏文を除き、ほぼ完全な形になったが、後半は逸文の存在が確認せられていない。『政事要略』(10)を見ると、

依㆓闘訟律㆒。殴㆓殺兄弟之子㆒徒二年。

とある。やや節略化された取意文と思われるが、本条逸文と認めるべきものであろう。同じ文章は『小野宮五七行事』(11)にも見えている。そして、この部分はすでに瀧川氏によって名例律五七（僧尼犯罪条）の疏文として採集され(12)、

『律逸文』（二〇六頁）に載せられている。しかし、何故か『律逸文』には本条の逸文として紹介されていない。その後、利光氏は、広池氏が本条逸文「兄弟之子、徒二年」を『倭漢比較律疏』において指摘されていることを紹介された(13)。

なお、『律逸文』本条の鼇頭に、「政事要略云殴兄姉之子徒二年」と見えているが、この頭注はすでに『律逸』(14)に夾注として存するものである。『政事要略』に「殴兄姉之子徒二年」の一句は見あたらず、また兄姉を殴った場合の科刑が徒一年半であることより考えても、兄姉の子を殴った場合の方が一等重い徒二年では不合理である点などからして、『律逸』の夾注に見える『政事要略』の引用は正確でないと思われる。しかし、この『律逸』の夾注の記者は『政事要略』に本条後半の逸文の存在することを認識していたと考えられ、本条後半の逸文発見の功績はこの夾注の記者ならびに広池氏に帰せられるべきであろう。

左に復原私案を示す。

凡殴二兄姉一者。徒一年半。傷者徒二年。折傷者近流。刃傷及折レ支。若瞎二（○僧尼令抄）其（○唐律）一目一者絞。死者皆斬。詈者杖八十。（○僧尼令抄）伯叔父姑外祖父母。各加二一等一。（○至要抄）即過失殺傷者。各減二本殺傷罪二等一。（○僧尼令抄）若（○唐律）殴二殺（○政事要略八二）弟妹及（○唐律）兄弟之子（○政事要略八二）孫。曾玄孫者。各依二本服一論。外孫一者。（○唐律）徒二年。（○政事要略八二）

三　闘訟律二九　妻妾詈夫之祖父母父母条

『律逸文』では、左のごとく復原されている。

凡〈補〉妻妾詈二夫〔之祖父母〈○式目抄〉〕父母一者。徒三年。〈○至要抄〉須二舅姑告一乃坐。殴者絞。（中略）〈○唐律〉

〔　〕内の字句は、『律逸』以後、瀧川氏が発見されたものである。[15]『律逸文』以後、利光氏は戸令集解より「須舅姑告乃坐」の六字を拾われている。[16]

さて、本条逸文の出典は、『法曹至要抄』と『式目抄』である。『法曹至要抄』巻上、罪科条、一、五罪事、の五曰、不道には、

闘訟律云（中略）又条云。妻妾殴二夫之父母一者。徒三年。

とある。[17]『律逸文』は『律逸』に見える「詈至要抄作殴今拠唐律改訂」の夾注（朱書）を省いている。『律逸文』によると、「妻妾詈二夫父母一者。徒三年。」の字句が、『法曹至要抄』に見えるという意味に解されるが、『法曹至要抄』にこの一句は見えないように思う。

『式目抄』悪口咎事には、

闘訟律ニ云詈二祖父母父母一徒三年、妻妾詈二夫祖父母父母一者徒一年、

とあり、[18]さらに、殴人咎事には、

闘訟律云（中略）又云妻妾殴二夫之父母一者徒三年、

とある。[19]『法曹至要抄』、『式目抄』はともに、妻妾が、夫の父母を殴った場合、徒三年と規定している。本条に関し

て唐律を見ると、詈った場合は徒三年、殴った場合は絞であり、『式目抄』に見える本邦律条よりそれぞれ四等ずつ重い。また、唐律において、祖父母父母を詈った場合は絞、妻妾が夫の祖父母父母を詈った場合は徒三年と、その差は四等である。『式目抄』に従うと、本邦律においては、それぞれ徒三年と徒一年ということになり、唐律と同じく四等の差となる。『法曹至要抄』、『式目抄』ともに祖父母を殴った場合の規定が見えないが、これはこの二書が律の全条を引用せずに注釈に必要な部分のみ採用したことに由るのではなかろうか。闘訟律本条には唐律との比較からして「殴者徒三年」とあったのではなかろうか。

左に復原私案を示す。

凡補妻妾詈二夫〇式目抄之〇唐律祖父母父母一者。徒一年。〇式目抄須二舅姑告一乃坐。〇戸令集解殴〇式目抄者〇唐律徒三年。〇式目抄

注

（1）新訂増補国史大系本『律』附収の『律逸文』以後における、律逸文蒐集書および掲載誌は左記の通りである。
竹内理三氏「律逸五条」（『歴史地理』七三巻四号、昭和一四年四月）
太田晶二郎氏「律逸文」（『日本歴史』一九号、昭和二四年九月）
佐藤進一氏「律逸拾遺」（『史学雑誌』五八編四号、昭和二四年一〇月）
利光三津夫氏『律令及び令制の研究』（明治書院刊、昭和三四年一二月）

利光三津夫氏『律の研究』（明治書院刊、昭和三六年一月）
竹内理三氏「筑前国風土記逸文と律逸文」（『日本歴史』一六〇号、昭和三六年一〇月）
山田英雄氏「奈良時代における律の適用」（『山田孝雄追憶史学語学論集』所収、昭和三七年一一月）
皆川完一氏「名例律称二等親祖父母条の復原」（『新訂増補国史大系』月報五〇、昭和四一年七月）
利光三津夫氏『律令制とその周辺』（慶応義塾大学法学研究会刊、昭和四二年一一月）
利光三津夫氏「律叢残続貂」（『法学研究』四二巻二号、昭和四四年二月）

なお、律条文の復原については、利光氏『律令制とその周辺』所収の「律令条文復旧史の研究」を参照されたい。司法省編纂の『律逸』の存在を知り得たのは、利光氏の御示教による。また、『律逸』は石原正明の著と伝えられるが、無窮会本『律逸』（神習、三七二四号）の奥書に、「右律逸八巻今合一本撿校塙先生所輯也、明治十三年六月以太政官法制部本令模寫畢原本印記四課并写之、村岡良弼」とある。

利光氏は、「文政年間、律の復元は、尾張藩の学者某々等によって再び行われた。石原正明著『律逸』と伝えられているものがそれである。この書は、その条文復元の手法が河村秀穎の著作ときわめて酷似しているところから推して、その系統に属する学者の作であることは疑いがないが、石原正明の著作であるという証拠は見出しえない。」（「律令条文復旧史の研究」九三頁）と述べられている。

私は、村岡良弼の奥書と利光氏の御推論、ならびに、和学講談所における律令の講読および校正出版事業、平田篤胤が「たまだすき」九之巻（『平田篤胤全集』四、三八四頁）にて、「正明は（中略）塙保己一の塾頭たりし人なり、」と述べていることなどより考えて、『律逸』は塙保己一の下にて石原正明らが著したものではないかと推測している。本書本章（付）参照。

（2）『律令の研究』六四一、六四二頁。

（3）『律の研究』一九六頁。
（4）前者は、『政事要略』（新訂増補国史大系本、六七五頁）、『小野宮年中行事』（続群書類従完成会本、群書類従第六輯、四二〇頁）、『法曹至要抄』（同上、八七頁）、『金玉掌中抄』（同上、五五頁）に見える。ただし、『金玉掌中抄』は、「者」の一字を欠いている。後者は、『法曹至要抄』（同、八七頁）に見える。
（5）「家人の系譜」『日本古代史の基礎的研究』下、制度篇所収。
（6）新訂増補国史大系本、六八四頁。
（7）続群書類従完成会本、群書類従第六輯、八七頁。
（8）『法制史研究』第一三号、後『律令格式の研究』所収。
（9）『歴史地理』七三巻四号。
（10）新訂増補国史大系本、六七五頁。
（11）続群書類従完成会本、群書類従第六輯、四二〇頁。
（12）『律令の研究』五七七頁以下。
（13）「稿本『倭漢比較律疏』について」（『広池博士記念論集』所収、昭和四二年刊）。校正中、利光氏の御好意により、「倭漢比較律疏」の写真版を一見する機会に恵まれたが、それによると、広池氏は、さらに「殴殺」の二字をも名例律疏（私云、『政事要略』所引名例律僧尼犯罪条逸文）より拾われている（利光氏は、殴殺の二字を紹介されていないが、これは千慮の一失というべきであろう）。したがって、本条後半の逸文発見は、広池氏の業績として評価されねばならないであろう。
広池氏は、明治三十年代において、日唐律の比較研究を推進され、なかでも律復原には、「律義解」「律逸」を凌駕する偉大な業績を残された。その成果である『倭漢比較律疏』は、内田智雄氏の序と利光三津夫氏の解題が附されて、昭和五十五年に広池学園出版部から影印刊行され、容易に披見できるようになった。本書の律令研究史上に占める位置の重要性は、銘記されねばならない。なお、本書の紹介批評として小林宏氏「広池千九郎博士編纂の『倭漢比較律疏』を読む」（『日本律復原の研究』附篇、国書刊行会、昭和五九年刊所収）がある。

(14)『続々群書類従』第六、法制部所収三八三頁。

(15)『律令の研究』六四三・六四四頁。

(16)『律の研究』一八三頁。

(17)前掲七四頁。

(18)続史籍集覧本、坤、三二頁。

(19)続史籍集覧本、坤、三四、三五頁。

第五節　律逸補遺

前節の後気付いた律逸文、ならびに、広池千九郎氏の『倭漢比較律疏』を精査する機会に恵まれて見出し得た律逸文など若干条を紹介させて頂くことにする。

一　名例律三三　以贓入罪条逸文

公式令三（論奏式条）集解の引く釈云[1]に、

名例律云。流人経㆓奏画㆒者。是令取㆓疏文㆒耳。

と見え、同条の跡云[1]に、

名例云。流死奏画訖。会㆑恩者同㆓免例㆒者。依㆓疏文㆒耳。

と見える。

唐名例律三三（以贓入罪条）の「已費用者、死及配流勿徴」に対する疏議に、

若未経奏画、会赦免流死者、徴贓如法、画訖会恩、即同免例、

とある。釈云の引用する名例律と、跡云の引くそれとは少しく異同があるが、唐名例律本条に相応する養老律の疏文であることは明らかであろう。

左に復原私案を掲げる。

凡補　以ㇾ贓入ㇾ罪。王贓見在者。還二官主一。〇政事要略二二　転易得二他物一。及生産蕃息。皆為二見在一。〇戸令集解　生産蕃息者。謂。
〇政事要略二三　婢産子〇唐律疏議、馬生ㇾ駒之類。〇政事要略二二　已費用者。死及配流勿ㇾ徴。〇政事要略五九　若未経奏画。会赦免流死者。徴贓如法。〇唐律疏議　画訖会ㇾ恩者。同二免例一。〇公式令集解

（下略）

〔補考〕

右の私案においては、新訂増補国史大系本『律』附収の『律逸文』（以下、『律逸文』と略称する）の配列を変更したが、それは左記の理由による。

まず、『政事要略』巻二二、年中行事八月上の七日牽二甲斐勅旨御馬一事の条に、(2)

名例律云。以ㇾ贓入ㇾ罪。王贓見在者。還二官主一。注云。生産蕃息。皆為二見在一。疏云。生産蕃息者。謂馬生ㇾ駒之類。

と見えること。

第二に、唐名例律三三（以贓入罪条）に、

諸以贓入罪、王贓見在者還官主、　転易得他物、及生産蕃息、皆為見在、

とあり、その疏義に、

生産蕃息者、謂婢産子馬生駒之類、

と見え、その後に、

已費用者、死及配流勿徴、

の本文を配置していること。

なお、右に掲げた疏義には生産蕃息の例として、馬が駒を生んだ場合とともに、『政事要略』巻二二の引く名例律疏には見えない婢が子を産んだ場合を挙げているが、あるいは養老律本条にも婢産子の例が載せられていたのかも知れない。そのことは、戸令二九（先由条）集解(3)に、

凡弃レ妻。先由二祖父母々々一。若无二祖父母々々一。夫得二自由一。皆還二其所レ賚見在之財一。若将婢有レ子亦還之。

とあり、その「見在」の解釈として、

穴云。転易得二他物一。及生産蕃息。皆為二見在一故。婢有レ子亦還。

と見えることによって窺われるように思われるのである。『政事要略』に「婢産子」の字句が見えないのは、『政事要略』が「七日牽二甲斐勅旨御馬一事」を解釈するに必要な部分の名例律条を引用したとも考えられる。しかし、『政事要略』の名例律疏文の引用ならびに『唐律疏議』の同条ともに、「之類」の二字を載せており、養老律に「婢産子」の疏文があったとは断言できず、今は疑を存するに止めておきたいと思う。

奴婢が財物と考えられていたことは、賊盗律一（謀反条）の疏文（新訂増補国史大系本『律』五五頁五行、以下五五—五のごとく示す）に、

奴婢各同二資財一。故不二別顕一。

とあり、同じく賊盗律四三（貿易条）の注文（七三—六）に、

余条不三別顕二奴婢一者。与二畜産財物一同。

と見えることにより明らかであろう。

また、公式令三（論奏式条）集解の釈云、跡云両説とも「奏画」の二字を引き、跡云が「流死」の二字を引用していることからして、名例律本条の疏文にこれらの字句が存したことは推定し得るように思われる。

二　名例律五〇　断罪無正条条の復原

『律逸文』は本条（一〇四—七～八）を左記のごとく復原している。

凡〔断レ罪而無二正条一。〇法曹類林一九七〕其〇唐律応レ出レ罪者。則挙レ重以明レ軽。（疏文略）其応レ入レ罪者。則挙レ軽以明レ重。（疏文略）〇金玉掌中抄

〔　〕内の字句は、『律逸』以後、瀧川氏によって発見されたものである。[4]『律逸文』以後、佐藤進一氏は、「其」の一字を『後愚昧記』より拾っておられる。[5]

以上、諸先学の努力によって、養老名例律五〇（断罪無正条条）は、冒頭の「凡」の一字を残して、その本文はほぼ完全に復原されたと考えられるが、大宝律本条に関しては、その存在すら確認されていない。私は、儀制令二四（帳内資人条）集解に見える『古記』[6]の文章より判断して、大宝名例律にも、断罪無正条条が存在したと考えている。

儀制令帳内資人条に、

凡帳内資人。雖レ有二蔭位一。不レ称二本主一者。杖罪以下。本主任決。四位以下。唯得二決笞一。

と見え、同条集解に、

古記云。（中略）問。当二減贖一色若為処分。答。准レ色処分耳。准二八位以下一。犯二杖罪以下一。依二決罰之例一。挙レ重

明レ軽。諸司雑任。於二本司及監臨一犯二杖罪以下一者。為二決罰例一故。

とある。「律云」とは明示されていないが、この『古記』に見える「挙レ重明レ軽」の一句は、大宝名例律に断罪無正条条が存在したことを窺わしめるものであると思われる。

『令集解』の諸説が、「律云」と断らないで律条を引用する場合があることは、先に名例律三三（以贓入罪条）逸文の補考に掲げた戸令二九（先由条）集解(7)に、

穴云。転易得二他物一。及生産蕃息。皆為二見在一故。婢有レ子亦還。

と見え、穴説は「律云」と断らないで名例律以贓入罪条の注文を引用しており、また僧尼令二一（准格律条）集解(8)に、

或説。（中略）問。止犯二半年徒一何。答。不二還俗一也。率二百杖法一。可二苦使一耳。為三称レ年者。以二三百六十日一故。

とあり、或説はやはり律云と断らないで、名例集五五（称日条）逸文（一〇五―八～九）「称レ年者。以二三百六十日一。」を引用していることなどによって知られる。

左に大宝律本条の復原私案を掲げる。

凡補 断レ罪而無二正条一。其応レ出レ罪者。則〇唐律 挙レ重〇儀制令集解 以〇唐律 明レ軽。〇儀制令集解（下略）

三　名例律五二　称二等親祖父母条の復原

『律逸文』は、本条（一〇四―一一～）を先記のごとく復原している。

[凡]称二期親一。〇唐律〔称二祖父母一者。曾高同。〇假寧令集解〕称レ孫者。曽玄同。〇戸令集解 嫡孫承レ祖。与二父母一同。〇賦役及田令集解 縁坐

者。各従二祖孫本法一。其嫡継慈母。若養者。与レ親同。称レ子者。男女同。縁坐者。女不レ同。（中略）〇唐律

〔　〕内の字句は、『律逸』以後、瀧川氏が発見されたものである。[9]『律逸文』以後、利光三津夫氏は、「養」の一字、ならびに「与レ親同」の三字を選叙令二一（職事官患解条）集解[10]より拾われ、養老律本条には「称二二等親一者、曾高同」なる条文が存在しなかったと推定せられた。[11] その後、皆川完一氏は「称二二等親。及一」の字句を粟島神社文書より拾われている。[12]

戸令二六（結婚条）義解[13]に、

謂。称レ子者。男女同也。

とあり、同条集解[14]にも、

釈云。称レ子者。男女同。

と見える。また、田令六（功田条）義解[15]に、

下功伝レ子。謂。男女同也。

とあり、同条集解[16]に、

穴云。称レ子。男女同。

と見える。「律云」とは明示されていないが、「称レ子者。男女同。」は、名例律本条を引用したものと考えられ、本条にこの一句が存在したことは推定してよいように思われる。[17]

なお、すでに広池氏は『倭漢比較律疏』において、戸令および田令義解により「称レ子者。男女同。」が本条逸文で

あることを指摘しておられる。

唐律の注文に、「縁坐者。女不レ同。」と見えるが、養老律令においても、子という場合、男子のみを意味するときと、男女子を意味するときの二つがあったことは、瀧川氏が明らかにされたところである[18]。

左に復原私案を掲げる。

凡補称二二等親一。及称二祖父母一者。曽高同。称レ孫者。曽玄同。○粟島神社文書嫡孫承レ祖。与二父母一同。○田令集解縁坐者。各従二祖孫本法一。其嫡継慈母。若○唐律養○選叙令集解者。○唐律与レ親同。○選叙令集解称レ子者。男女同。○戸令義解及集解縁坐者。女不レ同。（中略）○唐律

四　衛禁律五　宿衛条の復原

『律逸文』では、本条の逸文は全く掲げられていない。瀧川氏は、『律逸文』以前に、宮衛令二一（上番条）集解[19]、同じく二八（宿衛近侍条）集解[20]に引く釈云に注目され、養老律に宿衛条が存在したことを認識しておられ、養老律と唐律本条との間に差異があったことを述べておられる[21]。近くは、利光氏が本条の存在を指摘しておられる[22]。また早く、広池氏は『倭漢比較律疏』において本条逸文を指摘されている[23]。すなわち、明治三十年代に著されたと思われる広池氏の『倭漢比較律疏』には、本条の疏文「宿衛者謂兵衛及内舎人」を『令集解』[24]より拾われ、「主司」の本文を同じく『集解』[25]より、また「主司謂兵衛府」「若冒代之事、従国而来、衛府不坐」の疏文をも宮衛令集解同条より蒐められている[26]。

右に述べたごとく、本条逸文発見の功績は、広池、瀧川、利光の三氏に帰せらるべきものであるが、条文の形で公表されていないので、敢えてここに紹介することとした。

なお、『律逸文』は、宮衛令三（兵衛上番条）集解に見える「主司不知冒情」「主司、謂兵衛府」の律逸文を、本条の前条無籍冒承闌入条（A）に配しているが、私は、広池氏の復原の方が穏当なように思う。何故ならば、もし、『律逸文』の復原が正しいとすると、「主司」にあたる語を、唐律A条は「守衛」と作っていたことになるが、養老律は、彼の「守衛」の語を、衛禁律初条（闌入大社門条一〇七―三～四）、第二条（闌入山陵兆域門条一〇七―五～六）が、それぞれ「神部」、「陵戸」と改めているのを例外として、彼の「守衛」を我においても同じく「守衛」としている（たとえば、衛禁律二二宮城内外行夜条二八―七～八）ことに矛盾することになる。[27]

『律逸文』はこの「主司不知冒情」を、形態的に似ているところから、唐律A条逸文と判断したものと思われるが、「主司」は『律逸文』の復原によると「兵衛府」を意味しており、養老律A条の意味は、宮閤門に籍なくして、または人の名をかたって入った場合には、闌入を以て論ずる（すなわち、闌入宮門条一〇七―七～一〇の適用）、主司（兵衛府）が人の名をかたったことを知らなかった場合には……（以下刑罰不明）という規定となるが、これでは唐律の意味と大幅に異なってしまう。つまり、唐律はA条において、冒名者、ならびに守衛に対する規定であるのに、『律逸文』の復原では冒名者、ならびに主司（兵衛府）に対する規定となり、意味の上で矛盾をきたすと考えられるからである。[28]

すなわち、宮閤門以上の諸門を直接守るのは守衛（衛士）であったと思われるが、『律逸文』の復原によると、無籍、または冒名によって門を通過せしめた場合、直接の過失者である守衛（衛士）に対する科刑の規定が見えないで、その所管者である主司（兵衛府）に対する規定のみが存在するということになり、理に合わないと思われるのである。

それでは、「主司不知冒情」を如何に扱うかということになるが、直接本文に相当する唐律は見あたらないように思われるが、意味の上では唐律本条の「主司不覚減二等」の「主司不覚」に同じであると考えられる。あるいは、養老律本条が彼の「主司不覚」を「主司不知冒情」と改めていたのかもしれない。しかし、宮衛令三（兵衛上番条）集解の釈説が引用する「律云」が取意文である可能性もあり、今は疑を存するに止めておきたいと思う。

現在まで紹介されていないが、本条の存在を示す史料が考課令二（官人景迹条）集解に二ケ所見えている。すなわち、「案二衛禁宿衛条一知。」「案二衛禁宿衛条一。知レ之耳。」とあるのである。このことから考えて、本条の冒頭に、「宿衛」の二字が存在したと推定し得るように思われる。

左に復原私案を掲げる。

凡補宿衛○考課令集解者。以下非レ応二宿衛一人上。冒名自代。及代レ之者。入二宮内一。流三千里。殿内絞。○唐律　宿衛○宮衛令集解　者○唐律疏議　謂兵衛及内舎人○宮衛令集解（疏略）若以下応二宿衛一人上。謂。已下直者。自代。及代レ之者。各以二闌入一論。（疏略）○唐律　主司○宮衛令集解　不レ覚。減二一等一。知而聴レ行。与同罪。（注略）○唐律　主司。謂。兵衛府○宮衛令集解（唐律疏議中略）若○唐律代○宮衛令集解　之○唐律疏議　事。従レ国而来。○疏議　冒宮衛令集解（唐律疏議中略）衛府不レ坐。○宮衛令集解（下略）

五　戸婚律一　脱戸条逸文

『律逸文』は、本条（二一一―三～六）を左記のごとく復原している。

凡補 脱レ戸者。家長徒三年。○考課令集解 無二課役一者。減二二等一。女戸又減二三等一。（注略）○唐律 脱口及増二減年状一。○考課令集解 謂。疾老中小之類。○唐律 以免二課役一者。一口徒一年。二口加二一等一。罪止二徒三年一。○考課令集解 其増減非レ免二課役一。及○唐律 漏二无課役口一者。六口為二一口一。罪止二徒一年半一。即不レ満二六口一。杖六十。○考課令集解 部曲奴婢亦同。○唐律

『律逸文』以後、利光氏は「女戸」の二字を戸令一三（為戸条）集解[30]の朱説から拾われている。[31]

考課令五四（国郡司条）集解[32]に、

問。依二戸婚律一。私家人奴婢。同二不課例一。未レ知。寺家人奴婢何。或云。不レ見レ文。可二勘求一。或云。不レ入二増益減損一。何者。不レ注二計帳一之故。師説同二上説一。

と見える。[32] この集解の諸説は令文に見える「不課口」の範囲について議論しているのであるが、その議論の前提になっているのは、「私家人奴婢。同二不課例一。」とする戸婚律の条文、または取意文なのである。

『律逸文』にも載せている通り、唐戸婚律一（脱戸条）の注文に「部曲奴婢亦同」とあるが、同条疏議には「奴婢部曲亦同二不課之口一」と見えるのである。

ところで、養老律は彼の部曲の語を家人と改めている。[33] 右の『令集解』には「私家人奴婢」と見えるが、「私家人奴婢」では律令用語として熟さず、戸婚律では、「家人奴婢」となっていたと思われる。「家人奴婢」は律令用語であり、僧尼令二四の出家条[34]に「家人奴婢等。」とあり、同条義解に「謂。称レ等者。官戸奴婢亦同。」とあることなどより考えて、「家人奴婢」と言う場合には「家人」「私奴婢」を意味し、「官戸奴婢」とある場合には「官戸」「官奴婢（公奴婢）」を意味するとされている。[35]

以上のことから考えて、私は考課令国郡司条集解が「依二戸婚律一。」として引用する「私家人奴婢。同二不課例一。」は律文そのものではなく、取意文であろうと考えている。唐律注文との比較からして、養老戸婚律本条には「家人奴婢亦同。」の注文が存在したと思われるのである。

左に復原私案を掲げる。

凡補 脱レ戸者。家長徒三年。〇考課令集解 無二課役一者。減二二等一。〇唐律 女戸〇戸令集解 又減二三等一。（中略）其増減非レ免二課役一。〇唐律 及漏二无課役口一者。六口為二一口一。罪止二徒一年半一。即不レ満二六口一。杖六十。

家人奴婢〇考課令集解 亦同。〇唐律

六　戸婚律二　里長不覚脱漏増減条の復原

『律逸文』は、本条を（二一一—七～八）左記のごとく復原している。

凡補 里長不レ覚二脱漏増減一者。一口笞四十。三口加二一等一。過二杖一百一。・加二一等一。罪止二徒三年一。不レ覚二脱戸一者。・聴レ従二漏口法一。国郡脱戸亦准レ此。若知レ情者。各同二家長法一。〇考課令集解

『律逸文』以後、利光氏は本条に「坊令同里長」なる注あるいは疏が存在したことを、考課令五四（国郡司条）集解(36)などにより推定しておられる(37)。

考課令二八（最条）集解(38)に、

釈云。脱。々漏也。不レ従二戸貫一者是也。文称二飼丁一。即少丁以上是。但不課不色。依レ律。計レ口科レ罪。依レ殿降

耳。小丁以上。人数多者。亦依レ律料也。

と見え、「依レ律。計レ口科レ罪。」とある。また、同条に、

古記云。（中略）一云。文称二飼丁一。即少丁以上是。但老小以下。依二捕亡律一耳。若脱人数多。依二捕亡律一。計レ口科レ罪。即計レ殿累降。准二人数一少不レ成レ殿。依二此条一除レ最耳。

とある。『古記』の一云に見える捕亡律は、大宝捕亡律一一の丁夫雑匠在役亡条（一六九—六～一〇）を意味していると思われる。(39)

釈云の文章に、「少丁」の語が二度見えるが、瀧川氏は「これ新令の中男なり。令釈は、時々職員令を官員令と云ひ、中男を少丁と云へり。これ令釈に古令の註釈書もありとの説を生ずる所以なり。」と述べておられる。(40) 釈説が古令（大宝令）の注釈書であるか否かは一応措くとしても、釈云の「文称二飼丁一」以下の文章と『古記』の一云の文章とはその内容が非常によく似ており、このことからして釈云に二回見える「依レ律」の律はともに捕亡律一一（丁夫雑匠在役亡条）を意味していると思われるのである。

以上のことから素直に考えれば、釈、ならびに『古記』に見える「計レ口科レ罪」の語は、捕亡律丁夫雑匠在役亡条の逸文ということになるのであるが、私は『古記』の文章などから判断して、この「計レ口科レ罪」の語を大宝戸婚律本条の疏文と考えるのである。

その理由の第一は、『古記』の一云の前に同じく『古記』の説として「問。不レ脱二飼丁一。答。不レ脱。謂逃亡・。幷脱二漏戸口一之類。」と見え、この『古記』の説に依ると、「脱」には逃亡と脱漏戸口の場合などがあるということであ

り、このことから逃亡の場合には捕亡律丁夫雑匠在役亡条が適用され、脱漏戸口の場合には戸婚律二（里長不覚脱漏増減条）が適用されたと推定し得ること。(41)

第二に、釈云の「但不課之色。依レ律。計レ口科レ罪。」は『古記』の一云の「但老小以下。依二捕亡律一耳。」に相応するが、これらは捕亡律と戸婚律との密接な関係を示していると思われること。すなわち、捕亡律の引用の際に、戸婚律本条の疏文などが援用されていると考えられるのである。また『古記』の一云に見える「若脱人数多。依二捕亡律一。計レ口科レ罪。」の場合も同様と思われること。

第三に、唐律において、「計レ口科レ罪」の語は、戸婚律二（里正不覚脱漏条）の疏義にのみ見えること。

以上のことから、私は「律云」としては引用されていないが、考課令集解に見える「計レ口科レ罪」の字句が大宝戸婚律里長不覚脱漏増減条に存したことを推定している。

左に大宝律本条の復原私案を掲げる。

凡補　里正不レ覚二脱漏増減一者。一口笞四十。三口加二一等一。過二杖一百一。十口加二一等一。罪止二徒三年一。不レ覚二脱戸一者。聴レ従二漏口法一。州県脱戸亦準レ此。○唐律　計レ口科レ罪。○考課令集解　不下依二脱戸一為上法。○唐律疏義　（下略）

七　擅興律一六　遣番代違限条逸文

『律逸文』は本条（一三一―六〜八）を左記のごとく復原している。

凡　鎮戍応レ遣二番代一。而違レ限不レ遣者。一日杖一百。三日加二一等一。罪止二徒二年一。即代到而不レ放者。減二一等一。○唐律若主司役二防人衛士一不レ以レ理。致レ令二逃走一者。一人笞卅。三人加二一等一。○職員令集解罪止二徒一年半一。○唐律若使不レ以レ理。而雖レ不二逃走一。准二一人例一。減二一等一坐也。○職員令集解

『律逸文』の頭注に「按職員令集解称此条為防人衛士条」とあるように、職員令六一（左衛士府条）集解[42]に「伴云。擅興律。防人衛士条云。」として、右の律逸文を引用している。この職員令集解によって、養老律本条は『律逸文』のごとく復原されたのであるが、大宝律の本条逸文は全く発見されていない。

考課令二三（最条）集解[43]に、

古記云。（中略）問。衛士行レ盗。幷与レ人闘打。及逃走者。得レ為レ有レ方以不。答。侍衛以外。盗闘者非。但奉レ勅役使。不レ以レ理。致レ令二逃走一者。依二擅興律一科レ罪。幷計レ殿降レ考。以外不レ合。

と見える。

瀧川氏は、「但奉レ勅役使。不レ以レ理。致レ令二逃走一者。依二擅興律一科レ罪。」にいう擅興律が、唐擅興律一二の鎮所放行人還条（一三〇―九～一一）に相当する我が律の文であると推定しておられるが[44]、私は「不レ以レ理。致レ令二逃走一者。」は大宝擅興律一六（遣番代違限条）の逸文であると思う。その理由は、唐律において「不レ以レ理。致レ令二逃走一者。」の字句は本条以外に見出し得ないからである。また、右に掲げた『古記』に見える「衛士」「役使」の字句も、「律云」と明示されてはいないが、意味の上から考えて大宝律本条に存在したと推定し得るように思われる。

左に大宝律本条の復原私案を掲げる。

凡補鎮戍応レ遣二番代一。而違レ限不レ遣者。一日杖一百。三日加二一等一。罪止二徒二年一。即代致而不

レ放者。減二一等一。若鎮戍主司（○唐律）役二使（○考課令集解）防人（○唐律）衛士一。不レ以レ理。致レ令二逃走一者。（○考課令集解）一人杖六十。五人加二一等一。罪止二徒一年半一。（○唐律）

〔附記〕

『唐律疏議』本条の冒頭に、「依二軍防令一、防人番代、皆十月一日交代、」と見える。仁井田陞氏もその著『唐令拾遺』の復旧軍防令第三五条に「防人番代、皆十月一日交代、」と掲げられている。[45] しかるに、養老軍防令には防人番代の時期についての規定が見出せない。このことから考えて、養老擅興律一六（遣番代違限条）の前半は、唐律同条に相当の変更を加えていたことが窺われるように思われる。職員令集解の伴云が、本条を「防人衛士条」と云っているのも、このことに関係があるのかも知れない。大宝律本条の前半に関しては、不明という外はない。

八　闘訟律五八　越訴条逸文

『律逸文』は本条（二四七―六～八）を左記のごとく復原している。

凡〔越訴及受〕者。各笞卌。（○続左丞抄三）若可レ受抑不レ受者。笞五十。三条加二（○公式令集解）一等一。十条杖九十。（中略）（○唐律）

〔　〕内の字句は、『律逸』以後、瀧川氏が発見されたものである。[46]『律逸文』以後、利光氏は「一等」の二字を拾っておられる。[47]

『続左丞抄』第三[48]に、

闘訟律云。越訴者笞卌者。凡諸種訴皆従レ下始。而違令二越訴一者可レ招二笞卌一者也。

とある。瀧川氏はこの部分より「越訴者笞卌」の本条逸文を見出されたのであるが、それに続く「凢諸種訴皆従レ下始。」も本条逸文と認めてよいように思われる。このことをつとに指摘されたのは広池氏であり(49)、本条逸文発見の功績は全て広池氏にあるが、敢えて紹介することとした。

因みにいうと、唐律本条の疏議に「凡諸辞訴皆従レ下始」と見え、唐律疏の「辞」を『続左丞抄』が「種」と作っているが、他は彼我同文である。『続左丞抄』においてこの闘訟律が引用されているのは、鎌倉時代において律令の学問を伝えた中原家の中原章国の文永五年(一二六八)十二月十九日の勘答(正本、原本)であり、その律の引用に誤りがあるとは考えられない。養老律の疏文もやはり「種」としていたと考えるのが穏当であるように思われる。

左に復原私案を掲げる。

凡補 越訴及受者。各笞卌。○続左丞抄三 若可レ受抑不レ受者。笞五十。三条加ニ一等一。○公式令集解 十条杖九十。○唐律 凡諸種訴皆従レ下始。○続左丞抄三 (下略)

九　詐偽律二一　医違方条逸文

『律逸文』は本条(一五三―九)を左記のごとく復原している。

凡医違レ方。詐レ療レ病而取ニ財物一者。以レ盗論。○法曹至要抄

『律逸文』に見られる通り本文は完全に復原されているが、疏文は全く発見されていない。

『法曹至要抄』上、罪科条、一医違レ方事(50)に、

雑律云。医為レ人合レ薬。及題疏針刺誤不レ如二本方一。殺レ人者徒一年。疏云。不レ如二本方一於レ人無レ損者。不レ論二尊卑貴賤一同笞四十〔卅イ〕。詐偽律云〔諸イ〕医違レ方。詐レ療〔疾夕〕レ病而取二財物一者以レ盗論。

按レ之。医師為レ人和三合湯薬一。其薬即有二君臣分両題疏薬名一。或注二冷熱遅駛〔駚イ〕一。幷針刺等錯誤。不レ如二今古薬方及本草一。以レ故殺レ人者。医令〔合贓〕二徒一年一也。又違三背本方一。詐療二疾病一。率レ情増損。以取二財物一者。計レ贓以レ盗可レ論二其罪一。

とある。

広池氏は『倭漢比較律疏』において、右に掲げた『法曹至要抄』の「按レ之」のなかに見える「違三背本方一。詐療二疾病一。率レ情増損。以取二財物一者。計レ贓以レ盗可レ論二其罪一。」を本条の疏文として掲げておられる。[51]「律云」とは明示されていないが、本条疏文の逸文と思われるので紹介することにしたいと思う。

右に掲げた按文を本条疏文と考えるのは左の理由による。

『法曹至要抄』の一医違方事は、まず雑律七の医為人合薬条（一五六―四～七）の本文を掲げ、続けて疏文を載せ、次に詐偽律本条の本文を載せているが、その「按レ之」に見える医師から徒一年までの文章は、『政事要略』から復原されている雑律同条の疏文に一、二の誤字脱字を除いてほぼ正確に一致する。故に、「按レ之」の「又違背本方」以下も、本条の疏文と推測され得るのであり、『唐律疏議』に対応する文章が見出されることからしても、そのことは確かめられるように思われるからである。なお、唐律疏は「違背本方」の上に「医師」の二字を置いているが、これは『法曹至要抄』の案文の冒頭に「医師」の字句があるので、後半ではこの二字を省いたことに基づく違いであろうと思われる。

左に復原私案を掲げる。

凡（○明文抄）医違レ方。詐レ療レ病而取ニ財物一者。以レ盗論。（○法曹至要抄、明文抄）医師（○唐律疏議）違ニ背本方一。詐療ニ疾病一。率レ情増損。以取ニ財物一者。計レ贓以レ盗論。（○法曹至要抄　監臨之与ニ凡人一。各依ニ本法一。○唐律疏議）

一〇　雑律二　国忌作楽条逸文

『律逸文』は本条（二五五―六）を左記のごとく復原している。

凡〔国忌（○年中行事秘抄）〕廃務（○唐律）〔日作レ楽者。杖八十。（○年中行事秘抄）〕私忌減ニ二等一。（○唐律）

〔　〕内の字句は『律逸』以後、瀧川氏が発見されたものである。(52)『律逸文』以後、竹内理三氏は成簣堂古文書中の『類聚世要抄』巻七、二月十七日忌月事の条に引かれている天暦九年十月十九日の明法博士惟宗公方の勘文(53)によって「先皇崩日令廃務」の疏文を発見され、唐律によって補われた「廃務」の二字が不要となることを明らかにされた。(54)

また、太田晶二郎氏は明治二十二年和田英松氏手写本「律逸」に右の疏文が補訂されていることを紹介しておられる。(55)

『師光年中行事』(56)にも、「律云。国忌日作楽者。杖八十。」と見える。

広橋伯爵家旧蔵、東洋文庫本『法曹至要抄』(57)一当日忌事の条に、

雑律云国忌《ノ》日作《ヲコセラ》レ楽者杖八十（謂ニ先皇崩《ノ》日一《ヲ》令ニ廃務一者）私《ノ》忌《ハ》減ニ三等一（言ニ死日一也）（欠損）

と見える。

また、室町時代の碩学一条兼良の著した『江次第鈔』第一正月甲(58)に、

律曰凡国忌日作楽者杖八十（謂先皇崩日合廃務者）私忌減三等（謂父母死日者）

とある。『江次第鈔』に本条逸文が存在することを知り得たのは、林紀昭氏の御教示による。記して感謝の意を表する。

右に掲げたごとく、東洋文庫本『法曹至要抄』、『江次第鈔』によって、『律逸文』にては唐律によって「私忌減二二等一。」と補われている部分を、「私忌減二三等一。」と復原でき、また『江次第鈔』によって「謂父母死日者。」の疏文が存在したことも知られるのである。なお『江次第鈔』に「合廃務」と見える本条疏文は『類聚世要抄』ならびに東洋文庫本『法曹至要抄』によって「令廃務」と改めるべきであろう。

左に復原私案を掲げる。

凡国忌日作レ楽者。杖八十。（謂。先皇崩日。令廃務者。）私忌減二三等一。（謂。父母死日者。）○江次第鈔

一一　雑律一〇　負債違契不償条逸文

『律逸文』は本条（二五六―一一二〜）を左記のごとく復原している。

凡補　負債違レ契不レ償。一端以上違二二十日一。笞二十。二十日加二一等一。罪止二杖六十一。三十端加二二等一。百端又加二三等一。各令二備償一。（負債者。謂。非二出挙之物一。依レ令合レ理者。或欠二負公私財物一。乃違レ約乖レ期不レ償者。若延レ日及経レ恩不レ償者。皆依二判断及恩後之日一。科レ罪如レ初。）○政事要略〔五九〕。法曹至要抄金玉掌中抄両引不載疏文

『法曹至要抄』(59)は雑律本条の疏文「負債者。謂非二出挙之物一。」から「乖レ期不レ償者。」に続けて、

案レ之。負債者。仮令交易貴(買イ)直可(不イ)レ償之類也。所謂負ニ卅端物一違ニ廿日一。笞卅(卅イ)。百日不レ償合ニ杖八十一。又負ニ百端之物一違レ契満ニ廿日一。杖七十。百日不レ償合ニ徒一年一。各可ニ備償一者也。

の案文を加えている。この案文の「所謂」以下は、「律云」と明示されていないが、『唐律疏議』との比較からして、本条の疏文と思われる。

右の案文が本条の疏文であることは広池氏が『倭漢比較律疏』において指摘されているが、ここに紹介することにした。

左に復原私案を掲げる。

凡補 負債違レ契不レ償。一端以上違ニ二十日一。笞二十。二十日加ニ一等一。罪止ニ杖六十一。三十端加ニ二等一。百端又加ニ三等一。各令ニ備償一。負債者。謂非ニ出挙之物一。依レ令合レ理者。或欠ニ負公私財物一。乃違レ約乖レ期不レ償者。○政事要略五九 負ニ三十端物一違ニ二十日一。笞四十。百日不レ償合ニ杖八十一。負ニ百端之物一。違レ契満ニ二十日一。杖七十。百日不レ償合ニ徒一年一。各令ニ備償一。○法曹至要抄 若延レ日及経レ恩不レ償者。皆依ニ判断及恩後之日一。科レ罪如レ初。○政事要略五九

一二 雑律三七 盗決堤防条逸文

『律逸文』は本条(二六一―一〇〜)を左記のごとく復原している。

凡補 盗ヨ決隄防ー者。杖八十。○考課令義解 謂。盗レ水以供ニ私用一。若為レ官検校。雖レ供ニ官用一亦是。(中略)○唐律 有レ人盗ニ決堤防一。取レ水供用。无レ問ニ公私一各得ニ此坐一。

○考課令義解 (下略)

右にいう考課令義解は、第五七条の犯罪附殿条[60]を指していると思われるが、同条義解には、右の文に続けて「水若

為レ官。即是公坐。」の字句が見られ、これは『唐律疏議』本条との比較によって、本条逸文と推断し得る。

本条逸文もすでに広池氏が『倭漢比較律疏』において指摘しておられるところである。

左に復原私案を掲げる。

凡補 盗三決隄防一者。杖八十。○考課令義解 謂。盗レ水以供二私用一。若為レ官検校。雖レ供二官用一亦是。（中略）○唐律 有レ人盗三決堤防一。取レ水供用。无レ問二公私一。各得二此坐一。水若為レ官。即是公坐。○考課令義解

一三　雑律五三　於官私田園輒食瓜菓条逸文

『律逸文』は本条（一六四―五～六）を左記のごとく復原している。

凡補 於二官私田園一。輒食二瓜果之類一。坐レ贓論。棄毀者亦如レ之。即持去者。准レ盗論。主司給与。与同罪。強持去者。以レ盗論。主司即言者不レ坐。○法曹至要抄（下略）

『法曹至要抄』(61)には右の本文の次に、

按レ之。称二瓜菓之類一即雑蔬菜〔等夕〕皆是也。若於二官私田園之内一而輒私食者坐レ贓論。持去者計レ贓准レ盗論。

並徴二所レ費之贓一各還二官主一矣。

と見える。「律云」とは見えないが、『唐律疏議』と比較すると、この案文も本条の疏文であることが推定される。

この案文が本条の疏文であることは、広池氏が『倭漢比較律疏』において指摘しておられる。

左に復原私案を掲げる。

凡補 於二官私田園一。輙食二瓜果之類一。坐贓論。棄毀者亦如レ之。即持去者。准レ盗論。称二瓜菓之類一即雑蔬菜等皆是。若於二官私田園之内一而輙私食者坐贓論。持去者計レ贓准レ盗論。並徴二所レ費之贓一各還二官主一。主司給与。与同罪。強持去者。以レ盗論。主司即言者不レ坐。○法曹至要抄（下略）

一四　断獄律三〇　断罪応決配而収贖条の復原

『律逸文』は本条（二七九―一～三）を左記のごとく復原している。

凡補 断レ罪。応二決配一之而聴二収贖一。応二収贖一而決配之。○名例律一人兼有議請減疏 若応二官当一而不二以レ官当一。及不レ応二官当一而以レ官当者。（各○名例律）依二本罪一○以上唐律 減二故失一等一。○名例律一人兼有議請減疏 死罪不レ減。即品官任二流外及雑任一。於二本司及監臨一。犯二杖罪以下一。依二決罰例一。○唐律

儀制令二三（内外官人条）集解(62)

穴云。問。於レ蔭有レ限哉。答。凡恃レ蔭犯者。六議以下皆決耳。於レ律亦有二不レ免罪一故也。故違二憲法一。謂依レ律。勲七等以下。於二本司及監臨一犯二笞罪一者。依二決罰之例一情是。（下略）

と見える。右に見える「依レ律」以下は、本条後半の唐律に相応する逸文、または取意文と思われる。なお、右の「依レ律」以下の存在、ならびに本条後半の逸文に擬し得ることは利光氏の御教示によって知った。記して深謝の意を表する。

また、同条集解の朱云(63)には、

任二諸司雑色一。於二本司及監臨一犯二笞罪一。依二決罰例意一。（下略）

と見える。前掲の「依レ律」以下と比較すると、「勲七等以下」が、朱説では「任二諸司雑色一」となっている外は大差ない。唐律の該当部分は「品官任二流外及雑任一」であり、朱説と似ている。

議制令二四（帳内資人条）集解(64)には、

古記云。（中略）諸司雑任。於二本司及監臨一犯二杖罪以下一者。為二決罰例一故。

と見える。「律云」とは見えないが、私は右の『古記』の引用する文章を、唐律との比較から、大宝断獄律本条の逸文と推定する。またここに「諸司雑任」とあることから考えて、養老律本条は朱説に見えるように「諸司雑色」となっていたと推定する。

左に養老律本条の復原私案を掲げる。

凡補 断レ罪。応二決配一之而聴二収贖一。応二収贖一而決配之。○名例律一人兼有議請減疏 若応二官当一而不二以レ官当一。及不レ応二官当一而以レ官当者。○唐律 各○名例律一人兼有議請減疏 依二本罪一○唐律 減二故失一等一。○名例律一人兼有議請減疏 死罪不レ減。即品官○唐律 任二諸司雑色一。於二本司及監臨一。犯二笞罪一者。依二決罰例一。○儀制令集解

〔附記〕

大宝律においては、諸司雑任に任ぜられている者がその本司および監臨において杖罪以下を犯した場合は、贖罪が許されず決罰される規定であったが、養老律にては、諸司雑色に任ぜられている者がその本司および監臨において笞罪を犯した場合には、贖罪が許されず決罰される規定に変更されていることが、儀制令集解から復原し得る大宝養老

二律の本条逸文から窺われる。すなわち、下級官吏に対する実刑の科刑基準が大宝律では杖罪以下であったのが養老律では笞罪に限定され、その刑罰が緩められていることが看取されるのである。

注

(1) 新訂増補国史大系本、七八九頁。
(2) 新訂増補国史大系本、一一頁。
(3) 新訂増補国史大系本、三〇七頁。
(4) 『律令の研究』五七一、五七二頁。
(5) 「律逸拾遺」五六、五七頁。
(6) 新訂増補国史大系本、七三一頁。
(7) 新訂増補国史大系本、三〇七頁。
(8) 同上、二四三頁。
(9) 『律令の研究』五七三頁。
(10) 新訂増補国史大系本、四九七頁。
(11) 『律の研究』一六八、一六九頁。
(12) 『新訂増補国史大系』月報五〇、名例律称二等親祖父母条の復原。
(13) 新訂増補国史大系本、一〇〇頁。

(14) 新訂増補国史大系本、三〇三頁。

(15) 同上、一〇八頁。

(16) 同上、三五〇頁。

(17) 瀧川氏が本条逸文として採用された「称祖父母者。曾高同。」も、假寧令三（職事官条）集解（新訂増補国史大系本、九四七頁）では「律云」としては引かれていない。また、同条集解の額云は「律云」と明示せずに、「嫡孫承祖与父母同」の本条を引用している。

(18) 『律令の研究』附録、二九、三〇、三一頁。

(19) 新訂増補国史大系本、六九一頁。

(20) 同上、六九七頁。

(21) 『定本令集解釈義』六一四頁。

(22) 『律令制とその周辺』九七、九八頁。

(23) 利光氏「稿本『倭漢比較律疏』について」『広池博士記念論集』一六〇頁参照。

(24) 氏は明記されていないが、宮衛令集解、宿衛近侍条と思われる。

(25) 宮衛令集解、兵衛々士条と思われる。

(26) ただし、「若」、「之」の二字は集解に見えず。

(27) これは、日唐間の祭祀制度の相違に基づくと思われる。

(28) 防守、衛士を意味する。養老律にては、守衛は衛士の意味であったと思われる。衛禁律宮門外守衛条二八—一〇、ならびに『唐律疏議』同条参照。

(29) 新訂増補国史大系本、五四三、五四四頁。
(30) 新訂増補国史大系本、二三七頁。
(31) 『律の研究』一七四、一七五頁。また、広池氏も『倭漢比較律疏』において、女戸の二字を指摘されている（利光氏「稿本『倭漢比較律疏』について」一六〇、一六一頁参照）。
(32) 本条は、『令集解』巻二〇に見える。現存する『令集解』三五巻のなかで、巻一、巻二〇、巻三五の三巻は、他の巻と体裁を異にする。瀧川氏は、この三巻のみは早く闕巻となっていたものを後人が補ったものであろうと推定され、巻二〇の補われた年代を鎌倉期と推測されている（『定本令集解釈義』解題、七、八頁）。これに対し、土田直鎮氏は、この三巻についてもやはり普通の集解同様の体裁のものが元来存したことを「紅葉山文庫本令義解裏書」、『政事要略』などに引用された集解の文章と上記三巻との比較から推定され、これら異型の巻は元来の集解の煩雑に堪えず諸説の一々の名を省き、文章も多少取意節略して成ったもののように思われると述べておられる（「律令――紅葉山文庫本令義解――」『日本歴史』一九四号、六三、六四頁）。
(33) 『律令の研究』五八二頁など参照。
(34) 新訂増補国史大系本『令義解』八八頁。
(35) 瀧川氏『律令賤民制の研究』二九、三〇頁など参照。
(36) 新訂増補国史大系本、五九一頁。
(37) 「律叢残続貂」（『法学研究』四二巻二号）。
(38) 新訂増補国史大系本、五六九頁。
(39) 利光氏『律の研究』一〇四、一〇五頁。
(40) 『定本令集解釈義』五〇七、五〇八頁頭注。

(41) 因みに云うと、『唐律疏議』本条には、脱漏戸口の字句が二度見えている。
(42) 新訂増補国史大系本、一四三頁。
(43) 同上、五六七頁。
(44) 『定本令集解釈義』五〇六頁頭注。
(45) 同書、三八七、三八八頁。
(46) 『律令の研究』六四七〜四九頁。
(47) 『律の研究』一九六・一九七頁。
(48) 新訂増補国史大系本、一七一頁。
(49) 『倭漢比較律疏』、『続左丞抄』を『襴家古文書集』としている。
(50) 続群書類従完成会本、群書類従第六輯、律令部八九、九〇頁。
(51) ただし、末尾の「可論其罪」は、罪の一字のみ採用されている。
(52) 『律令の研究』六五八頁。
(53) 大日本史料、第一篇之一〇所引。
(54) 「律逸五条」(『歴史地理』七三巻四号)。
(55) 「律逸文」(『日本歴史』一九号)。
(56) 続群書類従完成会本、続群書類従第一〇輯上、公事部三三八頁。
(57) 巻子本、一軸、架蔵番号一〇の四。
(58) 国書刊行会本、続々群書類従第六、法制部六二二頁。

(59) 前掲、一〇八頁。
(60) 新訂増補国史大系本、一六〇頁。
(61) 前掲、九〇頁。
(62) 新訂増補国史大系本、七二六頁。
(63) 同上、七二九頁。
(64) 同上、七三一頁。

第六節　律条拾遺

一　闘訟律五八　越訴条

本条の復原史に関しては、すでに触れた(1)。ただ、『古事類苑』法律部一(2)に、公式令集解に見える本条逸文「可受抑不受笞五十。三条加」が明示されていることは無視し得ない。さて、本条冒頭部には、大系本『律』所収「律逸文(3)」に、

凡〔越訴及受者。各笞卅。○続左丞抄三 若可受抑不受者。笞五十。

と見え、その頭注に「凡、今意補」「及受、各、若、者、並拠疏議補」とあるごとく、若干の未復原字句が存する。しかし、これらの半数は復原が可能であろう。すなわち、すでに瀧川氏が「律逸々」において引用されているごとく、『式目抄(4)』に、

越訴ニ二ツアリ。度ヲ越テ申ト。次第ヲ越テ申トノ二也。（中略）律ニ。越次第ハ笞四十也。請取者モ笞四十也。

と見え、『御成敗式目注(5)』にも、

律ノ法ニ。越次第ハ笞四十也。請取者モ笞四十也。

と見えるところに拠れば、「越訴する者とそれを受けた者はともに笞四〇である」との律文が存したことは容易に看取される。これを基に律文を構成すれば、「請取」は、公式令集解からすでに復原されている下文の「可受抑不受」に従い、「受」に訂すべきであろうし、「モ」は、同じ事情にある事柄を並列させる語であろうから、未復原の「及」

と「各」の二字に置換し得る働きを持つと解される。また、律文の構成からみて、上に「越訴及受者。各笞四十。」とあって、直下に「可受抑不受。笞五十。」と続くのは訝しい。必ず「若」「即」「其」「或」のごとき副詞・接続詞の類が置かれていたに相違ない。上の四字のうちでは、「或」はまず以て相応しくなく、「即」「其」の場合、さらに大きな内容の相違が必要であるようにも考えられ、「若」が最も妥当すると思われるが、しばらく推測に止めておきたい。なお、「者」字は確かな引用に接するまで復原不可能であろう。

凡（補）越訴（○続左丞抄＝律逸々）及受（○拠式目抄、御成敗式目注、意補）者。（○続左丞抄＝律逸々）各（○拠式目抄、御成敗式目注、意補）笞卌。（○続左丞抄＝律逸々）若（○唐律）可受抑不受（○公式令集解＝古事類苑・律逸々）者。（○唐律）笞五十。三条加（○公式令集解＝古事類苑・律逸々）一等。（○公式令集解＝律の研究）十条杖九十。（○唐律）（凡諸種訴皆従下始○続左丞抄＝比較律疏。）即邀車駕。及撾登聞鼓。若上表訴而主司不即受者。加罪一等。其邀車駕。訴而入部伍内。杖六十。（○唐律）

二　衛禁律二二　犯廟社禁苑罪名条

周知のごとく、現存する養老衛禁律後半部には、本条相当の条文は欠落していて見えない。この欠落が転写の際の誤脱でなく、我が国の制度が唐制と異なることにより削除されたものであることを明らかにされたのは、瀧川政次郎氏であり、その卓説は「衛禁律後半の脱落条文について(6)」に審らかである。

しかして、それを裏づけるものとしては、すでに利光氏(7)、瀧川氏(8)の指摘せられる通り、『平戸記』寛元三年四月十四日条に欠落の明徴が存する。

ところで、唐律本条を見るに、本条は次の三項よりなる。(9)

①諸本条無犯廟社及禁苑罪名者。廟減宮一等。社減廟一等。禁苑与社同。

②即向廟社禁苑射及放弾投瓦石殺傷人者。各以闘殺傷論。至死者加役流。

③即箭至隊仗若闌仗内者絞。

このうち、第一項の削除に就いては、瀧川、利光両氏の最も力説せられるところであり、ここに喋々を要しない。また、第二項については、瀧川氏上掲論文(10)において、問題の起こり難い内容ではあるが全く在り得ない規定ではないとされ、他条の規定により処罰し得ることを詳論せられている。ただ、第三項については、瀧川氏も触れておられないようであるが、第二項に准ぜよということであろう。すなわち、『法曹至要抄』には衛禁律一六（向宮殿内射条）逸文が次のごとくに見える。

衛禁律云。向宮殿内射（謂箭力所及）者。宮垣徒一年。殿垣加一等。箭入者各加一等。即箭入閤内者徒三年。入御在所者絞。放弾及投瓦石者各減二等。亦謂人力所及者。殺傷人者以故殺論。即箭至隊仗。若闌仗内者絞。

右の末尾「即箭」以下は、まさしく本条第三項に相当するものであるが、唐衛禁律一六（向宮殿射条）と比較してみるに、唐律では当該規定が存しない。これは、我が律の編者が本条を削除するに際し、第二項はほぼ向宮殿内射条を以て適用し得るとみて本条の方のみ削ったものであろうが、第三項は他に適用すべき律文もないため、第二項を適用せしめる向宮殿射条に移し置いたものであろう。

以上、先学の驥尾に付して検討を加えた結果、本条に関しては、次のごとく解し得るのではなかろうか。則ち、衛禁律の一条としては削除されたが、その一部は向宮殿内射条に規定が移されたと。

三　戸婚律一二　相冒蠲免条

本条冒頭部分は、瀧川氏「律逸々」(11)により、

凡補相冒蠲免、「戸令集解」「政事要略」合戸者唐律徒二年。「戸令集解」「政事要略」

と復原された後、「合戸者」は未復原字句として残されていた。しかし、戸令一四（新附条）集解(12)に、

讃云。（中略）私案。戸律云。（中略）又云。相冒蠲免者。徒二年。是冒也。

と見える処に依れば、「者」一字を拾うことが出来る。なお、「合戸」については、本条後段の

即於法応別戸而不聴別。応合戸而不聴合者。主司杖一百。

がすでに復原されており、その字句の存していたことはほとんど疑いない。

四　戸婚律二七　為婚女家妄冒条

本条は、大系本『律』所収「律逸文」の編者により、

男女嫡庶長幼。理有契約。〇戸令集解

なる疏文が復原され、頭注(13)に依ると、「長幼」と「理」の間に『唐律疏議』では「当時」の二字が在るという。もし、

右の復原が戸令二五（嫁女条）集解の左の朱記(14)によったものであるならば、

私案。戸婚律云。男女嫡庶長幼。当時理有契約者。

と見えるのであるから、「当時」の二字は本来養老律本条疏文中に存在していたのである。よって、その二字を補い、頭注を削除しておく必要があろう。

五　廄庫律二二　課税廻避不輸条

本条はつとに『律逸』の復原があり、『政事要略』巻五一(15)から、次の疏文をも復原している。

調庸雑税之類。及応入官之物。而廻避詐匿。仮（拠唐律補）作逗留。遂作廃闕。及巧偽濫悪。欺妄官司。皆総計所闕入官物数。准盗（拠唐律補）論科罪。仍法倍塡。

右の疏文中、「遂作廃闕」の「作」および「仍法倍塡」の「倍」に就いては、大系本『律』所収「律逸文(16)」の頭注において、夫々「作、要略作致、疏議与此同」「倍、要略作陪」と校勘が付されている。ここでは、右疏文中の傭字に関し、『律逸』の補った二字および「律逸文」の注記した二字の是非を考察してみたい。

まず、『唐律疏議(17)』と比較するならば、

(イ)「調庸雑税」は唐律「租調地税」と見える。

(ロ)「作逗留」の上には、指摘のごとく「仮」が存ずる。

(ハ)「遂作」また指摘のごとく「遂致」と見える。

(ニ)「濫悪」は「湿悪」と見える。

(ホ)「准論科罪」は「准盗科罪」と見える。
(ヘ)「仍法」は「依法」と見える。
(ト)「倍塡」は指摘のごとく「陪塡」と見える。

このうち、(イ)は日唐両制の相違に基づくものであり、(ニ)は本文もそれぞれ「濫悪」と「湿悪」に作り、かつ養老律逸文の「濫悪」でも意味は通るようであり、(ヘ)は逸文のままとする外なく、結局上記四字（ロハホト）以外は考察の対象から除けよう。

さて、(ロ)「仮」は、例示の語として当然に置かれるべきであるが、しばらく唐律を以て補う外ないであろう。(ハ)は唐律のみならず典拠の『政事要略』が「致」に作るのであれば、訂正すべきである。(ホ)は本文に「准盗論」とある故、逸文のごとく「論」も存したかも知れないが、「盗」を省くことはまず有り得ない。したがって、「盗」の脱落か、「盗」を「論」に誤写したかであろうが、ここは、一つに「盗」と「論」の行草は似ていること、二つに下が「科罪」と続くこと、三つに『唐律疏議』も「論」を見せぬことにより、「准論〔盗〕科罪」とすべきであろう。最後の(ト)は、「倍塡」では意味をなさないであろう。同義の語に「陪備」があり、例えば唐名例律三九（盗詐取人財物条）疏議の問答(18)に、

若其非官本物。更以新物替之。雖復私自陪備。貿易之罪仍在。

と見える。この「陪備」を、官版以下「倍備」に誤っているが、養老律疏ではその誤解の無からしめるためか「塡備」に作っている。このことからも察せられるごとく、「陪」と「塡」とはほぼ同じ意義（ソウとフサグ）の語と考えられる。この点、倍贓を備償する「倍備」とは区別されなければならないであろう。因みに唐廐庫律一三（監主借官

奴畜条）疏議にも「準令。駅馬驢。一給以後死。即駅長陪塡。」と見える。よって、(ト)は「陪塡」に訂すべきであろう。

六　闘訟律一　闘殴人条

本条冒頭部は、『律逸』において、『法曹至要抄』などにより、

闘殴人者。笞三十。（三十。金玉掌中抄作四十）

と復原せられている。その後、瀧川氏は「律逸々」において、『式目抄』より若干部を補われた際、『式目抄』もまた「笞三十作笞四十」なることを付記せられた(19)。すなわち、科刑に二通りの伝えが存するのであるが、唐律との比較を試みるならば、

	唐律	日本律
闘殴人	笞四十	笞　？
傷及以他物殴人	杖六十	杖六十
傷及抜髪方寸以上	杖八十	杖八十
血従耳目出及内損吐血	各加二等	各加二等

右のごとくとなり、当該科刑は「笞四十」である可能性が看取される。次に、戸令三一（殴妻祖父母条）集解の『穴記』(20)を窺うと、

問。案律。殴妻祖父母者。笞卅。若誣告者反坐徒流死。未知。為義絶哉。答。依文不為義絶耳。

なる問答が見られる。この「妻祖父母」とは、儀制令二五（五等親条）に妻妾の父母は五等とあるものの、その祖父母は見えず、職制律五三（監臨官私役使所監臨条）にも、

親属。謂。五等以上。及三等以上婚姻之家。余条親属准此。

なる本注と

謂。一部律内。称親属処。悉拠五等以上。及三等以上婚姻之家。故云准此。

なる疏文が見えて、親属にも含まれないようであるから、妻の祖父母を殴る罪は凡人に等しかったと考えられる。したがって、戸令の問答に「案律。殴妻祖父母。笞卌。」とあるところから、本条冒頭の科刑も「笞四十」であることが認められよう。なお、陽明文庫本『知信記』天承二年（一一三二）巻裏文書に見える法家勘文[21]にも、

闘訟律云。闘殴人者笞卌。疏云。相争為闘。相撃為殴。

と見える（瀧川氏の御教示による）。

七　闘訟律四一　誣告人条

本条冒頭部には、つとに『律逸』[22]において、

凡補誣告人者各反坐。

と復原せられているが、『律逸』の朱註によると、「者」字は唐律を以て補ったものとされる。しかし、『政事要略』巻八四の細注[23]に、

依闘訟律。誣告人者各反坐。

と見えるところから、右の「者」字は養老律本条に存していたことが諒せられる。

八　名例律三三　以贓入罪条

考課令六四（官人犯罪条）集解(24)に、

私案。律云。会赦及降者。盗詐枉法。猶徴正贓。余贓非見在者。従赦降原者（「会赦」以下㋑）。以是案。盗詐枉法三色会降（「以是」以下㋺）。有残一負以上者。処下々。依上条解官。已降无負者。同恩不解官。自余雑贓会降。雖以景迹論不解官。

と見える㋑は本条の逸文であり、すでに『律逸』により復原に用いられている。ところで、その逸文に続いて㋺の文が見えるが、これを右の令私記筆者の作文と観るには、唐律本条疏議(25)の

疏議曰。謂会赦及降。唯盗詐枉法三色。

と似寄り過ぎており、特に「盗詐枉法」を「三色」と称する点は、右の令私記に引かれている律文からの帰納とみなすより、律疏の表記を熟知した上での筆と解す方が自然であろう。故に私は、養老律本条の疏文にも「盗詐枉法三色」の字句が存したと推定し得るように思う。

九　雑律六二　不応得為条

本条は『律逸』において次のごとく復原されている。

凡補不応得為而為之者。笞四十。（金玉掌中抄）謂。律令無条。理不可為者。（唐律）事理重者。杖八十。（金玉掌中抄）

右の「笞四十」に関しては議論のあるところであるが、『政事要略』巻六九[26]に、

五位以上幷諸司官人。无官雑人等。相共乗馬闌入於二品親王家。有其罪乎者。検雑律云。不応得為而為之者。笞卅。（中略）若五位為造意者。請減一等笞卅。（中略）次同位人幷六位輩。請減例減。各以笞卅。従減一等。猶亦苔廿。（中略）至于無官雑人。従減一等。笞卅。

とある処から、「笞四十」でよいと思われる。ところで、利光氏はその点を説かれるに当たり、「大宝・養老律八条」[27]において、衛禁律二三（宮門外守衛条）の疏文、

其冒代人未至職掌之処事発者。律无正条。宜従不応為軽笞卅。

ならびに、職制律三〇（聞父母夫喪匿条）の疏文、

又居二等親喪作楽。及遣人作者。律雖无文。不合无罪。従不応得為従軽笞卅。

を引いておられるが、この二条から本条の未復原の注文「律令無条。理不可為者。」の存在が示唆される。因みに、この類の律疏としては、闘訟律五六（教令人告事条）逸文中の疏文、

若教人奴婢等告主二等以下親。律無別文。従不応為。二等親及外祖父母従重。三等以下親従軽。

また、厩牧令一九（軍団官馬条）集解[28]にも、

跡云。非理死失者備替。謂走臥死之類科不応為罪。

さらには、上掲『政事要略』巻六九[29]にも、

検雑律云。不応得為而為之者笞卌。（中略）闌入親王家罪。雖不見其本条。推尋事理。当不応為。

と見える。以上の処から考えるに、本条注文は次のごとく復原し得るであろう。

律〇衛禁律疏令〇唐律無条〇衛禁律疏。理〇本条下文不可〇職制律疏為〇本条上文者。〇唐律

注

（1）本書第三章第五節第八項。
（2）五五一頁。
（3）一四七頁。
（4）『続史籍集覧』二冊、五三頁。
（5）『続々群書類従』第七、二〇二頁。
（6）『律令格式の研究』。
（7）『律の研究』一六・五二頁。
（8）『律令格式の研究』一四四頁。
（9）巻本二冊、六四・六五頁。

(10)　一四三頁。
(11)　『律令の研究』六〇五頁。
(12)　大系本、二七四頁。
(13)　一一六頁。
(14)　大系本、三〇一頁。
(15)　大系本、二七八頁。
(16)　一二六頁。
(17)　巻本三冊、二二頁。
(18)　巻本二冊、二三頁。
(19)　『律令の研究』六二五頁。
(20)　大系本、三〇九頁。
(21)　『平安遺文』九巻、三七〇三頁。
(22)　『続々群書類従』第六、三八四頁。
(23)　大系本、六九三頁。
(24)　大系本、六三六・六三七頁。
(25)　巻本二冊、一〇頁。
(26)　大系本、五九一頁。
(27)　『法学研究』四五巻六号、後『続律令制とその周辺』所収六三頁。

（28）大系本、九三三頁。

（29）大系本、五九一頁。

第七節　律逸補葺

本条は『律逸』において左のごとく復原されている。

一　名例律三五　略和誘条

凡略和誘人。若和同相売。及略和誘家人奴婢。若嫁売之。即知情娶買等雑類。赦書到後百日内首。（類聚三代格断罪贖銅篇○政事要略又載之而脱人即雑三字）見在不首。故蔽匿者。復罪如初。媒保不坐。其限内事発。雖不自首非蔽匿。雖限内。但経問不臣者。亦為蔽匿。即有程期者。計赦後日為坐。其因犯逃亡。経赦免罪。限外不首者。止坐其亡。不論本罪。（謂。赦書到後百日限外計之。唐律）

『律逸』以後、本条の復原は『大宝律補遺』、『倭漢合律疏』、『倭漢比較律疏』、「律逸々[1]」、「律逸文[2]」、「律逸文と法曹至要抄[3]」、「律条拾穂[4]」、「律条拾遺[5]」などによりなされている。

ところで、『政事要略』巻五九、交替雑事[6]には、

交替式云。太政官謹奏。赦書出三百六十日後不可原免事。

右謹案名例律云。凡略和誘人。若和同相売。及略和誘家人奴婢。若嫁売之。即知情娶買等類。赦書到後百日内首。又条云。凡会赦応改正徴収。経責簿帳。而不改正徴収者。各論如本犯律。由茲観之。唯此二条。別立限極。自余雑犯。無有定程。（中略）伏望。自今而後。雑犯会赦可免者。赦書出後三百六十日内首訖。若過此期不入原例。庶令偏祐有限。姦源是断。伏聴天裁。謹奏。

弘仁四年三月廿日　入弘刑格

私記云。問。此条三百六十日内首訖。若過此期。不在原例者。依文案。只雑犯会赦可免者也。未知。律蔽匿及非蔽匿両条色目。赦書到後百日。見在不首。及会赦応改正徴収。経責簿帳。而不改正徴収等色如何。答。此条為雑犯成文。律所計色目。猶依律不赦免之。不依此条三百六十日文。其旨各異也。但此条為罪立文。

（下略）

と見える。

右の私記中に見える「赦書到後百日。見在不首。」㋑、「会赦応改正徴収。経責簿帳。而不改正徴収」㋺は、各々名例律三五（蔽匿条）および同律三六（非蔽匿条）の逸文と認められる。それは以下に述べる理由による。

格文に見える「案名例律云」、「又条云」は、各々、「略和誘条」、「会赦改正徴収条」であり、私記に見える「蔽匿」条、「非蔽匿」条に対応している。㋺は「非蔽匿」条に対応しており、『類聚三代格』および右掲の格に見える名例律三六（会赦改正徴収条）に合致する。㋑は「蔽匿」条に対応しており、『類聚三代格』および右掲の格に見える名例律三五（略和誘条）とは若干の異同が存するが、同条逸文と考えられる。本条は『律逸』において、『類聚三代格』および『政事要略』により「凡略和誘人。若和同相売。及略和誘家人奴婢。若嫁売之。即知情娶買等雑類。赦書到後百日内首。」と復原されているが、格文に引用せられた本条は冒頭に「案名例律云」とあるのであり、また唐律本条との比較によっても、上掲格文に引用せられた本条は取意文の可能性があり、格文の「赦書到後百日内首」の部分に関しては、私記の文章㋑の方が本条逸文としての信憑性が高いと判断されるからである。

また、格文に見える本条を唐律同条と比較すると、唐律には格文に見えない「及蔵逃亡部曲奴婢。署置官過限。及不応置而置。詐仮官。仮与人官。及受仮者。若詐死私有禁物。謂非私所応有者。及禁書之類。」の本文および注文が存する。格文は、本条の引用に際して、この唐律本文および注文に相当する養老律本条の規定を省略し、「等雑類」に代え、「案名例律云。」として引用した可能性が存在する。故に『律逸』に見える「等雑類」は、ひとまず本条逸文から除外しておくこととする。

左に復原私案を掲げる。

凡略和誘人。若和同相売。及略和誘家人奴婢。若嫁売之。即知情娶買。○類聚三代格 政事要略 及蔵逃亡部曲奴婢。署置官過限。及不応置而置。詐仮官。仮与人官。及受仮。若詐死私有禁物。謂非私所応有者。及禁書之類。○唐律 赦書到後百日。見在不首。○政事要略五九 故蔽匿○政事要略七〇 者。復罪如初。○政事要略八四意補 媒保不坐。其○唐律 限内事発。雖不首非蔽匿。○西宮記二三 雖限内。但経問不臣者。亦為蔽匿。○依続日本紀天平十六年九月乙酉条推定 即○唐律 有程期者。計赦後日為坐。赦出後日。仍違程期者。即計赦後違日為坐。赦後並須准事給程。以為期限。○政事要略九五 （下略）

二　名例律四三　共犯罪本罪別条

『政事要略』巻八二、糺弾雑事、議請減贖事(7)には、

古答云。問。八虐何色得贖。何色不得贖。答。案。文云。有官者除名而已。唯有蔭者即有聴贖者。不聴贖者。其謀大逆。謀叛。及偽造内印。若殺本主及見受業師本国守本部五位以上官長。式等従坐。本条言皆。仍位者合遠流云。

と見える。『古答』は大宝律令の注釈書であり、(8)そこに引用された律文は大宝律と考えられる。「答。案。文云。」の「文云」とは、この場合「律文」と考えて差し支えない。『古答』中に見える「本条言皆。仍位者合遠流云。」はそのままでは前後意味が通じないが、これは「本条不言皆。仍従者合遠流云。」の誤写と思われる。以上のことから、大宝名例律本条には、唐律「不言皆者。依首従法。」に相当する規定の存在したことが推測される。

三　名例律四九　本条別有制条

「律逸文」以後、瀧川政次郎氏の『定本令集解釈義』(9)頭注、佐藤進一氏の「律逸拾遺」(10)、利光三津夫氏の『律の研究』(11)小林宏氏の「律条拾塵」(12)などに本条についての考察がある。

『律逸』ならびに「律逸文」は、本条後段を戸令集解所引の大宝律逸文を以て復原しているから、ここでは利光氏の『律の研究』によって現在までの本条逸文復旧状況を左に掲げる。

凡補本条別有制。与例不同者。依本条。即（後愚味記）当条雖有罪名。所為重者。自従重（師守記）。其（唐律）本（戸令集解）応重而（唐律）犯時（戸令集解）不知者。依凡論（戸令集解）。本応軽者聴従本（唐律）。

ところで、一条兼良の『令抄』戸令第八には(13)「注依律准犯時不知之法　律云。其本応重而犯時不知者依凡論。」と見える。この戸令抄に見える本条逸文はすでに広池千九郎氏の『倭漢比較律疏』に拾われているが、ここに紹介させて頂くことにする。戸令抄のこの逸文を加えると、養老律本条の復原は左のごとくなる。

凡補本条別有制。与例不同者。依本条。即○後愚味記当条雖有罪名。所為重者。自従重。○師守記

其本応重而犯事不知者。依凡論。〇令抄本応軽者聴従本。〇唐律

四　名例律五七　僧尼犯罪条

唐律本条冒頭には、「諸称道士女冠者僧尼同。」の一句が存するが、養老律にては「凡僧尼」の三字に代えられていたことを、『小野宮年中行事』などの史料に基づき考察せられたのは瀧川政次郎氏である。(14) 按文に曰く、

我が大寶養老の立法者が、如何なる程度に道僧格を改竄して僧尼令の條文を作りしかは、之を明かにし難しと雖も、義解及び集解の書に引用せられたる道僧格の逸文に依って之を察するに、道僧格に道士女冠僧尼とある所は之を僧尼と改め、観寺とある所を寺と改めたる外、大なる訂正を為さざりしものゝ如し。されば大寶養老の立法者は、律の本條を制するに當りても必ずや「諸稱㆓道士女冠㆒者僧尼同。」の一句は之を省略して、代ふるに「凡僧尼」の三字を以てせしなるべし。故に余は『小野宮年中行事』引く所の名例律を脱文無きものと解して『律逸』が唐律によりて補へる右の一句を削除したり。

瀧川氏は、義解および集解の書に引用せられたる道僧格に検討を加えられたのであるが、現存せる日唐両律間には僧尼女冠道士の取り扱いに関して如何なる差異が存在するであろうか、ひいては唐律本条第一項の疏文は養老律において如何に取り扱われていたかについて、若干の考察を加えてみたい。

名例律二三（比徒条）の第二項では、唐律本文の「道士女冠」を養老律は「僧尼」としている。また、唐律同条疏文では「依格」として二箇所唐道僧格の逸文を引用しているが、養老律では「依令」として僧尼令七（飲酒条）なら

びに同令一〇（聴着木蘭条）を引用している。養老律同条に引用せられた僧尼令条文は、唐道僧格と内容上の差異が認められる。

戸婚律五（私入道私度条）逸文には、「凡補私入道及度之者。杖一百。謂。僧尼等非是官度。而私入道及度之者。」とある。(15)唐律本条第一項疏文には、「私入道。謂為道士女冠僧尼等。非是官度而私入道。及度之者。各杖一百。」と見える。ここにおいても、彼の「道士女冠僧尼」を大宝律は、ただ「僧尼」のみに改めている。(16)

養老賊盗律二（縁坐条）の第四項本文は、唐律の「道士」を「僧尼」と改めている。また、養老律本条は、唐律本条の第三項第四項の疏文問答を全て削除している。これは、婚姻、賤民制などの日唐間における相違に基づくものと考えられる。削除せられた部分には「入道。謂為道士女冠若僧尼。」「道士及婦人。称道士僧尼亦同。」などの語句が見える。

賊盗律二九（仏像条）を日唐両律について比較すると、養老律は彼の律に見える「天尊像」「道士女冠」「真人」などといった道教に関係のある語句ならびに規定を全く削除してしまっている。

さて名例律本条であるが、現在知られている逸文で日唐両律の差異を比較する限り、彼の「観寺」「道士女冠僧尼」「道士」を、養老律は各々「寺」「僧尼」「僧尼」と置き換えており、道教に関係する語句は全て省かれている。

以上みてきた事実を総合すると、瀧川氏が義解および集解に引用せられたる道僧格について考察せられたことは、そのまま日唐両律の比較においても妥当するものと考えられる。すなわち、我が養老律においては、唐律に「道士女冠僧尼」、「観寺」とあるところを「僧尼」、「寺」と改めていたことが推定される。

本条第一項の復原に関しては、『小野宮年中行事』、『政事要略』、『令抄』、『法曹至要抄』、『裁判至要抄』などに異同が認められず、『小野宮年中行事』と『政事要略』の二書は、ともにほぼ本条の全文を載せていると考えられるが、唐律本条第一項の疏文「依雑律云。道士女冠者。加凡人二等。但余条唯称道士女冠者。即僧尼同。諸道士女冠時犯姦。還俗後事発。亦依犯事加罪。仍同白丁配徒。不得以告牒当之。」に相当する養老律疏文は、いずれの書にも見出せない。右に考察した諸事実を考え合わせると、この疏文は伝写上の脱落とは考えられず、養老律本条には最初から削除されていたものと推測されるのである。

五　雑律六二　不応得為条

本文注文を「律条拾遺[17]」では左のごとく復原している。

律〇衛禁律疏　令〇唐律　無条。〇衛禁律疏　理〇本条下文　不合〇職制律疏　為〇本条上文　者。〇唐律

ところで、『金玉掌中抄』不応為罪事[18]には、

同律云。不応得為而為之者笞卌。事理重者杖八十。

件罪。律令無条。理不可為者。

とある。また、賊盗律三（口陳欲反条）疏文には、

謂。有人。実無謀危之計。口出欲反之言。勘無真状可尋。妄為狂悖之語者。若有口陳欲逆叛之言。勘無真実之状。律令既無条制。各従不応為重。

と見える。

なお、『金玉掌中抄』違令違式罪事[19]には、

　件罪。令有禁制。律無罪名者。

と見え、『戸令抄』科違令罪[20]の「律云。凡違令者笞五十。謂令有禁制。無罪名者。」、および『法曹至要抄』上、違令違式事[21]の「雑律云。違令者笞五十。別式減一等。按之。令有禁制。律無罪名之者。謂之違令。又格式立制。謂之違式。共得笞罪矣。」などとともに勘案されて、「謂。令有禁制。律無罪名者。」は雑律六一（違令条）注文として「律逸文」に載せられている[22]。

右掲の『金玉掌中抄』不応為罪事に見える「律令無条。理不可為者。」は、同上、違令違式罪事に見える「令有禁制。律無罪名者。」との対比、および賊盗律三（口陳欲反条）疏文などを考え合わせると、「律云」とは見えないが本条注文として採用してよいものと考えられる。

左に復原私案を示す。

凡補不応得為而為之者。笞卌。○金玉掌中抄　謂。○唐律 律令無条。理不可為者。事理重者杖八十。○金玉掌中抄

附編　監主加罪について

養老賊盗律に第三六条の監臨主守自盗条が存在しなかったことについては、利光三津夫氏の考証がある[23]。もしこの考証にして誤りなしとすれば、このことは養老律全篇に如何に影響しているであろうか。ここでは日唐両律の比較に

より、唐律に見えて養老律に見えない「監主加罪」の規定につき若干の考察を加えてみたい。

唐律に見える「監主加罪」の規定が養老名例律五三（反坐罪之坐之条）逸文、同律三七（自首条）疏逸文に見えないことを指摘せられたのは小林宏氏であった。[24] 小林氏は、以上のことおよび養老詐偽律一二（詐欺取財物条）逸文に「監主詐取者。自従盗法。」、同疏に「有官者除名。倍贓加法。」とあり、唐律疏に見える「加凡盗二等」が養老律同条逸文には見出せないことを以て、利光氏の賊盗律監臨主守自盗条不存在説の傍証とせられた。また、小林氏は後の論考[25]において、我が養老律編纂者が「監主加罪」の規定を意識的に削除したことを示す史料として名例律五三（反坐罪之坐之条）逸文[26]、賊盗律四六（略奴婢条）疏文、名例律三七（自首条）疏逸文に注目され、賊盗律監臨主守自盗条の不存在もその一例として把握され、さらに「盗罪以外の監守加罪の規定、たとえば、唐雑律にみえる監臨主守姦罪が凡姦罪に一等加罪されるという規定も、養老律には存在しなかった可能性が大であろう。」と述べられている。

小林氏に次いで「監主加罪」に考察を加えられたのは伊藤勇人氏である。[27] 同氏は、唐賊盗律四六（略和誘奴婢条）注文「雖監臨主守亦同。」および同名例律二〇（府号官称条）本文「若姦監臨内雑戸官戸部曲妻及婢者。」の養老律における削除という二例を新しく追加し考察を加えられた。

以下「監臨主守加罪」規定の存否に関連があると思われる条文規定につき、唐律と養老律（逸文を含む）を比較考察することとする。

(1) 名例律九　請条

唐律本文に「監守内姦盗略人。受財枉法者。不用此律。」と見え、養老律本文には「監守内姦他妻妾盗略人。受財枉法者。不用此律。」と見える。同疏文においても同様の差異がある。すなわち、唐律に見えない「他妻妾」の語句が養老律には挿入されているのである。[28]

本条は官吏の閏刑を規定しているが、監守内姦盗略人[29]および受財枉法（賄賂を受けて法を枉げること）には本条の適用はない。養老律本条は、監守内姦の範囲を他妻妾を姦した場合に限定しているのであるから、唐律同条に比し監臨主守の姦罪について寛大であったと言い得るであろう。

(2) 名例律一八　除名条

唐律本文は「即監臨主守。於所監守内犯姦盗略人。若受財而枉法者亦除名。」、同注文は「姦。謂犯良人。盗及枉法。謂贓一疋者。」、養老律本文は唐律と同文、同注文は「姦。謂犯良人妻妾。盗及枉法。謂盗三端枉法一端者。」と見える。監守姦罪については、日唐両律間に請条と同様の差異が認められる。[30] 監守盗罪については、唐律が一疋としているところを養老律は三端としている。多くの場合、日本律は唐律を継受するにあたって、彼の絹一疋を我は布一端と改めているから、本条に見られるこの差異は注意せねばならない。利光氏は前掲書において、本条および名例律二二（以官当徒条）疏文、同律二三（比徒条）疏文などを唐律と対比することによって、養老律に賊盗律監臨主守自盗条が存在しなかったことを考証せられたのである。

ところで本条には、日唐両律の比較に関して他にも注目すべき差異が存在する。すなわち、唐律本文に「其雑犯死罪。即在禁身死。若免死別配及背死逃亡者。並除名。」、同注文に「皆謂本犯合死而獄成者。」、同疏文に「其雑犯死罪。謂非上文十悪故殺人反逆縁坐監守内姦盗略人受財枉法中死罪者。即在禁身死者。謂犯罪合死。在禁身亡。」と見える。養老律においては、本文、注文は唐律と同じであるが、疏文は「其雑犯死罪。及在禁身死者。謂犯法合死。在禁身亡。」とあり、唐律に見える「謂非上文十悪故殺人反逆縁坐監守内姦盗略人受財枉法中死罪者。」の語句を欠いているのである。唐律における雑犯死罪とは、右の疏文によると、上文の十悪、故殺人、反逆縁坐、監守内姦盗略人、受財枉法以外の死罪をいう。養老律疏文に「雑犯死罪」に関する規定が見えないのは如何なる理由によるものであろうか。伝写上の脱落ということも考慮しなければなるまいが、私は、我が養老律の編纂者が意図的に削除したものと考えたい。

まず、反逆縁坐について日唐両律を比較検討してみる。

唐律本条疏文に「反逆縁坐者。謂縁謀反及大逆人得流罪以上者。」とある。養老律疏文では「反逆縁坐者。謂謀反及大逆人得罪者。」とみえる。すなわち、唐律において反逆縁坐とは、謀反または大逆を犯した者に縁坐して流罪以上の刑罰を受ける者をいうのに対し、養老律では謀反または大逆を犯した者に縁坐して罪を得た者と改められている。

右に述べたような差異が生まれた原因は賊盗律一（謀反条）に存する。すなわち、唐賊盗律一条には、

諸謀反及大逆者皆斬。父子年十六以上皆絞。十五以下及母女妻妾。子妻妾亦同。祖孫兄弟姉妹。若部曲資財田宅。並没官。男夫年八十及篤疾。婦人年六十及廃疾者並免。余条婦人応縁坐者准此。伯叔父兄弟之子。皆流三千里。不限

籍之同異。（疏文略）即雖謀反。詞理不能動衆。威力不足率人者。亦皆斬。（注文略）父子母女妻妾。並流三千里。資財不在没限。其謀大逆者絞。

とあり、養老同律同条には、

凡謀反及大逆者皆斬。（疏文略）父子。若家人資財田宅。並没官。（疏文略）年八十。及篤疾者。並免。祖孫兄弟。皆配遠流。不限籍之同異。即雖謀反。詞理不能動衆。威力不足率人者。亦皆斬。（注疏略）父子並配遠流。資財不在没限。（疏文略）其謀大逆者絞。

とある。これによれば、唐律においては反逆縁坐の場合、父子年十六以上を皆絞すなわち死罪、伯叔父および兄弟の子は皆流三千里、また謀反であっても詞理が衆を動かすに足りなかったり威力が人を率いるのに不足した場合の縁坐は、父子母女妻妾はならびに流三千里に処せられる規定である。養老律においては、前者の場合、父子は没官、祖孫兄弟は皆遠流、後者の場合は父子は遠流という規定である。

以上を要約すると、反逆縁坐は、唐律においては流罪以上すなわち死罪の場合が存在したが、養老律においては遠流に止まり、死罪の規定は存在しなかったということになる。[31]

次に監守内姦盗略人であるが、まず監守内盗についてみると、[32] 唐賊盗律三六（監臨主守自盗条）に、

諸監臨主守自盗。及盗所監臨財物者。若親王財物。而監守自盗亦同。加凡盗二等。三十匹絞。本条已有加者。亦累加之。

とある。養老賊盗律は五三箇条現存するが、唐賊盗律の五四箇条に比して一箇条少ない。我が養老賊盗律に監臨主守自盗条が欠如していることの結果するところである。これは我が養老賊盗律の伝写上の脱漏に非ずして削除せられた

ものであることは、前述のごとく利光氏のすでに明らかにせられたところである。すなわち、養老賊盗律において、監臨主守自盗は凡盗に二等を加えられることなく、窃盗罪で以て処断せられたのである。養老賊盗律三五（窃盗条）をみるに、その刑罰の上限は加役流に止まる。

監守内略人については、唐賊盗律四五（略人略売人条）に、

諸略人。略売人。不和為略。十歳以下。雖和亦同略法。為奴婢者絞。為部曲者流三千里。為妻妾子孫者。徒三年。因而殺傷人者。同強盗法。

と見え、養老賊盗律四五（略人条）には、

凡略人。略売人。不和為略。年十歳以下。雖和亦同略法。為奴婢者遠流。（疏文略）為家人者。徒三年。為妻妾子孫者。徒二年半。（疏文略）未得各減四等。因而殺傷人者。同強盗法。

とある。監臨主守の略人については、日唐両律ともに加罪の規定はない。しかしその刑罰の上限は、唐律の死罪に対し、養老律は遠流である。

右に述べたごとく、唐律は反逆縁坐、監守内盗略人に対する刑罰の上限を死刑とするが、養老律ではその上限が流罪となっている。

十悪、故殺人、反逆縁坐、監守内盗略人、受財枉法に対し、唐律はその刑罰の上限を死罪と規定するが、養老律は反逆縁坐、監守内盗略人に死罪を科することはない。故に養老名例律一八（除名条）は、疏文において、唐律同条の「雑犯死罪」に関する疏文「謂非上文十悪故殺人反逆縁坐監守内姦盗略人受財枉法中死罪者。」を削除したものと推測

する。養老律本条が十悪故殺人受財枉法の部分までをも省いたのは、文章構成上の配慮からではなかろうか。

なお、唐名例律五六（称加就重条）には、

諸称加者。就重次。称減者。就軽次。（疏文略）唯二死三流。各同為一減。（疏文略）加者数満乃坐。又不得加至於死。本条加入死者。依本条。加入絞者。不加至斬。

と見える。すなわち罪を加える場合、加罪して死罪に至ることを得ないのが原則であるが、その条文が加罪して死に至ることを規定している場合には、その条文の規定に依れということである。

養老名例律五六（称加条）逸文では、唐律「本条加入死者。依本条。加入絞者。不加至斬。」に相当する逸文は未だ発見せられていない。しかし、養老職制律四八（監臨官受財枉法条）に「凡監臨之官。受財而枉法者。一尺杖八十。二端加一等。卅端絞。」とあることなどを考え合わせると、養老名例律五六条に「不得加至於死」の規定のみ存在して「本条加入死者。依本条」の規定が存在しなかったとすると、右職制律中に見える「卅端絞」は意味を持たなくなる。故に養老名例律五六条に、「本条加入死者。依本条。」の規定が存在したことは推定し得る。

(3)　名例律二〇　免所居官条

唐名例律二〇（府号官称条）に、

諸府号官称犯父祖名而冒栄居之。（疏文略）祖父母父母。老疾無侍。委親之官。（疏文略）在父母喪。生子。及娶妾。（疏文略）兄弟別籍異財。冒哀求仕。（疏文略）若姦監臨内雑戸官戸部曲妻及婢者。免所居官。

と見える。養老律同条は、唐律本文に見える「諸府号官称犯父祖名而冒栄居之。」、および「冒哀求仕。若姦監臨内雑戸官戸部曲妻及婢」の規定を欠いている。(33)

養老律本条が「姦監臨内雑戸官戸部曲妻及婢」の規定を欠いているのは、前項で述べた名例律一八（除名条）に関係があろう。同条の注文には、「姦、謂犯良人妻妾。」とあり、監臨主守の官が監守内で姦罪に問われ、除名になるのは良人の妻妾を姦淫した場合のみであることを規定している。また、同律二〇（免官条）には「凡犯姦。謂。姦他妻妾。及与和者。」とあり、同条疏文に「姦盗略人。並謂監臨外犯罪。」と見える。さらに、名例律二二（以官当徒条）の疏文を日唐両律間で比較すると、唐律疏文で「或姦監臨内婢。合杖九十。亦準例免所居官。」とある部分を、養老律同条は「或在父母喪。兄弟別籍異財。合杖一百。亦准例免所居官。」と置き換えている。名例律二三（比徒条）の疏文で見ると、唐律において「免所居官者。謂告監臨内姦婢。合杖九十。姦者合免所居官。」とある部分を、養老律は「免所居官者。謂告人父母服内別籍異財。合杖一百。仍合免所居官。」と置き換えている。

以上のことを総合すると、養老律において官人が監臨の内外で姦罪に問われるのは、良人の妻妾（他妻妾）を犯した場合に限定されるということになろう。また、監臨内姦婢が免所居官にならなかったことも推測される。

養老律本条に「姦監臨内雑戸官戸部曲妻及婢」の規定が削除されている事実は、右に述べた諸事実と関連して、養老律は監臨主守姦罪について唐律に比し寛大であったことを示しているということだけは言い得るであろう。

(4)　名例律三七　自首条、同律五三　反坐罪之坐之条

養老名例律三七（自首条）疏文（逸文）に「称罪之者。不在除免倍贓加役流之例也。」と見え、同律五三（反坐罪之坐之条）本文（逸文）には「並不在除免倍贓加役流之例。」とある。唐律では、除免倍贓と加役流の間に「監主加罪」の語句が存在するから、養老律においては「監主加罪」の語句が削除されていたものと推測される。(34)

(5)　厩庫律二　験畜産不以実条

唐律本条に、

諸験畜産不以実者。一笞四十。三加一等。罪止杖一百。若以故価有増減。贓重者。計所増減。坐贓論。入己者以盗論。

とあり、同疏文に、

若因此増減之贓。将入己者。計贓以盗論。仍徴倍贓。監主加二等。一匹以上除名。

と見える。養老律本条は『政事要略』および賊盗律疏から復原されているが、それによると、

凡補験畜産不以実者。一笞廿。三加一等。罪止杖一百。（疏文略）若以故価有増減。贓重者。計所増減。坐贓論。入己者以盗論。

とあり、同疏文に、

若因此増減之贓。将入己者。計罪亦同以盗。仍徴倍贓。監主三端除名。

と見える。
本条における日唐両律間の主な差異は、唐律疏文が「監主加二等。一匹以上除名。」としているところを、養老律疏文が「監主三端除名。」としていることである。この日唐両律間の差異は誤写もしくは脱落などとは考えにくい。故に本条においても養老律は「監主加罪」の規定を削除していたと推測し得るのである。

⑹　廐庫律一七　監臨私自貸条

唐律本条に、

諸監臨主守。以官物私自貸。若貸人。及貸之者。無文記。以盗論。有文記。準盗論。文記。謂取抄署之類。立判案減二等。

とある。養老律本条は『政事要略』により復原されているが、それに依ると、

凡補監臨主守。以官物私自貸。若貸人。及貸之者。無文記以盗論。有文記。准盗論。減二等。立判案者勿論。

とある。また、唐律疏文には「無文記。以盗論者。与真盗同。若監臨主守自貸。亦加凡盗二等。」の規定が見えるが、その後半は養老律では削除されていた可能性が強い。さらに養老律本文に「立判案者勿論」とあるのであるから、唐律本文「立判案減二等。」に関する疏文「立判案減二等。謂五匹杖九十之類。」は、養老律疏文においては削除せられていたか、あるいは大幅な変更がなされていたと思われる。少なくとも、文記のある場合には盗に准じて論じ二等を減じ、判案を立てた場合にはその罪を問わないのであるから、唐律に比して養老律は監臨主守の犯罪について寛容で

あったことだけは言い得るであろう。

(7)　賊盗律三九　本以他故条

本条において日唐両律を比較すると、大きな差異は、唐律疏文に見える問答を養老律が全く削除していることである。まず唐律本条の問答を左に掲げる。

問曰。監臨官司。本以他故毆撃部内之人。因而奪其財物。或窃取三十四者。合得何罪。答曰。律称本因他故毆撃人。元即無心盗物。毆訖始奪。事与強盗相類。準贓雖依強盗。罪止加役流。故知其贓雖多。法不至死。因而窃取。以窃盗論加一等者。為監臨主司。毆撃部内。因而窃物。以窃盗論。加凡盗三等。上文強盗。既不至死。下文窃盗。不可引入絞刑。三十四者。罪止加役流。又問。名例云。称以盗論者。与真犯同。此条因而窃取。以窃盗論。加一等。既云加一等。既重於窃之法。監臨窃三十匹者絞。今答不死。理有未通。答曰。本条別有制与例不同者依本条。文称奪其財物者。以強盗論。至死者加役流。又云。加者不得加至於死。是明本以他故毆人。因而奪物。縦至百匹罪止加役流。況於窃取人財。豈得加入於死。監臨雖有加罪。加法不至死刑。況下条略奴婢和誘。各依強窃等法。罪止流三千里。注云。雖監臨主守亦同。即此条雖無監臨之文。亦不加入於死。

この問答は、監臨官司が本条に相当する罪を犯した場合に如何に処断されるかについてなされている。そしてこの問答の基盤となっているのが賊盗律三六（監臨主守自盗条）の「諸監臨主守自盗。及盗所監臨財物者。（注文略）加凡盗二等。三十四絞。」の規定である。養老律編纂者がこの問答を全て削除したのは、唐賊盗律監臨主守自盗条を削除したことによるものと考えられるのである。

なお、この唐律疏文の問答の結論は、「即此条雖無監臨之文。亦不加入於死。」ということであるが、この結論は、養老律本条第一項疏文の末尾に「雖監臨亦同。」という形で摂取されている。

⑻ 賊盗律四三　貿易条

本条の本文本注には日唐両律間に内容上の差異は認められない。すなわち、唐律本条は、

諸以私財物奴婢畜産之類。余条不別言奴婢者。与畜産財物同。貿易官物者。計其等準盗論。官物賤亦如之。計所利以盗論。其貿易奴婢。計贓重於和誘者。同和誘法。

とあり、養老律本条も唐律冒頭の「諸」字を「凡」に代えただけで他は同文である。[35]

しかし、疏文には内容上の差異が見出される。唐律において、「計所利以盗論。」に対する疏文は、

謂以私物直絹一匹。貿易官物直絹両匹。即一匹是等。合準盗論。監主之与凡人。並杖六十。一匹是利以盗論。凡人亦杖六十。有倍贓。若是監臨主掌。加罪二等合杖八十。応累併者。皆将以盗累於準盗加罪之類。除免倍贓。各尽本法。

と見える。養老律疏文は、唐律疏に見える「監主之与凡人。並」「凡人亦」「若是監臨主掌。加罪二等合杖八十。」の規定を欠く。これ養老律の脱落に非ずして、賊盗律監臨主守自盗条の削除による措置と考えられる。

また、唐律注文「其貿易奴婢。計贓重於和誘者。同和誘法。」に対する疏文は、

仮有監臨之官。以私奴婢直絹三十匹。貿易官奴婢直絹六十匹。即是計利。三十匹監臨自盗合絞。凡人貿易奴婢。計利五十匹。即合加役流。以本条和略奴婢。罪止流三千里。雖監臨主守亦同。即於此条貿易。不可更重。故云。同和誘法。並流三千里。

とある。養老律疏文は、唐律疏に見える「監臨之官」「監臨自盗合絞。凡人貿易奴婢。計利五十匹。即」「雖監臨主守亦同。」「並流三千里」の規定を欠く。この差異も、本条前項に見られる日唐両律間の差異と同様の理由によるものと考えられる。

(9)　賊盗律四六　略奴婢条

唐律本条第一項は、

諸略奴婢者。以強盗論。和誘者以窃盗論。各罪止流三千里。雖監臨主守亦同。即奴婢別齎財物者。自従強窃法。不得累而科之。

とある。養老律は、彼の「流三千里」を「中流」と改めた以外、その本文に内容上の差異は認められない。しかし、唐律本注「雖監臨主守亦同。」は養老律本条には見出せない。また、同注文に対する疏文「雖監臨主守亦同。謂雖是監臨主守応加。亦同罪。止流三千里。」も養老律は削除している。養老律本条において右に述べた注疏の文が削除せられたのは、養老律に「監主加罪」の規定が存在せず、本条において右の注疏を置くことに意味がなかったからであ

ろう。
また、本条第二項の疏文につき、日唐両律を比較すると、唐律に見える「監臨加罪」の規定が、養老律においては削除せられている。(36)

以上九項に分けて監主加罪に関連する諸条について日唐両律を比較したのであるが、養老律に監主加罪の規定が存在していたことを示す条文は見出せなかった。したがって、養老律がその母法である唐律を継受するにあたって、監臨主守に関する規定を唐律より緩和し、監主加罪に関係する規定を削除した可能性は十分に存すると思われる。もしこの推定にして誤りなしとすれば、唐雑律に存在する監臨主守姦罪が凡姦罪に一等加罪されるという規定は、養老律では削除されていたと推測される。
養老律が何故に監臨主守の犯罪について寛大な規定を置いたかは、さらに考察せられねばならない問題であろう。

注

（1）瀧川政次郎氏『律令の研究』所収。
（2）新訂増補国史大系本『律』所収、以下同。
（3）利光三津夫氏『続律令制とその周辺』所収。
（4）小林宏氏『國學院法学』一〇巻三号。

（5）小林宏氏編『國學院大學日本文化研究所紀要』三三輯。
（6）『新訂増補国史大系』、四七三頁。以下「大系」と略称する。
（7）大系本、六五六頁。
（8）利光三津夫氏『律の研究』参照。
（9）二四七頁・三〇〇頁。
（10）『史学雑誌』五八編四号五六頁。
（11）一六六・一六七頁。
（12）『國學院法学』一〇巻四号五三頁。
（13）続群書類従完成会本『群書類従』第六輯一四九頁。
（14）『律令の研究』五七七頁以下。
（15）本条は僧尼令七（方便条）集解および同令二二（私度条）集解に見える逸文で坂本太郎氏の採摭に係り、佐藤進一氏の「律逸拾遺」（『史学雑誌』五八編四号所収）に収められている。水戸の彰考館文庫の蔵書である和学講談所旧蔵本律逸は、唐律で補われている部分を全て朱筆でもって記しているが、右に掲げた部分は「凡補」の部分を除き墨で記されており、律の逸文であることを示している。
（16）僧尼令方便条の『古記』（大宝律令の注釈書）により本条逸文は復原せられている（『律の研究』六五頁以下参照）。この疏文に関しては、養老律も同様であったと推測される。
（17）『國學院大學日本文化研究所紀要』三三輯二八一頁以下、本書第三章第六節第九項に再録。
（18）『群書類従』五八頁。

(19)『群書類従』五八頁。
(20)『群書類従』一四七頁。
(21)『群書類従』九二頁。
(22)『律逸』は違令条注文を戸令抄のみから復原しており、「律無罪名」の「律」字は、『律逸』においては復原されていない。
(23)『律令及び令制の研究』二八頁以下。
(24)「律条拾穂」(『國學院法学』一〇巻三号八六頁以下)。
(25)「律条拾塵」(『國學院法学』一〇巻四号四八頁以下)。
(26)『律逸』にすでに「按贓加之間唐律有監主加罪四字」の夾注が見える。
(27)「雑律姦罪諸条の復原的考察」(『国史学』九一号三八頁以下)。
(28)この事実は伊藤氏前掲論文にもすでに指摘がある。
(29)監守とは監臨主守の略である。監臨とは支配監督の地位にあることをいう。主守とは官物や囚人を直接保管する職にあることをいう。略人は人を略取することをいう。監臨主守については唐名例律五四条に規定がある。種々の律用語については、滋賀秀三氏の「訳註唐律疏議」(『国家学会雑誌』七二巻一〇号以下)参照。
(30)伊藤氏前掲論文参照。
(31)養老名例律請条を唐律と比較すると、本文疏文ともに唐律に見える「反逆縁坐」の語句が欠けている。故に五位または勲四等以上の官人らが反逆縁坐を犯した場合には、一等を減ぜられて徒三年以下となる。
(32)監守内姦は、唐雑律二八監主於監守内姦条に規定されているが、その刑罰が流以上になることはない。
(33)伊藤氏前掲論文四〇頁。

（34）小林氏ならびに伊藤氏前掲論文参照。

（35）ただし現存『唐律疏議』には「余条不別言奴婢」とあり、養老律の「余条不別顕奴婢」に比し、「言」「顕」の差異がある。これは現存『唐律疏議』が唐の中宗の諱である「顕」の字を避けたためであると考えられている。養老律が継受したと考えられる『唐永徽律』では「顕」となっていたと思われる。

（36）本条疏文の「監臨加罪」、本注の「雖監臨主守亦同。」に関しては、小林氏ならびに伊藤氏の前掲論文参照。

闘訟律二四　殴傷妻条

唐賊盗律四七（略売期親卑幼条）の問答の部分を左に掲げよう。

問曰。売妻為婢。得同期親卑幼以否。

答曰。妻服雖是期親。不可同之卑幼。……何宜更合。此条売期親卑幼。妻固不在其中。只可同彼余親。従凡人和略之法。其於殴殺。還同凡人之罪。故知売妻為婢。不入期幼之科。

右の問答の意は、妻を売って婢とした場合、それは期親の卑幼を売って婢とした場合と同じく罰せられるかと問うているのに対し、妻は期親ではあるが期親の卑幼のなかには入らず、したがって妻を売って婢とした場合は凡人を和略した罪が適用されるというものである。しかして、右文に「其於殴殺。還同凡人之罪。」とあるのは、妻を殴殺した場合は凡人を殴殺した罪と同じく罰するというのであって、具体的には、次に掲げる唐闘訟律二四（殴傷妻妾条）を適用するというものである。

諸殴傷妻者。減凡人二等。死者以凡人論。殴妾折傷以上。減妻二等。

次に唐賊盗律略売期親卑幼条に相当する養老賊盗律四七（売二等卑幼条）について検討してみよう。今、前掲唐律の問答の部分に相当する養老律の疏文を左に掲げることとする。

其売妻妾為婢者。妻妾雖是二等。不可同之卑幼。……何宜更合。此条売二等卑幼。妻妾固不在其中。只可同彼余親。従凡人和略法。其於毆殺。還同凡人之罪。故知売妻妾為婢。不入二等幼之科。

右の養老律疏文と前掲唐律問答とを比較するならば、両者はほぼ同一の内容であるが、ただ唐律で「妻」とあるところが、養老律では「妻妾」と改められている。したがって、養老律疏文の「其於毆殺。還同凡人之罪。」もまた、妻妾を毆殺した場合は、凡人を毆殺した罪と同じく罰するという意味に解さなくてはならない。

さて、養老闘訟律二四（毆傷妻条）は、すでに『律逸』などにより、次のごとく復原されている。

凡補毆傷妻者。減凡人二等。死者以凡人論。○掌中抄 至要抄

唐律本条の「毆妾折傷以上。減妻二等。」に相当する養老律本文はまだ発見されていないが、すでに利光三津夫氏は、『類聚国史』所収の『日本後紀』天長六年十一月丁亥条逸文の裁判例から、妾を殺害する刑が唐律の徒三年を越えて、死刑に至るものであったことを推断されている。（1）しかして前掲養老賊盗律疏文からも、妾を毆殺せる罪は妻を毆殺せる罪と同じく、凡人を毆殺せる罪、すなわち絞刑が科されたことを知り得る。妾を毆傷した場合は、妻を毆傷した場合と同じく罰せられたかあるいは若干異なっていたかは不詳であるが、「死者以凡人論。」は妻妾いずれにも適用されたことは確実であろう。したがって養老律では、右の「死者以凡人論。」の下に、「妾同妻。」なる注文が存していたかも知れない。

注

（1）『律令及び令制の研究』一七頁。

(付)『律逸』の著者をめぐって

『律逸』の著者については諸説があって、未だ定説がないといってよいであろう。従来の諸説は次の通りである。

Ⅰ　石原正明説（小中村清矩氏(1)・嵐義人氏(2)）

Ⅱ　塙保己一説（村岡良弼氏(3)・佐藤誠実氏(4)・川北靖之(5)）

Ⅲ　尾張藩律令学者共同著作説（利光三津夫氏(6)・斎川真氏(7)）

石原正明説は小中村清矩氏によって唱えられ、ずっと通説として存在してきた。この通説に疑問を提出され、尾張藩律令学者共同著作説を提示されたのが利光三津夫氏であった。その後、筆者は村岡良弼氏の説を紹介し、私説として保己一の下にて石原正明らが著したとの一説を提起した。嵐義人氏はそれまでの諸説に検討を加えられ、論拠を明らかにしながら、石原正明説を再提起せられた。嵐氏の所説は現在のところ最も有力と思われる。ここでは従来あまり注意されなかった一史料を提示し、合わせて嵐氏の論に批判を加えてみたい。

『続史籍集覧』第九冊には『池底叢書要目』が収められているが、その「律説残篇」の項には左のごとき記載がある。

こは法曹類林の残編とおぼしけれど、首尾闕てたしかならねば、姑くかくは題するとなり、○跋記云、守中嘗獲二諸本藩一、或人之珍蔵原本巻軸、数百年之旧物、而楷法猷勁、古色可レ愛、然其編首尾共残缺、而不レ可レ識二別書如何一、不二亦遺憾一乎、或曰恐是法曹類林残編、而無二明徴一、故今更以二律説残編一為二題号一也、観二其編中所レ載之文一、則実桓武帝遷都平安城以前之物、則可レ窺二古制之端緒一者、於レ是乎在焉、今附二録于律逸之後一、以俟三他日

獲二完璧一云、文政三歳次庚辰短至之日、尾張後学藤守中識」と見へたり、

『池底叢書』は、屋代弘賢[8]の旧蔵書の内、信州須坂侯堀直格の花廼屋文庫に入ったものであり、その要目は、黒川春村が直格の命によって万延元年に著したものである。『池底叢書』の原本は、現在宮内庁書陵部にある。また、無窮会神習文庫所蔵の『玉篦』一四一、一八〇にも『律説残篇』が見えるが、これは池底叢書本の写しである。『玉篦』一四一では、跋文冒頭の「守中嘗」の前に「書于律説残篇之後」の一行が存し、「桓武帝」は平出されている。そして末尾に、

此書は原尾張人大館高門の蔵書にして本書筆勢当時の古色見るべしといへり
于時明治廿一年戊子八月於神習舎楼上一校了此日炎暑如蒸
図書寮属　源井上頼圀（花神）

との朱書が存する。

右にいう『律説残篇』は、『改訂史籍集覧』第二七冊に収められている『律書残篇』である。一名を『大館高門所蔵古文書』とも言い、『古律書残篇』の名称で古典保存会によって複製が作られている[9]。史籍集覧本『律書残篇』の奥書に、

右無題名古文書巻首闕　一巻原本為横披軸　尾張国人大館高門所蔵也以上田咸之写本再写
文化十二年乙亥春　　源　吉　従

と見える。大館高門は海東郡木田村の豪族であり、天保十年に七十四歳で歿している。上田咸之は江戸中期の書家で、

文政九年に七十二歳で歿している。源吉従は『嵐山屋雑鈔』の編者である。[10] 大館高門所蔵古文書は、文化・文政のころになって世に知られ、上田咸之と藤守中はそれぞれ独立してこの原本を書写したのであろう。

前掲の跋記によると、藤守中が或人の珍蔵原本を書写したのが文政三年であるのか、あるいはそれ以前であるのか断定はできないが、この未詳古文書に『律説残篇』の題号をつけ、『律逸』の後に附録したのは文政三年の冬至の日であった。

さて、ここで問題となるのは、藤守中と『律逸』との関係である。守中は『律説残篇』の命名者であっても著者ではなく、『律逸』についても単にその恩恵を蒙っている利用者に過ぎないとの見方も可能であろう。しかし私は、以下に掲げる五つの理由によって、藤守中は『律逸』の著者その人ではなかろうかと考えている。

まず第一は、跋記の内容である。大館氏所蔵の古文書を『法曹類林』の残編ではないかと推定しながら断定をさけ、『律説残篇』と命名しているのは、守中が律令等の古代法制に該博な知識を有していることを思わしめる。また跋記に、「今附二録于律逸之後一、以俟三他日獲二完璧一云、」とあるように、この残編を『律逸』附録とすることによって将来その内容の解明を図り、場合によって律復元の史料として利用する意図を感ぜしめるからである。

第二は藤守中という人物の著作である。藤(藤原)守中は、小川氏、字は誠甫、敬所と号し、尾張人であり、医を以て国老志水氏に仕えたことが、守中の著書『歌儛品目』[11] に附された甥の華頂王府侍読池内奉時の序によって知られる。『歌儛品目』は、雅楽の曲名・楽器・用語などに関する百科事典で、[12] 文政五年守中はこの書を携えて入京しているから、そのころの成立であろう。同書には、『旧事紀』、『古語拾遺』、『日本書紀』、『続日本紀』、『三代実録』、『令集解』、『延喜式』、『江次第』、『拾芥抄』といった和書の外に、『爾雅』、『説文』、『広雅』、『周礼』、『唐律釈文』、『唐六典』、『通典』、『玉海』所引『唐会要』、『和名抄』所引『唐令』、『史記』、『前漢書』、『隋書』、『唐書』、『五代史』、『明史』などの漢籍が多く引用されている。その他に和漢の楽書が多数引用されているのは勿論である。『歌儛品目』一〇巻は和漢の引用書を主体として構成されているといってよいであろう。本書の引用書目の多さは、前掲跋記に「守中嘗獲二諸本藩一」と見えることとよく対応するように思われる。そしてその引用書目に彼我の法制関係書籍がかなり存在することも、守中が『律逸』の著者である可能性を示唆するのではかなろうか。源吉従が楽書と律書の双方に関心を有していたことを考え合わせると、当時の学者の学問領域の広さを感ぜしめる。守中には他に、『歌儛雑識』、『楽書類纂』、『楽書目録類纂』、『楽客備忘録』、『楽所補任氏族類聚』、『楽曲異名考』、『逸文類聚』などの著作がある。[13] ことに、『逸文類聚』の存在は、守中が逸文の輯綴に関心が深かったことを示しており、『律逸』の編著があっても不思議ではない。守中は文政六年に歿している。

第三は、平田篤胤が『古史徴開題記』[14]に「近き頃尾張人の物せる、逸律」と記しているのと、よく合致するからである。『歌儛品目』の序に「尾張人」とあることはすでに述べたが、各巻の巻頭には「尾張藤原守中輯」と見えている。なお、篤胤が「尾張人」と書いたのは、『律逸』の著書を詳らかにし得なかったからではなかろうか。なぜならば、篤胤は前掲書において、「御々世々の沿革を、委く考へ徴せるは、石原正明が冠位通考なり[15]」と記しているからである。石原正明が『律逸』の著者であるとはっきりしていたならば、篤胤は「尾張人」と書かなかったと考えられる。嵐氏は『古史徴開題記』の「尾張人」を石原正明説の論拠の一つとしておられるが、右の点よりして論拠とはなり得ないであろう。

第四は、『律逸』名例律下に見られる「古写未詳所出（伝）」の問題である。「古写未詳」とは『政事要略』のことであるが、嵐氏はこの注記の存在を論拠の一つとして、塙保己一説を否定しておられる。この論拠は有力であるが、それでは石原正明説にとっては如何なる意味を持つであろうか。結論からいうならば、石原正明説も否定せられるのである。右の注記は『政事要略』巻八四より採られているが、巻八四は、巻二五・巻八一とともに、寛政十一年石原正明によって比校されている。(16) すなわち石原正明は寛政十一年の時点で『政事要略』巻八四を見ていることは明白であり、嵐氏の所説のごとく、正明が『律逸』の著者であって、その成立の上限が文化二年とすると、現在見る『律逸』の『政事要略』巻八四所出の律文に「古写未詳」と注記があるのは矛盾と言わなければならない。消極的な論拠ではあるが、藤守中説の場合、「古写未詳」とあって不都合はないのである。

第五は、『講令備考』と『律逸』の関係である。この視点も嵐氏によって提示されたものである。同氏は右掲の二書の引用律分を比較検討することによって、尾張藩律令学者説を否定された。この論拠も有力であるが、藤守中が『講令備考』に関係したという証拠も今のところ見出し得ない。

以上、従来の諸説の驥尾に附して、今まであまり注目されなかった史料に検討を加え、藤守中を『律逸』の著者とする一説を提示しておきたい。

（付）『律逸』の著者をめぐって

注

（1）『日本古代法典』緒言（明治二五年）。
（2）「『律逸』の著者について」（『律令研究資料』第四号、昭和四八年）。
（3）無窮会本『律逸』奥書（明治一三年）注（5）拙稿参照。
（4）「律令考」（『國學院雑誌』第五巻第一三号、明治三二年）。
（5）「律逸文考」（『皇學館論叢』第四巻第六号、昭和四六年、本書第三章第四節に再録）。
（6）ⓐ『律令制とその周辺』第五章「律令条文復旧史の研究」（昭和四二年）。
ⓑ「律令研究史」江戸時代（『法制史研究』一五号、昭和四〇年、『律令の研究』復刻版附録、昭和四二年）。

ⓒ「稿本『倭漢比較律疏』について」（『生誕百年広池博士記念論集』昭和四二年）。

ⓓ「律逸文について」（『慶応義塾大学法学研究』第四五巻第四号、昭和四七年）。

ⓔ『続律令制とその周辺』（第一章第一節「緒言」昭和四八年）。

ⓕ『倭漢比較律疏』解題序説注（昭和五五年）。

ただし、ⓓは保己一編著説、ⓔでは尾張藩儒者達と保己一両説のいずれかと推定しながらも態度を保留されている。ⓕにおいても正明説を否定しておられる。
（7）「黒川真頼手写本『逸律』」補注（『明治大学刑事博物館年報』九、昭和五三年）。同氏は「もし『逸令』を作成した人間（たち）が、あるいはその学統の人間（たち）が『逸律』を著作したとする」と述べられており、あるいは単独の著者の可能性も考慮しておられるのであろう。
（8）『古今要覧稿』の編纂で著名であるが、塙保己一の門下であり、師の『群書類従』の編纂刊行に大きく貢献した。また、その蔵書は五万巻とも称され、不忍文庫の名があった。

(9) 本文に掲げた『池底叢書要目』の「律説残篇」項の記載は全文、山田孝雄氏の解説に引用されている。なお、本書については、坂本太郎氏の「律書残篇の一考察」と題する論考が存する(『日本古代史の基礎的研究』下、制度篇所収、昭和三九年)。

(10) 神宮文庫所蔵の『楽書類集』の一冊に、「右催馬楽琵琶譜不忍文庫所蔵也令児善世繕写原本文字多訛謬未遑改写文政五年壬午三月源吉従」と見える。

(11) 『新訂増補史籍集覧』続編第九冊所収。

(12) 『新訂増補史籍集覧』解題。

(13) 『国書総目録』、『国史大辞典』二「小川守中」の項参照。

(14) 岩波文庫本三二〇頁。

(15) 岩波文庫本三一一頁。

(16) 新訂増補国史大系本一一三、六四一、六九六頁参照。正明の名は、東京大学図書館所蔵南葵文庫本の奥書に見えるのであるが、同文庫本は塙保己一所蔵本の転写本である。

第四章　大宝・養老令の研究

第一節　大祀について

はじめに

平成二年の日本においては、十一月に新天皇の皇位継承儀礼として即位礼と大嘗祭が行われ、世界の注目を浴びた。明治以来のわずか百年余りの間に、近代国家としての成長を遂げた日本が、各国より多くの要人を迎え、古来の伝統に新儀を加味した見事な儀式を執り行ったのである。その様子は衛星中継などにより全世界の人々に伝えられた。前代未聞のことと言ってよいであろう。

日本天皇の皇位継承儀礼としては、定義のしかたによって異なるが、狭義でいえば主なものとしては、践祚儀・即位礼・大嘗祭の三つであろう。奈良時代までは践祚＝即位であったから即位礼と大嘗祭の二つが皇位継承儀礼の主要なものであったと言ってよいであろう。室町時代の碩学一条兼良がその著『代始和抄』において「御即位は漢朝の礼儀を学ぶなり。大嘗会は神代の風儀をうつす」と述べるように、皇位継承儀礼は次第に大嘗祭が中心になり代表されるようになっていった。

本節では、皇位継承儀礼のすべてを研究の対象とするだけの準備はないので、平安時代には大嘗祭を直接意味するようになる〝大祀〟について考察することにする。ただ大祀のすべてについてということではなくて、日唐の律令法における大祀について、唐代法におけるその位置・内容を確認し、日本律令に如何なる形で受容され、どのように変容したのかについて、考えてみたいと思う。延喜神祇式には「凡践祚大嘗祭為大祀。(下略)」とあるが、律令法は大嘗祭を直接に大祀であるとは規定していないのである。何故、このような差異があるのかについても、考察を加えてみたいと思う。

一　唐代の大祀について

唐代法のなかで祭祀について規定するものとしては、まず祠令が挙げられる。いま仁井田陞氏の『唐令拾遺』によると、唐代の祭祀には、天を対象とする「祀」、地を対象とする「祭」、宗廟を対象とする「享」などがあった(1)。

唐の祠令には祭祀の差などを規定した条があり、同条は次のごとくであったと考えられている（行論の都合上冒頭に符号を附す。以下同(2)）。

A　唐祠令第二条（条文番号は『唐令拾遺』による。以下同）

国有大祀中祀小祀、昊天上帝、五方上帝、皇地祇、神州、宗廟、皆為大祀、日月、星辰、社稷、先代帝王、嶽鎮、海瀆、帝社、先蠶、孔宣父、斉太公、諸太子廟並為中祀、司中、司命、風師、雨師、霊星、山林、川沢、等、並為小祀、州県社稷、釈奠、及諸神祠、亦准小祀例、

右にみるように唐代の大祀は、昊天上帝・五方上帝・皇地祇・神州・宗廟の五種類のものであり、令文で祭祀の種類を明示しているところが注目される。これは次項で述べる日本律令の規定の仕方と基本的に異なるところである。そしてその内容について見ておくと、昊天上帝は古くより祭祀の対象であり、天上にいて万物を主宰する神を指し、五方上帝の五方は五行思想に基づくもので東南西北の四方と中央を意味し、五方上帝で昊天上帝に次ぐ神を指すので

あろう。皇地祇とは大地の神を意味する〈『唐六典』巻四には「夏至祭皇地祇于方丘、以高祖配焉」とある〉。神州とは鄭玄説に地祇の一種とされ、大地の別名かと思われるが、『唐律釈文』には「神州、即崑崙山也、故名為大祭也」とある〈『周礼』鄭玄注に「礼地、以夏至、謂神在崑崙也」と見える〉。また宗廟は祖先の祭祀を行う廟である。(3)

概していうと、唐代の大祀は天地の神と唐朝の祖先を祀るものであろう。古くから中国では各種祭祀のなかで、天地と祖先の祭祀が最重要視されてきたが、唐においてもこの伝統を継いでいるといってよいであろう。

B 唐祠令第二九条に、

春秋二分之月上丁、釈奠于先聖孔宣父、以先師顔回配、(中略)若与大祭祀相遇、則改用中丁、

と見える。この大祭祀は大祀を意味するものと思われる。大祭祀と釈奠が重複した場合には、釈奠を繰り下げて中巳にすることなどを規定しているが、この規定は日本の祭祀制度に影響を与えたと考えられる。(4)

C 唐祠令第三六条に、

諸大祀中祀、有司行事、則光禄卿率太官令、詣闕進胙、

と見えている。大祀に有司(光禄卿太官令)が関与したことが知られる。

D 唐祠令第三七条に、

諸大祀、斎官皆散斎之日、平明集尚書省、受誓誡、其致斎日、(下略)

とあり、大祀に散斎と致斎がなされたことが知られる。

E 唐祠令第三八条に、

諸大祀、散斎四日、致斎三日、中祀、散斎三日、致斎二日、小祀、散斎二日、致斎一日、散斎之日、斎官昼理事如故、夜宿於家正寝、惟不得弔喪問疾、不判署刑殺文書、不決罰罪人、不作楽、不預穢悪之事、致斎惟祀事得行、其餘悉断、非応散斎致斎者、惟清斎一宿、於本司及祠所、

とある。本条は散斎・致斎の期間とその行い方を規定している。この条は日本神祇令の第三条と第四条に分けて継受されている。(5)

次に律に見える大祀について列挙すると次の通りである。

F　名例律十悪（六）条（条文番号は『訳註日本律令』二・三、律本文篇、上・下巻による。以下同）

六曰大不敬　謂盗大祀神御之物、（下略）

G　名例律十悪（六）条疏議

大祀者、依祠令、昊天上帝、五方上帝、皇地祇、神州、宗廟等為大祀、職制律又云、凡言祀者、祭享同、若大祭大享、並同大祀、神御之物者、謂神祇所御之物、（下略）

H　名例律本条別有制（四九）条疏議

盗得大祀神御之物、如此之類、並是犯時不知、得依凡論、

I　職制律大祀不預申期（八）条(6)

諸大祀不預申期、及不頒所司者、杖六十、以故廃事者、徒二年、牲牢玉帛之属、不如法、杖八十、闕数者、杖一百、全闕者、徒一年、（全闕謂一坐）即入散斎、不宿正寝者、一宿笞五十、致斎不宿本司者、一宿杖九十、一宿各加一等、

J

中小祀逓減二等、凡言祀者、祭享同、余条中小祀準此

職制律大祀不預申期（八）条疏議

依令、大祀謂天地宗廟神州等為大祀、（中略）牲、謂牛羊豕、牢者、牲之体、玉、謂蒼璧祀天、璜琮祭地、五方上帝、各依方色、帛、謂幣帛、称之属者、謂黍稷以下、不依礼令之法、（中略）其本中小祀、雖従大祀受祭、若有少闕、各依中小祀逓減之法、（中略）依令、大祀、散斎四日、致斎三日、中祀、散斎三日、致斎二日、小祀、散斎二日、致斎一日、散斎之日、斎官昼理事如故、夜宿於家正寝、（中略）故礼云、三日斎、一日用之、（中略）中小祀者、謂社稷日月星辰嶽鎮海瀆帝社等為中祀、司中司命風師雨師諸星山林川沢之属為小祀、従大祀以下犯者、中祀減大祀二等、小祀減中祀二等、（中略）依祠令、在天称祠、在地称祭、宗廟名享、今直挙祀為例、故曰、凡言祀者、祭享同、余条中小祀準此、但在中祀有犯、皆減大祀二等、小祀有犯、皆減中祀二等、謂下条、大祀在散斎、弔喪問疾、盗律、盗大祀神御物之類、本条無中祀小祀罪名者、準此逓減、

K

職制律大祀散斎弔喪（九）条

諸大祀在散斎而弔喪、問疾判署刑殺文書、及決罰者、笞五十、奏問者、杖六十、致斎者、各加一等、

L

職制律大祀散斎弔喪（九）条疏議

大祀散斎四日、並不得弔喪、亦不得問疾、刑謂定罪、殺謂殺戮罪人、此等文書不得判署、及不決罰杖笞、（下略）

M

廐庫律大祀犠牲不如法（五）条

諸大祀、犠牲養飼、不如法、致有痩損者、杖六十、一加一等、罪止杖一百、以故致死者、加一等、(7)

N　廄庫律大祀犠牲不如法（五）条疏議

供大祀犠牲用犢、人帝配之、即加羊豕、其犠牲、大祀在滌九旬、中祀三旬、小祀一旬、養飼令肥、不得捶扑、（中略）其羊豕雖供人帝、為配大祀、故得罪与牛皆同、（中略）即中祀養牲不如法、各減大祀二等、小祀不如法、又減中祀二等、

O　賊盗律盗大祀神御（二三）条

諸盗大祀神御之物者、流二千五百里、謂供神御者、帷帳几杖亦同其擬供神御謂営造未成者及供而廃闋、若饗薦之具已饌呈者、徒二年、饗薦、謂玉幣牲牢之属、饌呈、謂已入祀所、経祀官省視者（下略）

P　賊盗律盗大祀御（二三）条疏議

盗大祀神御之物、公取窃取皆為盗、大祀、謂天地宗廟神州等、其供神御、所用之物而盗之者流二千五百里、注云、謂供神御者、帷帳几杖亦同、謂見供神御者、雖帷帳几杖亦得流罪、故云亦同、（下略）

Q　賊盗律盗不計贓立罪名（三三）条疏議

従盗大祀神御之物以下、不計贓科、唯立罪名、亦有減処、並謂得罪応重、故別立罪名、

R　雑律棄毀神御之物（四七）条

諸棄毀大祀神御之物、若御宝乗輿服御物、及非服而御者、各以盗論、亡失及誤毀者、準盗論減二等、

S　雑律棄毀神御之物（四七）条疏議

棄毀大祀神御之物、祠令、天地宗廟神州等為大祀、神御、謂供神所御之物、（中略）盗律、大祀神御之物、乗輿服

御物者、流二千五百里、(中略)今此条上言、棄毀大祀、下称非服御而御、以盗論、準非服而御、徒一年半、(中略)棄毀中祀神御之物、減大祀二等、棄毀小祀神御之物、又減二等、中小祀以下不入十悪、

T　雑律毀大祀丘壇(四八)条

諸大祀丘壇、将行事、有守衛而毀者、流二千里、非行事日徒一年、壝門各減二等、

U　雑律毀大祀丘壇(四八)条疏議

大祀丘壇、謂祀天於円丘、祭地於方沢、五時迎気、祀五方上帝、並各有壇、(下略)

以上が唐の律令で管見に触れた大祀に関する規定であるが、通覧すると幾つかのことが注意される。先にも触れたように大祀は天地の神と唐朝の祖先を祀るものであるが、祠令二条に「国有大祀中祀小祀」と見えるように、第一にいえることは国家祭祀という基本的性格を有することである。唐代は中祀以上が皇帝親祭を原則としたといわれ、皇帝の権威と直結する大祀は重視されたと思われる。『大唐開元礼』によれば、大祀のなかでも、昊天上帝・五方上帝・皇地祇に対しては「天子臣某」の皇帝の自称が用いられ、皇帝自らが天地の神に対しては臣下の礼を尽くしているのである。また太祖以下の祖先を祀る大祀である宗廟の祭祀において、皇帝は「皇帝臣某」と称している。ただし、金子修一氏によって、有司の代行に関する儀注が『開元礼』などに詳しく定められていることから、皇帝の親祭が特別な場合であったことが推測されている。(8) もしそうであるとすると、本来は政治とともに最も重要な君主の仕事であった天地宗廟の祭祀が唐代においてはいささかその意味を減じていたといわざるを得ないであろう。(9)

なお金子氏は、皇帝が即位後最初に親祭する郊祀が通常の「常郊」と区別される重要な祭祀とされている。(10) これに

対して尾形勇氏は「金子氏の例示する即位後の郊祀親祭は、いずれも一～三年後のものであり、「即位」にからませて理解する必要はないようにも思う。」と批判しておられる。[11]しかし、即位後最初の郊祀が新皇帝の権威の来源を象徴する祭祀として重要であり、即位儀礼の一部と考えることも可能であろう。少なくとも即位儀礼に極めて近い位置にあるのは明らかであろう。[12]

第二に、大祀の実務には光禄寺の長官である光禄卿や、その下にある太官署に属する太官（祭祀用の供物などを司る）が関与したことである。

第三に、大祀に関係する斎官は、散斎と致斎を行わなければならなかったことである。その散斎は四日であり、致斎は三日であった。そして散斎の間は、不浄とされる幾つかのことを禁ぜられたのである。さらに厳しい斎戒である致斎にあっては、祀事以外のことは全て禁じられている〈同令三七・三八、職制律八・九〉。[13]

第四に、大祀に供されたりあるいは用いられたりする神御の物（神祇の御する物）については、その限界について律の注や疏によって知ることができるが、その具体的なことは分らない〈名例律六、賊盗律二三・三三、雑律四七〉。

第五に、大祀には犠牲として犢・羊・豕などが用いられ、その養飼は丁寧に行わなければならなかった〈廏庫律五〉。

第六に、大祀には丘壇が用いられ、天を祀るときには円丘、地を祭るときは方沢であった〈雑律四八〉。

二　日本律令における大祀

日本律令について見ると、律は養老律の一部が伝えられているが、その大部分が亡失しており、令は『令義解』によって養老令の内容が復原されている状況である。大宝の律令については、『令集解』などによってその復原が試みられている段階である。今ここでは、主として律の残された部分と、養老令の規定に見られる大祀について検討を加えることにしたい。

まず日本律に見える大祀について列挙すると次の通りである。

①名例律八虐（六）条六曰大不敬注〈唐律疏は、祠令を引いて大祀が何であるかをいうが、日本律には彼に相当する疏文はない。〉

謂毀大社及盗大祀神御之物、

②名例律八虐（六）条六曰大不敬疏

神御物者、謂大幣者、大社神宝亦同、〈大幣、彼の律に神祇所御之物と見える〉

③職制律大祀不預申期（八）条

凡大祀不預申期、及不頒告所司者、笞五十、以故癈事者、徒一年、幣帛之属不如法、杖六十、闕数者、杖八十、全闕者、杖一百、全闕、謂一坐中小祀逓減二等、余条中小祀準此

④職制律大祀不預申期（八）条疏

依令、祭祀、所司預申太政官、々散斎之日、平旦、頒告所司、（中略）謂不依常典、一事有違者、（中略）従大祀以下犯者、中祀減大祀二等、小祀減中祀二等、故云逓減二等、謂下条大祀在散斎、弔喪問疾、盗律、盗大祀神御物之類、本条无中小祀罪名者、准此逓減、

⑤職制律在散斎弔喪（九）条

凡大祀、在散斎而弔喪、問疾、判署刑殺文書、及決罰、食完者、笞五十、奏聞者、杖七十、致斎者、各加二等、

⑥賊盗律大祀（二二三）条

凡盗大祀神御之物者、中流、〈謂供神御者、大社神宝亦同〉其擬供神御、〈謂営造未成者〉若饗薦之具已饌呈者、徒二年、〈饗薦、謂祭幣酒餚之属、饌呈、謂已入祀所、経祀官省視者〉（下略）

⑦賊盗律大祀（二二三）条疏

供神御者、謂大幣、

⑧賊盗律不計贓而立罪名（三三三）条疏

従盗大祀神御物以下、不計贓科、唯立罪名、亦有減処、並謂得罪応重、故別立罪名、

⑨雑律棄毀大祀神御之物（四七）条

〔凡〕棄毀大祀神御之物、及非服而御者、各以盗論、亡失及誤毀者、準盗論減二等、

⑩雑律棄毀大祀神御之物（四七）条疏

棄毀中祀神御之物、減大祀二等、棄毀小祀神御之物、又減二等、中祀以下、不入八虐、

前項で考察した唐律と日本律の残存部分を比較してみると、いくつかの注目すべき点が見受けられる。まず第一には、日本律は最も中心的な大祀が何であるかを具体的には語らないことである。日唐律を比較すると、唐律およびその注疏が大祀とは何であるかについて規定する箇所を、日本律は注意深く削除しているのである〈G→②、J→④〉[14]。

第二には、唐では祭祀関係の主要な規定は礼と令にあったと考えられるが、日本では主に常典（神祇令あるいは別式

も含むか）に規定されていた〈J④〉。

第三には、唐律疏が神御之物について「神祇所御之物」とし、具体的に何であるかを言わないのに対して、日本律は神御物を「大幣」であるとする〈G②⑦〉。

第四には、唐では大祀に犠牲（牛・羊・豚）を供えるが、日本で供えられた幣帛には犠牲は含まれなかったと考えられる〈MNO③⑥〉。

次に日本令における大祀についての史料を列挙する。

⑪神祇令月斎（一二）条（条文番号は日本思想大系本『律令』による、以下同）

凡一月斎為大祀、三日斎為中祀、一日斎為小祀、

⑫衣服令諸臣（四）条

諸臣礼服

一位、礼服冠、深紫衣、牙笏、白袴、（中略）大祀大嘗元日則服之、

⑬衣服令内命婦（一〇）条

内命婦礼服

一位、礼服宝髻、深紫衣、（中略）大祀大嘗元日則服之、（注略）

⑭獄令五位以上（八）条

凡決大辟罪、五位以上、在京者、刑部少輔以上監決、在外者、次官以上監決、餘並少輔及次官以下監決、従立春

至秋分、不得奏決死刑、若犯悪逆以上、及家人奴婢殺主者、不拘此令、其大祀及斎日、朔、望、晦、上下弦、廿四気、仮日、並不得奏決死刑、在京決死囚、皆令弾正衛士府監決、若囚有冤枉灼然者、停決奏聞、

右に見るごとく、日本令においても律と同様に、大祀が具体的にいかなる祭祀であるのかを語らない。ただ一月の斎（ものいみ）を要するものを大祀と規定した。すなわち、律令においては各種の祭祀を大中小祀として明確に規定しないのである。官人の斎戒（散斎）の期間によって祭祀の等級を示すのみである。そして注目すべきことは唐のそれと比較して日本では中小祀に対して大祀が遥かに重要視されていることである。それはEと⑪を較べれば明瞭であろう。中小祀の散斎期間は唐に比較してむしろ短期間であるのに、大祀のそれは唐と日本では大差があり、日本のほうが七倍以上になるのである。それでは律令時代における大祀とは、一体いかなるものであったのだろうか。(15)

日本令を見ると、明らかに大祀と考えられるものは、次に掲げる条である。

⑮神祇令即位（一〇）条

凡天皇即位、惣祭天神地祇、散斎一月、致斎三日、其大幣者、三月之内、令修理訖、

本条の祭祀は後のいわゆる践祚大嘗祭を意味するというのが通説であったが、新説が唱えられて、議論されている。(16)矢野健一氏は「さまざまな祭祀を神祇令の体系に再編成するに当り、天王の即位にかかわる祭祀のみを大祀に格付」したと考えられ、「大祀」が「日本では践祚＝即位・即位条祭祀の一つのみであった」と結論される。(17)私は、大祀が天皇の即位にかかわる祭祀であったとすることには賛成であるが、はたして即位条祭祀のみであったろうか。いささか疑問無しとしない。そこでこの点を検討することにしよう。

まず、⑮以外に日本令に見える天皇即位関係の条文は次の通りである。[18]

⑯神祇令践祚（一三）条

凡践祚之日、中臣奏天神之寿詞、忌部上神璽之鏡剣、

⑰神祇令大嘗（一四）条

凡大嘗者、毎世一年、国司行事、以外毎年所司行事、

大宝令の注釈書である『古記』に「践祚之日、答即位日云々」とあるように、大宝令制下においては践祚と即位は同義であった。そしてその儀式の中心は⑯に見られる行事であったと考えられる。[19] 国史によると、持統天皇朝にその儀式の淵源をたどることが出来る。

⑰の大嘗は、二つの意味を含むと考えられるが、毎世の大嘗は後の践祚大嘗祭で、天皇が大極殿前庭に臨時に設けられる大嘗宮において新穀による神饌を神（天照大神）[20]に供し、天皇みずからも食する祭儀であり、即位儀礼の重要な一部である。この毎世大嘗は大祀と考えられるのである。私は律令法における大嘗は大祀であると考えており、本書第四章第三節（以下、前論考と称す）でその問題に触れたが、御批判も頂いているので、項を改めて検討することにしたい。[21]

三　大祀と大嘗

私は前論考において高森氏の旧論文〈前掲注（16）論稿〉の一部について批判を試みたが、同氏は『國學院雑誌』通

巻一〇〇〇号掲載の新論文〈前掲注（21）論稿〉冒頭に前論考の要点〈批判に関連する部分のみ〉を掲げておられるので、転載させて頂くと、次の通りである。

イ　大嘗祭を唯一の大祀とする従来の通説的見解は成り立たない。

ロ　「神祇令」即位条をそのまま大嘗祭とする通説も訂正を要する。

ハ　大嘗祭が令制の大祀とせられるのは、大同三年の平城天皇代大嘗祭からであって、それ以前の大嘗祭の散斎期間は三ケ月で、「一月斎」と規定される令制の大祀（『大宝令』では「大祭祀」）に合致しなかった。

右のような高森氏説論点イロについて、私に異論はない。ただし、ハについては成立しないであろうとして、私は前論考において批判したのであった。それに対して高森氏は前掲の新論文において、田中卓氏の論稿[22]ならびに私の前論考を批判された。その要点を列挙すると次の通りである。

Ⅰ　『令集解』公式令論奏式条所引の『跡記』〈大同三年以前成立〉に「大祭、謂臨時幷毎世祭皆是也」と見える「毎世祭」とは「神祇令」即位条の大祀である。『跡記』が大祭＝大（祭）祀に毎世祭（恐らく大嘗祭）を含ませているので大同三年以前に大嘗祭が大祀であったとする田中氏説は成立しない。

Ⅱ　『令集解』公式令論奏式条所引の『古記』〈大宝令の注釈書〉に「又問、大祭祀、答、神祇令云、天皇即位、惣祭天神地祇、散斎一月、又条、一月斎為大祭祀、是此大祭祀也、又臨時令大祭、而斎一月者、大祭祀耳、」とあることから、『古記』の注釈のしかたが大祭祀の全てを包括して示すもので、神祇令即位条以外には臨時の大祭祀しか予想しておらず、「『古記』は、大嘗祭を大祭祀（大祀）とは考えてゐなかつた」とする。

Ⅲ 「養老衣服令」諸臣条・内命婦条の「大祀・大嘗・元日、則服之。（大宝令では、大祭祀・大嘗・元日）」を、「大祀の大嘗」（大祭祀の大嘗）という特異な読み方をするのはいかにも不自然である。

Ⅳ 令制定当時にすでに〝三月の斎〟が令文以外に存在したとする高森氏説に対する田中氏の批判に答えて、「大同の制があへて『前例』とするごとく、祭儀斎行上の準則ないしは慣例として、『散斎三月』が行はれてゐたと考へてよい」とする。

Ⅴ 大祀と大嘗祭の記載順序の問題〈令が「散斎三ケ月の大嘗祭」（高森氏説）より一ケ月の大祀の方を先記している〉については、「令の編者が、シナの制度を参照した大祀の方を、わが国古来の伝統的神事（ニイナヘ）を基盤として成立した大嘗祭より先記して、令文の体裁を整へたことは充分考へられる。『衣服令』の記載については、特に大祀が個別の祭祀名でなく、包括的な概念を示す語であつたことも考慮すべきであらう。」とする。

Ⅵ 桓武天皇の御世こそ大嘗祭の散斎を三ケ月とする制度が設けられた時期としてふさわしいとする私の説に対して、「桓武天皇朝の改制は光仁天皇朝の方針を受け継いで、むしろ冗官を削つて官庁行事の簡素化・縮小化を企図したものであつて、かつこの時代の基調が律令体制の維持・再建にあつたこと等を勘案すれば、令制の散斎一ケ月を当代三ケ月に改めたとするごとき想定には、とても与することはできない。」とする。

Ⅶ 私が前論考で「践祚大嘗祭＝大祀ということを法文の上で初めて明示したのが、この延暦二〇年の官符であったかもしれない」と述べた点について、「『大嘗祭＝大祀』を『法文の上で初めて明示した』とは、何とも理解しがたい。」と批判された。

まずⅠの論点について検討することにする。高森氏は『跡記』の成立が大同三年以前（上限は延暦十年ごろ、ただし同六年とする異説もある）[23]であること、大同三年の制[24]にいう「前例」の最も近いものは桓武天皇代天応元年度の大嘗祭を指し、その散斎が三ケ月であったこと、また『跡記』の解釈態度が現実肯定主義的立場であること、『令集解』における『跡記』の大嘗の表記などから、「毎世祭」とは「神祇令」即位条の大祀とされる。

しかしはたしてそうであろうか。『跡記』の成立したと考えられる延暦年間ごろに、大嘗祭が大祀であるということは可能であると思われる。なぜなら、恐らく大嘗の散斎が三ケ月であったのは桓武天皇のときであって、それ以前の散斎は一ケ月であった可能性が高いからである。そうであるとするならば、『跡記』の成立が延暦年間であるとしても、『跡記』が延暦年間以前の令文を重視し、大祀に大嘗を含めて解釈してもなんら不思議ではないであろう。さらに言えば、大同三年の制に「前例」と見えることからすれば、大祀の散斎＝三ケ月というのは律令格式の規定ではなくて、あくまでも臨時の措置であったということも考えられるであろう。[25]

さらに高森氏が『跡記』以外の令注釈書の表記として掲げておられる『令集解』公式令論奏式条所引の『穴記』には、「大祭祀、謂毎世大嘗是」と見えているのである。高森氏は「大同三年の改制以後成立の『穴記』（弘仁・天長期）」と考えておられるようであるが、『穴記』の成立年代には議論があり、その成立時期はいまだ確定されていない。[26]もし井上辰雄氏の説を採用することが可能であるとすると、『穴記』は延暦年間には成立していたことになり、高森氏の大同三年の制以前において大嘗祭は大祀ではなかったという説は成り立たなくなるであろう。

Ⅱの論点については、公式令所引の『古記』が問題になっているので、次に引用する。

⑱公式令論奏式（三）条集解に、

古記云、問、右諸大祭祀、未知、諸字者属大祭祀之文歟、為当、令蒙以下文歟、答、令蒙以下之文也、又問、大祭祀、答、神祇令云、天皇即位、惣祭天神地祇、散斎一月、又条、一月斎為大祭祀、是此大祭祀、又臨時令大祭、而斎一月者、大祭祀耳、

と見えている。『古記』に「又条、一月斎為大祭祀」とあることから、大嘗祭の散斎を一月とする立場からは、大宝令施行期に大嘗祭が大祭祀（大祀）であったとしてなんら問題はない。令文が大祀に大嘗を含むことを明示することを避けているのを受けて、『古記』も同様の態度を保持しているに過ぎないのであろう。高森氏は引用しておられないが、『古記』には「問、右諸大祭祀、未知、諸字者属大祭祀之文歟、為当、令蒙以下文歟、答、令蒙以下之文也」とも見えている。この問答で、大宝令同条の「大祭祀」の上に「諸」の一字が存したことが知られるが、養老令では削除されている。瀧川氏は、「新令は冗文として之を省けるなり。[27]」と述べておられる。『古記』の説では大祭祀以下にかかるから「諸」の一字があるのだということであるが、あるいは大祭祀に複数のもの（惣祭天神地祇・大嘗祭など）が存在したために「諸」の字が置かれていたのかも知れない。いやむしろ大宝令の「右諸大祭祀」という規定は複数の大祭祀の存在を前提に置かれたものと考えるのが穏当であろう。因みに『唐令拾遺』によると、唐令同条には「祭祀」とあり、「諸」も「大」も見えない。養老令で諸の一字が省かれたことは、大宝令の独自性を捨てて唐令に倣ったとも思われるが、すでに大祭祀（大祀）が大嘗祭一つのみに限定されたことを反映している可能性も考えておく必要があろう。[28]

Ⅲの論点については、令で大嘗といえば毎世と毎年の二種類のものがあり、特に毎世の大嘗をいう場合に、大祀大嘗と称したと考えられる。前論考で述べたように、隋・唐においては、元日と冬至に天子は群臣の朝賀を受けたが〈『隋書』礼儀志四、『新唐書』礼楽志九〉、この冬至の朝賀は十一月の行事であり、大嘗祭と重ね合わせて考えることができよう。隋・唐において元日と冬至の服制が共通であり、律令時代の日本においては大祀の大嘗と元日のそれが共通であったということである。元日の朝賀と即位式との類似は、『貞観儀式』に「一に元会の儀の如し」と見え、『公事根源』に「群臣皆礼服をして、さながら御即位式の儀式に同じ」とあって、明瞭であろう。[29]すなわち、即位式・大祀大嘗・元日に礼服を着たということであろう。即位式における諸臣らの服制が衣服令に見えないが、唐令に見るごとく、即位儀礼そのものに関する具体的規定は律令に載せないという原則が日本にも存在したと思われる。[30]衣服令集解に「穴云、大祀大嘗、新令問答説訖為是也、大祀、臨時祀耳、」〈諸臣条〉、「額云、大祀大嘗并尋常時皆用者何」〈内命婦条〉と見えるように、「大祀大嘗」が「元日」に対して、ひとつのまとまりとして令注釈者には意識されていたことがわかる。また新訂増補国史大系本『令集解』の校訂者は、後宮職員令第一五条の『穴記』を「穴云、参見謂除朝会外是也、問、衣服令、大祀大嘗、元日、四孟、（下略）」と読んでいる。

高森氏は、

「大祀の大嘗」と解して了ふと、該条は人々の礼服着用を規定したものだから、礼服はもつぱら「大祀」たる「大嘗」のみに着用され、他の大祀（神祇令即位条やその他臨時の大祀）は一切その限りではないこととなつて、不都合ではあるまいか。

と批判されたが、私は令の制度では大祭祀の大嘗と元日に礼服が着用され、その他の大祀や中小祀には朝服が着用されたと考える。ただし、令には規定がないが、即位式には礼服が用いられたであろう。(31) また同氏は「もし大嘗祭が『大祀に含まれていた』(川北氏)のなら、これを大祀とは別にわざわざ改めて規定する必要はなかつた」と批判されているが、諸大祀中で大嘗が別格であるから「大祀大嘗」と特に規定することが必要であったと考えるべきであろう。さらに同氏は「『古記』が大嘗祭を大祭祀に含まれるものと看做さなかつた」とされるが、『古記』は大嘗祭が大祀であるともないとも言及していないのである。大嘗の散斎が一月であったとすると、『古記』は大嘗を大祀と見ていたことになるのである。

右に見たごとく、衣服令の「大祀大嘗」を大祀の大嘗と解してなんら問題はないであろう。むしろそう解することによって、大祀のなかでも大嘗が特別の位置を占めていたことがわかるのである。律令は大嘗が大祀に含まれることを明示しないが、日本では即位儀礼に関係する祭祀を大祀としたのではないだろうか。

Ⅳの論点について、高森氏は令の大・中・小祀に合致しない祭祀の存在、大嘗祭の悠紀・主基両国での抜穂との関連を指摘されているが、やはり令文に規定のない「三月の斎」を令制定当時からの「祭儀斎行上の準則、ないし慣例」とすることには、無理があろう。平城天皇朝の改革が令制への復帰を基調としていたことは、先学のすでに指摘されているところである。(32) 例えば、『日本後紀』大同元年八月庚午条には、中臣・忌部両氏の相論に対して、神祇令を引用した後に「宜常祀之外、奉幣之使、取用両氏、必当相半、自余之事、専依令条」と見えているのである。

Ⅴの論点については、高森氏の論も成立し得るであろう。特に神祇令が何故に即位条を第一〇条とし、践祚条を第一三条、大嘗条を第一四条としたのかを説明するときに有効であろう。ただし、衣服令の「大祀大嘗」の記載は「令文の体裁を整へた」のではなく、「大祀の大嘗」という実質的な意味を持つものであろう。

Ⅵの論点に関しては、川上多助氏の、

天皇は財政の充實、民力の休養を御治世の大方針とせられたが、たゞ消極的に一時の苟安を貪らせ給ふことなく、更に進んで皇威を振張し、国家の隆盛を永久に致さむことを圖られ、その爲めには多大の國帑を費すことも顧みられなかつた。(33)

という見解で答えることができるであろう。一般に律令制度の再建ということで、桓武天皇は引き締めを行われたと思うが、神祇のことは別であったと考えられる。

Ⅶの論点について、私の前論考での考え方は次のようであった。少し論述が簡略に過ぎて、高森氏の誤解を招いたとすれば、謝らねばならないであろう。私は、大嘗祭の散斎を三ケ月とする措置は、桓武天皇の大嘗祭を斎行するために取られたものと理解しているのである。延暦二十年の官符は、「従前二種類行はれてゐた祓を一種に整理・簡素化する」〈高森氏論考〉意図で出されたものであるが、これは次代の天皇の大嘗祭のために、自らの大嘗祭を省みて桓武天皇が設けられた規定と理解すべきであろう。また延暦二十年の官符が「践祚大嘗祭＝大祀」を法文の上で初めて明示したという意味は、本来令の制度では践祚の大嘗は大祀であったが、桓武天皇朝においてはその散斎を三ケ月として大嘗を特別に重く扱っていたが、その後期になって神祇重視の姿勢は維持しながら、散斎の期間についても短縮のご意向が天皇にもあったのではなかろうか。延暦二十年の官符は、そのような桓武天皇のご意向の一端を、大嘗祭などの祓の簡素化として規定しているのであろう。官符と律の諸条を比較するかぎり、律条の「大祀」を官符は「大嘗祭」としているごとくである。すなわち、この官符は大祀は践祚大嘗祭であるとする前提で考えられている可能性を有するのである。そのように理解されるとするならば、延暦二十年において、実質的には大嘗祭の散斎は一ヶ月を意味していたことになろう。しかし桓武天皇朝では実現せず、平城天皇の大嘗祭を前にして、大同三年の制において、正式に令制の大祀の散斎を一ヶ月とする制度に復帰したということであろう。

また高森氏は「延暦二〇年の格で『大嘗祭＝大祀』が『法文の上で初めて明示』された」とする私の論述を、自己矛盾と批判されるが、私が言いたいのは、大祀はそれまで「個別の祭祀名でなく、包括的な概念を示す語」〈高森氏論考〉であり、大祀のなかに大嘗祭が含まれていたということである。しかし、延暦二十年の官符において、大祀は大嘗祭という個別の祭祀名を直接意味するというわけではないが、他に大祀として斎行されるものがなく、実質的に大祀は践祚の大嘗と同義になったのではないかということである。

最後に前論考では触れなかったが、大嘗祭は大祀ではなかったとする高森氏の説にとって重大な障害になると思われる規定について、触れることにする。

⑭に掲げた獄令五位以上条によれば、大祀および斎日は「不得奏決死刑」ということである。もしも高森氏のように大祀に大嘗が含まれていないと解するならば、最も清浄を尊ぶ大嘗の祭りの日に死刑を奏決することができるということになり、令の規定として不備きわまりないものとなるであろう。大祀に大嘗が含まれるとの前提があって初めて、本条の規定は矛盾することなく合理的に理解することができるのである。

律における大祀の規定についても同様のことが考えられる。

⑲断獄律立春以後秋分以前不決死刑（二八）条逸文には、

凡立春以後、秋分以前、決死刑者、徒一年、（疏文略）其所犯雖不待時、若於禁殺日而決者、杖六十、（下略）

とある。⑭獄令五位以上条の規定により「禁殺日」には「大祀」が含まれていることが明らかであるが、もし高森氏のように「大祀」に「大嘗」が含まれていないとすると、毎世大嘗という重大な日に死刑を決することが罪に問われないという法上の不備を持つことになろう。やはり、断獄律本条の規定からみても、律令法にいう「大祀」には「大嘗」が含まれていたと見なければならないであろう。

四　『延喜式』における大祀

⑳『延喜式』四時祭式大中小祀条に、

凡践祚大嘗祭為大祀、祈年、月次、神嘗、新嘗、賀茂等祭為中祀、大忌、風神、鎮花、三枝、相嘗、鎮魂、鎮火、道饗、園韓神、松尾、平野、春日、大原野等祭為小祀、（風神已上、並諸司斎之、鎮花祭已下、祭官斎之、但小祀祭官斎者、内裏不斎、其遣勅使之祭者斎之）

と見えている。この規定はすでに『弘仁式』に存在したと考えられており、筧敏生氏の復原案を示せば次の通りである。(34)

凡践祚大嘗祭為大祀、祈年、月次、神嘗、毎年大嘗等祭為中祀、大忌、風神、鎮花、三枝、相嘗、鎮魂、鎮火、道饗等祭為小祀、（風神祭以上、並諸司斎之、鎮花祭以下、祭官斎之、但小祀祭官斎者、内裏不斎）

寛氏は『弘仁式』祭祀大中小条は大宝神祇令の規定にしたがった記載であるとし、大中小条とほぼ同一の式が大宝令成立後ほどなく、神祇令文を補うために作られたと考察しておられる。(35)

確かに、神祇令季冬条の後に附せられた「前件諸祭、(中略)斎日、皆依別式」との規定を勘案すると祭祀大中小条と神祇令との密接な関係が推測されるが、『弘仁式』祭祀大中小条と「ほぼ同一の式」が「大宝令成立後ほどなく」作られたかどうかは、さらに考察されねばならない課題であろう。(36)

祭祀大中小条では践祚大嘗祭を大祀となすと規定するのであるが、大宝令においては、大嘗(後の践祚大嘗祭)だけではなく、天皇の即位にともなう天神地祇の惣祭などをも大祭祀(養老令の用語では大祀)としていたと考えられる。また前項で論じたように、大宝令公式令論奏式条の「右諸大祭祀」という規定は複数の大祭祀の存在を前提に置かれていたものと考えることもできる。そして「諸」の一字が養老令で削除されたとすると、大祭祀が一つに限定されたことを意味する可能性があろう。すなわち、養老令において、大祭祀は天皇即位にともなう大嘗祭を指すようになったと推測し得るのである。換言すれば、『弘仁式』祭祀大中小条と「ほぼ同一の式」は養老令と時を同じくして成立したことも考えられるのである。

右に述べたことからすると、大宝令成立のころから別式が存在したとして、少なくとも大祭祀について『弘仁式』祭祀大中小条と「ほぼ同一の式」が存在したとは考えられないのである。

それでは確実に大祀を大嘗祭に限るようになるのはいつであろうか。これは前論考でもいささか触れたことであるが、延暦二十年五月十四日の「定准犯科祓例事」と題する太政官符とするのが、現在のところ穏当であると考えている。この官符は『類聚三代格』巻一科祓事に見えるものであるが、『弘仁格抄』にすでに載せられている。(37)少なくとも延暦二十年ごろには、法制度上、大祀は大嘗祭に限ることにされていたであろう。『弘仁式』において「凡践祚大嘗祭為大祀」とあったことは、前述の通りである。

おわりに

大宝令が太政官と神祇官の二官を中心として官制を構成しているのは周知のことであるが、この神祇官重視の方針は当代為政者の基本姿勢であったと考えられる。唐制と比較するとき、大宝令が日本の国情を考慮して独自の規定を多く持つことはつとに指摘されていることである。特に神祇令の諸規定は唐の祠令と比較するとき、種々の興味深い課題を提供するが、本節においては、彼我双方の大祀を検討して、日唐両国の国情の相違を明らかにすることに努めたが、十分な成果を挙げ得なかった。唐祠令の規定と近いものが、日本の式の祭祀大中小条に見えることも、大局的には日本令が日本に固有で独自の規定、特に祭祀に関する規定などを別式に譲ったものと考えられるが、さらに考察されねばならない問題であろう。

（平成三年辛未正月三十一日稿）

注

（1）『唐六典』巻四祠部郎中員外郎条には「凡祭祀之名有四、一曰祀天神、二曰祭地祇、三曰享人鬼、四曰釈奠于先聖先師」と見

え、また『大唐郊祀録』巻一辯神位には「凡祭祀之礼、天神曰祀、地祇曰祭、人鬼曰享、文宣王武成王曰釈奠」とあり、祭祀には祀・祭・享・釈奠の四つがあったと考えられる（なお、職制律第八条注には「凡言祀者、祭享同、余条中小祀準此」とあり、また同律祭祀有事於陵園条の疏議には「称祭祀者、享亦同」と見え、一般的に「祀」というときには「祭」と「享」を、また「祭祀」といえば「享」を含んでいた）。ただし、開元二十五年令では孔子釈奠条が学令に規定されていたと考えられており、同年令祠令中に祀・祭・享とともに釈奠が祭祀の種類として挙げられていたかどうかは、確定できない。なお、孔子釈奠条は、各年度令で異同があったとされている（『唐令拾遺』学令第十参照）。

『後漢書』志第四、礼儀志上によれば、明帝の永平二年（五九）の記事（大射礼、郷飲酒の記事の後に見える）に、どの学校でも聖師である周公・孔子を祀ったと見えている（『文献通考』巻四三、学校考四参照）。この記事から、先聖は周公であり、先師は孔子であるという解釈が生まれてくる。『唐書』巻一五、礼楽志五によれば、武徳七年に高祖は釈奠し、周公を先聖とし、孔子を配享としている。同年に武徳律令が完成しているから、あるいは同令学令の規定と関係があるのかも知れない。貞観令では孔子を先聖とし、左丘明ら二二人を顔回とともに先師としたが、永徽令では周公を先聖、孔子を先師とした。ただ同時代の顕慶礼では孔子を先聖、顔回を先師としている。日本律令は一般に永徽律令を藍本としていると言われるが、学令同条が永徽令に依ったのでないことは明らかであろう。『文献通考』によれば、三国魏の斉王（正始七年〈二四六〉）、晋の武帝（泰始三年〈二六七〉）らにより釈奠が行われており、孔子を祀り、顔回を配したようである。三国時代以来、孔子を重視し、その弟子のなかでは顔回を重んずる考え方が支配的であったと言えるようである。ただ、唐代の一時期、周公を重視する意見が大勢をしめ、後漢にならって周公を先聖として祀り、武徳令・永徽令あたりの学令に規定されたのであろうか。なお、釈奠については、彌永貞三氏「古代の釈奠について」（『日本古代の政治と史料』所収）、矢澤利彦氏「孔子崇拝儀礼（釈奠）について」（『思想』岩波書店刊、七九二号）など参照。

（2）　唐代の国家祭祀制度については、金子修一氏「唐代の大祀・中祀・小祀について」（『高知大学学術研究報告』二五—二）を参照。『周礼』の天官冢宰には大祭・中祭・小祭の別が見え、また春官宗伯には大祀・次祀・小祀と見えている。同書の注には「鄭司農云、大祀、天地、次祀、日月星辰、小祀、司命已下、玄謂、大祀又有宗廟、次祀又有社稷五祀五嶽、小祀又有司中風師雨師山川百物、」とある。早くから祭祀の差などは存したと思われ、古く周代には天地・宗廟の祀りが大祀であったかと思われる。隋唐代になると、それまでの種々の祭祀が整理されて、大祀・中祀・小祀に三区分されるようになる。『隋書』礼儀志には「昊天上帝五方上帝日月皇地祇神州社稷宗廟等為大祀、星辰五祀四望等為中祀、司中司命風師雨師、及諸星諸山川等為小祀」とある。隋と唐の祭祀制度を比較しても、隋で大祀であった日月が唐代には中祀に移されており、逆に隋代に大祀であった社稷の祀りが、唐では中祀に変わっている。その他の中・小祀でも異同がある。また、宋の范遂良の釈文には大祀の項に「按礼、王者為百神主、故冬至於北郊円丘以祭天、夏至於南郊方丘以祭地、又四季祭宗廟、」と見えている。

（3）　小島祐馬氏は名著『古代中国研究』に収める「中国古代の祭祀と礼楽」の序言において「中国古代に於ける祭祀の対象は複雑多様であるが、これを大別すれば二種となる。その一は自然を対象とするものであって、他の一は人鬼すなわち死者を対象とするものである。前者は天空ならびに地上に於ける自然力に対するものであって、後者は祖先の霊魂ないし祖先以外の死者の霊魂に対するものである。」と述べられ、また天に対する祭祀では「周代以後中国人がその祭祀の最上至高の対象としている天は、すなわちこの宇宙の主宰者または人格的な至上神としての天である。」とされている。昊天上帝・五方上帝・皇地祇・神州については、前掲注（2）金子氏論文、曹漫之氏主編『唐律疏議訳注』六、名例六十悪（問答二）など参照。

島邦男氏『殷墟卜辞研究』（第一編第二章「禘祀」第三章「外祭」）によれば、帝には祖先神、上帝（天帝）、および自然神がある。上帝は自然・人事を支配する至上の主宰神で、殷の第二二代の武丁の時代の卜辞から現れる。ただ、上帝を祭りの対象とする例ははなはだ少ない（橋本高勝氏『天罰から人怨へ』参照）。橋本氏は『天罰から人怨へ』において「上帝を祭る例がはなはだ少ないのは、加護を願い得る神ではなかったからではなかろうか。つまり、上帝は私情なき神であって、殷の守護神ではない。これが殷代後期にはじめて現れるということは新参の神であることを示していよう。」（一三九頁〜）、「昊天と上帝とを連接した昊天上帝は『尚書』五十八篇中召誥一篇に一つ見えるだけである。この語は周王朝の天の信仰と前王朝殷の帝の信仰の結合を示すものである。（中略）周代のいわば天帝は、たとえば殷朝一族の祖先神たる守護神としての性格を、さらに殷天下の最高神としての性格をも切り捨てて、天下万民の最高神となったのである。つまり、殷・周という王朝的範囲を越えた最高神、これが昊天上帝であろう。」（一七二頁）と述べられている。

（4）開元七年令である。同令は学令の編目を除いた関係上、従来学令に規定していた釈奠条を祠令に加えたと考えられている。『唐令拾遺』参照。なお、『続日本紀』大宝元年二月丁巳条には、釈奠の記事が見えている。また大宝学令の釈奠条には「凡大学国学、毎年春秋二仲之月上丁、釈奠先聖孔宣父、其饌酒明衣所須、並用官物」となっていたと考えられているが、同年の二月丁巳は上丁ではなく、十四日中丁である。この月の四日上丁は祈年祭にあたるので、釈奠は中丁に延期されたと考えられる。ただし、祈年祭との重複をさけることを明白に示す史料の初見は弘仁十一年であり（彌永氏前掲注（1）論稿参照）、また釈奠が祈年祭と重複する場合は中丁に延期するという条文が大宝令や式文にあったことは疑問視されている。私は、大宝元年の釈奠が中丁に延期されたとき、根拠とされたのは唐令本条であると考える。日本律編纂以前には隋唐の律を援用していたことが考えられており、また奈良・平安の明法家は律令の解釈にあたって、唐の律令を本律・本令などとして引用しているのである。日本律令に規定の無い場合には、母法である唐の律令が典拠とされたと考えられるからである（拙稿「律令法における即位礼と大嘗祭」〈『続大嘗祭の研究』所収〉参照、本書第四章節三節に再録）。ただ、祈年祭は『延喜式』祭祀大中小条では中祀に入っており、大祀ではない。祈年祭は当時における重要な祭祀として、大祀に準じて唐令が類推適用されたのであろうか。

（5）瀧川政次郎氏はその著『律令の研究』において、神祇令第三・四条を唐礼に拠ったと考えておられる。しかし、唐職制律大祀不預申期条の疏議には「依令」として「大祀、散斎四日、（中略）夜宿於家正寝」とあり、神祇令第三・四条は主として唐祠令に拠ったと考えられる。

(6) 本条は、「牲牢玉帛」に関する部分、「不宿正寝」に関する規定、「凡言祀者、祭享同」の注文などにおいて、大きく変更されたりあるいは削除されるなど、日唐両律間の差異が大きい（瀧川政次郎氏「律と大嘗祭」『牧健二博士米寿記念　日本法制史論集』参照）。

(7) 日本律には本条が存しなかったか。律令講究会「律条拾遺」・『訳註日本律令』律本文篇、上巻、廐庫律大祀犠牲不如法条、瀧川注（6）所引論考など参照。

(8) 金子氏前掲注（2）論文参照。唐代の大祀、ことに『開元礼』などに関する部分については、同氏の論文に多くを負う。

(9) 平安時代の日本にあっては、天皇の親祭が原則であったようである。岡田荘司氏はその著『大嘗の祭り』において、「藤原頼長の『台記』には『摂政即天子也』と記されているほど、摂政は幼帝である天皇の天皇権を掌握し、代行できる立場にあったが、祭祀権、なかでも大嘗祭の祭儀の代行は叶わなかった。」と述べておられる。

(10) 「中国古代における皇帝祭祀の一考察」（『史学雑誌』八七編二号）。

(11) 「中国の即位儀礼」（『東アジアにおける儀礼と国家』）。

(12) 尾形氏も、唐の太宗が上帝に向かって「皇帝臣世民」と自称していることなどを根拠に、即位式当日における太宗の南郊告天（祭天の行事）を即位儀礼を構成する一つの要件と見ておられる。同氏は「譲位」における祭天儀礼を第二の即位式と位置づけておられるのである。

(13) 散斎と致斎に関する規定およびその侵害行為に対する刑罰については、日本思想大系本『律令』神祇令補注（井上光貞氏による）『訳註日本律令六　唐律疏議訳註篇二』職制律第八条訳註（八重津洋平氏訳註）などを参照。

(14) Jと④を比較すると、唐律疏が中小祀の何であるかを具体的に述べるのに対して、彼に対応する日本律の疏は全く省かれている。日本では大祀ばかりではなく、中小祀についても、律令にはその対象となるものを具体的に規定していなかったと考えられる。なお⑩の律は逸文であるので断言はできないが、本文で述べたように、日本律は唐律疏に見える祠令の引用中、大祀が何を意味するかを具体的に規定した部分を注意深く削除している。そのことからすると、唐律疏Sに見える「祠令、天地宗廟神州等為大祀」の規定を、日本律疏⑩では削除していた可能性が高いであろう。

また、日本の公式令の平出条が、唐令に見える「昊天、后土、天神、地祇、上帝、天帝、廟号、祧」を欠いているのも、日唐大中小祀規定の差異に関係があろう。

(15) 神祇令季冬条の末尾に「前件諸祭供神調度及礼儀、斎日、皆依別式、」とあり、別式の存在が知られ、そこに斎日も記されていたことから、恒例の諸祭が中小祀のいずれに相当するかは知ることができたと思われるが、『延喜式』大中小祀条から考えて、同条以前に見える恒例の諸祭が大祀であったとは考えにくい。なお、別式については川島晃氏「『別式』について」(『日本古代中世史　研究と資料』〈上智大・文〉二)を参照。

(16) 田中卓氏「造大幣使考」(『壬申の乱とその前後』田中卓著作集五)、渡辺晋司氏「大幣と官社制度」(『神道及び神道史』三一・三二合併号)、矢野健一氏「律令国家の祭祀と天皇」(『歴史学研究』五六〇号)、高森明勅氏「大祀と大嘗祭について」(『神道宗教』一二五号)など(高森氏「再び大祀と大嘗祭について」参照)。

(17) 矢野健一氏「日本律令国家祭祀の等級について」(『史苑』四六巻一・二号)。

(18) ⑮⑯⑰は天皇即位関係の規定であるが、これらの三箇条に共通するのは、律令の基本的性格として、臣下に対する規範であるということである。天皇の遵守すべき規定は律令には見えない(衣服令に皇太子以下の服制がみえて、天皇のそれが見えないのも同様の理由に基づくと思われる)。

なお近年発表された溝口睦子氏の論稿「神祇令と即位儀礼」（『古代王権と祭儀』所収）には、「律令には、天皇に関する規定は載せないという原則があることは従来から指摘されているところであるが、その原則は即位儀礼についても貫かれており、令の中に即位儀礼そのものについての規定はない」とされ、⑯については「古代即位儀礼の中心は、天皇がタカミクラに就く行為を核とする即位式にあること、第一三条に盛られた二つの儀式は、その付帯的な要素にしか過ぎないこと」、⑰については「季節祭・農耕祭であるところの『大嘗』の、世毎と年毎のやり方の違いを規定したもの」と述べられた。確かに古代即位儀礼の中心は天皇がタカミクラに就くことであるという同氏の考えに異論はないが、私は、⑮⑯⑰は即位儀礼を構成する要素の重要な一部であると考える。律令法は天皇の行為を直接規定することはないが（名例律除名条の疏文に見える「非常之断、人主専之」は君主の行為について触れた希有の例というべきであろう）、天皇の行為に関連した臣下に対する規範を多く載せている。律令法が即位儀礼中の天皇の行為に関する規定を載せないのであるから、即位儀礼の法源を神祇令の⑮⑯⑰とすることは穏当な考えであろう（律令法が臣下の遵守すべきものであることについては、前論考でも触れた）。

なおタカミクラについては和田萃氏の「タカミクラ――朝賀・即位式をめぐって」（岸俊男教授退官記念会編『日本古代社会史研究』上所収）、所功氏「高御座の伝来と絵図」（『京都産業大学世界問題研究所紀要』第一〇巻所収）などを参照。『大唐開元礼』などをみると、皇帝は天の祀りにあたって南陛より壇に升る。しかし、今日確認できる日本のタカミクラには南に階段はない。唐の皇帝は「子嗣天子臣〇〇」として天を祀っている。このことは、公式令詔書式のはじめに見える「明神……天皇」とともに、日本天皇の唐皇帝との違いを物語るものであろう。

(19)　日本思想大系本『律令』補注参照。

(20)　大嘗祭の祭神については古来議論されており、容易に結論の出せない問題である。前論考（「律令法における即位礼と大嘗祭」『続大嘗祭の研究』所収、本書第四章第三節に再録、以下同）においては、大嘗祭の祭神を「天照大神を始め諸神」「諸神」としたが、ここで「天照大神」と改めておきたい(「御祭りなさる々神は天照大神一体也」『江家次第秘抄』巻一五、践祚大嘗会「悠紀」の語の註、岡田荘司氏『大嘗の祭り』参照)。律令法本来の「大嘗」祭祀の対象としては、「天照大神」のみであったと考えるからである。後には皇祖天照大神を始め天神地祇諸神となった。(「後鳥羽院宸記」〈建暦二年〉、大嘗宮で天皇が奏上されたお告文に「坐伊勢五十鈴河上 天照大神又天神地祇諸神明白、云々」と見えている)。

(21) 前論考に対する批評・紹介としては、

加茂正典氏「図書紹介 皇學舘大学神道研究所編『続 大嘗祭の研究』」(『藝林』三九巻一号)

白山芳太郎氏「新刊紹介 皇學舘大学神道研究所編『続 大嘗祭の研究』(『神道史研究』三八巻二号)

大隈清陽氏「一九八九年の歴史学界――回顧と展望――古代三 (三) 都城・儀礼」(『史学雑誌』九九巻五号)

小堀邦夫氏『ニイナへの分化と発達――践祚大嘗祭と神宮式年遷宮』

などがあるが、本格的な反論としては、高森明勅氏の「再び大祀と大嘗祭について――田中卓博士・川北靖之氏の御高批を拝して――」(『國學院雑誌』九一巻七号、特集創刊一〇〇〇号記念大嘗祭をめぐる諸問題)があり、「神祇令即位条の成立」(『神道宗教』「大嘗祭特集号」一四〇・一四一合併号)でも関説するところがある。また同氏には『天皇と民の大嘗祭』と題する著書もあり、前論考に対する言及もあるが、啓蒙書的性格を有するものなので、本節では専ら同氏の最新の論稿の一つである前記『國學院雑誌』掲載論文を議論の対象とする。以下、高森氏の論稿に触れるときは、特に断らない限り同論文を指すこととする。

(22) 「神嘗・相嘗・大嘗の関係について」(『続大嘗祭の研究』所収)。

(23) 瀧川政次郎氏『定本令集解釈義』解題、黛弘道氏「跡記の成立年代について」(『史学雑誌』六三巻七号)、井上辰雄氏「跡記及び穴記の成立年代」(『続日本紀研究』一二二号)。異説としては押部佳周氏『日本律令成立の研究』第二部第一章などを参照。

(24) 『日本後紀』大同三年十月丁丑条に「制、稽於前例、大嘗散斎三月也、自今以後、以一月為限、」と見える。

(25) 筧敏生氏は「律令国家祭祀と大宝神祇令――弘仁式祭祀大中小条をめぐって――」(『ヒストリア』一二七号)において、高森氏の論考「延喜四時祭式大中小祀条の成立」(『神道宗教』一三二号)を批判して、大同三年の制は「令文が践祚大嘗祭の散斎を三箇月としていたことを示すわけではなく、あくまで『前例』にすぎないのだから、大宝令制定後ただちに弘仁式大中小条と同内容の式が成立していたとの考え方への反証とはならない。」と述べておられる。

(26)『穴記』の成立年代については、井上光貞氏の「日本律令の成立とその注釈書」(日本思想大系本『律令』)を参照。井上氏は弘仁・天長期説である。延暦期説も諸氏によって唱えられているが、近年のものとして井上辰雄氏の論稿「『令集解』雑考」(『続日本古代史論集』所収)がある。同論文には「穴記は少くとも延暦十五年十月廿一日以降、延暦廿三年九月廿三日以前に最終の稿がほぼなった」と見えている。

(27) 注(23)所引『定本令集解釈義』頭注。

(28) 神祇令惣祭天神地祇条は、制定当時に意図された本来の機能を果たしていないことになるが、律令の規定として有り得ることである。

(29) 倉林正次氏「大嘗祭と即位――その原姿を探る――」(『季刊　悠久』第四〇号、特集「即位の礼」一)参照。氏は同論文において「元日の朝賀の儀式は、即位式と同じであり、毎年即位式が行われると考えてよいように思われるのです。」と述べておられる。

(30) 唐衣服令には乗輿(天子)の服について詳細に規定するが、日本衣服令は天皇の服については触れるところがない。『続日本紀』聖武天皇の天平四年春正月乙巳朔条には「御大極殿受朝、天皇始服冕服」と見え、原田淑人氏は「聖武天皇の天平四年にはじめて支那風の大禮服であるところの冕服を召されたのではないか」と考えておられる(「天平時代に於ける宮廷の服飾」〈朝日新聞社編『天平乃文化』〉)。天皇の礼服については、源高明の著した『西宮記』などに記事がある。

(31) 三木善明氏「即位礼及び大嘗祭の服装について」(『季刊　悠久』第四一号、特集「即位の礼」二)などを参照。

(32) 大塚徳郎氏「平城朝の政治」(『平安初期政治史研究』)、目崎徳衛氏「平城朝の政治史的考察」(『平安文化史論』)、熊谷保孝氏「平城・嵯峨両天皇朝の神祇」(『律令国家と神祇』)など参照。

(33) 『平安朝史』上、第一章「桓武天皇の新政」第一節「桓武天皇の御即位」四「財政緊縮の方針」。

(34) 『弘仁式』本条の復原については、注(25)所引虎尾氏論考参照。『延喜式』同条の成立については、高森氏の注(25)所引論考などがある。『弘仁式』復原の史料としては、『年中行事御障子文』神事条・『年中行事』(甘露寺親長書写本)同条・『北山抄』巻四同条・『小野宮年中行事』同条・『師遠年中行事』同条・『拾芥抄』下神事部第二条などがある。

(35) 同氏は注(25)所引論考において「弘仁式祭祀大中小条とは、大宝・養老神祇令に記載された祭祀のみを対象として、その祭祀ごとの格づけを行い、散斎・致斎の期間を明らかにしようとしたもの」とされ、「祭祀大中小条は、神衣祭を除く神祇令登載祭祀のみを対象として成立し、貞観式で賀茂祭等が、延喜式で松尾祭が付加されるかたちで確立した」と結論される。

(36) なお別式と祭祀大中小条との問題については注(17)所引矢野氏論考参照。

(37) 瀧川政次郎氏「九条家弘仁格抄の研究」(『律令格式の研究』〈『法制史論叢』第一冊〉)参照。

第二節　日唐律令における君主の称号について

はじめに

中国では秦の始皇帝以来、歴朝の君主は皇帝を称したが、唐代の律令を見るとその他にも種々の称呼が用いられている。律令法を継受した日本でも、唐律令の称呼が採用されているが、全く同じというわけではない。唐律令と異なる日本独自の部分も存するのである。本節では、日唐両国における君主の称号について、律令を主な対象として考察を加えようと思う。なお、日本の君主の称号として代表的な「天皇」号の成立については、

①欽明天皇朝成立説
②推古天皇朝成立説
③大化改新時成立説
④天智天皇朝成立説
⑤持統天皇朝成立説
⑥大宝令制定時成立説

に分かれ、多数の論考が存在するが[(1)]、ここではその問題に関する考察はひとまず措いて、律令条文中に見える君主の称号にまとを絞って考えることとしたい。そして最後に外交文書における君主号について、いささか考察を行ってみたい。

一　唐律令における君主号

唐律令のなかでまず最初に検討しなければならないのは儀制令第一条である。[2]『唐令拾遺』（以下、拾遺と略称す）によって示すと左のごとくである。

皇帝天子、（夷夏通称之、）陛下、（対敭咫尺上表通称之、）至尊、（臣下内外通称之、）乗輿、（服御所称、）車駕、（行幸所称、）

拾遺は、『唐会要』、『開元礼』、『唐律疏議進律疏表註』を資料として復原を行っている。また参考一には儀制令篇目集解とともに、『唐六典』巻四礼部郎中員外郎条が掲げられている。六典同条には、

凡君臣上下皆有通称、凡夷夏之通称天子曰皇帝、臣下内外兼称曰至尊、天子自称曰朕、臣下敷奏於天子曰陛下、服御曰乗輿、行幸曰車駕、

と見えて、玄宗の勅撰になる同書では、皇帝、至尊、朕、陛下、乗輿、車駕を通称と考えている。すなわち、玄宗ごろの唐にあっては「天子」こそ君主の正式の称号であったことを示すものかも知れない。[3]漢代初期の祭文には「天子」ではなく「皇帝」号が使用されているが、武帝以後は「天子」として祭祀を行ったと考えられている。[4]唐代においても祭祀には「天子」として臨んだと考えられるが、[5]儀制令第一条には天子の号を祭祀に用いるとは見えていない。これは極めて重要な事項であるので、令に明記しなかった可能性がある。[6]

とにかく、唐制（拾遺によると開元七年令・同二十五年令）では夷夏の通称として皇帝天子を用いると規定していたのであるが、夷夏とは何であろうか。夷は夷狄、夷蛮戎狄、すなわち化外の蛮族のことであり、中華に対することばであ

る。夏は中国で自国を称することばであり、また華とも書く。華夏となると中国本土を意味する。華はなやかなこと、夏は大きいということだから、華夏は文化の進歩した大いなる国という意味となり、中国人が自国に自信と誇りをもって称することばである。だから、皇帝天子は、中国と外国の両方からの通称ということになる。

儀制令での称号の記載順は、皇帝・天子・陛下・至尊・乗輿・車駕であったと思われるが、開元七年度の法制に拠ったと考えられる『唐六典』(7)では、天子が別格と考えられている。すなわち、君主の正式な称号は天子であって、皇帝・至尊・朕・陛下・乗輿・車駕は通称とされるのである(8)。これは、高宗・玄宗が封禅の儀を行い、高宗が天皇の称号を用いたことと関連があると思われるが、このことは後に考察することにしたい。

儀制令第一条に見える三番目の君主の称呼は「陛下」である。同条の注には「対敭咫尺上表通称之」とある。咫尺に対敭とは君主の近くにあって君命にこたえてその意を天下に知らしめることである。上表は君主に意見書をたてまつることである。そのような場合に陛下の称が用いられた。この称が用いられるようになったのは秦代にはじまるという(9)。『独断』には「陛下者、陛階也、所由升堂也、天子必有近臣、執兵陳於陛側以戒符虞、謂之陛下者、羣臣与天子言、不敢指斥天子、故呼在陛下者而告之、因卑達尊之意也、上書亦如之」と見えるが、この説明は「対敭咫尺・上表」に陛下が用いられるようになった由来をよく表わしている。

儀制令同条に見える第四の君主の称呼は「至尊」である。前漢の賈誼の著した『過秦論』には「履至尊而制六合」とあり(10)、また前漢の司馬相如の封禅文に「以章至尊」と見え(11)、後漢の班固の撰になる『白虎通』には「或称天子、或称帝王、何以為接上称天子者、明以爵事天也、接下称帝王者、明位号天下至尊之称、以号令臣下也」とある(12)。これらの用例から考えると、漢代においてすでに至尊は天子の別称として用いられていたことがわかる。

儀制令同条の第五の君主の称号は「乗輿」である。戦国時代の思想家孟軻の撰した『孟子梁恵王』下に「今乗輿已駕矣」と見え、『独断』に「乗輿出於律、律曰、敢盗乗輿服御物、謂天子所服食者也、天子至尊不敢渫瀆言之、故託之於乗輿、乗猶載也、輿猶車也、天子以天下為家、不以京師宮室為常処、則当乗車輿以行天下、故羣臣託乗輿以言之、或謂之車駕」とある。すなわち、漢代の律にはすでに乗輿の語が天子の意で用いられている。(13) 唐名例律乗輿車駕条〔五一〕(14)に「諸称乗輿車駕及御者、太皇太后皇太后皇后並同」とあり、また唐賊盗律盗御宝条〔二四〕疏議に「乗輿服御物、謂供奉乗輿服用之物、三后服御之物亦同」と見え、太皇太后・皇太后・皇后が天子と同等の扱いとなっているが、これは本来、乗輿は天子のみを意味したが、後に三后にも通じ用いられるようになったものであろう。

儀制令同条第六の称号は「車駕」である。『漢書』高帝紀には「車駕西都長安」と見え、車駕は天子のことを意味するが、同書景帝紀には「夫吏者、民之師也、車駕衣服称宜」などとあり、一般の乗物をも言う場合があった。しかし前に掲げた『独断』にあるように、漢代すでに天子の意味で用いられたことは明らかである。

最後に、儀制令同条には見えないが、天子の自称である「朕」について見ておきたい。『孟子万章』上に「干戈朕琴朕弤朕二嫂使治朕棲」と見え、『独断』に「朕我也、古者尊卑共之、貴賤不嫌、則可同号之義也、堯曰朕在位七十載、皐陶与帝舜言曰、朕言恵可底行、屈原曰、朕皇考此其義也、至秦天子独以為称、漢因以而不改也」とあることによっても明らかなごとく、朕は一般の自称であったが、秦の始皇帝以来、天子の自称と定められたのである。『史記』巻六秦始皇本紀二十六年条によると、帝号を議せよとの秦王政の命をうけて、丞相綰らは「古有天皇、有地皇、有泰皇、泰皇最貴、臣等昧死、上尊号、王為泰皇、命為制、令為詔、天子自称曰朕」と覆奏したが、王より「去泰、著皇、采上古帝位号、号曰皇帝、他如議」との批答があり、制可された。ここに「朕」は天子のみが使用し得る自称となったのである。これは漢代にうけつがれ、以後歴朝によって採用された。

以上で儀制令第一条に見える君主の称号についての考察を終えるが、唐朝以前に用いられているものばかりであり、唐朝がはじめて採用したものはない。

儀制令以外で君主の称号を載せる重要な条文は、公式令第一四条ならびに第一五条である。第一四条は平出の規定であるが、そこには「皇帝、天子、陛下、至尊」が見える。また第一五条は闕字の規定であって、「乗輿、車駕」が見える。この両条から、「乗輿、車駕」より「皇帝、天子、陛下、至尊」の称呼の方が重視されたことがわかる。(15)

次に目を令から律・律疏に転ずると、「皇帝」の語は、

名例律十悪条〔六〕大不敬疏
同律八議条〔七〕議親注・疏
同律称期親祖父母条〔五二〕疏
職制律御幸舟船条〔一四〕疏
同律文書応遣駅条〔三五〕疏
賊盗律盗御宝条〔二四〕疏
詐偽律偽造皇帝宝条〔一〕本文・疏

同律偽写官文書印条〔二〕疏
雑律毀神御之物条〔四七〕疏

などに見える。「天子」は、

名例律十悪条〔六〕大不敬疏
同律八議条〔七〕議賓疏
衛禁律闌入太廟門条〔一〕疏
賊盗律盗御宝条〔二四〕疏
詐偽律偽造皇帝宝条〔一〕疏

などに見える。「陛下」は見えず、「至尊」は名例律十悪条〔六〕謀反疏に一度見える。「乗輿」、「車駕」は数多く見出される。

以上のように、律令のなかには各種の君主の称号が存在するが、儀制令に見るごとく、その用法は定められていたのであった。なお、ここで唐朝において採用された「天皇」号について考えておきたい(16)。『旧唐書』高宗本紀上元元年八月壬辰条に「追尊宣簡公為宣皇帝、懿王為光皇帝、太祖武皇帝為高祖神堯皇帝、太宗文皇帝為文武聖皇帝、太穆皇后為太穆神皇后、文徳皇后為文徳聖皇后。皇帝称天皇、皇后称天后。改咸亨五年為上元元年、大赦」と見える(17)。先帝らに追尊を行い、皇帝号を改めて自ら天皇と称し、また皇后を天后と改称したのであった。この改称には則天武后の強力な働きかけがあったのであろう(18)。唐朝において「天皇」号が実際に使用されたことは、「龍門石刻録」[19]に載せられた造像銘に見えることなどによって証され、その使用期間は高宗末年から武后時代にまで及んだと考えられている。[20]龍門石刻録に載せられたなかで、年紀を有する早い例としては、儀鳳四年六月八日の唐太常主簿高光復等造阿弥陀像記には「奉為（改行）天皇天后。殿（改行）下諸王」と見えている。遅い例としては、開元十二年十二月十二日の唐高宗奉先寺大盧舎那像龕記幷開元牒に「河洛上都龍門山之陽盧舎那像龕記（改行）大唐高宗天皇大帝之所建也」とあり、開元時代においても、時の皇帝の玄宗に対してではなく、高宗に対して「天皇大帝」の称が使用されているのである。また「天后」については開元二十六年の用例が見出される。後の編纂書では、先にも掲げた『旧唐書』高宗本紀の冒頭に「高宗天皇大聖大弘孝皇帝」と見え、『新唐書』本紀、同世系表にも同じ記載がある。しかし龍門石刻録によると、垂拱四年二月廿□日に「奉為（改行）皇太后。皇帝皇后」とあり、永昌元年五月七日に「上為聖母皇帝」と見えて、この時代に専ら「天皇」号が用いられたわけではない。ただ『維城典訓』[21]に、

唐高宗乾封元年春正月戊辰朔。泰山封禅。先是天皇散斉四日。致斉三日云々。天皇神壇望祭訖。親封玉冊。置石䃭以五色土封之。時有白鶴百余。自日観山飛繞行宮。至於社首徘徊久之。方升雲漢。天皇云々。服衮冕升輦詣壇東大次依礼行事時分。丘東南山谷中隠然有声。三弥万歳。其時有白鳩翔於輦側。斯乃大聖至孝所感焉。（『明文抄』一）

とあって、天皇号のみ見えることからすると、武后時代、高宗に対して天皇号が主として用いられたことは明らかであろう。

二　日本律令における君主号

日本律令は唐律令を継受したものであるから、基本的には母法と同じ規定が見られるが、日本独自の規定も存在する。ここでは日本律令に見える君主の称号を中心に考察する。

儀制令天子条〔一〕[22]に君主号のことが規定されている。それは左のごとくである。

天子、祭祀所称、

天皇、詔書所称、

皇帝、華夷所称、

陛下、上表所称、

太上天皇、譲位帝所称、

乗輿、服御所称、

車駕、行幸所称、

前項に掲げた唐令同条と比較すると、いくつかの相違点が見られる。まず順序である。唐令では「皇帝・天子・陛下・至尊・乗輿・車駕」の順であったと思われるが、日本令では「天子・天皇・皇帝・陛下・太上天皇・乗輿・車駕」となっている。唐では「皇帝・天子」が最も重要視されたのに対して、日本では「天子・天皇」が重んぜられ、皇帝はそれに次いだのであろう。その他の相違点としては、唐令には見えない「天皇」、「太上天皇」の称の見えること、および唐令にある「至尊」の号の見えないことであろう。それでは順序に従って検討する。

まず「天子」であるが、注に「祭祀所称」とある。中国では漢の武帝以後、天子として祭祀を行ったと考えられるから、日本令の天子の注もこの制を承けているのであろう。この点では、日本令本条の天子の注は、唐令というよりも魏晋南北朝の法制の影響をうけているのかも知れない。

第二の「天皇」号については、唐令には見えず、日本令独自の規定であるが、この称号については後に検討することにしたい。

第三の「皇帝」号は唐令に見えるところであり、日本令の注も、彼の夷夏を華夷とする以外、唐令の注と意味に差異はない。皇帝号が当時用いられなかったのではないかとの議論があるが、この点も後に検討したい。

第四の「陛下」号は、唐令と注が相違する。すなわち、日本令には唐令に見える「対颺咫尺」の四字が削除されている。これは陛下の称号を用いる場合を、日本令では上表に限定したことによるのであろう。日唐の政治機構の差異に原因する可能性がある。

ここで、唐令本条に見える「至尊」の号についてふれておく。日本令本条に見えない「至尊」の号は、公式令平出条〔二三―三七〕、同令闕字条〔三八〕には見えている。闕字条義解には「謂、一人也」とあり、同条集解朱説には「斥至尊、謂依此令天子一人也」と見えて、至尊が令において君主号の一つとされていたことがわかる。何故に儀制令天子条に見えないかについては後考に俟ちたい。

第五に「太上天皇」であるが、この称号は唐令には見あたらず、日本令独自の規定である。太上天皇の尊号は持統天皇にはじめて奉られたようである。唐公式令三条によれば、皇太子以下は皇帝に対しては臣下とされたが、日本公式令皇后条〔三〕では太上天皇は天皇に準じて位置づけられている(23)。

第六の「乗輿」、第七の「車駕」については彼我の本文注文に差異はない。この二つの称号については『続日本紀』に用例が見えている。乗輿は養老六年正月壬戌条に見える。車駕は数多く見出されるが、大宝元年七月辛巳、同年十月丁未、同月戊午、同二年十一月戊子の各条においては、太上天皇の意味で使用されているごとくである。

ここで翻って「天皇」号について考える。唐朝において高宗が天皇号を採用したことについては前項に述べたが、ここではその影響について考察する。高宗が天皇号を採用したのは上元元年であったが、朝鮮半島においても、新羅の孝昭王三年ごろの「金仁問碑」に「高宗天皇大帝」と見える(24)。金仁問は新羅太宗武烈王の第二子であって、文武王法敏の同母弟である。その伝は『三国史記』巻四四列伝第四に見えているが、永徽二年（唐朝の年号。真徳王五年にあたる）仁問年二十三歳のときに主の命を受けて入唐し宿衛している。仁問は高宗の信任を得て、蘇定方とともに百済と戦い、成果をあげている。また高句麗との戦いにも大いに活躍している。彼は唐朝にて載初元年輔国大将軍上柱国臨海郡開国公左羽林軍将軍となったが、延載元年四月二十九日に歿している。仁問は七たび入唐しており、唐朝に宿衛することは前後あわせて二十二年であった。仁問が活躍した時代は、百済・高句麗の滅亡と新羅による半島の統一という激動の時代であった。『三国史記』新羅本紀、真徳王二年条には「春秋又請改其章服。以従中華制」とあり、同三年春正月には「始服中朝衣冠」と見え、同四年には「是歳始行中国永徽年号」とある。また同六年春正月には「以波珍飡天暁為左（ママ）理方府令」と見え、武烈王元年五月には「命理方府令良首等。詳酌律令。修定理方府格六十余条」とある。唐太宗の末年ごろから唐羅の関係は良好であり、新羅は唐制（服制・年号など）を積極的に採用し、法典編纂も行ったのであった。[25] 文武王十年から十六年にかけて新羅と唐は交戦状態にあったが、その間も新羅は唐に使を送っている。文武王十五年は唐の上元二年にあたるが、『三国史記』新羅本紀同年条には「王乃遣使入貢且謝罪。帝赦之。復王官爵」（二月）、「遣使入唐貢方物」（九月）と見え、二度も朝貢しているのである。このようなことから考えると、上元元年における高宗の天皇号採用も、翌年には新羅国内へ伝わったものと考えられるのである。

ところで日本からの遣唐使は、天智天皇八年河内鯨を遣して以来、[26] 文武天皇の大宝元年まで約三十年間中断する。この間、日本と唐との公の交流はなく、唐の制度文物を直接摂取することは困難であったと思われるが、新羅との間には頻繁に遣使が行われており、[27] この交流によって、唐朝の動向は政治・経済・文化などの分野にわたって相当詳しく知り得たものと思われるのである。その故に、高宗の天皇号採用も比較的早く知ることができたであろう。早い場合には天武天皇四年、遅くとも天武天皇の末年ごろには、新羅を通じて高宗の天皇号採用が日本に伝えられたと考えられるのである。[28]

また書物の伝来という面からも、天皇号の採用が日本に伝わったと思われる。前項に引用した『維城典訓』には天皇号が三度見えるが、同書の編纂は持統天皇三年六月の「善言」の撰上開始と関連がありそうだからである。すなわち、持統天皇は、則天武后の『維城典訓』の編纂の事実を知り、[29] あるいはその影響をうけて撰善言司を任命したのかも知れないのである。新羅との国交を通じて、持統天皇朝に『維城典訓』が将来されたとするならば、[30] 当然高宗の天皇号も日本に知られたであろう。

ところで高宗の天皇号採用が、確実に日本に伝わっていたことを証する史料を『続日本紀』中に見出すことができ

る。すなわち同書慶雲元年七月甲申朔の記事に、

正四位下粟田朝臣真人自唐国至、初至唐時、有人来問曰、何処使人、答曰、日本国使、我使反問曰、此是何州界、答曰、是大周楚州塩城県界也、更問、先是大唐、今称大周、国号縁何改称、答曰、永淳二年、天皇太帝崩、皇太后登位、称号聖神皇帝、国号大周、問答略了、唐人謂我使曰、亟(承カ)聞、海東有大倭国、謂之君子国、人民豊楽、礼義敦行、今看使人、儀容大浄、豈不信乎、語畢而去

と見えるのである。粟田真人は、日唐和して後、最初に遣わされた遣唐使である。その彼が唐国に至ってなした問答のなかに「永淳二年、天皇太帝崩」とあり、高宗の崩御を伝えているのである。高宗が天皇大帝であったことは、この真人の帰朝によって確実に日本へ伝えられたのである。

日本において、国風諡号が崩後すぐに奉られた確実な例は、持統天皇（大倭根子天之広野日女尊）からであるが、和風諡号に天皇号が附されるのは、文武天皇（倭根子豊祖父天皇）にはじまる。(31) このことも、高宗が自ら天皇と称し、則天武后の時代にも高宗を天皇と呼んでいることの影響を考える必要があるかも知れない。

右に見てきたごとく、唐令には天皇号は規定されていなかったと思われるから、日本令に見える天皇の規定には、唐の高宗が天皇号を採用した事実が影響を与えていることは想像できるが、公式令平出条などを日唐比較することによって明らかなごとく、日本令の天皇号の位置づけには独自のものが存するのであり、その由来についてはさらに考察を加えねばならないであろう。

先にもふれたごとく、皇帝号は儀制令天子条の第三番目に位置する君主の称号である。この皇帝の称号が推古天皇

朝の日本に知られていたことは、『日本書紀』推古天皇十六年秋八月壬子条に、

時使主裴世清、親持書、両度再拝、言上使旨而立之、其書曰、皇帝問倭皇、使人長吏大礼蘇因高等、至具懐、

(下略)

と見えることによって確実であろう。(32)

『続日本紀』を繙くと皇帝号が現れるが、天平宝字から天平神護にかけて集中的に見えている。すなわち、宝字元年閏八月壬戌「淡海大津宮御宇皇帝」、宝字二年八月庚子朔「宝字称徳孝謙皇帝」、同月戊申「勝宝感神聖武皇帝」、宝字三年六月庚戌「崇道尽敬皇帝」、宝字四年六月乙丑「勝宝感神聖武皇帝」、天平神護二年三月丁卯および同年六月壬子「感神聖武皇帝」などと見える。これらの尊号・諡号を上ることに関しては、藤原仲麻呂の関与が想定される。

ところで大宝令には皇帝号が存したと考えられるが、いつごろより一般的に使用されるようになったのであろうか。田中卓氏は、『続日本紀』天平八年十一月丙戌条に見える葛城王らの上表に「皇帝陛下」とあることなどによって、「聖武天皇は、御生前既に『皇帝』と一般に尊称せられていた」と述べられた。(33)皇帝の尊称が一般化したのは聖武天皇のときからとすることができようが、その先蹤は元明・元正両天皇朝に見出すことができるのではなかろうか。『続日本紀』元明天皇霊亀元年九月庚辰条の「天皇禅位于氷高内親王」の記事の後に引く詔のなかに「今伝皇帝位於内親王」と見え、同書元正天皇養老五年十月丁亥条に載せられた元明太上天皇の遺詔には「又皇帝摂断万機、一同平日」とある。(34)また元明天皇の和銅五年正月二十八日の日付を持つ『古事記』序（本来は上表文）に「伏惟（改行）皇帝陛下」と見えている。(35)

森公章氏は、儀制令天子条を分析して、そこに見える天子・天皇・皇帝・陛下の称号のうち、「実際には『天皇』だけしか用いられなかったのではないか、つまり『天皇』こそ唯一の君主号ではなかったか」と述べておられる。[36] しかし右に見たごとく、詔書において明らかに「皇帝」号が使用されているのである。

律令における「皇帝」号については、なお考察を加えておかねばならない問題がある。それは唐儀制令第八条に該当する令条が、日本令に見えないことである。『唐令拾遺』によると同条は「皇帝践祚、及加元服、皇太后加号、皇后皇太子立、及赦元日、刺吏、若京官五品以上在外者、並奉表疏賀、州遣使余附表、皆礼部整比、送中書総奏之」とある。すなわち、皇帝が践祚した場合などに、在外の官人は表疏を奉って賀する規定であった。この条を日本令が削除したのは、いかなる理由に基づくのであろうか。この条が転写の間における脱落でないことは、日本儀制令の冒頭に見える「凡弐拾陸条」の記載と現存する条数とが一致することから明らかであるが、職制律文書応遣駅条〔三五〕の本文および疏文を日唐比較することによっても証される。すなわち、唐律には疏文に儀制令同条が引用され、それに対応する本文も存するが、日本律にはこれが削除されているのである。唐儀制令第八条の日本令における削除は、皇帝践祚などのことそのものが日本にはなかったか、またはあったとしても在外者が表疏を奉る規定となっていなかったかのいずれかを意味すると思われるが、私は前者の可能性が高いものと考えている。日本令は、唐祠令には見えない即位〔一〇〕・践祚〔一三〕・大嘗〔一四〕の三条を神祇令に置いているが、[37] 践祚条の義解は「謂、天皇即位、謂之践祚、祚位也、福也」と解し、大宝令の注釈書『古記』は「践祚之日、答(云カ)、即位之日、賈逵注国語云、祚位也」と説いている。日本神祇令は、唐祠令には見えない天皇の即位儀礼に関する規定を設けているのである。この神祇令の即位儀礼が、「天皇」としての儀式であることは注意すべきであろう。すなわち、「皇帝」としての践祚ではないのである。「皇帝践祚」ということがなかったために、唐儀制令第八条に相当するわが令条は削除されたものであろう。また、彼の「皇帝践祚」を「天皇践祚」と改めれば、儀制令同条を置くことも可能であるが、日本は「在外者奉表疏」の制も継承しなかったために、そのような改訂も行わなかったものと考えられるのである。

なお、唐儀制令は皇帝践祚の儀式の内容には一切ふれていない。践祚の儀式は極めて重要なものであるので、令条に規定しなかったものと思われる。祠令に即位・践祚などの規定が見えないのも、同様の理由に基づくのであろう。

三　外交文書における君主号

ここでは律令時代の外交文書における君主号について考えてみたい。

まず検討を加えねばならないのは公式令詔書式条（一）である。同条には「明神御宇日本天皇詔旨、云々咸聞」とあり、義解には「謂、以大事宣於蕃国使之辞也」と見える。ところが大宝令の注釈書である『古記』には、

御宇日本天皇詔使、対隣国及蕃国而詔之辞、問、隣国与蕃国何其別、答、隣国者大唐、蕃国者新羅也

と見えるのである。[38]『古記』によれば、大宝令施行時において、「日本天皇」という称号が唐や新羅との外交文書に使用されたと考えられるのである。[39]新羅や渤海との外交において、公式令詔書式の規定が現実に適用され、天皇号が使用されたことは、『続日本紀』に見える対外関係記事に徴して明らかである。[40]そこで問題となるのは唐との関係である。

大宝初年には、ほぼ三十年ぶりに、新律令編纂の中心人物の一人であった粟田朝臣真人を遣唐執節使とする遣唐使が任命され、翌年出発するが、この遣唐使再開の使命の一つとして、新律令を唐朝に紹介することがあったと考えられている。(41) この新律令が唐朝にもたらされれば、儀制令・公式令などに見える日本の君主号は直ちに彼の国によって了解されるはずである。すなわち、天皇・皇帝といった称号がそこには明瞭に記されているからである。ところで、この大宝の遣唐使再開のときに国書を持参したのであろうか。持参したとするならば、その国書にはいかなる君主号が使用されていたのであろうか。『続日本紀』を見ると、そこには唐との外交文書は一点も掲載されていない。これは何故であろうか。このことを考える場合の史料が、弘法大師空海の漢詩文集『遍照発揮性霊集』に見える。同書巻第五、為大使(42)与福州観察使書一首には、

賀能啓、（中略）我国主、顧先祖之貽謀、慕今帝之徳化、謹差太政官右大弁正三品兼行、越前国大守、藤原朝臣賀能等、充使奉献国信別貢等物、(43)（中略）又大唐之遇日本也、雖云、八狄雲会膝歩高台、七戎霧合稽顙魏闕、而於我国使也、殊私曲成待以上客、面対龍顔自承鸞綸、佳問栄寵已過望外、与夫瑮々諸蕃豈同日而可論乎、又竹符銅契(44)本備奸詐、世淳人質文契何用、是故、我国淳樸已降常事好隣、所献信物不用印書、所遣使人無有奸偽、相襲其風于今無尽、加以、使乎之人必択腹心、任以腹心何更用契、載籍所伝東方有国、其人懇直礼義之郷、君子之国蓋為此歟、然今、州使責以文書、疑彼腹心、撿括船上、計数公私、斯乃、理合法令、事得道理、官吏之道実是可然

とある。これによると、我国は古くから遣使にあたって国書を持参しなかったことが窺われるのである。推古天皇朝を考えれば容易に察せられるように、国書の文言は常に問題を引き起こすのであり、いつのころからか国書を持参し

ないことが慣例となっていたのであろう。その故に、大宝の遣唐使も国書をもたらさなかったと考えることも可能であろう。しかし、三十年余の中断後再開された大宝の遣唐使が、国書を持参しなかったことは、私には考えられない。それでは、粟田真人が唐国にもたらした国書には、いかなる君主号が使用されたのであろうか。森公章氏は「日本は唐に対して『天皇』号を用いてはいない」という説を提示しておられるが、はたしてそうであろうか。[45]大宝の遣唐使が国書をもたらしたとするならば、その書式は当然新令に拠ったであろう。[46]そうであれば、公式令詔書式によって天皇号が用いられ、その国書には「天皇御璽」の印文を持つ内印が用いられたはずである。

ここで問題となるのは、天平五年入唐し、同八年八月に帰朝した遣唐副使中臣朝臣名代がもたらしたと思われる「勅日本国王書」[47]である。この勅書には、

勅日本国王、主明楽美御徳、彼礼儀之国、神霊所扶、滄溟往来、未嘗為患、不知去歳何負幽明、丹墀真人広成等、入朝東帰、（中略）今朝臣名代還、（下略）

と見える。ここに見える「日本国王、主明楽美御徳」はいかに解すべきであろうか。私は、日本から唐に国書がもたらされたとすれば、やはりそのなかの君主号は「日本天皇」とあったと考える。彼の勅書が、日本の国書の君主号の表記をそのまま反映するとは限らないと考えるからである。この点では、遣隋使の小野妹子が、隋では蘇因高と称されたことなども参考となるであろう。[48]おそらく、日本からの国書に「日本天皇」とあったのを、唐国の立場から「日本国王、主明楽美御徳」となしたのであろう。[49]ただし、その主明楽美御徳の表記は、日本側に意見を徴してなされたものと思われる。[50]唐国が天皇の表記を承認しなかったのは何故であろうか。ここで想起せねばならないのは、唐では

高宗が生前より「天皇」という君主号を称していた事実である。その唐国に対し、日本が天皇号を用いた国書を持参することは、対等外交を意味する。中華思想を堅持する唐国としては、日本が天皇号を称することは承認できることではないであろう。その故にこの勅書では、日本よりの使人に徴して「天皇」の和訓「主明楽美御徳」を「日本国王」の下に置いたのであろう。これは、日本国王である主明楽美御徳という意味であって、両者は同格の表記法と考えられるのである。このように解し得るとすれば、唐国は暗に天皇号を承認したことになるであろう。また、それまで倭・倭国とされてきたことからすると、ここに日本国王とあることは一大進歩といってよいであろう。

ところでこの勅書は天平八年に日本にもたらされたと考えられるのであるが、天平十年ごろに成立したと考えられる大宝令の注釈書『古記』が、公式令詔書式条は隣国の大唐にも用いられると解しているのは、同時代史料として重視せねばならないであろう。この勅書と『古記』という二つの同時代史料から考えられることは、日本からの国書には「日本天皇詔旨」の語句があったこと、そして唐はこれに対して、日本の国号は承認するが、「天皇」の称号はそのままの形では承認しない態度を取ったということであろう。『古記』以外の公式令詔書式条の諸注釈が「隣国」を問題としていないのは、以後、対唐外交に国書が用いられなくなったことを意味する可能性がある。すなわち、義解、釈、朱、穴などが蕃国のみを問題としているのは、各説の成立年代にはすでに国書を持参しない唐国との交流が慣例化していたのではなかろうか。『続日本紀』によると、宝亀九年帰朝の遣唐使とともに来朝した唐使・内使掖庭令趙宝英は、唐より「結隣好」を目的として発遣されたと見える。(51) ここに隣好とあることは、対等の関係が樹立されたことを意味し、注目に値する。この『続日本紀』に見える「結隣好」の語は、先に掲げた『性霊集』の「事好隣」と呼応するといってもよいであろう。あるいはこの宝亀の遣唐使のころには、国書を持参しない外交が開始されていたのかも知れない。とするならば、延暦期以降と考えられる、先に掲げた公式令の諸注釈が、隣国を問題にしないのも了解されるであろう。

最後に、『続日本紀』天平宝字三年正月庚午条の「皇帝」に言及しておく。同条には、

高麗使揚承慶等貢方物、奏曰、高麗国王大欽茂言、承聞、在於日本照臨八方聖明皇帝、登遐天宮、攀号感慕、不能黙止、是以、差輔国将軍揚承慶、帰徳将軍揚泰師等、令賷表文幷常貢物入朝

とあって、渤海よりの上表文に「皇帝」の称号が用いられている。一般に新羅・渤海との国交には「天皇」号が使用されるが、ここで「皇帝」号が使用されたのは、日本からの要請によるものであろう。

以上、外交文書における君主号について考えたが、日本からの国書には「天皇」号が使用された（宝字ごろは皇帝か）と思われる。新羅・渤海から日本への国書にも天皇号が使用されたが、唐国から日本への国書には、天皇号も皇帝号も使用されなかったものと考えられる。

おわりに

以上三項にわたって述べたが、要約すると次のようになるであろう。

第一項では、唐律令における君主号について、特に儀制令第一条とその沿革を中心に考えた。いずれの君主号も前朝に由来するものであり、そのほとんどは秦漢時代においてすでに定着していた。

第二項では、日本律令における君主号について考察した。唐朝における天皇号採用が日本に与えた影響を考えた。また日本における皇帝号の使用および唐儀制令第八条の削除について考察した。

第三項では、外交文書における君主号について考察し、日本からの国書には天皇号が明記されたであろうということを推定した。

注

(1) 森公章氏「『天皇』号の成立をめぐって」(『日本歴史』四一八)参照。

(2) 条文番号は仁井田陞氏『唐令拾遺』による。

(3) 秦漢代の中国における「皇帝」観の変遷については、西嶋定生氏「皇帝支配の成立」(『岩波講座世界歴史四　古代四』所収)参照。

(4) 注(3)所引西嶋氏論考二五二頁参照。

(5) たとえば『大唐郊祀録』巻第四祀礼一の冬至祀昊天上帝には「子嗣天子臣某」、『文献通考』巻八四郊社考一七封禅には「高宗乾封元年封泰山、(中略)天子詔曰、(中略)是歳正月天子祀昊天上帝於山下之封祀壇」などと見える。

(6) ただし、日本令には「天子、祭祀所称」とあり、日本令の藍本であった永徽令または垂拱令に、「天子」についての規定が存在したかも知れない。高宗は乾封元年、玄宗は開元十三年に封禅の儀を行っているが、あるいは、永徽儀制令に存した天子に関する独立した規定を、封禅の儀との関係で、後の令では削ったのではなかろうか。

(7) 浅井虎夫氏『支那ニ於ケル法典編纂ノ沿革』には「本文ハ開元二十五年以前註ハ其以後ニ成レルハ明ナリ」(一九四頁)と見える。

(8) 漢の蔡邕の撰になる『独断』には「漢天子正号曰皇帝、(中略)天子正号之別名」とある。皇帝と天子の関係は、時代による変化があろう。

(9) 宋の高承の撰になる『事物紀原』には「周以前天子無陛下之呼、史記秦李斯議事、始呼之耳、陛階也、所以陞堂、天子必有近臣、在階側以戒不虞、臣与天子言、不敢指斥、但呼在陛下者、与之言、因卑達尊之義、則此号秦礼也、漢霍光奏太后、亦曰陛下也」(巻二)と見える。李斯の上書は『史記』李斯列伝、ならびに『文選』巻三九上書の「上書秦始皇一首」に引用されている。そこには「今陛下致昆山之玉」、「而陛下悦之」などとある。

(10) 『文選』巻五一論所収。

(11) 『文選』巻四八符命所収。なお「章」については、『独断』に「凡羣臣上書於天子者有四、名、一曰章、二曰奏、三曰表、四曰駮議」と見える。

(12) 同書巻一上、号所収。百部叢書集成所収拘経堂叢書本による。

(13) 蔡邕の『独断』に見える律曰云々の語句は沈家本の『漢律摭遺』二二巻(『沈寄簃先生遺書』甲編下冊所収)の巻二盗律に引かれている。なお、日本の儀制令天子条の乗輿に対する義解には「不敢媟黷以言、故託乗輿以名之」とあるが、この規定は漢律に由来すると言えるであろう。

(14) 条文番号は『訳註日本律令』二・三、律本文篇上・下巻による。以下同じ。

(15) 名例律乗輿車駕条(五一)からすると、乗輿・車駕が平出ではなく闕字とされるのは、この二つの称呼が太皇太后・皇太后・皇后に通じ用いられたことに関係があるかも知れない。

(16) 漢土における「天皇」号の使用については、渡辺茂氏「古代君主の称号に関する二・三の試論」(『史流』八)、東野治之氏「天皇号の成立年代について」(『正倉院文書と木簡の研究』所収)などの論考参照。

(17) 『唐会要』巻一帝号上には「高宗天皇大聖大宏孝皇帝諱治、貞観二年六月十三日、生於東宮麗正殿、五年、封晋王、十七年四月七日、冊為皇太子、二十三年六月一日、即位、咸亨五年八月十五日、称天皇、宏道元年十二月四日、崩於東都貞観殿、文明元年八月庚寅、葬乾陵、諡曰天皇大帝、廟号高宗、哀冊文、諡冊文、諡議、天平八載六月十五日、追尊高宗天皇大聖皇帝、十三載二月六日、加尊高宗天皇大聖大宏孝皇帝、年号十五、（双行の夾注は全て省略）」とある。

(18) 『旧唐書』則天皇后本紀には「永徽六年、廃王皇后而立武宸妃為皇后。高宗称天皇、武后亦称天后。后素多智計、兼渉文史。帝自顕慶已後、多苦風疾、百司表奏、皆委天后詳決。自此内輔国政数十年、威勢与帝無異、当時称為二聖」と見える。外山軍治氏は『則天武后』（八二頁）において、天后の採用について「武后は皇帝の妻の座から一歩皇帝の座に接近したことを示す。（中略）天后の称号も、おそらく彼女の創意になるものであろう」と述べられている。

(19) 水野清一・長広敏雄両氏『龍門石窟の研究』所収。

(20) 東野氏は注（16）所引論考において、永隆元年、開耀二年、永淳二年、垂拱三年、如意元年の年紀を有する銘文五例に「天皇天后」の見えることを紹介され、天皇号の使用期間を高宗末年から武后時代にまでわたるかなり長期に及んだと考えておられる。

(21) 則天武后時代に武后の命によって成立した。もと二〇巻あり。本書については島善高氏「『維城典訓』考」（『古代文化』三二の七）参照。島氏の論考には諸書に見える佚文が輯録されている。

(22) 条文番号は日本思想大系『律令』による。以下同じ。

(23) 注（22）所引本六三〇頁参照。

(24) 注（16）所引東野氏論考四〇一頁参照。

(25) 新羅律令制の実態については、林紀昭氏「新羅律令に関する二・三の問題」（『法制史研究』一七）参照。

(26) 『新唐書』巻二二〇東夷伝日本条には「咸亨元年、遣使賀平高麗」と見える。

(27)『日本史料集成』所収、「遣新羅使年表」、「新羅使年表」参照。

(28)『日本書紀』天武天皇十三年十二月癸未条には「大唐学生土師宿禰甥、白猪史宝然、及百済役時没大唐者猪使連子首、筑紫三宅連得許、伝新羅至。則新羅遣大那末金物儒、送甥等於筑紫」とあって、もし新羅との国交によって伝わらなかった場合でも、甥・宝然より天皇号採用は言上されたであろう。なお両名とも大宝律令の撰定に参加している。

(29)青本和夫氏「日本書紀考証三題」(『日本古代史論集』上巻所収)には「池田温氏の教示によると、維城典訓などをも含む編纂事業の開始を、資治通鑑は六七五年三月に繫《か》けてをり、典訓の成立も六七〇年代後半から六八〇年代前半とみてよいとのことである。或いはわが学問僧、かの新羅使の報告によつて、朝廷は武后の編纂事業を知つてゐたのであらうか」とある。

(30)『三国史記』新羅本紀神文王六年条に「遣使入唐、奏請礼記幷文章、則天令所司、写吉凶要礼、幷於文館詞林、採詞渉規誡者、勒成五十巻、賜之」と見える。このような機会に『維城典訓』も新羅にもたらされたのであろう。なお、奈良時代の日本に『典訓』が在存したことは、天平二十年の写経充紙帳(『大日本古文書』第三巻一九三頁)に「維城典訓下帙十巻」と見え、『続日本紀』天平宝字三年六月丙辰の勅に「其維城典訓者、叙為政之規模、著修身之撿括」とあることによって明白であろう。また平安時代、藤原佐世が勅によって撰した『日本国見在書目録』にも「維城典訓廿巻則天太后撰」と見える。

(31)諡については、和田萃氏「殯の基礎的考察」(『史林』五二の五)、山田英雄氏「古代天皇の諡について」(『日本書紀研究』第七冊所収)などの論考参照。なお、佐藤宗諄氏は「『天皇』の成立」(『日本史研究』一七六)において、「尊」と「天皇」との称号の使いわけに注目しておられる。

(32)『善隣国宝記』所引の『経籍後伝記』には「以小治田朝十二年歳次甲子正月朔、始用暦日、是時国家書籍未多、爰遣小野臣因高於隋国、買求書籍、兼聘隋天子、其書曰、日出処天皇、致書日没処天子、隋煬帝覧之不悦、猶怪其意気高遠、遣裴世清等十三人、送因高来観国風、其書曰、皇帝問倭王、聖悳太子甚悪其黜天子之号為倭王、而不賞其使、仍報書曰、東天皇白西皇帝云云」

とあって、『日本書紀』に見える「倭皇」は彼の国書では「倭王」となっていた可能性が高い。木宮泰彦氏『日華文化交流史』（六三〜六七頁）参照。

(33) 「奈良時代におけるミカド思想の展開」（『神道史研究』創刊号）。

(34) 日本思想大系『古事記』（序の大雀皇帝についての補注。三一四頁）に「宣命体の詔書ではすべて『天皇』であるが、漢文体の詔書では元明天皇の譲位の詔（続紀、霊亀元年九月庚辰条）以下、『皇帝』が使われている」と見える。

(35) 古事記序の「皇帝陛下」によって、大宝公式令平出条に「皇帝」号の存在したことを証明することができる。

(36) 注（1）所引論考一四頁。

(37) 菊地康明氏「律令体制と神祇イデオロギー――唐の祠令との比較から――」（『歴史学研究』三七八）参照。

(38) 儀制令天子条の皇帝に対する注文に「華夷所称」とあるが、日本の立場からすれば華とは日本のことであり、夷は全ての外国を含む。故に律令の解釈として「蕃国」には本来唐を含むはずである。しかし、その蕃国のなかでも、唐は隣国として特別に取り扱われたのであろう。平野邦雄氏は「記紀・律令における〝帰化〟〝外蕃〟の概念とその用例」（『東洋文化』六〇）において「『大宝律令』にいたって、ことさらに新羅を〝蕃国〟とし、唐を〝隣国〟として、新羅を蔑視したわけではない。〝隣国〟も〝外蕃〟である」と述べておられる。

(39) 儀制令天子条の皇帝に対する義解に「言王者詔誥於華夷、称皇帝、即華夷之所称亦依此也」とあって、外交文書には「皇帝」の称号が用いられる規定であるが、公式令詔書式条では「天皇」号のみ見える。

(40) 石母田正氏『日本古代国家論　第一部』Ⅶ「天皇と「諸蕃」」（三三八〜四〇頁）参照。

(41) 注（40）所引石母田氏著書三四八〜四九頁参照。

(42) 延暦二十三年入唐した第一六次遣唐使の大使藤原朝臣葛野麿のことである。また書中に見える賀能も葛野麿を意味している。

帰国後の上奏が、『日本後紀』巻一二、延暦二十四年六月乙巳条に詳細に引用されている。

(43)『日本古典文学大系　性霊集』の頭注に、国信は「『常礼の玉帛』(便蒙)」、別貢は「臨時の貢物」と見える。国信は、一般には国と国との間に取りかわされる信書を意味するが、ここでは用法が異なる。また書中に信物とあるのも、国信・別貢の総称であろう。なお、注(42)に引用した『日本後紀』の上奏に「(延暦廿三年十一月)廿四日国信別貢等物、附監使劉昂、進於天子」と見える。

(44) 竹符銅契は、書中に見える文契、印書、文書などとともに国書を意味するであろう。

(45) 注(1)所引論考一五頁。

(46) 注(40)所引石母田氏著書三四九頁参照。

(47)『唐丞相曲江張先生文集』巻七、『欽定全唐文』巻二八七、『文苑英華』巻四七一などに見える。なお、『旧唐書倭国日本伝・宋史日本伝・元史日本伝』(岩波文庫)の附録・参考原文にも収められている。

(48)『日本書紀』推古天皇十六年夏四月条に「小野臣妹子、至自大唐、々国号妹子臣曰蘇因高」と見える。

(49) 注(32)所引の『経籍後伝記』に「其書(私云、隋からの国書)曰、皇帝問倭王、聖悳太子甚悪其黜天子之号為倭王」とあるのも参考になるであろう。

(50) 儀制令天子条の天子に対する義解に「凡自天子至車駕、皆是書記所用、至風俗所称別、不依文字、仮如、皇御孫命、及須明楽美御徳之類也」と見える。

(51) 注(40)所引石母田氏著書三五一～五二頁参照。

第三節　律令法における即位礼と大嘗祭

はじめに

昭和六十年代になり、大嘗祭に関する研究が続々と刊行されつつある。平野孝国氏の『大嘗祭の構造』などはその代表的なものである。そのほかにも多くの研究書が刊行されつつある。しかし、即位儀礼には大嘗祭とともに即位礼があるけれども、この研究は盛んであるとは言えない。即位礼と大嘗祭の双方を考察の対象とした研究書としては、『帝室制度史』第四巻、井上光貞氏『日本古代の王権と祭祀』などがあるのみである。ことに井上氏の著書は、神祇令および国史の記事に焦点を当て、外国の史料とも比較検討して、即位儀礼を考察した注目すべきものである。

本節では、先学の多くの研究書に導かれつつ、律令法における即位礼と大嘗祭について考察を加えることにする。

一　大嘗祭とは何か

大嘗祭とは、天皇が即位されたのちに行われる諸儀礼のなかで最も重大なものである。日本の古い法律や制度の多くは、中国大陸から齎されたものであり、嘗祭もその例外ではないと思われる。しかし、嘗祭は日本で独自の発達を遂げ、天武天皇の時代に大嘗祭は国家の制度として確立された。革命の絶えなかった中国とは異なって、一系の天皇の統治される日本にあっては、即位儀礼としての大嘗祭が重視されたのは当然といえば当然である。

大嘗祭は天武天皇の時代に確立したのであったが、今日までの長い年月の間に、儀礼の内容にかなりの変遷がある。

しかし、大嘗祭の本質はいささかも変化することなく、こんにちまで連綿と続けられてきていると言ってよいであろう。ただ、大嘗祭は御一人によって取り行われる特別の祭祀であるために、その全容を把握することは極めて困難であると言わざるをえない。(1)

本節では、律令時代の大嘗祭および即位礼について、律令条文の規定を中心として考察を加えてみたいと思う。平安時代以降の大嘗祭については、必要な場合にのみ言及することとしたい。

大嘗祭の研究史を見ると、大正・昭和時代、ことに御大典に合わせて、多くの研究書が刊行されていることに気がつく。試みに大正時代以降の主な研究書を列挙すると次の通りである。

三浦周行氏　『御即位礼と大嘗祭』　大正三年刊
出雲路通次郎氏　『大礼と朝儀』　昭和一七年刊
にいなめ研究会編『新嘗の研究』第一・二輯　昭和二二・三〇年刊
田中初夫氏　『践祚大嘗祭の研究』　昭和三四年刊
田中初夫氏　『践祚大嘗祭（研究篇・資料篇）』　昭和五〇年刊

なお、文献目録としては、

白山芳太郎氏「大嘗祭関係文献目録」〈『大嘗祭の研究』昭和五三年所収〉
岡田精司氏「大嘗祭・新嘗祭関係参考文献目録」〈『大嘗祭と新嘗』昭和五四年所収〉
加茂正典氏「大嘗祭・新嘗祭関係文献目録」〈『神道史研究』三五―四、昭和六二年〉

などがある。

二　大嘗祭の成立

大嘗祭が、制度としては天武天皇の時代に成立したということは、多くの学者の一致した見解である。たとえば、田中卓氏は、「天武天皇の即位は、云ふまでもなく壬申の乱後の、格別な意味をもつ大儀であるので、恐らくこのときに、〈即位・嘗〉を特に〝大嘗〟と呼称することにしたのではなからうか。」と述べられた。(2)

大嘗祭の成立に関する基本的史料としては、『日本書紀』の記事を挙げることができる。すなわち、天武天皇紀二年（六七三）十二月壬子朔丙戌条には、

侍奉大嘗中臣、忌部、及神官人等、并播磨、丹波二国郡司、亦以下人夫等悉賜禄、因以郡司等各賜爵一級

とある。これは大嘗祭後の叙位賜禄の記事であり、直接大嘗祭について述べられたものではない。『日本書紀』は、国家の祭祀のなかで最も重大なものである大嘗祭について何も述べないのである。これは何も大嘗祭についてのみではなくて、他の祭祀についても同様である。『日本書紀』が、古来行われている祭りの記事をほとんど記載しないことについては、西山徳氏の研究がある。(3)

持統天皇朝の大嘗祭については、『日本書紀』に詳細な記録が存在する。そのなかで注目すべきものは、持統天皇紀五年（六九一）十一月戊辰条である。(4)それを次に示す。

大嘗、神祇伯中臣朝臣読天神寿詞

この記事は注意すべきものである。なぜならば、後の神祇令の規定では、

凡践祚之日、中臣奏天神之寿詞、忌部上神璽之鏡剣

とあり、天神寿詞を読むのは践祚の日となっているからである。『日本書紀』によると、持統天皇の即位のときにも天神寿詞が読まれているから、持統天皇朝には、即位礼と大嘗祭の二つの即位儀礼において天神寿詞が奏上されていることになる。このことの意味については、後に考えることにしよう。

制度としての大嘗祭は、天武・持統両天皇の御代にほぼ完成された姿を表したと言ってよいであろう。ただ律令法は臣民の準則という基本的性格をもっているために、天皇が自ら取り行われる大嘗祭については、律令条文に詳細な規定を持たない。また、浄御原律令は今日まで伝えられていないために、浄御原令制下における大嘗祭について、これ以上の詳しいことは分からない。しかし、後の大宝・養老律令の規定から類推すると、浄御原律令にもそれらと同様の大嘗祭に関する規定が設けられていたはずである。大宝・養老律令の規定については、後項において検討することにしたいと思う。

三　中国における即位儀礼

中国における即位儀礼については、西嶋定生、金子修一、尾形勇らの諸氏によって基礎的な研究が積み重ねられてきている。(5) ここでは、これらの先学の論考に導かれながら、即位儀礼の概要について述べてみたいと思う。

中国における即位儀礼は、二種類に大別できる。一つは易姓革命の場合であり、もう一つは王朝内における皇位の

継承の場合である。後者はさらに二つの場合に別れる。譲位の場合と崩御の場合である。一般的にいって、中国の君主の即位儀礼に関する史書の記載は非常に簡単であり、多くの記事を総合的に考察することによって当時の儀式を復元することができるという。唐代皇帝の即位儀礼については、『日本後紀』巻一二、延暦二十四年（八〇五）六月乙巳条の、

遣唐使第一船到泊対馬嶋下県郡大使従四位上藤原朝臣葛野麻呂上奏言、（中略）〈貞元〉廿一年正月元日、於含元殿朝賀、二日、天子不予、廿三日、天子雍王适崩、春秋六四、廿八日、臣等於亟天門立仗、始著素衣冠、是日太子即皇帝位、諒暗之中、不堪万機、皇帝后王氏、臨朝称制、臣等三日之内、於使院朝夕挙哀、諸蕃三日、自余廿七日而後就吉、（中略）年号貞元廿一年、当延暦廿四年

という記事も参考になる。

唐代までの即位儀礼は周漢以来の伝統を承けたものであった。これは、『唐大詔令集』巻一一太宗遺詔に「皇太子即於柩前皇帝位、依周漢旧制、（中略）其腹忌軽重、宜依漢制」と見えることなどによっても明らかであろう[6]。中国における即位儀礼は重層的な構造をもっている。それは「天子」と「皇帝」という二つの称号に対応するものであった。易姓革命〈禅譲〉および譲位の場合の即位儀礼は、第一に嘉礼としての皇帝即位式があり、第二に吉礼としての天子即位式が行われる。崩御〈伝位〉の場合は、第一に凶礼としての天子即位式があり、第二に嘉礼としての皇帝即位式が行われる。

唐代の伝位の場合、柩前即位が通例であり、遺詔と冊とが重要な役割を果したといわれる。また唐代にも行われ

ているが、それ以前の即位式において、宝〈璽または璽綬〉の伝達は必須の要件であったとされる。結論的にいえば、唐代の即位儀礼では、崩御・譲位のいずれの場合でも、冊および宝の伝授がその中心であった。ただ、それは皇帝即位式についてであって、天子即位式の儀礼の詳細についてはよく分からない。

中国における即位儀礼としては、他には律令の諸規定について検討しなければならないところである。しかし唐代までの律令は、『唐律疏議』を除いてほとんど亡失しており、また日本律令のなかで即位儀礼を規定する主要なものとして神祇令があるが、それに対応する唐の祠令を仁井田陞氏の復元された『唐令拾遺』によってみると、そこには即位儀礼の規定を見出すことはできないのである。何故に唐の祠令が即位儀礼の規定を持たないのであるかは、検討を要する課題ではあるが、後考を俟ちたいと思う。(7)

四　日本律令における即位礼と大嘗祭

本項では、日本律令の関連する諸条文を逐条的に取り上げて考察することにする。ただ律文中に見える大嘗祭関係の条文については、すでに瀧川政次郎氏の研究があるので、(8) 必要なかぎりで言及することにする。

(1)　職員令神祇官条

神祇官　伯一人

とあり、同条注に、

掌神祇祭祀、祝部神戸名籍、大嘗、鎮魂、(下略)

とみえ、同条注「大嘗」の義解には、

謂、嘗新穀、以祭神祇也、朝諸神之相嘗祭夕者供新穀於至尊也

とある。『令義解』の成立は平安時代の天長十年（八三三）であるから、このころの大嘗祭についての公式の解釈としては、新穀を嘗して神祇をまつる祭儀と解していたようである。そして、その祭儀は「朝には諸神の相嘗の祭があり、夕には新穀を至尊に供する」ものであった。相嘗祭は一般に、天皇が神祇とともに新饗する祭儀といわれ、また相新嘗祭の略語とされる。相嘗祭のことは神祇令仲冬条に「上卯相嘗祭」と見える。同条には「下卯大嘗祭」とも見える。神祇令同条の相嘗祭と大嘗祭は十二日の隔たりでもって行われる祭儀であり、毎年行われるものである。職員令義解は朝と夕に祭儀が行われると述べているが、これだけでは毎年・毎世のいずれの大嘗祭を意味するのか判然としない。神祇令季秋条の「神嘗祭」と仲冬条をみると、神嘗祭・相嘗祭・大嘗祭の順序で祭祀が行われることが分かるが、職員令義解の朝「相嘗祭」・夕「供新穀於至尊」の順序と比較すると興味深いものがある。神嘗祭は、諸神に先だって、伊勢の神宮において天照大神に新穀を奉り豊饒を感謝する祭であろう。相嘗祭は、大嘗〈大新嘗〉に先だって七一座の神々に弊帛を奉る祭ということであろう。大嘗祭は、神祇令仲冬条の場合、毎年行われるそれをさしており、天照大神を始め諸神を請招して天皇が新穀を聞食する祭儀を意味している。毎年行われる新嘗祭以下の祭儀の順序は、大嘗祭のそれに反映されているのであろう。毎年の神嘗・相嘗の両祭が諸宮社に弊帛を奉るのに対して、一世一度の大嘗祭では、大極殿前庭の大嘗宮において、天皇自らが新穀による神膳を諸神に供し、自らも聞食するのであろう。毎年の大嘗祭も、その場所が宮中であることを除けば、同様の祭儀であったであろう。

「至尊」の語は、公式令平出条および闕字条の注に見え、天子〈天皇〉を意味する。日本律には見えないが、『唐六典』などによって復元される唐公式令には見え、『唐律疏議』の十悪条には「王者居宸極之至尊」とある。律疏の「至尊」は直接に皇帝を意味しないと考えられるが、王者のいるところを示しており、唐令の用法と矛盾はしない。日唐いずれの場合であっても、「至尊」は「君主」を意味する語であったと考えられる。(9)

職員令集解をみると、釈・『古記』・跡の各説が本条注の「大嘗」を神祇令大嘗祭条の「大嘗」と考えている。釈・『古記』の両説は、毎年・毎世の双方の大嘗祭を意味すると考えているが、跡説は〈毎世の大嘗〉のみを指すと考えているようである。釈・『古記』の両説からすると、奈良時代までの解釈として、本条注の「大嘗」は毎年・毎世の双方の大嘗祭を意味していたと考えるのが穏やかであろう。他に異説としては、神祇令仲冬下卯大嘗祭〈毎年の大嘗〉がそれであると唱える朱説があり、『令集解』書き入れに見える或記も同じ説である。

『令義解』の問答に、

問、案神祇令、大嘗、鎮魂既在常典之中、而此重載其義何如、答、凡祭祀之興、祈禳為本、祈禳所科、率土共頼、唯此二祭者、是殊為人主、不及群庶

と見えており、また、

又問、此令以大嘗、次鎮魂之上、神祇令以鎮魂、居大嘗之上、両処次第何其不例、答、此令、依事大小為次、何者神祇令所謂、天皇即位、惣祭天神地祇、是則大嘗事既重大、御亦親供、故次鎮魂之上、

とある。これらのことからすると、『令義解』の問答は本条の「大嘗」を「毎世の大嘗」と理解していたようである。(10)

(2) 神祇令仲冬条注に、

上卯相嘗祭　下卯大嘗祭

寅日鎮魂祭

とある。[11] 本条注の「大嘗祭」は本来「毎年の大嘗祭」〈後の新嘗祭〉を意味すると考えられるが、『令集解』の朱説に、

毎年毎世大嘗、並此日可祭、但毎世大嘗祭年者、毎年大嘗不可祭也

とあるように、毎年・毎世の双方の大嘗祭を含んでいたのかもしれない。

(3) 神祇令即位条

凡天皇即位、惣祭天神地祇、散斎一月、致斎三日、其大幣者、三月之内、令修理訖

とある。本条に見える「惣祭天神地祇」が、天皇即位後の「毎世の大嘗」〈後の践祚大嘗祭〉であるというのが通説であるが、ここではこの問題について検討することにしたいと思う。通説の根拠は、『令義解』の「謂、即位之後、仲冬乃祭、下条所謂大嘗、毎世一年、国司行事是也」という記事であろう。しかし、『令集解』の『古記』には「大幣、謂即位之時、惣祭天神地祇、為祭幣帛別地卜定、三箇月内令修理訖、此修理而散祭物名大幣」とあり、「惣祭天神地祇」は「即位之時」に行われるものであるとしている。また、神祇令践祚条集解所引の『古記』を見ると「践祚之日、答、即位之日」とある。「即位之時」と「践祚之日＝即位之日」とは同一ではないが、大宝令制下においては、即位＝践祚と理解されている。これは践祚条集解の他の諸説も同説であり、『令義解』も同様である。大宝令本条の冒頭は「天皇即位、惣祭天神地祇、散斎一月」と復元されているが、これらの諸事実から、大宝令本条は、「大嘗祭」と

は異なる、践祚＝即位に伴う「天神地祇」の「惣祭」および、その「大幣」を規定したものであったとすべきであろう。(12)

『講令備考』において、神村正鄰は「此条恐非大嘗之事後世所謂大奉幣者歟（中略）恐義解之誤」と述べ、稲葉通邦が「即位祭天神地祇大幣ヲ頒ツ事大嘗ト別也義解アヤマレルカ」といっているのは注目に値する。ただし、本条が後の「大奉幣」そのものの規定であるかどうか、また、『令義解』の解釈が誤っているかどうかは、さらに考えなければならない問題である。(13)

私は、『続日本紀』の大宝元年（七〇一）十一月丙子条、同二年二月庚戌条、同年三月戊寅条、同月己卯条などの「大幣」に関する一連の記事は、文武天皇の即位による大幣班給であると考えるからである。文武天皇は同天皇元年（六九七）に即位され、同二年十一月己卯には大嘗祭を取り行われているから、時期的に合わないとする考え方もあるが、本条の「天皇即位」とは、『古記』にいう「即位之時」であって、「即位之日」ではなく、天皇の即位にあたってその意味であろう。すなわち本条にいう「天神地祇」の「惣祭」は、天皇即位に伴うものであって、即位式そのものを意味するのではなかろう。それにしても時期的にいささか離れ過ぎているとの意見も出るであろうが、文武天皇の即位後、大宝元年八月に大宝律令が完成し、同二年十月に至ってほぼその全部の施行を見たのである。その神祇令本条によってこの「天神地祇」の「惣祭」がなされ、その「大幣」が諸国から入京した国造らに「班」たれたと考えられるのである。時期的なずれは、一つにはこの大宝律令が完成・施行されるのを待っていたためと、また、大宝二年三月己卯条に見える「新宮」の完成を待ったためとも考えられるのである。以上述べたところより考えて、私は、本条の「惣祭」は、諸国から入京した国造らに「大幣」を「班」つことによって行われたのであり、後の「大奉幣」のような遣使奉幣とは考えない。後の「大奉幣」は、平安時代になって、本条の「天神地祇」の「惣祭」が大嘗祭の行事の一環として移行したものであろう。『令義解』の解釈の正誤については、『令義解』の誤りというよりは、神祇令制定当時と『令義解』の施行されたときとでは「天神地祇」の「惣祭」の意味が変化したというべきであろう。平安時代初期以来、「天神地祇」の「惣祭」は大嘗祭に付随する行事として行われており、それが『令義解』の施行によって明文化されたということであろう。

『続日本紀』の大宝二年三月己卯条に「鎮大安殿大祓、天皇御新宮正殿斎戒、惣頒幣帛於畿内及七道諸社」とあり、班幣の理由を明示しないことについては、前後の記事から、文武天皇即位・大宝律令完成後の最初の「惣祭」のためであるとするのが穏当であろう。なおこの記事の「幣帛」は、『続日本紀』の一連の記事から考えて「大幣」の意と解釈する必要があろう。同条に「大祓」のことが見えるのも、神祇令諸国条集解の『古記』に「天皇即位、惣祭天神地祇、必須天下大祓」とあることを考え合わせると、本条との関係の深さを思わせるのである。大宝二年以後、「大幣」という名称が見えないことも、以後「天皇即位」による「班幣」が行われなかったのではなく、これは『続日本紀』の記載のあり方によるというべきであろう。この問題については、附説で言及することにしたい。「大幣」の語が令では本条のみに見え、『続日本紀』には大宝律令の完成・施行された大宝初年に集中して見られることも、両者の関係の深さを思わせるのである。(14)

(1)で述べた職員令神祇官条注に「神祇祭祀、祝部神戸名籍、大嘗、鎮魂」と見え、同条義解の問答のような説もあるが、「大嘗」・「鎮魂」が「神祇祭祀」と併記されていることは注目すべきことであろう。すなわち、「神祇祭祀」のなかに「大嘗」と「鎮魂」の両祭が含まれていなかったとまではいえないが、この両祭が別格のものであったことは確かであろう。このことから、「惣祭天神地祇」と「大嘗」とは少なくとも同列の存在ではなかったといってよいであろう。

また本条の冒頭は、「凡そ天皇即位したまわんときは、惣べて天神地祇を祭れ」と読めるが、そうであるとすると、本条は天皇の即位にあたって天神地祇の祭祀を命じた規定ということであろう。大嘗祭は天皇が自ら行われる祭儀であって、「祭れ」といった律令条文の規定には馴染まない。本条にいう「天皇地祇の祭祀」の直接の担当者は、官僚層であったであろう。そもそも律令法は臣下の守るべき準則であって、君主を拘束する規範ではなかったのである。日本名例除名条の疏文に見える「非常之断、人主専之」の語は、この事実を雄弁に物語っている。人主は正に法を越える存在なのであった。ここに律令法の本質があるといってもよいであろう。また、衣服令に皇太子以下親王・諸臣らの服制が詳細に規定されているのに、天皇の衣服に関する条文は見出すことができないのである。このことも、律令法が臣下の遵守すべきものであることを示す証左であろう。

「散斎一月、致斎三日」については、『礼記』の祭義をみると「致斎於内、散斎於外」とあり、また祭統に「散斎七日以定之、致斎三日以斎之、定之之謂斎、斎者精明之至也、然後可以交於神明也」と見えている。散斎は行動を慎むものであり和訓では「あらいみ」、致斎はこころを慎むものであり和訓では「まいみ」である。稲葉通邦の『神祇令和解』には「貴嶺問答ニ引、古私記云、散斎荒忌、致斎真忌者」と見える。散斎と致斎は、この祭祀に与かる全ての者が行うものであったであろう。

『日本後紀』巻一七平城天皇大同三年（八〇八）十月丁丑条には、

制、稽於前例、大嘗散斎三月也、自今以後、以一月為限

と見えている。ここは、薗田守良の『新釈令義解』が「令後に一月を三月と改められし格有しを、此時に復旧制れり」と述べるのに拠るべきであろう。少なくとも、桓武天皇の大嘗祭においては、「散斎三月」であったと考えられるのである。

唐の祠令には「諸大祀、散斎四日、致斎三日」とあって、日本の令制における散斎期間は、唐のそれに比較すると極めて長いことが分かる。これは日本において、天皇の即位に当たっての天神地祇の惣祭が重視されたことを意味するであろう。

本条にいう「大幣」について、『令集解』を紐解くと、大宝令の注釈書である『古記』の問答には、

問、大幣意何、答、大幣、謂即位之時、惣祭天神地祇、為祭幣帛別地卜定、三箇月内令修理訖、此修理而散祭物名大幣、但修理之字、得新造名用耳

とある。『古記』は大幣を、即位のとき、天神地祇の惣祭に用いられる幣帛と解しているのである。『続日本紀』大宝二年三月己卯条の場合も、まさに三ケ月を経て幣帛〈＝大幣〉は班たれているのである。このことからも、『続日本紀』同条の記事が本条による班幣であることを示唆するものであろう。

なお、『続日本紀』に見える「大幣」を祈年の幣帛とする説がある。(15) 次にこの説を検討することにする。

第一に、神祇令仲春条集解の釈説に「於神祇官、惣祭天神地祇、百官々人集」と見え、同説の末尾に「於神以下一口以上、古記之文」の双行注がある。仲春条は祈年祭を規定しているが、『古記』は、祈年祭を百官官人が集まって神祇官において天神地祇を惣祭する祭りとしているのである。また、同令季夏条の月次祭に対する義解には「謂、於神祇官祭、与祈年祭同」とあり、その後に「釈及古記无別」と見えている。すなわち、『古記』は月次祭も祈年祭と同様に神祇官において祭ると解しているのである。『古記』に見える解釈が大宝律令制定当時の法意であるとするならば、祈年祭は神祇官において祭られるのであり、『続日本紀』大宝二年三月己卯条の班幣が天皇御自ら新宮正殿に御して行われたのとは異なる行事であろう。

第二に、大宝令制下における天皇即位に伴う天神地祇の惣祭は大祀であり、本条に「其大幣」と見えるから、令条中に唯一の「大幣」は大祀のそれということになる。『延喜式』は祈年祭を中祀と規定するから、大宝令制下においても同様であったとするならば、『続日本紀』や本条に見える「大幣」を祈年の幣帛と見ることは無理があるであろう。

第三に、『続日本紀』大宝元年二月丁巳（十四日）条の「釈奠注釈奠之礼、於是始見矣」という記事である。学令釈奠条には「凡大学国学、毎年春秋二仲之月上丁、釈奠先聖孔宣父（下略）」とあり、同条『古記』もほぼ同文であり、大宝令も同様の規定であったと思われるのである。『続日本紀』の「二月丁巳」は、上丁（丁未＝四日）ではなく中丁である。この釈奠の記事を『扶桑略記』や『水鏡』などは「二月丁未」に懸けている。なかでも注目すべきものは『年中行事秘抄』である。同書の二月上丁日釈奠事には「国史云、大宝元年二月丁未釈奠、注、釈奠之礼、於是始見矣上丁当国忌及祈年祭、改用中丁、今案、日蝕又同」と見えるのである。この「国史云」の記事がどの部分までであるかは問題であるが、『扶桑略記』や『水鏡』などの「二月丁未」説も一概に誤りとすることはできないであろう。私は、釈奠は二月丁巳に行われたのであり、『続日本紀』の記事が正しいと考えるが、『扶桑略記』や『水鏡』の記事も単なる誤写ではなく、「国史」の記事の前半のみを引用したことによる、とも考えられるのである。『年中行事秘抄』に見える「国史」は、今日見る『続日本紀』とは異なっていた可能性があろう。「上丁当国忌及祈年祭、改用中丁」は、『類聚三代格』巻一〇釈奠事に収められた頒下釈奠式一巻事と題する貞観二年十二月八日の太政官符に「式云、若上丁当国忌及祈年祭、改用中丁者」と見える。この貞観二年の太政官符に見える「式云」の規定が大宝元年にまで遡るものであるかどうか、断案はないが、学令の規定を考え合わせると、大宝元年二月丁未（四日）に祈年祭が行われた可能性は十分に存在するであろう。とするならば、すでに大宝元年において、祈年祭の祭日が二月四日に定まっていたといい得るかもしれない(16)。

大宝元年の祈年祭が二月四日であったとすると、『延喜式』に「凡祈年祭二月四日」とあることからしても、大宝二年の祈年祭も同日であったであろう。そうすると、『続日本紀』の一連の「大幣」記事も、祈年祭のものとしては合わなくなるであろう。

本条と大祀・大嘗祭との関係については様々な意見が提出されているが、本条に見える「惣祭天神地祇」は大祀であっても大嘗祭そのものではないと、私は考えている。また、「大嘗祭は元来は大祀ではなく、大同三年の格によって大祀とせらるるに至った」とする高森明勅氏のような説（前注所引論稿、附説参照）もあるが、律令法における大嘗祭はやはり大祀であろう。すなわち律令法本来の意味における大祀には、大嘗祭だけではなくて「惣祭天神地祇」も含まれていたと考えられるのである。

(4)　神祇令散斎条

凡散斎之内、諸司理事如旧、不得弔喪、問病、食宍、亦不判刑殺、不決罰罪人、不作音楽、不預穢悪之事、致斎、唯祭祀事得行、自余悉断、其致斎前後、兼為散斎

とある。本条は散斎・致斎期間中の禁忌などについて定めたものである。唐の祠令とほぼ同様であるが、日本令は散斎の禁忌に「食宍」を加えている。それらの違反に対する罰則規定については職制律在散斎弔喪条に見えている。同条には、

凡大祀在散斎、而弔喪問疾、判署刑殺文書、及決罰、食宍（類従本・前田家本作完、神祇令散斎条集解穴説所引職制律同条作肉）者、笞五十、奏聞者、杖七十、致斎者、各加二等

とある。唐律同条には「食宍」が見えず、「奏聞者、杖六十」とあり、また「致斎者、各加一等」となっている。「奏聞」および「致斎」について、日本律のほうが重罰を規定しているのである。

(5)　神祇令月斎条

凡一月斎為大祀、三日斎為中祀、一日斎為小祀

とある。公式令集解論奏式条に見える『古記』の問答に、

又問、大祭祀、答、神祇令云、天皇即位、惣祭天神地祇、散斎一月、又条、一月斎為大祭祀、是此大祭祀也、臨時令大祭、而斎一月者、大祭祀耳

と見える。この問答によれば、大宝令本条の冒頭は「凡一月斎為大祭祀」とあったようである。養老令では「大祭祀」を「大祀」と改めたのであろう。『延喜式』巻第一神祇一　四時祭上には「凡践祚大嘗祭為大祀（下略）」とあり、大祀は践祚大嘗祭のみであるが、『古記』の問答によると、臨時の大祭であって「斎一月」のものは「大祭祀」ということになる。恐らく、大宝令においては「天皇即位」による「惣祭天神地祇」も「大祭祀」であったろう。(17)

(6)　神祇令践祚条

凡践祚之日、中臣奏天神之寿詞、忌部上神璽之鏡剣

とある。同条義解には「謂、天皇即位、謂之践祚、々位也」と見え、同条集解の『古記』には「践祚之日、即位之日」とある。天皇即位の日に、中臣は「天神之寿詞」を奏し、忌部は「神璽之鏡剣」を上ったのであろう。『日本書紀』持統天皇四年正月戊寅朔条に、

物部麻呂朝臣樹大盾、神祇伯中臣大嶋朝臣読天神寿詞、畢忌部宿禰色夫知奉上神璽剣鏡於皇后、皇后即天皇位

と見え、同五年十一月戊辰条に、

大嘗、神祇伯中臣朝臣大嶋読天神寿詞

とある。これらの記事からすると、持統天皇朝の即位礼と大嘗祭には、少なくとも、「天神寿詞」が奏されたことは疑いないであろう。『令集解』の穴説〈延暦期の注釈〉には、

時行事、大嘗祭之日、奏寿詞

と見えて、大嘗祭に「天神寿詞」が奏されることは、いつのころからか慣例となっていたようである。あるいは、持

統天皇朝より続くものであったかもしれない。

儀式〈貞観義式〉巻第四践祚大嘗祭儀下の辰日の記事に、

神祇官中臣（中略）奏天神之寿詞、忌部奏神璽之鏡剣

と見える。本来、践祚＝即位の日のものであったこの二つの行事が、いつのころからか、大嘗祭の行事とされているのである。これは、律令制定当時の即位礼重視の考え方から、日本古来の伝統的行事である神嘗祭に由来を持つ大嘗祭に、即位儀礼としての比重が移動したことによるのであろう。

「神璽之鏡剣」は本条に関するかぎり鏡と剣を意味するであろう。公式令天子神璽条には「天子神璽」とあり、同条注に「謂、践祚之日寿璽、宝而不用」と見える。同条は公印の規格などを規定するので、ここに見える「天子神璽」は践祚＝即位のときに授受される印章であろう。令制において、「天子神璽」の授受は、即位のときに行われたのであろう。儀式〈『貞観儀式』〉巻五譲国儀には「節剣」・「伝国璽櫃」・「鈴印鑰等」が見えている。このころの践祚においても、「天子神璽」などの授受は行われていたと考えられる。ただ、「天神之寿詞」ならびに「神璽之鏡剣」の奏上は、践祚大嘗祭においてのみ行われたように思われる。この時代の即位礼と大嘗祭の儀式としての比重は、儀式〈『貞観儀式』〉に記された記事の分量が雄弁に物語っているであろう。それは、圧倒的に大嘗祭に関する記述が勝っているのである。

(7)　神祇令大嘗条

凡大嘗者、毎世一年、国司行事、以外毎年所司行事

とある。本条により令制の「大嘗」には〈毎世の大嘗〉と〈毎年の大嘗〉に二つがあることが分かる。国司は、悠紀・主基の国司を指し、所司は「在京諸司」あるいは「神祇官」を意味すると考えられる。

養老神祇令をみると、大嘗祭が大祀であることを規定した条文を見出すことができない。大嘗祭を大祀とする主な論拠は、延喜四時祭式上に「凡践祚大嘗祭為大祀、祈年、月次、神嘗、新嘗、賀茂等祭為中祀（下略）」と見える規定であるが、この規定を律令時代まで遡らせるのは少し無理があるかもしれない。この規定は引仁式にはすでに存在していたと考えられているが、それ以前どこまで遡らせ得るのかは定かではない(18)。

この規定が『弘仁式』に置かれた理由の一つは、践祚大嘗祭が大祀であることを明示することであったろう。また、「惣祭天神地祇」が大嘗祭に統合され、独立した大祀でなくなったことをも意味するであろう。『令義解』の注「謂、即位之後、仲冬乃祭、下条所謂大嘗、毎世一年、国司行事是也」はそのことを雄弁に物語るであろう。

律令は大嘗祭が大祀であることを明記することを何故か避けているようである。これは律令を中国に示すための配慮であった（日本律令法は固有の重大な事柄をわざと省いている）かも知れないが、万人の当然承知しているようなことは、律令に規定しなかったとも考えられるのである。これは唐朝における律疏の編纂を考えてみれば、明瞭であろう。すなわち、律疏には律文よりもかえって原則的なことが書かれていることがあるのである。またより現実的な問題として、令制の大嘗には毎世・毎年の二つがあるからということも考えられる。延喜四時祭式から推測されるように、毎年の大嘗〈後の新嘗祭〉は中祀であったと考えられ、大嘗は必ずしも大祀のみではないからである。すなわち、令制の大嘗には、大祀である毎世の大嘗と、中祀とされる毎年の大嘗があったと考えられるのである。衣服令の諸臣条および内命婦条に「大祀大嘗元日」とあり、この解釈には諸説があるが、以上のことからすると「大祀大嘗・元日」と理解するのが穏当であろう。「大祀の大嘗」は「大祀以外の大嘗」を前提にして初めて意味を持つ。

(8)　衣服令諸臣条

一位礼服冠、深紫衣、牙笏、白袴、條帯、深縹紗褶、綿襪、烏皮舄、三位以上、浅紫衣、四位、深緋衣、五位、浅緋衣、以外並同一位服、大祀大嘗元日、則服之

(9)　衣服令内命婦条

一位礼服宝髻、深紫衣、蘇方深紫紕帯、浅縹褶、蘇方深浅紫緑纈裙、錦襪、緑舄、飾以金銀三位以上、浅紫衣、蘇方浅紫深浅緑纈裙、自余並准一位、四位、深緋衣、浅紫深緑紕帯、烏舄、以銀飾之五位、浅緋衣、浅紫浅緑紕帯、自余皆准上、大祀大嘗元日、則服之

右の二箇条には「大祀大嘗」と見えるが、この解釈には異論がある。通説では、「大祀」「大嘗」の二語と解するのであるが、荷田在満は『講令備考』において、「大祀大嘗四字連続、非二事」と指摘し、田中卓氏も同じ説である。また、薗田守良の『新釈令義解』には「衣服令に（礼服の条）大嘗大祀元日服之とある大祀は一代一度の大嘗祭なり、（仲冬下卯の大嘗にわけて大祀といふ、臨時の大祀にあらす）」と見えて、やはり同説である。(7)において述べたように、ここは一語と解すべきであり、「大祀の大嘗」を意味するであろう。

衣服令皇太子条集解所引の『古記』に「礼服、謂服大祭祀大嘗元日也」とあり、大宝令の諸臣条・内命婦条では「大祭祀大嘗」となっていたようである。(5)で触れたように、『古記』は「大祭祀」＝「一月斎」とし、「臨時の大祭」

であっても「斎一月」のものは「大祭祀」としているのである。大宝令の解釈としては、「大祭祀」と「大嘗」は同意語ではない、「大嘗」は「大祭祀」の一つであるというべきであろう。

⑽ 雑令諸節日条

凡正月一日、七日、十六日、三月三日、五月五日、七月七日、十一月大嘗祭、皆為節日、其普賜、臨時聴勅

ここに見える「大嘗祭」は後の神嘗祭を意味すると考えられている。他の節日が全て具体的に示されているのに対して、「大嘗祭」となっているのは、大嘗祭が「下卯」に行われる祭であるからであろう。

附説　大祀と大嘗の関係について

高森明勅氏は「大嘗祭は元来は大祀ではなく、大同三年の格によつて大祀とせられるに至った」[19]と述べられたが、はたしてこの説は妥当なのであろうか。ここではこの点について検討することにする。

高森氏は、大嘗散斎三月の制を養老令制定当初にまで遡らせてよいとされ、養老令制定のころには大・中・小祀の他に散斎三ケ月の大嘗祭が存したと考えられるのである。すなわち大嘗祭を大・中・小祀の上に位置づけられるのである。しかし、⑻、⑼に「大祀大嘗元日」と見えるその記載順序からすると、大祀は大嘗よりも重要あるいは大きい概念であろう。私は、令制の祭祀は大・中・小祀の三種のみであり、大嘗祭は大祀に含まれていたと考えている。すなわち、⑻、⑼は「大祀の大嘗」の意味であろう。百歩譲って、大祀と大嘗が並列に記されていると解しても、大祀が散斎一ケ月、大嘗が散斎三ケ月ということであれば、その記載順序は祭儀の重要性を反映していないということに

なるであろう。公式令集解論奏式条に見える『古記』の問答によって、大宝神祇令月斎条の冒頭は「凡一月斎為大祭祀」となっていたと考えられている。また、衣服令皇太子条の『古記』には「礼服、謂服大祭祀大嘗元日也」とある。衣服令諸臣条の「大祀大嘗元日、則服之」は皇太子条から諸臣条までの四条にかかると考えられているから、大宝衣服令諸臣条に「大祭祀大嘗元日」とあったことは確かであろう。以上のことを考え合わせると、大宝令において、大嘗祭は大祭祀のなかの一つであり、その散斎は一ケ月であったと考えざるをえないであろう。

右に述べたごとく、大宝令・養老令のいずれにおいても、大嘗祭は大祀〈大祭祀〉に含まれ、その散斎は一ケ月であったと思われるのである。

(8)、(9)をみると大祀大嘗元日と併記されているのであるが、これはいかなる意味があるのであろうか。隋・唐においては、元日と冬至に天子は群臣の朝賀を受けたが〈『隋書』礼儀志四、『新唐書』礼楽志九〉、この冬至の朝賀は、十一月の行事であり、大嘗祭と重ね合わせて考えることができるのではなかろうか。中国において元日と冬至の服制が共通であり、日本においては大嘗祭と元日のそれが同じであったということであろう。円仁の著作である『入唐求法巡礼行記』巻一文宗開成三年十一月条には「廿七日冬至之節、道俗各致礼賀、住《在カ》俗者拝官賀冬至之節、（中略）貴賤官品幷百姓、皆相見拝賀、出家者相見拝賀、口叙冬至之辞、互相礼拝、（中略）此節惣並与本国正月一日之節同也」と見える。[20]

それでは、令制において散斎一ケ月の大祀〈大祭祀〉とされる大嘗祭の散斎期間が、三ケ月に変更されたのはいつであろうか。(3)に引用した『日本後紀』によって、平城天皇の大同三年十月以前において、大嘗の散斎が三ケ月であったことは明瞭である。すなわち、桓武天皇の大嘗祭においては、三ケ月の散斎期間が設けられたと考えられるのである。養老令の施行は天平宝字元年であるが、それ以後即位されたのは、淳仁・称徳・光仁の三天皇である。『続日本紀』を見ると、これらの三天皇の大嘗祭に関する簡潔な記事のみであって、散斎期間についての記載は一切見られない。そればかりではなく、桓武天皇の大嘗祭の記事を見ても散斎期間に触れるところはない。この問題は、『続日本紀』の史料的性格を考えることによって、解決することができるであろう。(21)

『日本書紀』が古来行われている祭りの記事をほとんど記載しないことについては、大嘗祭の成立のところで触れたが、『続日本紀』も同様の方針で編纂されたと考えられるのである。そのことは、『官曹事類』の序文を見ることによって知ることができる。(22)

『続日本紀』の儀式関係記事について、『官曹事類』の序文をみると「元会之礼、大嘗之儀、隣国入朝、朝廷出使、如此之類、別記備存、為事煩多、不復於此、」〈『本朝法家文書目録』所引〉とあって、省略の多いことが知られるのである。(23)

すなわち、「大嘗之儀」などについては「別記」が備存しているために、その詳細な記事はこれに譲り、『続日本紀』には記載されなかったと考えられるのである。

高森氏は、

御禊のことが平城天皇代大嘗祭に至つて、初めて確認されるといふ点も軽視されてはなるまい。しかもこれ以降、国史の歴代大嘗祭記事には、必ず御禊のことが見られる。国史の記事自体の繁簡精粗といふ点で、文武天皇以降桓武天皇朝までを扱ふ『続日本紀』は、『日本後紀』以下のものに比べて一巻あたりの対象期間が長いことが指摘されてゐるが、大嘗祭記事については、記載の詳密度において格別に大差があつたとは思はれない。と述べられたが、これは『続日本紀』と『日本後紀』以下の国史とではその編纂方針に差異があったとすべきであろう。

これらのことから、六国史といっても、『日本書紀』・『続日本紀』と『日本後紀』以下の国史とでは、儀式関係記事の取り扱いが異なっていたことが分かる。

それでは、大嘗祭の散斎を三ケ月とする制度が設けられたのは養老律令施行後と思われるが、淳仁・称徳・光仁・桓武の四天皇のうち、いずれの天皇の御世なのであろうか。前述のように、『続日本紀』は大嘗祭等儀式関係の詳細な記事は「別記」に譲って載せないから、国史の記事によってそれを明らかにすることはできない。また、「別記」も今日伝存せず、史料的には不明とする以外ない。ただし、その神祇に対する考え方からして、光仁天皇朝あるいは桓武天皇朝とするのが穏当であろう。光仁天皇は天智天皇の孫であり、それまでの仏教偏重の諸制度を改めて、桓武天皇の諸改革の先駆的役割を果たされている。桓武天皇は神祇祭祀を尊重され、神祇制度の整備を精力的に推進されたからである。

また直接に大嘗祭の散斎を三ケ月とする制度の創設を示唆する史料ではないが、『類聚三代格』巻一科祓事には「定准犯科祓例事」と題する太政官符が収められており、そこに「闕怠大嘗祭事、及同斎月内弔喪問病判署刑殺文書決罰、食宍預穢悪之事者、宜科大祓」と見えている。この官符は、職制律の大祀不預申期条、在散斎弔喪条、および祭祀朝会侍衛条と比較検討すべきものであるが、それらと対照してみると、律条の「大祀」を官符では「大嘗祭」としているごとくである。ここに見える大嘗祭は践祚大嘗祭であることは明瞭であるから、[24]践祚大嘗祭＝大祀ということを法文の上で初めて明示したのがこの延暦二十年の官符であったのかもしれない。[25]

法典の整備について見ると、『続日本紀』延暦十年三月丙寅条に「故右大臣従二位吉備朝臣真備、大和国造正四位下大和宿禰長岡等、刪定律令廿四条、弁軽重之舛錯、矯首尾之差違、至是下、詔、始行用之」とあり、『類聚国史』巻一四七文部下律令格式には、

〈桓武天皇延暦〉一六年六月癸亥、詔曰、観時施教、有国之彝範、量事立規、為政之要務、然則設官分職、是有閑繁、錫禄命位、非無軽重、今覧従三位守大納言兼弾正尹神王等所奏刪定令格四十五条、事憑穏便、義存折衷、宜下有司並令遵用

と見える。これらの記事から、延暦年間に「刪定律令」ならびに「刪定令格」が施行されたことが分かる。[26]また正史には見えないが、延暦二十三年には伊勢の神宮の儀式帳なども撰上されている。桓武天皇の御世こそ大嘗祭の散斎を三ケ月とする制度が設けられた時期としてふさわしいのではなかろうか。

おわりに

以上、四項にわたって律令法における即位儀礼について述べたが、日本律令法の特色は、まず第一に、唐の祠令が即位儀礼に関する規定を持たないのに対して、わが神祇令は、即位儀礼に関係する、即位条・践祚条・大嘗条の三ケ条を持つことである。そして、これらの諸条は、即位儀礼に関する規定ではあるが、天皇を直接に拘束する法ではな

く、百官を中心とする臣民を規制する法条であったということは、注意すべき点であろう。

第二に、日本律令法は神祇祭祀を唐よりも遥かに重大視していたことである。これは、関係する律令諸条を彼我比較することによって明瞭である。

第三に、日本律令法における即位儀礼としては、即位礼およびそれに伴うところの天神地祇の惣祭、さらに大嘗祭の三つが主要なものとして存在したと考えられるのである。

（昭和六十三年戊辰八月二十八日稿）

注

（1）『歴史学研究』五六〇号六一頁金子修一氏発言参照。中国の皇帝祭祀には、「皇帝親祭」・「有司摂事」の二つがあり、唐代においては、儀式に政治的な意義が存在した場合に史料として残っている可能性が強いという。

（2）「奈良時代における〝神嘗〟と〝大嘗〟」（『大嘗祭の研究』昭和五三年）。

（3）「祈年祭の研究」（『日本学士院紀要』七―二・三　昭和二四年、『神社と祭祀――上代神道史の研究』昭和四〇年刊、『増補上代神道史の研究』昭和五八年復刊）。西山氏は「舒明天皇の一一年正月壬子条に、『車駕、還自温湯、』との記事あり、次の乙卯条に『新嘗、蓋因幸有間以欠神嘗歟』と見えている。神嘗祭は悠久の古より続いて行なわれている祭であるが、日本書紀のしるすところ、僅かに神武天皇以後、天武天皇以前に於て六個所に過ぎない。それも特別の場合を挙げたのであって古来のまま行なわれた場合は記載されないのである。」と述べられた。

（4）戊辰は十一月朔日の干支である。ここは『皇年代略記』によって「朔辛卯」を補うべきであろう。谷川士清『日本書紀通証』

参照。

(5) 主要な論考としては、

西嶋定生氏「漢代における即位儀礼――とくに帝位継承のばあいについて」(『榎博士還暦記念東洋史論叢』、後に同氏『中国古代国家と東アジア世界』昭和五八年刊所収)

尾形勇氏「中国古代における帝位の継承」(『史学雑誌』八五―三、昭和五一年)

同「中国の即位儀礼」(『東アジアにおける儀礼と国家』昭和五七年)

金子修一氏「唐一代の大祀・中祀・小祀について」(『学術研究報告〈人文科学〉』高知大、二五―二、昭和五一年)

同「中国古代における皇帝祭祀の一考察」(『史学雑誌』八七―二、昭和五三年)

同「魏晋より隋唐に至る郊祀・宗廟の制度について」(『史学雑誌』八八―一〇、昭和五四年)

同「中国――郊祀と宗廟と明堂及び封禅」(『東アジアにおける儀礼と国家』昭和五七年)

同「唐代皇帝祭祀の二つの事例――太宗貞観一七年の場合と玄宗開元一一年の場合」(『中国古代の法と社会』昭和六三年刊)

などがある。

(6) なお『日本文徳天皇実録』巻一の嘉祥三年(八五〇)四月己酉条には「公卿上啓曰、(中略)遺制云、皇太子可於柩前即皇帝位、一依周漢故事」と見える。『唐大詔令集』は、宋代の熙寧三年(一〇七〇)の完成であり、上啓した公卿や『日本文徳天皇実録』の撰者は、直接にこの記事を参照することはできない。恐らく、遣唐使などによって将来された何らかの法令集によって、この記事は書かれたのであろう。

(7) 唐代についていえば、新・旧両唐書、『大唐開元礼』、『唐六典』、『通典』、『唐会要』などの史料を詳細に調査しなければならないのであろう。

(8)　「律と大嘗祭」(『牧健二博士米寿記念　日本法制史論集』昭和五五年)。
(9)　直接に君主を表現することをはばかって婉曲な表現が用いられることは、律令法の他の条文でも多く見られるところである。例えば、義制令天子条にみえる「陛下」「乗輿」「車駕」などはその代表的なものである。いずれも明らかに君主を意味している。
(10)　神祇令天神地祇条に「凡天神地祇者、神祇官、皆依常典祭之」とあり、「常典」の用語が見えるが、これは、神祇令に規定する恒例の公的祭祀をいうのであろう。集解の跡説は「常典謂自仲春以下、季冬以上、是曰依常典祭之」と述べる。また、職制律大祀不預申期条の「不如法」に対する疏文に「謂、不依常典、一事有違者」とあり、「常典」のところは、唐律同条疏議に「礼令之法」とあって、「常典」が日本律令独自の用語であったことが分かる。
(11)　諸祭の読み順については諸説があるが、ここは相嘗・鎮魂・大嘗の順序に読むのがよいであろう。(1)に掲げた職員令神祇官条義解の問答には「神祇令以鎮魂、居大嘗之上」とあり、また「神祇令者依祭先後為次」と見えている。
(12)　大宝令の復元に関しては、砂川和義・中沢巷一・成瀬高明・林紀昭の四氏による「大宝令復原研究の現段階(一)」(『法制史研究』三〇、昭和五六年)参照。
(13)　神村正鄰および稲葉通邦は、本条を、即位のときには行われる一代一度の大奉幣(後の大神宝)についての規定であると考えている。このことについては、田中卓氏「造大幣司」(『壬申の乱とその前後』昭和六〇年刊)参照。また、稲葉通邦の著した『神祇令和解』には「吾師神村子有子、此条以テ大奉幣ナリト発揮セラル、此説令ノ正文ニ於テハ、是ナルニ似タリ、サレハ養老令ノ釈、天長ノ義解、此一条異議ヲナセリト云ヘキナリ」と見えている。本条が「毎世の大嘗」に関する規定ではないとする論考には次のものなどがある。矢野健一氏「律令国家の祭祀と天皇」(『歴史学研究』五六〇号、昭和六一年)、高森明勅氏「大祀と大嘗祭」(『神道宗教』一二五号、昭和六一年)。
(14)　『続日本紀』大宝二年七月癸酉条に「在山背国乙訓郡火雷神、毎旱祈雨、頻有徴験、宜入大幣及月次幣例」とあるが、これは

「宜入」とあることから察せられるように「是日」に大幣が班たれたのではなく、以後その取り扱いをするとの意味であろう。そのように解釈できるとすれば、『続日本紀』に大幣を班つ記事が見えるのは大宝二年三月己卯条のみということになるであろう（ただし、『続日本紀』には「大幣」ではなく、「幣帛」と見えている）。

(15) 佐伯有義氏『増補六国史　続日本紀』（朝日新聞社本）頭注、西山徳氏前掲書など。

(16) 宮城栄昌氏『延喜式の研究』論述篇（昭和三二年）参照。

(17) 大宝令の復元に関しては注（12）所引論考参照。

(18) 宮城栄昌氏『延喜式の研究』史料篇（昭和三〇年）参照。

(19) 「大祀と大嘗祭」（『神道宗教』一二五号　昭和六一年）。

(20) 冬至と元日の相似については、中村喬氏『中国の年中行事』十一月冬至節（昭和六三年刊）参照。

(21) 『続日本紀』の編纂過程については、

佐藤誠実氏「続日本紀を上る表の約解」（『國學院雑誌』五巻九〜一二号、明治三二年）

柳宏吉氏「続日本紀の成立――丸山忠綱氏の論を読みて――」（『続日本紀研究』一〇巻一〜四・五合併号、昭和三八年）

舟尾好正氏「続日本紀の編纂をめぐる二、三の問題」（『続日本紀研究』二〇〇号、昭和五三年）

大町健氏「『続日本紀』の編纂過程と巻構成」（『日本史研究』二五三号、昭和五八年）

森田悌氏「『続日本紀』の編纂過程」（『日本古代律令法史の研究』昭和六一年）

野口剛氏「『続日本紀』の編纂事情」（『古代中世の政治と地域社会』昭和六一年）

などがある。

(22) 『官曹事類』については、岩橋小弥太氏「官曹事類と天長格抄」（『上代史籍の研究』第二集、昭和三三年）、後藤昭雄氏「官曹事類成立年代についての疑問」（『続日本紀研究』二三七号、昭和六〇年）などがある。
(23)　西本昌弘氏「儀式記文と外記日記——『弘仁格式』序の再検討——」（『日本史研究』三〇二号、昭和六二年）参照。
(24)　なぜならば、上祓に「闕怠神嘗祭」と見え、この神嘗祭が律令に見える毎年の大嘗に相当するからである。
(25)　この官符は神祇令集解散斎条にも見えている。
(26)　删定律令は「理論の上から不備の点を修正したもの」、删定令格は「その修正が主として官制に関し、時勢の必要に伴はしむるため加へられたもの」と考えられる。川上多助氏『平安朝史』第五章「律令政治の進展」第一節「法典の編纂」参照。また、瀧川政次郎氏『律令の研究』第一編「本邦律令の沿革」第六章「删定律令及び令格」参照。

第四節　律令における「神璽」の一考察

はじめに

昭和六十四年正月七日に先帝が崩御され、直ちに皇位の継承儀礼として「剣璽等継承の儀」が執り行われ、八咫鏡・草薙剣・八坂瓊曲玉（いわゆる三種の神器）の内の剣と璽を今上天皇が継承された。また平成二年には、皇居において即位式と大嘗祭が挙行された。その後、即位儀礼に関連する論考が多く発表されているのは、一面では時代を反映しているからともいえるが、より本質的には、その研究が日本文化の研究に極めて重要であるという事実が存在するからであろう。

江戸時代中期の学者伊勢貞丈の書いた、有職故実や制度文物についての随筆集である『安斎随筆』には、

神璽と称する者三つあり。此の差別を知らざれば。書を読みて違ふ事あり。三つと云は。一には。八咫の鏡・草薙の剣の二種を合せて総名を神璽と云ふ。日本紀・古事記・古語拾遺其の外上古の書に。神璽の鏡剣と云ふ是なり。二には。天子の御印を神璽と云ふ。秦の始皇の時より天子の印を璽と称す。我が朝にてもそれに拠りて。天子の御印を神璽と称す。神は貴ぶ詞なり。職員令・公式令・名例律・詐偽律・賊盗律等に神璽とあるは。天子の御印の事を云ふなり。（名例律の註に鏡剣の事としたるは。大に誤りなり）三には。後代に至りて。八坂瓊の曲玉の事を神璽と云ふ。（下略）

と見えている。(1)

近年における考古学研究の進展には目を見張るものがあり、青森県で発見された縄文時代の遺跡である三内丸山遺跡や、佐賀県の弥生時代遺跡である吉野ケ里遺跡などは極めて注目すべきものであり、これまでの縄文時代や弥生時代に関する常識を根本から改めなければならないような重要性を持っている。近年の九州における考古学的発見のなかで、皇位継承儀礼あるいは即位儀礼を考える場合に重要なものは、西暦紀元前二世紀から一世紀ごろとされる福岡市西区の飯盛遺跡高木地区三号木棺墓であろう。同墓からは、三種の神器の原形に近いものが発見されている。三種の神器は、大和朝廷以来の皇室において、天皇の位を象徴する宝器として皇位とともに継承されてきた。しかし、その即位儀礼における位置づけについては、歴史的に変遷がある。本節では、今日、三種の神器の内の八坂瓊曲玉を意味するとみなされている「神璽」について、主として唐と日本の律令に見える規定を中心とし、六国史その他の古典に見える史料についても考察を加えることとする。

一　唐代法に見える神宝

本項では神璽に関連する中国の法制について考察する。日本律令法の直接の母法であると考えられる隋唐法律制度を取り上げるべきであるが、隋の法制はすでに亡失してしまっているので、ここでは唐代法を俎上に載せることにする。唐代の法律制度に関する基本的史料としては、律令格式・『唐六典』・『通典』・『大唐開元礼』などがある。まず、唐令における規定を見たいが、今日においては亡失してしまっている。失われた唐令を復原されたのは仁井田陞氏であり、その成果は『唐令拾遺』に収載されている。今同書によって復原された唐令を取り上げて考察を加えることにする。

仁井田氏の公式令第一八条甲の復原案は、『旧唐書』巻二三礼儀志、ならびに『冊府元亀』巻七帝王部封禅により「依令、用受命璽、」（貞観令）を掲げている。また同条乙の復原案として、『日本神祇令』践祚条集解釈説により「唐令云所璽者、以白玉為之印也」を載せている。

同条についての仁井田氏の案文は次のごとくである。

則天武后は璽を寶と改めたが、神龍元年復舊し、開元六年、再び寶と改称された（唐六典巻八、新唐書玄宗紀、新唐書車服志）。されば、釋説所引の唐令は、則天より前、或は神龍元年より開元六年間のものと思ふ。

また同氏は公式令第一八条丙の復原案として、『唐六典』巻八符宝郎条、『唐詐偽律』巻二五偽造皇帝宝条疏議、『宋刑統』詐偽律巻二五同上条などにより、「神宝、宝而不用（中略）皆以白玉為之、」（開元七年令・開元二五年令）を掲げる。以上の復原案から推定すると、日本令の藍本となった『唐永徽令』には、「神璽、宝而不用、」とあったと思われる。同条復原案の末尾に仁井田氏は参考として隋令復原案を『隋書』巻一二礼儀志を典拠として掲げる。そこには「神璽、宝而不用、」とある。

以上に見てきたことから考えると、隋令・唐永徽令においては「神璽」は「印」を意味していたと推定されるのである。

次に『唐名例律』に見える御宝について考察する。同律十悪六曰大不敬の注文には、「盗及偽造御宝」と見え、『唐律疏議』同条には、

説文云、璽者印也、古者尊卑共之、左伝云、襄公自楚還、及方城、季武子取下、使公冶問璽書追而予之、是其義也、秦漢以来、天子曰璽、諸侯曰印、開元歳中、改璽曰宝、本条云、偽造皇帝八宝、此言御宝者、為摂三后宝並入十悪故也、

とある。ここにも「開元歳中、改璽曰宝、」と見え、唐の永徽律には「御宝」ではなく、「御璽」とあったと推定されるのである。(2)

御璽が印章を意味することは右に引用した『唐律疏議』からしても明瞭であろう。(3)

唐詐偽律偽造皇帝宝条には、

諸偽造皇帝八宝者斬、太皇太后皇太后皇后皇太子宝者絞、皇太子妃宝流三千里、

と見え、また同条疏議には、

皇帝有伝国神宝、有受命宝、皇帝三宝、天子三宝、是名八宝、依公式令、神宝宝而不用、

とある。以上のことから、永徽律疏文を推定すると、

皇帝有伝国神璽、有受命璽、皇帝三璽、天子三璽、是名八璽、依公式令、神璽宝而不用、

とあったと思われる。

最後に唐賊盗律盗御宝条には、

諸盗御宝者絞、

とあり、同条疏議には、

称御者、太皇太后、皇太后皇后亦同、皇太子減一等、皇帝八宝、皆以玉為之、有神宝、受命宝、皇帝行宝、皇帝之宝、皇帝信宝、天子行宝、天子之宝、天子信宝、此等八宝、皇帝所用之物、並為御宝、其三后宝以金為之、並不行用、盗者倶得絞刑、（下略）

と見える。現存の本条に「宝」の字が用いられているのは、やはり開元年代の改変によると考えられるから、『永徽律』においては、

諸盗御璽者絞、……

とあり、同条疏文にも「皇帝八璽」のなかに「神璽」があり、「皇帝八璽」を総称して「御璽」といったものと思われるのである。(4)

二　我が律令に見える神璽

本項では、本邦律令に見える神璽について考察することにする。まず、取り上げねばならない史料は神祇令践祚条である。いま『令義解』によって示すと次の通りである。

凡践祚之日、（謂、天皇即位、謂之践祚、祚位也、福也、）中臣奏天神之寿詞、（謂、以神代之古事、為万寿之宝詞也、）忌部上神璽之鏡剣、（謂、璽信也、猶云神明之徴信、此即以鏡剣称璽、）

『養老令』では、「凡践祚之日、中臣奏天神之寿詞、忌部上神璽之鏡剣、」とあり、前掲の持統天皇紀の記事や、『大宝令』の注釈書である『古記』に「神璽、謂践祚之日、忌部上神璽之鏡剣也、」とあることなどから、大宝令でも同文であったと考えられている。『令義解』は清原夏野らによって天長十年（八三三）に撰せられた官撰の養老令注釈書

であるが、そこに「神璽之鏡剣、」の注釈として「謂、璽信也、猶云神明之徴信、此即以鏡剣称璽、」とあることは注目される。すなわち、「璽」は「神明之徴信」であり、「此即以鏡剣称璽、」と明言しているからである。少なくとも本条に関する限り、平安時代の朝廷の公式解釈は、「神璽」即「鏡剣」であったとしなければならない。大宝令本文から考えても、「神璽之鏡剣」は「神璽」即「鏡剣」のことであり、「神璽である鏡剣」を意味していたと思われるのである。(5)

『令集解』に見える名法家の諸説の内で釈説は、神祇令に見える「神璽」について、「神璽鏡剣也、唐令所云、璽者、以白玉為之印也、帝王世歴云、秦制伝国璽是、風俗各別、号同実殊耳、」と記している。ここに見られる釈説作者の認識は、唐にては、「璽」は白玉を以て作られる「印」であるが、我が国においてはこれと異なり、「璽」は「鏡剣」を意味し、彼我においては「風俗各別、号同実殊耳、」と見ているということであろう。

『令集解』が同条の「神璽」の解釈として、義解と釈説の二つのみを掲げていることから考えても、「璽」が「鏡剣」であるという解釈は妥当なものと思われる。

次は『後宮職員令』蔵司条に見える規定である。同条には次のごとくある。

尚蔵一人、掌神璽、関契、供御衣服、（下略）

『令集解』には、『古記』の解釈「神璽、謂践祚之日、忌部上神璽之鏡剣也、」のみが引用されて、他の注釈は一切見えない。本条の「神璽」の解釈としては、「神璽之鏡剣」ということで異説が存在しなかったのであろう。

また名例律八虐条には、

六曰、大不敬、謂、毀大社、及盗大祀神御之物、乗輿服御物、（中略）盗及偽造神璽、内印、神璽者、謂、依令、践祚之日、中臣奏天神之寿詞、忌部上神璽之鏡剣、（下略）

とある。『養老律』の注に「盗及偽造神璽、内印、」とあり、その注に対する疏文として「神璽者、謂、依令、践祚之日、中臣奏天神之寿詞、忌部上神璽之鏡剣、」と見えるのである。(6)

すなわち、神璽の盗犯と偽造罪については、後に引用する賊盗律と詐偽律に見えるのであるが、そこに規定する神璽について、名例律疏文は令（神祇令）を引用して「神璽之鏡剣」であるとするのである。

右に見たごとく、神祇令、後宮職員令、名例律においては、「神璽」を「鏡剣」とすることが明瞭である。これに対して、公式令、賊盗律、詐偽律においては、そこに見える「神璽」について明瞭な説明がなされていないのである。そこで次にそれらについて検討する。まず、公式令神璽条であるが、それを『令義解』によって示すと次のごとくである。(7)

天子神璽、謂、此条不称凡字者、依唐令、平闕之上、皆无諸字、故此令亦不以凡字加平闕之上、但喪葬令云、凡天皇為本服二等以上親喪、服錫紵、又凡先皇陵、置陵戸令守、是制作之紕謬、不可為別例也、謂、践祚之日寿璽、宝而不用、内印、方三寸、五位以上記、及下諸国公文則印、（下略）

本条を見ると、「天子神璽」について、わずかに「謂、践祚之日寿璽、宝而不用、」の本注が存在するのみであって、『令義解』はその内容について黙して語らず、『令集解』諸説も同様である。これでは、表現が抽象的かつ曖昧であり、具体性に欠けるといわざるを得ない。唐律令の「神璽（神宝）」が一貫して印章を意味するのに対して、我が公式令にいう「天子神璽」については、具体性を欠くが、その本注の書き方からして、神祇令を意識していると考えられる。

そうであるとするならば、やはりそれは「鏡剣」を指すと考えるのが隠当であろう。(8) もし、「鏡剣」を意味しないのであれば、本注で具体的にその内容を規定すると思われる。また『令集解』諸説が何も述べないのも、本条の「天子神璽」が神祇令に見える「神璽之鏡剣」と同じであるからと考えられる。本条が全体として公印の規格とその使用規則について規定することは周知のことであるが、我が公式令は唐公式令を継受するに当たって、彼にあっては「印章」を意味する「神璽（神宝）」をそのまま本条に残し、内容は「鏡剣」を指すことにしたのであろう。本注の曖昧さはそこからきていると思われるが、「宝而不用」であるから、なんとか辻褄はあっていると考えたのであろう。

賊盗律神璽条には、

凡盗神璽者絞、謂、践祚之日寿璽、関契、内印、駅鈴者、遠流、謂、貪利之而非行用者、（下略）

とある。ここでも「神璽」に対する疏として公式令に倣って「謂、践祚之日寿璽、」の語句を置くが、全く同じではなく、「宝而不用、」の字句は省かれている。幸いにして本条は彼我の両律が残存しており、詳細に比較することが可能である。前項に掲げたように、唐賊盗律盗御宝条疏議が「御宝（御璽）」についてその内容を詳しく説明するのに対して、我が賊盗律疏文は同条を継受するに当たってそれらの印章に関する規定を全て省き、それに代えて「謂、践祚之日寿璽、」の字句のみを配置するのである。日唐両律の本条を比較することにより、日本が彼の「皇帝八璽」「三后璽」などの制度を継受しなかったことは明瞭であると考えられる。

最後に詐偽律偽造神璽条逸文に見える「神璽」について見ることにする。同条は次の通りである。

（凡）偽造神璽者斬、内印者絞、○法曹至要抄、金玉掌中抄 偽造不録所用、但造即坐、○唐律

残念ながら本条は我が律が亡失してしまっており、『法曹至要抄』などから逸文が蒐集されているのみであって、彼我の詳細な比較はできない。その量刑についていえば、賊盗律と同様に、日唐間に相違はない。本条に唐律疏文に見える「皇帝八宝」などに関する規定を欠いていたという明証はないが、ここに見える「神璽」も「鏡剣」とすることに支障はないと考えられる。

三 『日本書紀』などの古典に見える神璽

六国史には神璽に関係する記事が見られるが、その重要と思われるものを取り上げて考察を加えることにする。まず六国史の最初に位置する『日本書紀』であるが、持統天皇紀四年（六九〇）春正月戊寅朔条に極めて注目すべき記載が見られるので次に引用する。

物部麻呂朝臣樹大盾、神祇伯中臣大嶋読天神寿詞、畢忌部宿禰色夫知奏上神璽剣鏡於皇后、皇后即天皇位、

この記事は、天皇即位の際に神璽の授受が行われたという、最初の確実な歴史的記録と認められるが、『古語拾遺』（後掲）ならびに神祇令践祚条と正確に符合するのである。(9)

持統天皇紀の記事に関連するものとしては、『日本書紀』継体天皇元年二月辛卯朔甲午条が注目される。同条には、

大伴金村大連、乃跪上天子鏡剣璽符再拝、

と見える。ここには「神璽」ではなく、「璽符」とあるが、これは『古語拾遺』の「天璽」と同様に「神璽」を指すと考えられる。(10)

この甲午条の記事は、『漢書』文帝紀の文章を下敷にして構成されていることが指摘されているが、[11]文帝紀に「跪上天子璽」とあるのを、本条が「跪上天子鏡剣璽符」としているのは注意されねばならないであろう。『日本書紀』の編者は彼の「璽」（文帝紀にはすぐ後に「璽符」の用例も見える）を「鏡剣璽符」と改めているのである。これは、漢代の即位儀礼にては用いられない「鏡剣」を、日本では用いてきたことによると考えられるのである。そしてその記載様式から、天子の鏡剣がすなわち璽符（璽）を意味すると思われるのである。『日本書紀』に見られるこれらの用例を通覧するならば、神璽・璽符・璽とは天子としてのシンボルの総称であり、「鏡剣」を指すと考えられる。

『日本後紀』は平安時代初期の根本史料であり、六国史のなかでは、同様に奈良時代の根本史料である『続日本紀』の次に位置する。同書、大同元年（八〇六）八月庚午条は次のごとくである。

又神祇令云、其祈年月次者、中臣宣祝詞、忌部班幣帛、践祚之日、中臣奏天神寿詞、忌部上神璽鏡剣、

この記事は、中臣氏と忌部氏の間で以前から争いのあった幣帛使の問題について、『日本書紀』や神祇令を引用して本来の規定を明らかにし、「宜常祀之外、奉幣之使、取用両氏、必当相中、自余之事、専依令条、」と決定されたことを示すものである。すなわち、神祇令の規定においては、常祀以外の特別の幣帛使について、五位以上の卜食者を充てよ、とのみあって誰を任ずるかについての規定がなく、この幣帛使に任用されるのは、歴史的に見て、中臣、忌部の両氏が担当すべきものであるが、その任用方法についての規定が神祇令にては明確でないことに起因して長く争いが続いていたことに対し、朝廷においてその任用規定を、両氏を取り用い必ず相半ばにすべしと定められたものである。[12]

右に掲げた『日本後紀』の記事に関連を有する古典として、大同二年二月に斎部広成によって著された『古語拾遺』がある。[13] 同書は古伝を色濃く残しているが、神璽については次のごとく見えている。[14]

令斎部氏率石凝姥神裔、天目一箇神裔二氏、更鋳鏡造剣、以為護身御璽、是今践祚之日所献神璽鏡剣也、

『日本後紀』に次ぐ勅撰史書『続日本後紀』の嘉祥三年（八五〇）三月己亥条に、

帝崩於清涼殿、（中略）参議従四位上左兵衛督藤原朝臣助率左右近衛少将々曹等、賷天子神璽宝剣符節鈴印等、奉於皇太子直曹、

と見え、『続日本後紀』に次ぐ勅撰史書『日本文徳天皇実録』の同年四月己亥条にも、

仁明皇帝崩於清涼殿、（中略）左右大臣率諸卿及少納言左右近衛少将等、献天子神璽宝剣符節鈴印等、

とある。仁明天皇が崩御されると同時に、「天子神璽宝剣」などは、新帝である文徳天皇に奉られているのである。六国史の末尾に位置する『日本三代実録』天安二年（八五八）八月二十七日乙卯条に、

文徳天皇崩於冷然院新成殿、（中略）奉　天子神璽宝剣符節鈴印等於皇太子直曹、

と見える。『日本三代実録』貞観十八年（八七六）十一月二十九日壬寅条に、

是日、天皇譲位於皇太子、（中略）皇太子受天子神璽宝剣、

とある。これらの記事により、清和天皇、陽成天皇も、皇位の継承にあたって「天子神璽宝剣」を受けられていることが確認される。

『日本三代実録』元慶八年（八八四）二月四日乙未条には、

是日、天皇出自綾綺殿、遷幸二条院、（中略）神璽宝剣等依例相従、駅鈴伝符内印管鑰等留置承明門内東廊、

と見え(15)、また同日条には「天皇璽綬」「神璽宝鏡剣」「天子神璽宝鏡剣」などともある。

さらに、光孝天皇の同日条にも、

親王公卿奉天子璽綬神鏡宝剣等、

とある(16)。

以上、六国史上などに見える「神璽」は、「神璽剣鏡」「天子神璽宝剣」「神璽宝剣鏡」「天皇璽綬」「神璽宝剣鏡」「天子神璽宝鏡剣」「天子璽綬神鏡宝剣」などと多様な名称で見えるのであるが、いずれの場合でも「神璽」と「剣鏡」は同格であって、「神璽」即「剣鏡」を意味すると考えられる。「天子神璽宝剣」というような場合は、「剣」を以て「鏡」を含めていると考えられるのである。

おわりに

本節においては律令に見える「神璽」を中心に考察したが、その結論は律令の規定に見えるそれは「鏡剣」を意味していたと考えられるということである。そのことが史料の上で確認されるのは、『日本書紀』持統天皇四年春正月戊寅条である。即位儀礼として「神璽」の「鏡剣」が上げられたのは、それ以前から行われた可能性もあろう。規定として確立したのは、おそらく浄御原朝廷の制度においてであったと思われる。天武天皇朝の制度は基本的に近江令を継承したものであったと考えられるが、同令にその規定が存在したかどうかは今のところ不明とせざるを得ない。

いわゆる三種の神器は、九州の弥生時代木棺墓に見られるごとく、首長のシンボルであるとともに、「護身御璽」（『古語拾遺』）であったと考えられる。それ故に墳墓に副葬されたと考えられるのであるが、それがいつから、どのようなプロセスで王位の正統な継承者の象徴として、即位儀礼に重要な役割を果たすようになるのであるか。残された問題はなお多いが、他日を期することとしたい。

（平成八年丙子正月八日稿）

注

（1） また、三島敦雄氏は、伊勢貞丈の説を承けて、その著『法曹至要抄正解』において、『安斎随筆』に見える「神璽」に三つの意味があることを説いた部分を引用した後に、「神璽の鏡劔は温明殿に在りて、内侍これを守護し奉り、主上と雖伺ひ奉り給べからず。（中略）されば、蔵司の卑官掌する所に非ず。また賊律に盗むを絞罪とし、詐偽律に偽造するを斬罪とせるは、即神璽の御印なればにて、（下略）」と説いている。なお、神璽の奉祭については、坂本和子氏の論文「神璽の奉祭について――尚侍試論――」（『神道宗教』五五号、昭和四四年）を参照されたいが、坂本氏は同論考において神璽の奉祭に関する歴史的解明をなし、「令には神璽の鏡と劔とは尚蔵の管理（奉仕）と定められているが内侍司の職掌が蔵司の職務を兼任し包含したことによって、内侍司と蔵司との実質的な相違はなくなってしまっている。従って少くとも奈良朝末以降は内侍司が神璽の鏡と劔との奉仕の任に当った」ことを明らかにしている。

次に「神璽」に関する主要な論考を掲げておく。

伊勢貞丈「神璽考」

伴信友「神璽三辨」

近藤芳樹『標注令義解校本』

同『標注職原抄校本』

矢野玄道「神璽説」

栗田寛『神器考証』

藤井貞文「神璽の霊威」（『神道学』三〇号、昭和三六年）

坂本和子「神璽の奉祭について」（前掲）

黛弘道『律令国家成立史の研究』（附論第一「三種の神器について」昭和五七年）

西宮一民「三種の神器について」（『皇學館大学紀要』二一、昭和五八年）

などがある。近藤芳樹は神祇令にいう神璽は鏡劒とし、公式令・賊盗律・詐偽律にいう神璽は曲玉としている。伴信友や矢野玄道らは、公式令にいう神璽を印としている。栗田寛は伴信友の説を取っているが、公式令に見える神璽について、「さて、此神璽は右に擧たる令律（公式令・賊盗律・詐偽律を指すと思われる〈引用者注〉）に載られたるをおきては、いまだ書どもに見およばず、はやく廢てられたりしにてもあるべき」（前掲書「神璽之辨」の項）と述べている。

（2）　現存の『故唐律疏議』を開元二十五年度のものとする説については、牧野巽・仁井田陞「故唐律疏議製作年代考」（『東方学報』東京、第一冊、第二冊、昭和六年）参照。筆者は、楊廷福氏が「《唐律疏議》制作年代考」（『唐律初探』一九八二年、天津人民出版社）において述べられた説（『唐六典』注に「永徽中、復撰律疏三十巻、至今并行」とあることなどから、現存『唐律疏議』は『永徽律疏』であるとする）に賛成するが、その字句については、開元時代、あるいはそれ以降の改変があると考えている。

（3）　古代中国で「璽」とは元来「印」の義であって、昔、秦始皇帝は六国を併せて皇帝を称し、玉印を造らせて子孫伝国の璽とし、天子の印のみ璽の字を用いさせたという伝説がある。秦の伝国璽の印文は「受命於天既寿永昌」とあったという。伝国璽については、駒井義明氏「伝国璽について」(『藝林』一四―二、昭和三八年)など参照。「神璽」「神宝」についてはまた、栗原朋信氏「文献にあらわれたる秦漢璽印の研究」(『秦漢史の研究』所収、昭和三五年、吉川弘文館)など参照。中国の伝国璽に対して平安時代の記録に見えるそれは、その内容が大きく異なる。平安時代の「伝国璽」は「大刀契」を指していたと考えられる(伴信友稿『大刀契考』)。なお、伴信友稿本については、所功氏「『禁秘御抄補註』と『大刀契考』覚書」(『谷省吾先生退職記念　神道学論集』平成七年、国書刊行会)参照。同論考には、「大刀契」研究史も取り上げられている。

(4)『永徽律』において「御璽」という場合、「皇帝八璽」とともに「三后璽」も摂せられており、その盗罪、ならびに偽造罪に対しては絞刑または斬刑が科せられたと思われる。また、「皇帝八璽」「三后璽」を盗む、あるいは偽造すれば、十悪のなかの「大不敬」に該当したと思われる。

(5)令では二種類の即位儀礼を規定する。一つは神祇令践祚条に規定する儀礼(中臣奏天神之寿詞、忌部上神璽之鏡剣、)であり、いま一つは、同令大嘗条に規定する儀礼(大嘗祭)である。関連する儀礼として、同令即位条に規定する天神地祇の惣祭があった。即位条は一般に践祚大嘗祭に関する規定と見られているが、管見では別の儀礼であり、新しく天皇が即位したことにともなう全国の主要神社(官社)への奉幣についての規定と考えられる。神村正鄰・稲葉通邦氏ら『講令備考』、高森明勅氏「大祀と大嘗祭について」(『神道宗教』一二五号、昭和六一年)、田中卓氏「神嘗・相嘗・新嘗・大嘗の関係について」(『続大嘗祭の研究』平成元年)、拙稿「律令法における即位礼と大嘗祭」(同上書、本書第四章第三節に再録)、拙稿「大祀について」(『産大法学』二四―三・四、平成三年、本書第四章第一節に再録)などを参照。後の時代には、即位に関連する儀礼として、即位式や践祚大嘗祭とともに大仁王会や天曹地府祭などが行われたこともある。注意すべきことは、律令は臣下や一般国民に関することを規定するものであるから、天皇自身を拘束するような規定を設けていないということである。神祇令は、即位儀礼に関する規定を置くが、それは同儀礼を行うに当たって臣下が準備する必要から設けられているると考えられるのである。天皇自らに関する規定を置かない例としては、衣服令がある。同令は皇太子礼服に関する条から始まっている。例外としては、喪葬令服錫紵条がある。同条は天皇の喪服着用に関することを規定する。天皇は一般人のごとく喪服はせず、心喪のみである。

(6)　多くの場合、養老律の疏文は唐律疏の規定を採用しているのであるが、「大不敬」に対する注疏の規定は独自のものがあり、「神璽」そのものが唐名例律と異なるとともに、その疏文も独自の文章である。本項に関し、養老律は唐律に対して異なる規定を設けていたと考えられる。それはすでに『大宝律』においても同様であったと思われる。名例律彼此倶罪条に「凡彼此倶罪之贓及犯禁之物、則没官、」の疏文に「禁書璽印之類」と見えるが、ここに見える「璽」が何を意味するか断定はできない。

(7)　大宝令本条の復原に関しては、瀧川政次郎氏『律令の研究』(昭和六年、刀江書院)、弥永貞三氏「大宝令逸文一条」(『史学雑誌』六〇―七、昭和二六年)など参照。

(8)　黛氏は前掲著書において、「神璽」を旧説のごとく「八坂瓊之曲玉」(縄文後期以降長く珍重されてきた翡翠の勾玉)と考えられ、公式令において「神璽」が「内印」「外印」以下の印章と併列挙示されている事実などから、「『公式令』の『神璽』には『神祇令』の『神璽之鏡剣』を含まないことは明白というべきであろう。」とされる。また前掲の名例律八虐条の疏文を「甚だしい誤解といわねばならない。」とされる。管見では、名例律八虐条疏文は法律の規定そのものであり、かつ公式令と矛盾するものではなく整合的に理解し得るものと考えるので、以上の点に関する限り同氏の説には従えない。

(9)　日本古典文学大系本『日本書紀』上、補注2―一九「三種神宝」の項参照。

(10)　「璽符」ないしは「璽」の用例を『日本書紀』にて見ると、允恭天皇紀元年冬十有二月条に「爰大中姫命仰歓、則謂群卿曰、皇子将聴群臣之請、今当上天皇璽符、於是、群臣大喜、即日、捧天皇之璽符、再拝上焉」、清寧天皇即位前紀(雄略天皇)二十三年冬十月己巳朔壬申条に「大伴室屋大連、率臣連等、奉璽於皇太子」、顕宗天皇即位前紀(清寧天皇)五年十二月条に「百官大会、

皇太子億計、取天子之璽、置之天皇之坐、」などとある。また宣化天皇即位前紀（安閑天皇）二年十二月条には「勾大兄広国押武金日天皇崩無嗣、群臣奏上剣鏡於武小広国押盾尊、使即天皇之位焉、」と見える。これらのことから、『日本書紀』における神璽・璽符・璽は皇位継承の際に奏上される鏡剣を意味していたと考えられる。なお、推古天皇即位前紀に「群臣、（中略）因以奉天皇之璽印」、舒明天皇紀元年春正月癸卯朔丙午条に「大臣、及群卿、共以天皇之璽印、献於田村皇子、」と「天皇之璽印」の用例が見えるが、日本古典文学大系本の頭注は「実体は鏡と剣であろう。」とする。この点については後考を俟ちたい。また、孝徳天皇即位前紀に「天豊財重日足姫天皇、授璽綬禅位、策曰、咨、爾軽皇子、云云、」とある。この記事は天皇譲位の最初の例に関するものとして著名であるが、その出典は『魏志』文帝紀の「奉璽綬禅位、冊曰、咨、爾魏王、」などであると考えられる（日本古典文学大系本頭注参照）。ここに見える「璽綬」について、前掲本頭注は「神器」を指すとしている。

(11) 日本古典文学大系本『日本書紀』下、補注17―三「乃跪上天子鏡剣璽符……の出典」の項参照。

(12) 神祇令常祀条の末尾には「唯伊勢神宮、常祀亦同、」という規定がある。この規定は大宝令では無かったと考えられ、『続日本紀』天平二年（七三〇）閏六月甲午条の「制、奉幣伊勢大神宮者、卜食五位已上充使、不須六位已下、」の記事により、「唯伊勢神宮、常祀亦同、」の規定は養老令により附加されたものと思われる。大宝神祇令復原に関する基礎的な研究としては、

田中初夫氏『神祇令考註』（昭和二九年、私家版）

梅田義彦氏『神祇制度史の基礎的研究』（昭和三九年、吉川弘文館）

西山徳氏「神祇令研究の成果と問題点」（『歴史教育』一一―五、昭和三九年）

福島好和氏「大宝神祇令の復原と二、三の問題」（『ヒストリア』五九号、昭和四七年）

砂川和義・中沢巷一・成瀬高明・林紀昭氏「大宝令復原研究の現段階（一）」（『法制史研究』三〇、昭和五六年）

溝口睦子氏「神祇令と即位儀礼」（黛弘道編『古代王権と祭儀』平成二年、吉川弘文館）

菊地康明氏編『律令制度祭祀論考』（平成三年、塙書房）

菊地克美氏「神祇令における法継受の問題」（池田温氏編『中国礼法と日本律令制』平成四年、東方書店）

など参照。

（13）本書について、西宮一民氏校注本（岩波文庫所収、昭和六〇年）解説は「古語拾遺は、平城天皇の朝儀についての召問に対し、祭祀関係氏族の斎部広成が忌部氏の歴史と職掌から、その変遷の現状を憤懣として捉え、その根源を闡明しその由縁を探索し、それを『古語に遺りたるを拾ふ』と題し、大同二年（八〇七）二月十三日に撰上した書である。」と述べている。

（14）本書には「天璽〈所謂神璽剣鏡是也〉」「天璽鏡剣」のように「天璽」の用例も見られる。なお、「天津璽乃剣鏡」は延喜式大殿祭の祝詞にも見える。また本書のこの記事は、中世の神道書である『倭姫命世記』にもほぼ同文が引用されているが、その末尾に「謂名内侍所也」の双行注が附せられている。

（15）この記事により、「神璽宝剣等」は常に天皇の身近にあったことがわかる。

（16）『扶桑略記』同日条に「王卿群臣、諸司百寮、捧天子璽鏡剣等、授一品式部卿親王東二条宮」と見える。

第五節　令釈と大宝田令公田条の復原

田令集解公田条釈云には「釈云、乗田、謂公田也、估価釈見㆓官員令㆒也、賃租者、限㆓一年㆒令㆑佃、而未㆑佃之前、出㆑価名㆑賃也、佃後至㆑秋、依㆓得不㆒出㆑価、是名㆑租也、」とみえる。本条の釈説は、三浦周行・瀧川政次郎両氏によって展開された著名な大宝律と養老律との異同論争のなかで、三浦氏が釈説に二種あったとする論拠の一つとして提出されたものである。すなわち、この釈云には「官員令」という大宝令の用語がみえており、三浦氏は本条の釈云を「古令釈」＝大宝令の注釈書とされたのである。三浦氏は令釈について「私は令釈には古令の註釈書と新令の註釈書との二種ありとみてゐる」「令集解の読者は令釈の内容如何に依つて、古令の註釈書であるか若しくは新令のそれであるかを識別するの外あるまい。」(1)と述べられ、瀧川氏は「実は私も令釈には古令の註釈書もあるのではないかと云ふ疑を持つてゐる」(2)と応えられた。すなわち、令釈には古令の注釈書もあり得るということである。

戦後、令釈に二種ありとの説に対し異議を唱えられたのは亀田隆之氏である。同氏は「令釈説の成立について」(3)なる論文において、三浦氏の釈説に二種ありとの説に対し四段に分かって批判を加えられた。

Ａ　官員令、考仕令の名称あるもの

Ｂ　前令、古令等の語の見えるもの

Ｃ　少丁の名称あるもの

Ｄ　『古記』より古い格を引いていると思われるもの

の四つであるが、本条に関係するのはAである。同氏は「大宝令では賃租を販売と称し、古記はその説明をかくなしたのだと考えられる。さうする《ママ》とこの釈説を以て大宝令の註釈とすることは恐らく出来ぬであろう。」と述べられたが、その後岸俊男氏は「令集解と大宝令の復原――田令公田条についての一試案――」(4)において養老令の賃租の語が大宝令の販売の語に代えて用いられたのではないことを論証された。この岸氏の見解が承認されるならば、亀田氏の説は論拠を失うであろう。亀田氏の挙げられた他の論点に関しても批判し得ると考えるが、同氏自身「此等の多くは観方の相違に立つものであり、どちらにより多くの比重を置くかによつてその観方も当然異つて来る性質のものを含んでいる。」と述べられているから、ここではこれ以上触れないことにする。私は現在でも三浦氏の令釈には古令の注釈書もあるとする説は否定されていないと考えるが、今日一般には令釈の成立は延暦六年以後十年までの間と考えられており(5)、令釈に古令釈もありとの説はほとんど顧みられていない。ただ昭和五十年代、瀧川政次郎氏は『訳註日本律令一首巻』(六二頁)において、

令釈の製作年代については、これを延暦のころのものとするのが、今日の学界の定説のようであるが、私は、令釈には山田白金によつて書かれたものと、白金の門下生によつて書かれたものとの新古二種が存在し、また唐朝には唐令釈なる唐令の註釈書も存在していたと思う。

と述べられて、令釈の成立について学界の再考を促しておられる。

右に述べたごとく、私は三浦氏の古令釈説を支持し、本条の釈云は大宝令の注釈であると考える。本条釈説冒頭には「乗田、謂公田也、」とあるが、これは「乗田」の語が大宝令文に存在したという意味ではなく、田令荒廃条集解

の「釈云、口分墾田等謂之私田也、乗田謂之公田、」や田令王事条集解の「穴云、戦事、謂之王事也、」と同じ用法で、「乗田謂之公田也、」の意味と考えられ、「公田」の語が大宝令文であったと考えられる。また、釈には「估価釈見二官員令一也、」とみえるが、「估価」の語は職員令大蔵省条ならびに同令東市司条に存在する。東市司条集解には釈説は見えないが、大蔵省条集解には「估価」の本文の下に義解に続けて「釈云、貨物之価、随レ時軽重、是謂二估価一、音姑戸反、言臨時当下売二買官一時上、而詣二市司一、知二其估価一、取二中估一売買耳、不二常案記一也、」とみえ、田令集解本条釈云の「估価釈」とは職員令集解大蔵省条の右の釈説を意味しているごとくである。本条釈云に見える「估価」の語は大宝令本条に存在したと考えられるが、同時に「見二官員令一也」とあることからして、大宝官員令大蔵省条にも養老令と同じく「估価」の語が存したと考えられる。同条集解釈云が大宝令の注釈書であるとすると、そこに見える「売買」の語も大宝令同条の逸文ということになるであろう。また冒頭に掲げた釈説によって「賃租」の語句を大宝令本条逸文として確定することができるであろう。

以上、本条釈説を大宝令の注釈書と解することによって、大宝田令公田条の前段には、「估価賃租」の語句が存在したことが確認でき、前段に「賃租」、後段に「販売」の両方の用語がならび存したことも証し得ると考える。

本条後段の復原案については、「送太政官」の語句の存否に関して岸氏虎尾俊哉氏(6)両者間で意見が対立している。鎌田元一氏は「公田賃租制の成立(7)」なる論文においてこの問題を取り上げられ、地子稲に関する具体的な考察をふまえて地子交易京進制が大宝令制下に存在したことを明らかにし、岸氏の復原案を全面的に支持された。私も、本条の復原に関しては岸氏の説に従いたいと思う。最後に復原私案を示すと左のごとくなる。

凡諸国公田、皆国司随ニ郷土估価一賃租、其価販売送ニ太政官一、供ニ公廨料一、以充ニ雑用一、

注

（1）「大宝養老二律の異同論について」（『史学雑誌』三九—一〇）。

（2）「再び大宝律と養老律との異同を論ず」（『史学雑誌』三九—一一）。

（3）『日本歴史』五四号。

（4）『新訂増補国史大系』月報三九。

（5）日本思想大系『律令』七八一～八二頁。

（6）「公田をめぐる二つの問題」（『律令国家と貴族社会』二六九頁）。

（7）『日本史研究』一三〇号。

第六節　大宝田令六年一班条の復原について

大宝田令六年一班条は、班田収授制に関する基本原則を定めた重要な一条であるが、その復原については議論があり、未だ定説をみるに至っていない。そこで本節では、先学の驥尾に附して、一試案を提示してみたい。

本条の復原に関する従来の諸説は次の通りである。

I、仁井田陞氏説(1)

ⓐ凡田六年一班。〈六年一班条〉

ⓑ凡神田寺田不㆑在㆓収授之限㆒。〈神田条〉

ⓒ凡以㆓身死㆒応㆑収㆑田者、初班不㆑収、後年死三班収授。〈以身死応収田条〉

（以下の諸説も、多くは三ケ条案を採る。議論があるのは主としてⓒの部分であるので、三ケ条案についてはⓒの部分のみを掲げる。）

II、虎尾俊哉氏説(2)

○凡以㆓身死㆒応㆑収㆑田者、初班従㆓三班収授㆒、後年二（再）班収授。

III、喜田新六氏説(3)

○凡以㆓身死㆒応㆑収㆑田者、初班及再班死、後年収授、自余三班収授。

IV、田中卓氏説(4)・角林文雄氏説(5)

○凡以㆓身死㆒応㆑収㆑田者、初班従㆓三班収授㆒、後年毎㆑至㆓班年㆒即収授。

V、時野谷滋氏説[6]

○凡以二身死一応レ収レ田者、初班死再班収、後年三班収授。

VI、鈴木吉美氏説[7]

○凡田六年一班。以二身死一応レ収レ田者、初班、再班収、後年、三班収授。神田寺田、不レ在二収授之限一。

VII、杉山宏氏説[8]

○凡以二身死一応レ収レ田者、初班不レ収、即初班死、及後年死、従二三班収授一。

VIII、河内祥輔氏説[9]

○凡田六年一班、三班収授、神田寺田、不レ在二収授之限一、若以二身死一応レ収レ田者、初班死猶一班後年収授。

村山光一氏はその著書『研究史班田収授』において「六年一班条については、現在なお田中氏案（または杉山氏案）が有力であり、これに対して河内氏案が新説として登場してきたが、これについては今後の検討が必要であるというふうに考えておきたい。[10]」と述べられた。村山氏の著書以後、角林氏は河内氏の説を批判されて、田中氏説に拠るべきことを主張された。私も河内氏説は成立しないと考えるが、今詳細なる批判を加える余裕はないのでそれは別の機会にゆずり、ここでは大宝令本条の母法がいかなるものであったかという点に焦点を定めて考えてみたいと思う。

周知のごとく、北魏の孝文帝は均田制を実施して中国土地制度史上に重要な足跡を残したのであるが、『魏書』食貨志、孝文帝の太和九年（四八五）十月丁未の詔のなかに、

諸還受民田、恒以正月、若始受田、而身亡、及売買奴婢牛者、皆至明年正月、乃得還受。

とみえる。これは北魏令の逸文と考えられているが、(11)『世界歴史事典』史料篇東洋の「北魏の均田法」の項目に載せられた松本善海氏の訳によると、

諸、民に田を還受するには、恒に正月を以つてする。若し始め田を受けて、身の亡《う》せ、及び奴婢と牛とを賣買する者は、皆な明年の正月に至つて、乃ち還受することを得る。

ということである。すなわち、北魏令においては、受田期間は十五歳から六十九歳までであるから、男夫は十五歳になると露田四〇畝を受けるが、数え年七十歳になると還田することになる。また死亡した場合も還田する規定であった。そして「還受民田」はその事由が発生したときから後、最も近い正月に実施される。故に、一般死の場合の収公は一年以内に行われることになる。これに対して、始めて受田し一年以内に死亡した場合には、すぐ次の正月に収公されずになお一年の間その田を家族で保持することが許されたと考えられる。この北魏令に「始受田、而身亡、」の場合の収公について恩恵的規定が存在することは注目されねばならないであろう。唐令にはこの場合の優遇規定はみえないから、大宝令が死亡者口分田収公規定に関して初班の場合の優遇規定を設けたのは、右に掲げた北魏令の影響を受けた可能性があるといえるのではなかろうか。北魏令を直接に継受したのではないとしても、少なくとも唐令以前の魏晋南北朝の田制の影響を受けた規定であるとは言い得るであろう。

本条の復原に関して従来多くの論議がなされてきたのは、大宝令が唐令の規定をそのまま継受しなかったことに原因があると思われる。すなわち、大宝令の初班死収公に関する優遇規定が、唐令ではなく、それ以前の北魏令に淵源することが明らかであったならば、その復原にはそれほどの困難を伴わなかったであろう。復原案としては田中卓氏

の説が最も妥当であると思われる。ただし、私は、三ケ条分離案ではなく、一ケ条説を採用すべきだと考えている。この点では河内氏説に従いたいと思う。『令集解』本条『古記』には神田条とみえるが、神田条が独立していたというのは集解編者である惟宗直本の判断であり、直本自身は大宝令そのものを見ていなかったと思われる。(12) また、養老令は一ケ条に作っており、大宝令本条に影響を与えた可能性のある北魏令もやはり条を別っていない。

本条の復原私案は左のごとくなる。

凡田六年一班、神田寺田不レ在二収授之限一、若以二身死一応レ収レ田者、初班従二三班収授一、後年毎レ至二班年一即収授。

大宝令本条は右のごとくであったと考えるが、養老令は何故に初班死収公の場合の優遇規定を削除してしまったのであろうか。唐令にならったといえばそれまでであるが、当時の日本においても段々に口分田が不足してきたことも一因と考えられる。しかし、より重要なことは、田令王事条との平衡が図られたと考えられるのではなかろうか。すなわち、王事案は、兵士として外征に従い不還となった場合の規定であり、国家への貢献として、初班死の場合の一家族の問題より重視されたからだと思われる。大宝令では初班死収公と王事不還が同列の扱いであったのに対し、養老令では、一般死の収公が「六年以内」であるのに対し、王事不還の場合は「十年」と規定され、その均衡がとられたものと考えられるのである。

注

(1) 「古代支那・日本の土地私有制四」(『国家学会雑誌』四四―八、昭和五年)。
(2) 「大宝・養老令に於ける口分田の収授規定」(『法制史研究』七、昭和三二年)。
(3) 「死亡者の口分田収公についての大宝令条文の復元について」(『日本歴史』一一四、昭和三二年)。
(4) 「大宝令における死亡者口分田収公条文の復旧」(『社会問題研究』七―四、昭和三二年)。
(5) 「大宝田令六年一班条の一研究」(『続日本紀研究』二〇一、昭和五四年)。
(6) 「大宝田令若干条の復旧条文について」(『日本上古史研究』二―七、昭和三三年)。
(7) 「大宝田令諸条の復旧」(『立正史学』三二、昭和四三年)。
(8) 「田令集解六年一班条の古記について――同条の大宝令条文の復原――」(『史正』四、昭和五〇年)。
(9) 「大宝令班田収授制度考」(『史学雑誌』八六・三、昭和五二年)。
(10) 同書二三〇頁(昭和五三年刊)。
(11) 仁井田陞氏『唐令拾遺』六三七頁(昭和八年刊)。
(12) 松原弘宣氏「『令集解』における大宝令――集解編纂時における古記説の存在形態について――」(『史学雑誌』八三―一一、昭和四九年)。

第七節　大宝田令六年一班条の復原をめぐって

はじめに

大宝田令六年一班条の復原については、多くの研究者から様々な説が提示されている。私も先学の驥尾に附して一説を提示したことがあった(1)。

前論考発表以後も論争は続いており定説を見るに至っていない。私説は、大宝令同条では口分田の収授に関して二律収授規定を設けており、養老令とは大きく異なっていたと考えるものである。幾人かの研究者よりご批判を頂いたが、なお私説の大本を改める必要を認めないので、ここに改めて私説を詳述して大方のご批判を仰ぎたいと思う。

一　研究史の回顧

大宝田令の復原は多くの条でなされているが、数ケ条では説が別れて定説を見るに至っていない。議論のある数ケ条のなかで、班田制の根幹をなす収授に関する規定を定めたのが六年一班条である。本条は基本原則を定めた重要な一条で、養老令同条とは大きな差異があったことが知られており、その正確な復原は、大宝令制下の班田制度を考察するためには、重要な問題であろう。そこでまず本項では、本条に関する研究史を振り返ってみることとする(2)。

大宝令本条に関して、最初の復原案を提示したのは仁井田陞氏であった。同氏以後、多くの復原案が示されたが、それを年代順に次に示す。

一　仁井田陞説(3)

ａ凡田六年一班〈六年一班条〉

ｂ凡神田寺田不在収授之限〈神田条〉

ｃ凡以身死応収田者、初班不収、後年死三班収授〈以身死応収田条〉

二　瀧川政次郎説(4)

○凡田、六年一班、若以身死応退田者、毎至班年、即従収授

三　虎尾俊哉前説(5)

○凡以身死応収田者、初班従三班収授、後年二（再）班収授

四　喜田新六説(6)

○凡以身死応収田者、初班及再班死、後年収授、自余三班収授

五　田中卓(7)・角林文雄(8)・明石一紀説(9)

○凡以身死応収田者、初班従三班収授、後年毎至年即収授

六　時野谷滋説(10)

○凡以身死応収田者、初班死再班収、後年三班収授

七　鈴木吉美説(11)

○凡田六年一班、以身死応収田者、初班、再班収、後年、三班収授、神田寺田、不在収授之限

八　杉山宏説(12)

○凡以身死応収田者、初班不収、即初班死、及後年死、従三班収授

九　河内祥輔説(13)

○凡田六年一班、三班収授、神田寺田不在収授之限、若以身死応収田者、初班死猶一班後年収授

一〇　川北靖之(14)・米田雄介説(15)

○凡田六年一班、神田寺田不在収授之限、若以身死応収田者、初班従三班収授、後年毎至班年即収授

一一　虎尾俊哉後説(16)

○凡田六年一班、若以身死応収田者、初班従三班収授、後年毎至班年即収授

一二　山本行彦説(17)

○凡田六年一班、若以身死応収田者、初班不収、三班収授、後年毎至班年即収授

一三　梅田康夫説(18)

○凡以身死応収田者、毎至班年、即従収授、即初班者後年之班年収授、(若知不還収者)、三班収授

一四　森田悌説(19)

○凡田六年一班、初班、以身死応収田者、再班収、後年死、三班収授

およそ右に揚げたような諸説がある。(20)これらの諸説はいくつかの方法で整理することができる。養老令本条が一条より成っていたことは明白であるが、大宝令においてはたして何条であったかは議論のあるところである。しかし、

これまでに明らかになっている史料からは、断定的な結論を得ることは難しいであろう。虎尾氏が「蓋然性が高いという判断にとどむべき」とされる意見に、[21]私も従うべきであると考える。

形式上の問題よりもさらに重要なのは内容である。いい換えれば、一律収授規定説かあるいは二律収授規定説かという問題である。明石氏は、二律収授規定の田中＝虎尾説（川北・山本・角林ら）および杉山説、そして一律収授規定の時野谷説（鈴木・森田）の三説に整理されて、「この基本的な三説の賛否・比較こそが復原の主題とされるべきである。」とのべられた。[22]明石氏の提言を受けて、一律収授規定説のなかで最近の説である森田悌氏の説を中心として、項を改めて検討を加えることとする。

二　森田悌氏説の検討一
――「初班」をめぐって――

私の説は、大宝令本条では口分田の収授に関して二律収授規定を設けており、初班死の口分田収公には優遇規定を設けていたとするものであり、今日において通説的立場にある田中＝虎尾説を内容的には継承している。この通説的立場に対して、一律収授規定説の立場から鋭い批判を展開されたのが森田悌氏である。本節においては、一律収授規定説として代表的な森田氏の説を取り上げて批判を加え、なお二律収授規定説の成立し得ることを示しておきたい。

まず両説の最大の対立点である、『令集解』田令王事条および六年一班条の『古記』の解釈を検討するために、基本史料を次に掲げる。

I　『令集解』田令王事条『古記』

古記云、三班乃追、謂二班之後、三班之年即収授也、問、計班之法未知、若為、答、以身死応収田条一種、仮令、初班之年知、不還収、三班収授、又初班之内五年之間、亦初班耳

II　『令集解』田令六年一班条『古記』

古記云、初班、謂六年也、後年、謂再班也、班、謂約六年之名、仮令、初班死再班収也、再班死三班収耳、問、人生六年得授田、此名為初班、為当、死年名初班、未知其理、答、以始給田年為初班、以死年為初班者非、問、上条三班乃追与此条三班収授、其別如何、答、一種无別也、三班収授、謂即三班収授也、問、於二月授田訖、至十二月卅日以前身亡、何為初班也、答、以作年為初班也、仮令、自元年正月至十二月卅日以前、謂之初班也

まず第一に検討しなければならない問題は、「初班」の語が『古記』において如何なる意味に用いられているかという点である。『古記』に見える「初班」の概念については、明石氏が分析を加えられ、

任意の第一回目の班年を指す計年法における概念

六年間であることを指す計班法における概念

六年目であることを指す計年法における概念

の三種の概念が混用されていると述べられた(23)。

ここで重複を厭わず、私なりに「初班」の用語について整理しておくことにしたい。まず「初班」の用語は史料IIの古記云に見えており、大宝田令本条にその用語が存在したと考えることに意義はないであろう。また、史料Iの古

記云にも「初班」の用語が見えている。養老田令王事条と史料Iを合わせ考えるならば、大宝田令王事条本文には、養老令同条に「十年乃追」とある部分が「三班乃追」と規定されていたことが明白であろう。しかしその他の異同は現在のところ見出されず、大宝令同条に「初班」の語が存在していたとは思われない。すなわち、「初班」の語は大宝田令本条と王事条の両条本文に見出される訳ではない。王事条においては、「三班乃追」の意味を明らかにするために、『古記』がその問答において「初班」の語を引用していることが確認されるのみである。つまり「初班」の概念を複数に理解せねばならないのは、令本文の規定そのものではなく、『古記』説においてであると考えられるのである。

すなわち、史料IIにおいて『古記』は「初班、謂六年也」「人生六年得授田」「以始給田年為初班」と述べ、「初班」を生後最初の班田と解している。これに対して史料Iの『古記』は「初班之年知、不還収、三班収授、又初班之内五年之間、亦初班耳」としている。田令王事条は、王事(戦事)〈この問題は次項において検討する〉によって外蕃に没落したり死亡した場合の田地の処置について規定しているが、一般に外征に加わる兵士は正丁(二十一歳以上六十歳以下の男子)から採用されるのが原則であったから、もし二十一歳としてもすでに三回の班年を経過しているはずである。故に田令王事条『古記』に見える「初班之年知、不還収」の「初班」は、生後最初の班田ではあり得ず、出征する前の最も近い班年を意味すると理解する外はないであろう。翻って史料IIの『古記』を見ると「班、謂約六年之名、仮令、初班死再班収也、再班死三班収耳」とあるが、ここに見える「初班」も生後最初の班田を意味しないと考えられる。以上にみたごとく、『古記』の「初班」には生後最初の班田とその他の任意の班田の二つの意味が存在することになる。そしてそれ以外に、史料Ⅰの「初班之内五年之間、亦初班耳」により、期間を示す場合もあったことが知られるのである。

大宝令本条本文の「初班」に三義があったとは考えられない。明らかに本条において「初班」の語は生後最初の班田を意味していたと断じてよいであろう。『古記』が「初班」を三様の概念で取り扱っているのは説明の便宜のためであって、大宝令文における「初班」の語義は、あくまでも生後最初の班田を意味していたと考えられるのである。(24)

史料Ⅱの「問、於二月授田訖、至十二月卅日以前身亡、何為初班也、答、以作年為初班也、仮令、自元年正月至十二月卅日以前、謂之初班也」の問答について、森田氏は「通常給田されるのは人生れて最初の班田の時であるから、この問答の初班も人生最初の謂であることが確実である。」と述べられた。しかし、『令集解』の釈訳には「此条為生益隠首等生文」などと見えており、釈説などが大宝令の注釈でないことを考慮しなければならないとしても、この問答の初班には「隠首」(戸籍から脱漏していた者が自首した場合)なども含まれていたと推定しても差し支えないであろう。

右の推定が正しいとすると、『古記』は同一令文に関わる注釈文のなかで「初班」に複数の意味を附与していたことになるであろう。森田氏は、史料Ⅰの「初班」が「最初の班田から数えて何回めかの班田」であることを承認され、この「初班」の用法は本来のものではなく、「派生的な使われ方」と考えられた。しかし私は、史料Ⅰ・Ⅱを通じていえることは、『古記』が「初班」に複数の意味内容を附していたということであると考える。いずれかが派生的な用法とは断定できないというべきであろう。

三　森田悌氏説の検討二

――「三班収授」について〈初班死優遇規定の沿革〉――

本項においては、大宝令本条本文に存在したと考えられる「三班収授」の意味について再検討することにする。[25]史料Ⅰ・Ⅱを見れば明らかなように、「三班収授」の規定は大宝田令本条と同王事条に密接な関連を有している。すなわち「三班収授」を考える場合、この両条の関係について十分な解明を加えることから出発しなければならないと思われる。

『古記』は、史料Ⅰにおいて「以身死応収田条一種」、史料Ⅱにおいて「上条三班乃追与此条三班収授、（中略）一種无別也」と述べており、「三班乃追」と「三班収授」の規定が「一種」であると解している。つまり、この両規定に法意の差はなかったといっているのである。そこで、田令本条における「三班収授」の意味を明らかにするために、田令王事条における「三班乃追」の意味を考えることが問題解決への一歩であることがわかる。

養老田令王事条は次のごとくである。

□凡因王事、没落外蕃不還、有親属同居者、其身分之地、十年乃追、身還之日、随便先給、即身死王事者、其地伝子

大宝令同条は「十年乃追」が「三班乃追」となっていた以外、養老令の規定に同じであったと考えられている。[26]大宝田令王事条の「三班乃追」が、普通死に比較して、恩恵的処置であると考えられることは明らかであると思われる。同様のことは養老令の場合にもいえる。田令王事条義解が「謂、愍其没落不帰、生死无聞、是以十年之後、其

口分従追収」と「愍」の語を用いているのも恩恵的処置であることを証するものであろう。[27]
また、本条の藍本と考えられる唐令同条は、

△諸因王事、没落外蕃不還、有親属同居者、其身分之地、六年乃追、身還之日、随便先給、即身死王事者、子孫雖未成丁、身分地勿追、（下略）

とあって、[28]普通死の場合翌年の班田時に収公されるのが、王事不還の場合には六年後に追せられるという恩恵が認められている。また、「身死王事」の場合の日唐両令をみても、彼は「身分地勿追」とあって収公されず、我にあっては「其地伝子」とあって、功田の場合の下功と同じ処置がとられている。同条が「王事」に尽した者に対する恩恵的規定であることを示している。[29]

唐制にあっては戸籍は「三年一造」であったが、大宝令では「六年一造」に改め、養老令はその制を継承した。班田は、彼にあっては毎年行われたが、大宝・養老両令にては造籍に同じく六年ごととされた。王事不還収公については、彼にあっては一般収公が毎年行われたのに対して六年ごとという恩恵的処置が取られていたのであるが、大宝令はこれをそのまま継承せずに、日本の造籍班田制度に合わせて「三班」と改訂して規定したが、養老令にては彼に倣って年数を以て「十年」と規定した。一般の死亡者口分田収公は六年ごとの班田時に行われたから、王事条の十年はなお恩恵的処置であることは明白である。

以上みたごとく、王事条の「三班乃追」は一般の死亡者口分田収公の規定に対して恩恵的特別規定として設けられていたことが明らかなのである。故に史料Ⅰ・Ⅱの『古記』が「三班収授」と「三班乃追」とは「一種」であるとし

ているのであるから、田令本条の「三班収授」は一般原則的規定ではなくして、特例または例外的、恩恵的規定であると見なければならないであろう。大宝田令本条の「三班収授」の特例を「初班」のみに限ると結論されたのは、田中氏である。(30)

私はこの結論を支持するものであるが、次に大宝令本条の初班死亡者の口分田収公優遇規定の成立を考える上に重要と思われる史料が『魏書』に見えるので、それを掲げる。(31)

『魏書』巻一一〇食貨志六第一五、孝文帝の太和九年の詔のなかに、

△諸還受民田、恒以正月、若始受田、而身亡、及売買奴婢牛者、皆至明年正月、乃得還受

と見える。これは北魏令の逸文と考えられている。(32)

松本善海氏の訳によると、(33)

諸、民に田を還受するには、恒に正月を以つてする。若し始め田を受けて、身の亡せ、及び奴婢と牛とを売買する者は、皆な明年の正月に至つて、乃ち還受すること得る。

ということである。すなわち、北魏令においては、受田期間は十五歳から六十九歳までであるから、男夫は十五歳になると露田四〇畝を受けるが、数え年七十歳になると還田することになる。また死亡した場合も還田する規定であった。そして「還受民田」はその事由が発生したときから最も近い正月に実施される。故に、一般死の場合の収公は一年以内に行われることになる。これに対して、始めて受田し一年以内に死亡した場合には、すぐの次の正月に収公されずに、なお一年の間その田を家族で保持することが許されたと考えられる。この北魏令に「始受田、而身亡」の場

合の収公について恩恵的規定が存在することは注目されねばならないであろう。唐令にはこの場合の優遇規定は見えないから、大宝令が死亡者口分田収公規定に関して初班の場合に優遇規定を設けたのは、右に掲げた北魏令の影響を受けた可能性があるといえるのではなかろうか。北魏令を直接に継受したのではないとしても、少なくとも唐令以前の魏晋南北朝の田制の影響を受けた規定であるとはいい得るであろう。

右の北魏令に関する私見は前論考において述べたところであるが、諸氏より貴重なご意見を賜わったので、ここで改めてそれらのご意見に対してお答えすることにしたいと思う。

まず最初に、前論考では紙幅制限のために省略した部分を掲げておくことにする。

造籍・班田・死亡者口分田収公・王事不還収公などについて、北魏および唐制と大宝・養老両令を比較した表を示すと左のごとくである。

	受田年齢	造籍年	班田年	死亡者口分田収公	初班死収公	王事不還収公
北魏令	男夫十五歳以上		毎年	毎年〔正月〕	翌年〔正月〕	
唐令	丁男十八以上	三年ごと	毎年	毎年〔十月〜十二月〕	毎年〔十月〜十二月〕	六年〔十月〜十二月〕

大宝令	六歳以上	六年ごと	六年ごと	毎班年六年ごと〔十一月～二月〕	三班〔十一月～二月〕	三班〔十一月～二月〕
養老令	六歳以上	六年ごと	六年ごと	毎班年六年ごと〔十一月～二月〕	六年〔十一月～二月〕	十年〔十一月～二月〕

この表の比較から明らかなように、「三班収授」または「三班乃追」は大宝令特有の規定であるが、この規定が置かれた最大の要因は、唐制にあっては班田収授が毎年行われる定めであったのを、大宝令で六年ごとに改めたことによると考えられる。

王事条についていえば、日唐両令間で立法の趣旨は等しい。すなわち王事に尽くした者に対する恩恵的処置であったのである。ただ唐令にあっては「不還」が判明した時点より「六年」というようにその期間が明確に規定されていたのに対して、大宝令の場合には出征する前の班田を一班として三班時に収公するという規定であり、その期間は「不還」の判明したときから数えて六年以上十二年未満となって年数を確定できないという問題があったのである。この点を養老令は改正して、唐令にならって「不還」よりの年数で表示することとし、「十年乃追」としたのであった。

これに対して、死亡者の口分田収公の規定については、大宝令は唐令の規定をそのまま継承しなかったために、その復原に関して従来多くの議論がなされてきたのであった。すなわち現在までの研究では、大宝令の死亡者口分田収公規定の「初班」の場合の優遇規定が、唐または日本の如何なる制度に由来するかが明らかにされていなかったのである。右の表によって、大宝令の「初班死収公」に関する優遇規定が、唐令ではなく北魏令に淵源することは明らかであるといわねばならないであろう。(34)

それでは、「三班収授」に関する森田氏説の検討に入ることにする。同氏は前掲論考において「私は、Aの王事条における三班乃追は以身死応収田条と一種だという注釈は、ある班年からかぞえて、次々回の班田の時に収授するという点に関し同じだ、という意味だと考える。」と述べられた。森田氏は「次々回の班田の時に収授する」という注釈が、以身死応収田条（＝田令六年一班条）に適用されることを承認されるのであろうか。そうであるとするならば、それは死亡者口分田収公に関して一律収授規定を認めることになり、氏の一律収授規定説に矛盾することになるであろう。

次に、田令荒廃条『古記』について考えることにする。まず同条『古記』を左に掲げる。

古記云、替解日還官収授、謂、百姓墾者待正身亡即収授、唯初墾六年内亡者、三班収授也、公給熟田、尚須六年之後収授、況加私功、未得実哉、挙軽明重義

右の『古記』は、官人の墾田のことについては述べずに、百姓の墾田について議論を展開している。その議論の一部を訳して左に示すと、

百姓の墾田は正身の亡ずるを待ちて、すなわち収授する。唯し初墾六年内に亡じた場合については三班収授とす

る。〈その理由は、〉公給の熟田においても、〈初班死の場合〉さらに六年の後を待ちて収授するのであるから、況んや私功を加えて未だ実を得ざるにおいてをや。これは軽〈公給の熟田の初班死の場合〉を挙げて、重〈初墾六年内亡の場合〉を明らかにするの義である。

ということになるであろう。(35)

『古記』が百姓墾田の収公の方法について、一般規定として「待正身亡即収授」を置き、特別規定として「唯初墾六年内亡者、三班収授也」と記しているのは明白であろう。公給熟田〈口分田〉の場合の「〈初班死〉尚須六年之後収授」も、初班死以外に対する優遇規定と見なければならないであろう。荒廃条における『古記』の議論は、六年一班条の〈初班死＝三班収授〉の特例規定を基礎にして成立していると考えねばならないであろう。

森田氏は「古記注の意味は、初班死如何を問わず、私功を加えていない口分田は死後最初の班田の時収公する、私功を加えた墾田は初墾田六年内に死亡した場合次々回の班田に収授するの謂に他ならない。」と述べられた。『古記』の「公給熟田、尚須六年之後収授」は、はたして森田氏のごとく解してよいのであろうか。「公給熟田」が口分田を意味することはそれでよいと思われるが、次の「尚」は、『助字辨略』をみると「復也更也」とあって、「さらに」と訳すべきであろう。とするならば、「公給熟田」は一般の場合ではなくて、その前後に、「初班死」を意味する語句が省略されているのであろう。「尚須六年之後収授」は「三班収授」と同義であると、私には考えられるのである。

「挙軽明重義」について、森田氏は「私功を加えていない口分田を軽とし、私功を加えた百姓墾を重とし、後者の収公は前者の収授より優遇されるということである。」と述べられた。『古記』の議論は理路整然としており、公給熟田における初班死に尚須六年之後収授の取り扱いをすることが「軽」であり、百姓墾における初墾六年内亡に三班収授の取り扱いをすることが「重」であるということであろう。初班死如何を問わない口分田収公と初墾六年内亡で軽重を考えることは意味をなさないと思われる。『古記』は、〈初班死〉と「初墾六年内亡」の軽重を問題にしていると考えられるのである。それは、「挙軽明重」について規定する、名例律断罪無正条条の法理を考えれば明瞭であろう。この場合「尚須六年之後収授」と「三班収授」とが同義であることが、『古記』の議論の重要な基礎であると考えられるのである。

ここで、北魏令に関する私見への、諸氏のご批判について考えることにする。森田氏は「令文中の明年は受田の翌年としか文脈上解せないから、始受田年に亡くなったものも翌年還受となり格別の優遇規定がとられていたとは見做しがたい。」と述べられた。しかし、令文に「諸還受民田、恒以正月」とあり、「諸民年、及課則受田、老免、及身没則還田、奴婢牛随有無以還受」と見えることからすると、令文の「正月」はその前年に還受の事由が発生したことに対する語であろう。これに対して、令文の「明年」はその翌年を意味することになるであろう。一般の還受が事由発生の翌正月であることは、令文に「恒」の語が用いられていることからも首肯される。

それでは、北魏令文の意味をさらに明らかにするために、その構文について考えてみることにする。「諸還受民田、恒以正月」は田の還受時期に関する一般的規定であろう。その次の「若」字以降は特別例外規定であると考えられる。「若」は『明律集解』の八分例には「若者文雖殊而会上意」とあり、『助字辨略』には『春秋左氏伝』を引いて「若夫者、相及而殊上事之辞也」「上若字、設辞也、下若字、殊上之辞也」と見える。「若」一字でも、それ以前の文章と

「殊」なることを表す用法が存在することは明瞭であろう。さらに『助字辨略』で「殊」について見ると、「愚案殊云絶者、極辞也」「了辞絶辞」とある。「若」の前後で文章が切れていることは疑えないであろう。そうであるとすると、小林氏のごとく、「始受田、而身亡」を一般の死亡に解することは無理があるであろう。

私は「売買奴婢牛者」に対しても恩典が与えられていたと考えているのであるが、小林氏は、私の解釈では「買った者は甚だ不利な扱いを受けることになる。」と批判された。このご批判は私説の弱点を鋭く突いたものであるが、令文には、「皆至明年正月、乃得還受」とあり、そこには可能を表す助字の「得」が見えているのである。すなわち、奴婢や牛を売った者には還田を一年間猶予することができるというのが法意であろう。奴婢や牛を買った者は当然、その事由の発生した次の正月に受田があったと解すべきだと考える。それは、北魏時代は農地の開発や生産の奨励が行われており、その課田的性格からしても、できるだけ土地を農民に貸与したと考えられるからである。(36)

法理からいって、奴婢や牛の生得および死亡に関しては一般規定が適用されたと考えられるのである。以上述べたところを今一度要約すると、田の還受時期に関しては恒に〈その事由の発生した翌〉正月に行うのが原則である。しかし、「始受田、而身亡」者や「売買奴婢牛者」は皆、明年〈一般の還受より一年先〉の正月に至って、そこで「還受」することが許されている、ということであろう。〔ただし、買奴婢牛者には一般規定が適用されたと思われる。〕

理解をしやすくするために「始受田、而身亡」者に対する優遇規定を図示して見ると、

始受田→死亡→正月（不還田）→明年正月＝環田

ということになる。

森田氏は「『始メテ田ヲ受ケ身亡スルモ』＝始受田年に死亡する如き不運なケースにあっても、翌年正月に還受すると解す」と述べられたが、氏のごとく解するならば、令文には「還受」〈せよ〉とあるべきところである。ところが北魏令文には「得還受」と可能を表す助字「得」がある。「得＝できる」ということであって、それは「不還」も許されるということになってしまい、氏の解釈と矛盾するであろう。

北魏令還受民田条に関する私の解釈が正しいとするならば、大宝田令本条の初班死優遇規定は、北魏令同条の直接ないしは間接的影響下に成立したといい得るであろう。(37)

四　養老令における改定について

本項においては、大宝令本条の死亡者口分田の収公に関する初班死優遇規定が、如何なる理由で養老令において改定されたのかという問題について考えることにする。(38)

養老令が初班死収公の場合の優遇規定を削除した理由については、いくつかのものが考えられる。まず考えられることは、唐令に倣ったのではないかということである。北魏の均田制とは異なり、唐の均田制は占田〈限田〉的性質が強いといわれている。(39)

右に述べたことや、口分田の不足その他のこともあってか、唐令には、北魏令には存在したと思われる、婦人・奴婢・丁牛への給田がなく、死亡者口分田の収公に関する初班死優遇規定が見えないのである。大宝令の班田収授規定のある部分は、隋唐以前の中国の制度の影響を受けて成立したと考えられるのであるが、養老令に至って、口分田の不足などの事情もあり、部分的に唐制を継受したものと考えられるのである。

さらにより重要と思われる改定理由は、田令王事条との均衡が図られたということであろう。すなわち王事条は、兵士として一身を国家に捧げて外征に従い「不還」となった場合を主とする規定であり、「初班死」が個人的な一家族の問題であるのに対して、国家への貢献として「王事不還」がより重視されたためであろうと考えられるからである。そのために養老令においては、「初班死収公」に関する優遇規定は除かれ、一律に「毎至班年」に収公されることになったと思われる。そして、一般死の収公が「六年以内」であるのに対して、王事不還の場合は「十年」と規定され、その均衡が成ったといえるのではなかろうか。

中国法の継受について一般的なことをいうならば、大宝令が、唐制を継受する以前の日本固有の制度およびそれまでに日本が受容していた魏晋南北朝の制度を生かしつつ、唐令との調和を図って編纂されたのに対して、養老令は受容できる部分に関してはほぼ全面的に唐制に拠って編纂されたということも合わせて考慮をしておく必要があるであろう。

おわりに

ここで、本節で述べてきた私見を、改めてまとめておくと左のごとくなるであろう。

一　大宝田令六年一班条の「初班」の語は、「人生六年得授田、此名為初班」「以始給田年為初班」と同条『古記』にみえることに明らかなごとく、その意味するところは生後最初の班田を指している。ただし、同条『古記』および王事条『古記』の「初班」の用法には別の意味で用いられている場合がある。すなわち初班の語は、令の法意としては一種であるが、『古記』では複数の意味に用いられていると考えられる。

二　大宝田令六年一班条の「三班収授」の語は、「初班」後「再班」（二班）までに死亡した者に対する特別規定であったと考えられる。特別規定であったことは、田令王事条および荒廃条によって確認される。

三　大宝田令六年一班条が、死亡者口分田収公規定において「初班」死の場合の恩恵的特別規定を設けた背景には、大宝令以前に継受していたと考えられる班田収授法〈魏晋南北朝の制度〉の影響を考える必要がある。北魏令には「始受田、而身亡」の場合の収公に関する恩恵的特別規定が存在したと考えられる。

四　養老令において「初班」死に関する特別規定を削除した理由は、口分田が不足してきたといった現実的な理由も考えられるが、唐令に従って改めたこと、ならびに田令王事条との均衡が図られたことなどが考えられる。

（昭和六十三年戊辰九月十四日稿）

注

（1）「大宝田令六年一班条の復原について」（『史料〈皇學館大学史料編纂所〉』一六、昭和五四年、本書第四章第六節に再録、以下前論考と称す）。

（2）これまでに研究史として、村山光一『研究史班田収授』（昭和五三年）、明石一紀「班田制」（『古代史研究の最前線』第一巻〈政治・経済編〉上、昭和六一年）などがある。

(3)「古代支那・日本の土地私有制四」(『国家学会雑誌』四四—八、昭和五年、後に『補訂中国法制史研究　土地法・取引法』昭和五五年所収)。大宝令本条がどのような体裁であったのかは意見の別れるところであるが、議論があるのは主としてcの部分であるので、以下二ケ条および三ケ条案についてはcの部分のみを掲げる。

(4)『律令の研究』(昭和六年刊、昭和四一年復刻)。

(5)「大宝・養老令に於ける口分田の収授規定」(『法制史研究』七、昭和三二年、後に『日本古代土地法史論』昭和五六年所収)。

(6)「死亡者の口分田収公についての大宝令条文の復元について」(『日本歴史』一一四、昭和三二年)。

(7)「大宝令における死亡者口分田収公条文の復旧」(『社会問題研究』七—四、昭和三二年、後に『律令制の諸問題』〈『田中卓著作集』六〉昭和六一年所収)。

(8)「大宝田令六年一班条の一研究」(『続日本紀研究』二〇一、昭和五四年)、「大宝令班田収授制とその修正」(『続日本紀研究』二一九、昭和五七年)。

(9)「班田基準についての一考察」(『古代天皇制と社会構造』昭和五五年)。

(10)「大宝田令若干条の復旧条文について」(『日本上古史研究』二—七、昭和三三年)。

(11)「大宝田令諸条の復旧」(『立正史学』三二、昭和四三年)。

(12)「田令集解六年一班条の古記について——同条の大宝令条文の復原——」(『史正』四、昭和五〇年)。同氏は後に「田令集解六年一班条古記再論」(『史正』八、昭和五四年)を発表されて、河内氏説を批判し自説を補強しておられる。

(13)「大宝令班田収授制度考」(『史学雑誌』八六—三、昭和五二年)。ただし、同氏は「書評・虎尾俊哉著『日本古代土地法史論』」(『史学雑誌』九一—三、昭和五七年)において、自らの復原案を廃棄されて「私は、かつて提起した三班収授制などの考え方をここに否定し、田中、虎尾説に賛成すべきであるという結論に達した。」と述べられた。そして大宝令文(死亡収公規定部分)の復原案として「初班死三班収授　三班、謂、一班後年班」の文例を示しておられる。

(14) 前掲注（1）参照。拙稿に対して批判の労をとられたものに、小林宏氏「書評・川北靖之『大宝田令六年一班条の復原について』」（『法制史研究』三〇、昭和五六年）がある。

(15)「大宝令二年戸籍と大宝令」（『日本古代の国家と宗教』下巻所収、昭和五五年）。

(16)「大宝田令六年一班条について」（『日本歴史』三九五、昭和五六年、後に『日本古代土地法史論』昭和五六年所収）。

(17)「大宝田令六年一班条および口分条の復原について」（『続日本紀研究』二二一、昭和五七年）。

(18)「大宝令における口分田収公規定」（『北陸歴科研会報』一七、昭和五七年）。

(19)「口分田収授についての考察」（金沢大学教育学部『教科教育研究』一九、昭和五八年、後に『日本古代の耕地と農民』昭和六一年所収）。以下、本節で森田氏の説に言及する場合は全て本論文による。

(20) なお関連する論考として松原弘宣「『令集解』における諸法家の条文引用法——田令六年一班条の大宝令条文の復原方法について」（『日本歴史』三五三、昭和五二年）などがある。

(21) 注（5）所引前掲書参照。私は一条説であるが、『通典』によって知られる北魏令には「諸桑田不在還受之限、但……」とあることから類推すると、「凡神田寺田、不在収授之限」という独立した条文が大宝令に存在したとの考え方なども成り立ち得るであろう。

(22) 注（2）所引論考。

(23) 前掲注（9）所引論考。また山本氏注（17）所引論考参照。

(24) ここで関連史料である戸令戸逃走条について考えておくことにする。養老令同条には「凡戸逃走者、令五保追訪、三周不獲除帳、其地還公、（下略）」とあり、その意味は「一戸全体が逃走したときは、五保をして追訪せしめよ、三周（三年）までに獲ずば除帳（計帳より除く）し、その地は公に還せ」ということであった。養老令の「其地還公」が、大宝令では「（其）地従一班収授」となっていたことは同条集解『古記』によって明らかであろう。養老令が三年単位の収公であったのに対して、大宝令は班年（六年）単位の収公であった。大宝令の「地従一班収授」とは戸逃走の時点を含む六年間を経過した場合に、その「地」を次の班年に収授するということであろう（山本氏注（17）所引論考参照）。かく解することにより、田中氏説の、二種の計班法を設定しなければならないという弱点は解消されたと考える。大宝令本条の「一班」の用法は、六年一班条の「初班」とは異なり、任意の班田を意味していたと考えられる。

(25)「三班収授」の解釈については、周到な検討を加えている注（17）所引山本氏論考を参照。

(26) 仁井田氏注（3）所引前掲書、瀧川氏注（4）所引前掲書参照。

(27) 田中氏注（7）所引前掲書参照。

(28) 仁井田陞氏『唐令拾遺』（昭和八年刊、昭和三九年復刊）。以下、唐令については同書による。

(29) 中国における「王事」についてみると、『春秋左氏伝』僖公四年条に「凡諸侯薨于朝会、加一等、死王事、加二等」、宋代の宋敏求の編纂になる『唐大詔令集』巻一二三政事平乱上の平王世充赦には「身死王事、量加褒贈」、清代に顧炎武が著した『日知録』巻之三王事には「王事適我、政事一埤益我、凡交於大国、朝聘会盟征伐之事、謂之王事、其国之事、謂之政事」と見える。これらのことから考えると、中国においては、「政事」が国内の事柄であるのに対して、「王事」は外交・征討といった対外的な事柄を意味していたようである。しかし、田令王事条『古記』には「若依公事没落外蕃者如常、計班取耳」とあり、集解諸説を参照すると、『古記』にみえる「公事」は蕃使・蕃国使に派遣されることを意味していたと考えられるから、「王事」は主として征討＝戦事を意味したのであろう。ただ、公式令詔書式条の『古記』説には、「隣国者大唐、蕃国者新羅也」とあり、また選叙令贈官条の同説問答に「問、（中略）或使遠絶域死亡、並授贈官、其蔭若為処分、答、（中略）唯使遠絶域、臨時処分耳」とあることからすると、大宝令の「王事」には、唐国への遣使も含まれていたのかもしれない。「公事」の場合には「三班乃追」の特例は適用されず、一般の収公規定（没落不還が判明した時点からみて次の班田年に収公）によったものと考えられる。

(30) 田中氏注（7）所引前掲書参照。

(31) この史料は、注（1）所引拙稿〈以下、前稿と称す〉においてすでに紹介済であるが、諸氏の批判もあり、再検討のために改めて全文を掲げることにする。

(32) 仁井田氏注（28）所引前掲書参照。なお、『通典』は「民田」を「人田」に作る。『通典』は、唐の太宗李世民の諱を避けて、「民田」を「人田」に改めたものと考えられる。陳垣『史諱挙例』（民国二二年、励耕書屋刊、後に揚家駱主編　増訂中国学術名著第一輯　増補中国史学名著第一二三集合編　第一五冊所収）参照。

(33) 『世界歴史事典』史料篇・東洋の「北魏の均田法」の項目。

(34) 瀧川政次郎氏は『法制史上より観たる日本農民の生活　律令時代』（大正一五年刊、後に『律令時代の農民生活』と改題）において、班田法と唐の均田法との相違点のなかの若干を南北朝時代の均田法より継承したものであると推定されている。虎尾俊哉氏『班田収授法の研究』（昭和三六年刊）「緒論」参照。

(35) 瀧川政次郎氏は注（34）前掲書において、田令荒廃条『古記』にみえる「三班収授」を「死亡後三度目の班年」とされ、『古記』の議論を「養老七年の格によつて立てた説であつて、令制の真意を釈明した所謂法意の解釈ではない。」「法意に於いては、三年以上終身以下の用益権を聴したものと考へられる。」と述べておられる。『古記』の成立は天平十年ごろであり、養老七年の格（三世一身の法）を前提として『古記』が議論を展開しているとする、瀧川氏の説は支持されるべきだと考える。ただ、『古記』は養老七年格とともに「初班死＝三班収授」の大宝田令六年一班条をもう一つの前提として議論していることも明白であると思われる。「三班収授」の意味は、「初班死」と同じ考え方だとすると、「初墾―死―二班―三班（収授）」ということになり、

「死亡後二度目の班年」に収公されるという議論であろう。いずれにしても大宝令本文に「墾田収公」についての規定があったとの明証は今のところ得られない。

(36) 堀敏一氏『均田制の研究』(昭和五〇年刊)、鈴木俊氏『均田、租庸調制度の研究』(昭和五五年刊)など参照。

(37) 森田氏も「初班死規定は恐らく北魏令還受民田条ないしその流れを汲む法文の影響を受けている」ことを認めておられる。

(38) この問題について、これまでに注(17)所引山本氏論考などの説がある。ここに同氏の説を引用すると「六年一班条の『初班不収、三班収受』規定は、口分条の『初班年、五年以下不給』規定の反対給付として成立したものと考えられ、大宝令の班田収授制が軌道に乗れば、おそくとも養老令施行時までに廃止された理由もそこにあった」ということである。

(39) 鈴木氏は注(36)所引前掲書で、「均田制の一つの重要な意義は土地所有の制限であって、唐は北魏にくらべてその傾向が強くなっており」と述べておられる。

第八節　諸司考文の送付方法について

考課令は官人の勤務評定に関する規定を内容とするが、その第一条には、

凡内外文武官初位以上。毎レ年当司長官。考二其属官一。応レ考者。皆具録二一年功過行能一。並集対読。議二其優劣一。定二九等第一。八月卅日以前校定。京官畿内。十月一日。考文申二送太政官一。外国。十一月一日。附二朝集使一申送。考後功過。並入二来年一。（若本司考訖以後。省未レ校以前。犯レ罪断訖。准レ状合二解及貶降一者。仍即附校。有レ功応レ進者。亦准レ此。）無二長官一次官考。

と見え、内外文武官初位以上の考文の作製手続と提出期限について定めている。右に掲げたのは養老令であるが、同条集解『古記』[1]などの説を次に掲げる（○は筆者）。

古記云。問。内外文武官若為レ別。（下略）

古記云。問。内外文武官初位以上者。分番。長上若為有レ別。（下略）

古記云。其属官三字。属二上句一。応レ考者三字。属二下句一読耳。（中略）其属官。謂所管寮司等。并本司内人等。惣名二属官一耳。

古記云。問。皆具録二一年功過行能一也。（下略）

古記云。問。並集対読也。答。録二功過行能一。即対読。然議二其優劣一。定二等第一訖。亦対読耳。（下略）

古記云。問。議二其優劣一若為。校二一人功過一有二優劣一也。議二二人長短一有二優劣一耳。

古記云。問。八月卅日以前校定。其理。答。依二農事竟一方為耳。

又先記云。畿内考文者。附二朝集使一可レ送也。見二古令一者。古令云。京官畿内十月一日。外国十一月一日。考文附二朝集使一送二太政官一者。未レ知。合不。何也。

古記云。問。考文附二朝集使一。此使所レ掌何。又京官朝集以下。答。為レ供三奉冬至一会集使。故云レ附耳。（下略）(2)

古記云。問。上文云。具録二一年功過行能一也。何更煩称三考後功過並入二来年一哉。答。注云。准レ状合二解及貶降一者。仍即附レ校。有レ功応レ進者亦准レ此。注設二此文一。不レ至二升降一者入二来年一。為二此麁注相対丁寧明一耳。此无二異義一。其考後功過並入二来年一。謂自二八月一至二来年七月一耳。

穴云。（中略）問。本令云。尚書省者。未レ知。此文省者亦其情歟。答。此文者謂二式兵部一。古令改二太政官一為レ省。案知耳。古記云。問。注。若本司考訖以後。太政官未レ校以前。若為其義。答。本司。謂二中務省衛府等一。考後。謂二八月一日以来一。太政官未校以前。謂式部省内外考文校訖。而十二月一日以後申二太政官一。々処分。謂レ訖二之校定一。仮令。雖レ申二太政官一未二処分一。猶申送而合レ附レ校也。

古記云。問。及貶降者。未レ知。降二一等一歟。答。有レ功応レ進者。明。一等以上合二昇降一者。皆即附校耳。問。本司即付二考文一申以不。答。注二別帳一。而副二考文一申送。若考文申送後発者。附二便使一申送。若无二便使一者。差二専使一送。並朝集使領取申。仍式部附レ校耳。

古記云。問。无二長官一次官考。答。若无二次官一者判官主典亦考。凡専考二官人一者。不レ定二其身考第一。具録二功過一申送。若无二主典以上一者。史生等具録二善最功過一申送耳。

左に大宝令同条の復原私案を示す。(3)

（凡）内外文武官初位以上。（毎レ年当司長官。考二）其属官一。応レ考者。皆具録二一年功過行能一。並集対読。議二其優劣一。定二（九）等第一。八月卅日以前校定。京官畿内。十月一日。外国。十一月一日。考文附二朝集使一。送二太政官一。考後功過。並入二来年一。若本司考訖以後。太政官未レ校以前。（犯罪断訖。）准レ状合二解及貶降㆒者。仍即附㆑校。有㆑功応㆑進者。亦准㆑此。無㆓長官㆒。次官考。

〔（ ）内は養老令により補う〕

唐考課令同条の復原文[4]と比較してみると、条文構成の骨格は同様であり、大宝・養老令は唐令を継受したものであることがわかる。考文の送付先が、唐令では尚書省であるのに対し、大宝・養老令では太政官であることが差異の一つである。これは彼の三省六部の制を二官八省と改めたことに由来する変更ということになるであろう。

次に考文提出の期限と方法を、唐令では京官と外官でわけているが、大宝・養老令は京官畿内と外国で区別している。大宝令の条文からは京官の考文も朝集使に附すとの誤解を与えるために、養老令のごとく変更されたのであろう。規定の意味するところは、京官は直接、畿内官人・外国官人は朝集使に附して考文を太政官に送れということであり、大宝令も養老令も同様の意味の条文であろう。日本の大宝・養老令が、唐令に比して、新たに畿内官人の規定を加えたために問題が生じたといえる。養老令の規定では畿内官人の考文を朝集使に附すことが明瞭でなく、集解の諸説はこのことを論じている[5]。これも養老令の不備といえるであろう。唐令の場合、「京官十月一日送簿、外官朝集使送簿、限十月二十五日已前到京、」で京官と外官の二者で考文の提出期限と方法が明確であるに比し、大宝・養老令は、考文の提出期限としては「京官畿内。十月一日」「外国。十一月一日」、方法としては、京官は直接提出、畿内・外国は朝集使に附して提出と複雑になっていたのである。大宝令において京官の考文が朝集使に附すのではなく太政官に直接提出されたことは、養老令での改正および母法である唐令の規定からしてほぼ疑いがないであろう。さらに注文では、大宝令の「太政官未㆑校以前」を養老令では「省未㆑校以前」と改めている。省は唐令においては尚書省であったが、大宝令は太政官と改め、養老令では式部・兵部省の意味で省としている。大宝令と養老令で実質的な差はないといってよいであろう。先に掲げた『古記』にも明らかなように、大宝令においても、太政官に集められた考文は式部省に送られ校勘を経た後、再び太政官に申送されたのであろう。

　ところで天武天皇紀七年十月己酉条に、

　詔曰、凡内外文武官、毎年、史以上、（其）属官人等、公平而恪懃者、議㆓其優劣㆒、則定㆓応㆑進階㆒。正月上旬以前、具記送㆓法官㆒。則法官校定、申㆓送大弁官㆒。

と見える。これについて坂本太郎氏は「思うに考選ことは、浄御原令にはこの詔の意にしたがって独自の規定が定められ、大宝以下の令ではさらにそれを修正したものであろう。[6]」と述べられた。坂本氏の述べられたごとく、考課令初条、同善条、選叙令初条と内容や用語上の関連があるが、考選文を直ちに法官（後の式部省）に送り、校定の後、大弁官に申送するのは浄御原朝廷独自の制であろう。[7]天武天皇紀の記事の信憑性を高く評価するならば、「内外文武官」「毎年」「属官」「議其優劣」の用語よりして、この詔文の基礎には唐考課令の存在を認めてよいであろう。[8]ただし右に見たごとく、日本の国情を考慮してか、考と選を一体として行うことや、直ちに法官に考選文を送るなど、かなり大幅な改訂を加えている。

　浄御原朝廷の制では、内外文武官の考選文が大弁官に集められずに、直ちに法官に送られ校定を経た後、大弁官に申送される規定であったのに対し、大宝令では内外文武官の考文がいったん太政官に集められ、しかる後省にて校勘[9]され、再び太政官に申送される規定に改められている。はたして浄御原朝廷の制で直接法官に送られた考文が、大宝令ではいったん太政官に集められることに円滑に移行したのであろうか。

ここで検討しなければならない史料が存在する。それは『法曹類林』巻一九七公務五考選　解任不上等事に見える次の一文である。(10)

弾正尹帯二三位一進二告朔考文一否事

令条無レ有二正文一。但大宝元年十二月五日太政官処分。々二諸司考文一。申二送於式部一者。大輔以下申送者。准二拠此文一。八省卿不レ可二申送一。今尹帯二三位一。是亦重也。理須二官処分一。

右の文章に見える大宝元年十二月五日といえば大宝律令の成立した年であり、六月には庶務は一に新令に依れとの勅が出され新令の実施を七道に命じており、八月には律令が成り明法博士をして西海道を除く六道に新令を講義させている。大宝律令が天下諸国に頒下されるのは大宝二年の十月である。大宝元年はまさに過渡期といえるであろう。『令集解』諸説によると、十二月は式部・兵部省において考文が校勘される時期にあたっている。

右に引用した文に「式部」とあるから、新しく実施を命ぜられた大宝令に関する規定であるとして考えると、この大宝元年の太政官処分において命ぜられたことは、「分二諸司考文一。申二送於式部一者。大輔以下申送」ということである。これは如何なる意味であろうか。まず諸司考文はこの官処分が出た時点で、太政官経由で式部に申送されたものか、あるいは太政官を経ずに直ちに式部に送られたものであろうか。また「大輔以下申送」とは如何なる意味か。この『法曹類林』の文章からすると、大輔以下が考文を申送するのではなくて、大輔以下の考文を式部に申送せよとの意味だと思われるが、式部に申送とは、「諸司→太政官→式部」か「諸司→式部」か決定しがたいように思われる。

そこで『続日本紀』和銅二年十月甲申条を見ると、

制。凡内外諸司考選文。先進二弁官一。処分之訖。還二附本司一。使令レ申二送式部兵部一。

とある。時期的にみてもちょうど考文が京官畿内から届くころであり、和銅二年の時点で内外諸司の考文は、それまでの規定を改めて「先進二弁官一。」ということになったのであろう。とすると和銅二年以前は諸司考文を直接式部兵部へ送付していたのであろう。(11) 先に掲げた『法曹類林』に見える太政官処分は和銅二年の制の先行法令ではなかろうか。もしそうであるとすると、大宝元年の太政官処分の意味は、諸司考文を直接式部省に申送せよということになるであろう。ただし式部に申送するのは大輔以下の考文に限れというのがその主旨であろう。また『続日本紀』和銅六年十一月丙子条に、

太政官処分。凡諸司功過者。皆申二送弁官一。乃官下二式部一。

とある。和銅二年の制と同六年の太政官処分の関係はあまりはっきりしないが、考文をまず弁官に送らせることでは共通している。考文の送付方法に変化があったとも考えられるが、容易に弁官に送付されず重ねて「進弁官」のことが令せられた可能性もあるのではなかろうか。(12)

翻って唐制をみると、内外文武官の考文はまず尚書省に集められ、その後吏部に下されて校勘を経て再び尚書省に提出されたと考えられる。浄御原朝廷においては何らかの事情によって唐法を改め、直ちに考文を法官に送りそこで校定をした後大弁官に申送する制とした。大宝令では唐制に倣っていったん太政官に考文を集める制を規定したが、実際は大宝元年の太政官処分にみるごとく、浄御原朝廷の制を承けて考文を諸司から直ちに式部省へ送ったのであろ

う。その意味でいうと、大宝律令が制定されたが、考文送付の方法は浄御原朝廷の制が大宝以後も踏襲されたと考えてよいであろう。考仕令初条に関していうならば、同条は大宝元年に制定せられたとはいうものの施行を延期され[13]、和銅二年に至ってはじめてその実施が命令されたといえるのかも知れない[14]。

『続日本紀』大宝元年八月癸卯条には大宝律令が完成したとの記事があり、「大略以浄御原朝廷為准正。」の一句はいわゆる浄御原令と大宝令との比較には必ず引き合いに出されるが、本条に関していえば浄御原朝廷の制に近いのは大宝令よりもむしろ大宝元年の太政官処分であろう。本条に限定すれば、大宝元年から和銅二年に至る八年間はまさに過渡期といってよかろう。ある意味では浄御原朝廷における考文の送付方法がすでに定着しており、改正に時間を要したともいえるのではなかろうか。浄御原朝廷における文書行政は相当円滑に行われていたと考えられるのである[15]。

ところで『法曹類林』に見える大宝元年十二月の太政官処分は、大宝令施行直後の律令の解釈・運用の実態を知り得る貴重な史料というべきであり、和銅二年の制や同六年の太政官処分などと比較してその重要性で劣らないと思われるのに、何故か『続日本紀』に洩れている。その理由は今となっては知りがたいが、『続日本紀』の記載に不備の多いことはすでに先学によって指摘されている[16]。この太政官処分が『法曹類林』によって今日に伝わったことは幸としなければならない。『法曹類林』は藤原通憲が法曹勘文を類聚し自案を加えたものとされる[17]が、本書は『政事要略』によるところが多いという[18]。『法曹類林』は『官曹事類[19]』か何かの書によって大宝元年太政官処分を載せたのであろうか。

最後に『法曹類林』の記事の意味を述べて本節を終えたいと思う。弾正尹が三位を帯びる場合[20]に告朔考文を進めるか否かを問題にしているのであるが、令条には規定がなく、大宝元年の太政官処分によれば、諸司考文を分かちて式部に申送せよとのことだが、その場合大輔以下の考文のみ同省に送れとのことである。この官処分を勘案すれば八省の卿の考文は式部省に申送すべきではない。今、弾正尹が三位を帯びている場合はこれを重しとしなければならないから、その考文は同じく式部へ送るべきではないかという意味であろう。法曹勘文と思われる『法曹類林』所載のこの文章によって、大宝元年当時より式部省に考文が申送されるのは大輔以下に限られていたことが明瞭となるのである。

注

(1)　大宝令の注釈である『古記』の成立は天平十年ごろとされる。田中卓氏『日本古典の研究』七二六～二七頁、井上光貞氏『日本古代思想史の研究』一二四～二五頁など参照。

(2)　以下に「賦役令云。凡朝集使貢献物者。皆尽二当土所レ出。其金銀珠玉皮革羽毛錦罽羅縠紬香薬彩色服食器用。及諸珍異之類。其京官不レ在二朝集之例一。大弐以下及国司。毎年分番朝故。」と見える。「凡朝集使貢献物者。」以下「及諸珍異之類。」までは大宝賦役令貢献物条の逸文である。なお、瀧川政次郎氏は大宝令本条を「凡諸国朝集使貢献物者、皆尽二当土所出一」（『律令の研究』四八五頁）と復原しておられるが、「諸国」の二字は無かった可能性が強い。日本思想大系『律令』五九一～九二頁参照。ただし、賦役令集解同条『古記』には「諸条用二諸国貢献物一者。皆以二官物一買充亦是郡稲也。」とも見えている。『古記』の作者は養老令も見ていると思われる（瀧川氏前掲著書四六五～七〇頁など参照）。

(3) 大宝令は考課令を考仕令と呼んでいた（瀧川氏前掲著書四九三頁参照）。大宝考仕令第一条の復原は瀧川政次郎氏によってなされている。しかし利光三津夫氏が「瀧川博士が、『律令の研究』に挙げられた大宝令の逸文は、養老令の条文と比較して差異のある条文のみであって、養老令と同文のものは、これを採録することを略されている。」（『律令制とその周辺』九〇頁）と述べられる通りであって、養老令と一致する部分を提示することも意義なしとしないであろう（野村忠夫氏もその著『律令官人制の研究』一五九頁に復原案を載せておられるが中略がある）。砂川和義・中沢巷一・成瀬高明・林紀昭の四氏によって『大宝令復原研究の現段階』と題する大宝令復原研究の整理作業がなされ、僧尼令まで刊行されている（㈠—『法制史研究』三〇、㈡—『神戸学院法学』一三—二）。

(4) 仁井田陞氏『唐令拾遺』による。以下唐令の内容の引用は同書による。

(5) 瀧川氏前掲著書四九四～九六頁参照。

(6) 『日本古代史の基礎的研究』下、制度篇一四頁。

(7) 天武天皇朝の考選方法については、野村氏前掲著書三頁以下、および同氏『官人制論』三六頁以下など参照。

(8) 林紀昭氏は「飛鳥浄御原律令に関する諸問題」（『史林』五三—一）において、浄御原令編纂に際し、『永徽律令』の体系的継受実施への努力が開始されたと考えておられる。

(9) 大宝令の注釈である『古記』には式部省のみ見えており、養老令の諸注釈が式兵部とするのと異なる。『続日本紀』大宝元年五月朔の太政官処分に「王臣五位已上上日。本司月終移二式部一。然後式部抄録。申二送太政官一。」と見え、同慶雲四年五月己亥条に「兵部省始録二五衛府五位以上朝参及上日一。申二送太政官一。」とある。宮城栄昌氏は「令制の式部省はその職掌に関し武官をも包摂する度合が大であったが、軍制確立とともに、文武権の独立がはかられていったのである」（『延喜式の研究』論述篇三〇一頁、野村氏『律令官人制の研究』一二六～二八頁参照）と述べられたが、大宝令成立当初においては、内外文武官の考文は全て式部省で校定された可能性が高い。

（10）宮城氏前掲著書史料篇三七四頁、早川庄八氏「律令太政官制の成立」（『続日本古代史論集』上巻）五六六頁など参照。

（11）注（9）に掲げた『続日本紀』の記事からすると、兵部省が武官の考文の校定を担当するようになったのは慶雲四年ごろからのことかも知れない。

（12）『続日本紀』和銅五年五月乙酉条に「詔二諸司主典以上。幷諸国朝集使等一曰。制レ法以来。年月淹久。未レ熟二律令一。多有二過失。自レ今以後。若有二違レ令者一。即准二其犯一。依レ律科断。其弾正者。月別三度。巡二察諸司一。糺二正非違一。若有二廃闕一者。乃具二事状。移二送式部一。考日勘門。（中略）凡国司。毎年実二録官人等功過行能幷景迹一。皆附二考状一申二送式部省一。省宜レ勘二会巡察所見。一」と見えている。あるいはこの詔によって国司の考文ならびに考状のみ直ちに式部省に申送させることにしたが、翌和銅六年の太政官処分によって諸司全ての考文を弁官経由に改めたとも考えられる。

（13）早川庄八氏は『法曹類林』巻一九七に見える記事によって、大宝律令の施行後間もない時期に問答による律令条文解釈の治定作業が行われ、学者のみでなく大納言藤原不比等や式部卿葛野王らの政府首脳もこれに参加していたことを明らかにされた（『万葉集研究』第七集所収「奈良時代前期の大学と律令学」二七三〜七五頁）。葛野王は『懐風藻』に見える伝によると、皇太后（持統天皇）によって正四位を授けられ式部卿を拝している（時に年三十七）。持統太上天皇の崩御は大宝二年十二月であるから、葛野王が正四位式部卿となったのはそれ以前、恐らく大宝元年三月甲午に「始依二新令。改二制官名位号。一」とある時点またはそれから間もないころであろう。とすると考仕令初条の施行延期も、式部卿としての葛野王の意向が関係している可能性もあろう。葛野王は慶雲二年十二月に卒している。

（14）日本思想大系『律令』六〇五頁参照。

（15）大宝二年の美濃国戸籍が前代からのいわゆる浄御原令の書式によって造られたという説（岸俊男氏『日本古代籍帳の研究』二七

七頁以下など）を認めるとすると、大宝律令施行直後の造籍においては、浄御原朝廷の制に依拠した場合もあったことが知られる。

(16) 井上薫氏「続日本紀」（『国史大系書目解題』上巻所収）、後藤四郎氏「正倉院雑考」（『日本古代の国家と宗教』上巻所収）など参照。後藤氏は文武天皇元年より天平宝字二年七月までの草案三〇巻を削って二〇巻にしたため、かなり意図的な削除や修正が行われたと考えておられる。

(17) 新訂増補国史大系『法曹類林』凡例参照。

(18) 和田英松氏『本朝書籍目録考証』一九九頁参照。

(19) 『続日本紀』編修の際、同書に収めなかった雑例などを中心に採録したものとされる（和田氏前掲著書二〇七～一一頁参照）。『政事要略』などには本書が引用されている。

(20) 禅正尹の官位相当は従四位上であり、令制においては八省の卿（中務卿―正四位上、七省卿―正四位下）より相当の階位は低いが、天平宝字三年七月丁卯の勅によって従三位に改められた。

第九節　告朔をめぐって

はじめに

告朔について、筆者の手元にある塩谷温氏の『三訂増補　新字鑑』には、「諸侯が毎年の末に、天子から受けた其の翌年十二ケ月の暦と政令とを先祖の廟におさめ、毎月の朔日に一頭の羊をいけにへとして供へ、祖廟に告げて其の月の暦を受け出し、人民に施行すること。又、其の暦と政令と。」と見えている。簡にして要を得た説明であると思われるが、今日知られる日本上代ならびに唐代の告朔とは、その内容にそれぞれ違いがあるように看取される。本節では、日本上代の儀式のなかで重要な位置を占める告朔について、その原義を考えつつ、日唐両制度の比較を通じて、その意味を考察してみたい(1)。

一　古典に見える告朔

人口に膾炙しているのは、『論語』八佾篇に見える「告朔之餼羊」であろう。これは告朔のときにいけにえにする羊であり、孔子の時代にはすでに告朔の儀式がすたれて、ただ羊を供えることだけが行われていた。そこから実益がなくても慣例上廃止できないもののたとえとして、現代にまで伝えられかつ用いられている。その原文は『論語』八佾篇に「子貢欲去告朔之餼羊、子曰、賜也、爾愛其羊我愛其礼。」と見える。後漢の大学者鄭玄は、この語句に注して「牲生曰餼、礼、人君毎月告朔於廟有祭、謂之朝享、魯自文公始不視朔、子貢見其礼廃、故欲去其羊」と述べている。これによれば、人君が毎月朔を廟に告げて祭があり、それを朝享と称したことが知られる。[2] 周公旦（周武王の弟）の封ぜられた魯国でも、文公の時代以来、この告朔の礼が廃せられたと鄭玄は解釈するのである。

『春秋』文公、十有六年夏五月条には「公四不視朔、諸侯毎月必告朔聴政、因朝於廟、今公以疾闕、不得視二月、三月、四月、五月朔也、」とあって、鄭玄の『論語』の注で云うのはこの事実のことかと思われる。この『春秋』の記事からは、当時の諸侯が毎月必ず廟に告朔して政を「聴」くことが慣例となっていたことがわかる。ただ文公は疾病のために、二月、三月、四月、五月の四ケ月連続して告朔を「視」（つかさどる）ことができなかったことを知り得る。

戦国魏の時代に成立したと考えられる『春秋左氏伝』[3] 僖公五年春王正月辛亥朔には、「日南至、公既視朔、遂登観臺以望、而書、礼也、視朔、親告朔也」とある。日が南に至るとは正午ごろのことかと思われるが、僖公はすでに朔を「視」る儀礼を終えて遂に観臺に登って望見し、書した。これは礼であると述べている。そして視朔は親しく告朔することであると注している。この記事にて告朔が朝の儀礼であったことを知ることができ、また代理ではなく、公自らが事にあたったことがわかる。

春秋戦国時代の告朔儀礼の詳細については不明であるが、右に掲げたいくつかの史料から、毎月必ず告朔の儀礼が行われるのが慣例であったこと、その内容については、廟に朝（会）して政を聴くことであったと思われる。

『周礼注疏』巻二六春官には、「大史」の職掌として「頒告朔于邦国」とあり、鄭玄の注には「天子、頒朔于諸侯、諸侯蔵之祖廟、至朔朝于廟告、而受行之」と見える。この注に見える「朔」のなかで、前者は暦および時令を指し、後者はついたちを意味すると考えられる。注の意味は、天子は朔（暦および時令）を諸侯に頒ち、諸侯はこの朔を祖廟に蔵し、毎月の朔日の朝に廟で祭祀を行って告（請うこと）して後、この朔を受けて管下の民に施行するということであろう。『周礼』によると、大史は春官宗伯に属して典籍・礼法を職掌とし、兼ねて星暦を司ったがその位は大夫の下にあった。

唐代の学者賈公彦は右の記事に疏して「此経及論語称告朔、玉藻（私補、『礼記』）謂之聴朔、春秋謂之視朔、視朔者、人君入廟視之者、告者使有司読祝、以言之、聴者聴治一月政令、所従言之異耳」としている。告朔・聴朔・視朔の関係について、『周礼』ならびに『論語』に見える告朔は有司をして祝文（神をまつるときによむもの）を読ましめるものであり、『礼記』に云う聴朔は一月を治める政令を聴くことであり、また『春秋』に記す視朔は人君が廟に入って朔を視（親しくつかさどる）することであって、三者ともに朔ではあるが、その具体的な意味に相違があることを説いている。これは一連の告朔の儀礼を、異なる側面より捉えて表現したものとも解し得るであろう。

大史の職掌としては告朔の記事の前に「正歳年、以序事、頒之于官府及都鄙」とあることも注意される。暦の制作とその官府および都鄙への頒布をもその職掌としていたのである。

また、後漢の学者戴徳編纂の『大戴礼記』用兵篇に「夏桀商紂、羸暴天下……不告朔於諸侯」とあることから、暴君とされる桀や紂が告朔を行わなかったことが通常の儀礼を欠くことを意味し、非難されたことがわかる。

漢代の文献には先に引用した『周礼』に対する鄭玄の注以外にも、告朔の内容に触れたものがあり、いくつかを列挙すれば次の通りである。

○『礼記』第一三玉藻篇「天子……聴朔於南門之外、」

○『礼記』第一三玉藻篇鄭玄注「明堂在国之陽、毎月就其時之堂、而聴朔、」
○『大戴礼記』虞戴徳「天子告朔於諸侯、率天道而敬行之、」
「明堂」は『孟子』梁恵王篇などによると、天子が諸方を巡回視察するときに諸侯を引見した御殿を意味するが、一方で天子が政務を執るところ、すなわち朝廷をも指す場合がある。『礼記』ならびに鄭玄の注から考察すると、ここでは前者の意味と思われる。『大戴礼記』の記事をも踏まえてその儀式を見ると、天子が毎月朔日に南門の外にある明堂に幸し、その堂にて朔を聴いた。天子は朔を諸侯に告げるのであり、天に代わりて統治を行うことを象徴していると考えられる。そして敬してそれを行うのである。

以上に述べたことから、告朔の儀礼が春秋戦国時代に行われていたことを承認してよいと思われる。ただその儀礼の内容については、詳らかにし得ない。後漢の鄭玄の注などによりその時代の解釈を知ることができ、それによって春秋戦国時代の儀礼の内容を推測することが可能である。告朔儀礼の内容は、天子自身が南門外の明堂に出て朔を聴き、また諸侯に朔を告げ、諸侯はそれを施政の指針としたと考えられる。

二　漢唐間の史籍に見える告朔

後漢時代の告朔については、『後漢書』礼儀志に「毎月朔旦、太史上其月暦、有司、侍郎、尚書見読其令、奉行其政、」と見える。毎月の朔日の朝に、太史がその月の暦を上り、有司と侍郎ならびに尚書が見て、その令を読み、政を奉行したのであろう。「其令」が具体的に何であるかは不明であるが、告朔に関する漢代の古典解釈からすると、その月の政治についての指針のようなものであろう。『礼記』月令篇に見える「時令」のごときものかと思われる。(4)『通典』巻第七〇の読時令に「後漢制、太史毎歳上其年暦、先立春、立夏、大暑、立秋、立冬、常読五時令、」とあり、後漢時代の制度として、立春以下の五つの季節に先立って時令を読むことが述べられている。二十四気でいうと、各正月節、四月節、六月中、七月節、十月節にあたる。この節ないしはなかに先立つ朔日に時令を読んだのであろう。礼儀志の記事とは異なるが、後漢時代のある時期に、毎月の行事が各季節の孟月とほぼ一年の中央である六月の年五度の告朔に変化したかと思われる。

前漢末、平帝の元始四年（四）に王莽は奏して明堂、辟雍、霊台を起てている。(5)明堂は告朔儀礼の舞台として重要であり、あるいはこのときに告朔儀礼も復興されたかとも考えられる。後にも触れる『通典』巻七〇所載の王方慶の奏議には「至漢平帝元始中、王莽輔政、庶幾復古、乃建明堂、辟雍焉、帝合祭於明堂、……漢末喪乱、尚伝其礼、」とあり、方慶も前漢末に告朔の礼が復活していたことを承認しているようである。

『通典』巻七〇にはまた「魏明帝景初元年（二三七）、通事奏曰、前後但見読四時令、至於服黄之時独闕、」とあって、後漢代の五時から、中央に位置する大暑に先だつ読時令で、皇帝が服する黄色の服がただ一つ闕けていることが判明する。すなわち、魏の時代には告朔に伴う読時令が、一年の各孟月に当たる正月、四月、七月、十月の四回に減じられたのであろう。(6)

東晋の時代は立春と立冬に読令が行われていたが、成帝の咸和五年（三三〇）に立秋の行事が再興され、翌年には立夏日の読令も行われている。(7)

北斉では、前掲の『通典』によると、「立春日、皇帝……而受朝於太極殿、西廂東向、尚書令等坐定、三公郎中詣席、跪読時令訖、」とあり、立春の日に皇帝は太極殿において朝を受け、三公郎中が跪きて時令を読むことが慣例であったようである。また同書の記事から立夏、立秋、立冬の各日にも読時令の儀礼があったと考えられる。『隋書』音楽志には「六戎仰朔」と見え、この朔は天子の政令を意味すると考えられるが、告朔が行われた確証は管見に及ばない。

唐代の告朔については、『通典』巻七〇や『旧唐書』巻二二などに記事がある。

まず『通典』を見ると「大唐貞観十一年（六三七）、復修四時読令、」とあって、太宗の貞観十一年に四時読令を復修している。この年には房玄齢らによって新律令が成り、また同じく玄齢らにより新礼が上られている。この新礼は『貞観礼』であり、四時読令の復修も、このような一連の文教復興策の一環として位置づけられるものであろう。告朔がこのときに年四回の形で復活したものと考えられる（この年には武氏が才人として宮中に入っている）。

太宗は貞観十一年（六三七）四月、ひろく歴代礼制の善なるものを採用したいわゆる『貞観礼』を天下に頒行し、また高宗の顕慶三年（六五八）正月、『顕慶礼』を頒った(8)。

『貞観礼』の編纂に関する『唐会要』巻三一、五礼篇目には、「四孟読時令……皆周隋所闕、凡増二十九条、余並依古礼、七年正月二十四日献之、詔行用焉、」とあり、「四孟読時令」の儀礼が周や隋の時代に闕けており、貞観令に初めて規定されたことを物語るであろう。このことからも、四時の告朔が大宗の貞観年間に復活したことを知ることが出来る。『旧唐書』所載の仁謂の奏議に「臣等謹検礼論及三礼義宗、江都集礼、貞観礼、顕慶礼、及祠令、並無天子毎月告朔之事、」と見えるのは、告朔（読時令を含む）の儀礼が四時の孟月に限られていたことを言っていると考えられる。なお、唐令の祠令中にも毎月の告朔儀礼そのものを規定する条は存在しなかったと解し得るであろう。

また『旧唐書』巻二二礼儀志には「聖暦元年（六九八）正月、又親享及受朝賀、尋制、毎月一日於明堂行告朔之礼、」と見えて、天授元年（六九〇）九月に国号を周と改めた武太后は、聖暦元年の正月も親しく祭祀を執り行い、朝賀を受けたが、ついで毎月一日の明堂における告朔の礼を制定した。そのときの司礼博士辟閭仁諝ならびに鳳閣侍郎王方慶の奏議が『旧唐書』と『通典』の双方に記載されている。両者を比較すると、『通典』には文意が通じる限りにおいて省略があるが、『旧唐書』はほぼ原文のままの史料が採録されているごとくである。ここでは、『旧唐書』を中心としていささか考察を加えてみたい。

仁諝の奏議は、『旧唐書』において前掲の告朔の礼の制定記事に引き続いて見えるものであるが、経史正文や『貞観礼』さらに祠礼などに天子毎月告朔の記事が見えないこととともに、『礼記』玉藻篇と『周礼』天官太宰の記事および鄭玄の注、また『礼記』月令篇さらに『春秋左氏伝』、鄭玄注『論語』などを勘案して、「停毎月一日告朔之祭、以正国経、」ことを請うている。これに対して次に掲げられた方慶の奏議は、『論語』八佾篇や『春秋』魯文公六年閏十月条、『春秋左氏伝』、『周礼』春官大史条、『礼記』玉藻篇などを典拠として、「陛下肇建明堂、聿遵古典、告朔之礼、猶闕旧章、欽若稽古、応須補葺、若毎月聴政於明堂、事亦煩数、孟月視朔、恐不可廃、」と結ばれている。要するに仁諝は、天子の毎月の告朔を、諸侯の礼であるとして否定する奏議を提出したのに対して、方慶の方は、天子は閏月をも含めて毎月告朔すべきであるという議論であり、結論として「陛下（則天武后）は肇めて明堂を建てて、ついに古典に遵われたが、告朔の礼はなお旧章を闕いている。恭順して古を稽え、まさにすべからく補葺すべきである。もし毎月の明堂における聴政が事としてまた煩瑣であるならば、孟月（正月、四月、七月、十月）の視朔は恐らく廃止すべきではないでありましょう。」となるであろう。

右の仁諝と方慶の奏について、武后は衆儒を集めてその得失を議定させている。『旧唐書』には二つの奏議に次いで当時の大儒である成均博士呉揚吾と太学博士郭山惲の言が載せられている。揚吾らは『周礼』、『礼記』、『三伝』（春秋の左氏伝、公羊伝、穀梁伝）には皆天子告朔の礼があるとし、王方慶の議に依り、「用四時孟月及季夏於明堂修復告朔之礼、以頒天下、」することなどを答申している。すなわち、正月、四月、七月、十月の四時の孟月と季夏（六月）に明堂において告朔の礼を修復する答申である。そして『旧唐書』礼儀志は、聖暦元年の記事の末尾に「制従之」と載せるのである。はたしてこの聖暦元年の記事は如何に理解すべきものであろうか。前に「制、毎月一日於明堂行告朔之礼、」とあり、末尾には「用四時孟月及季夏於明堂修復告朔之礼、以頒天下、」の博士らの答申を武后は受入れて「制従之」というのである。歴史的事実としては、臣下の四時または年に五回の告朔という答申案に対して、武后は毎月一日の明堂における告朔の礼の実行を令したということであろうか。この制の実施時期について、『旧唐書』は「尋」（ついで）と記すのみであるが、『通典』は「武太后聖暦元年臘月」とその時期を明記しているのである。(9)

この聖暦元年の告朔に関する制が『通典』のいうごとく十二月に出されたものであれば、実際の毎月告朔が実施されたのは、聖暦二年の正月からと考えられるが、仁諝の奏議に「請停毎月一日告朔之祭」と見えることからすると、すでに実質的には聖暦元年のあるいは正月ごろから毎月朔日の告朔の祭が恒例となっていたとも考えられる。

『旧唐書』には次いで「長安四年（七〇四）、始制、元日明堂受朝、停読時令、」とあり、武后が帝位にある最後の年の前年正月元日には時令を読むことが停止せられている。

また『通典』には「開元二十六年（七三八）、命太常少卿韋縚、毎月進月令一篇、是後孟月朔日、御宣政殿、側置一榻、東西置案、令韋縚坐而読之、……歳除罷之」とあり、玄宗の開元二十六年には太常少卿韋縚に命じて毎月月令一篇を進めしめられている。玄宗はこの後の孟月の朔日に宣政殿に御して、韋縚をして月令一篇を読ましめているが、その年の内にこれを罷めている。このことからすると、武后以降、告朔は毎月定期的には行われなくなった可能性がある。

『通典』巻七〇は、「読時令」の沿革について叙した後に、議曰として「読時令、非古制也、自東漢始焉、其後因而沿襲、……凡言時者、謂四時耳、若正月之朔読令、則合云歳令、何以謂之時邪、其夏秋冬、又何為不読、斯則辟閭輩誤矣、」と述べて、杜佑ら編者の意見を表明している。杜佑らは読時令の儀礼が後漢から始まったものと理解していたようである。時令というからには、春夏秋冬の四時に読まれるべきものとの認識である。

隋唐代の礼書は多いが、唐代の『開元礼』と『郊祀録』の二書が僅かに今日に伝えられたのみで、その他のものは堙滅してしまっている。玄宗の開元二〇年（七三二）に頒たれた『開元礼』は、旧制を改めた場合に一々その条下に明記しているから、貞観、顕慶両礼との差異はそれによって知ることが出来る。ここでは『開元礼』によって、告朔に関する条項について考察を加えてみたいと思う。[10]

『開元礼』巻三七吉礼には皇帝時享于太廟が見え、巻九九嘉礼には皇帝於明堂読孟春令に関する規定があり、以下各巻一時、各月ごとに規定して巻一〇二の皇帝於明堂読季冬に及んでいる。そして、巻一〇三には皇帝於太極殿読五時令を規定するのである。まず、皇帝の太廟における時享が吉・賓・軍・嘉・凶の五礼のなかで吉礼に分類され、明堂における読時令が嘉礼に入っていることが注意されるであろう。

「皇帝時享于太廟」儀礼の始めは斎戒であるが、その冒頭には「凡一歳五享於太廟謂四孟月及臘、」とあり、一年のなかで五回の享（供祭すること）が太廟においてあることがわかる。その時節は正月、四月、七月、十月の四孟月と、臘すなわち十二月である。饋食では「太常卿引皇帝出戸北向立、楽止、太祝持版進於室戸外之右東面、跪読祝文曰、維某年歳次月朔日、子孝曽孫開元神武皇帝某、敢昭告於……時維孟春（孟夏、孟秋、孟冬）……敬修時享、以申追慕尚饗、読訖、興皇帝再拝訖又再拝、初読祝文終、」と見える。これにより、太廟での祭祀の時期が孟春すなわち正月の朔日の朝（饋食は晨果〈朝、神を降ろすために地に酒を注ぐ祭〉に次ぐ儀礼であるから）行われたことが判明する。そしてこの時享は正月、四月、七月、十月の四孟月に行われたのである。この時享こそまさに太廟で行われる告朔の儀礼そのものを意味すると考えられるが、その祭祀の核心は皇帝が臨む太廟において太祝が跪いて皇帝の祖霊に祝文を捧げることである。その後に皇帝は再拝を二度繰り返している。この皇帝の二度の再拝が訖って初めて読祝文の儀礼が完結する。そして饋食では、この読祝文の儀礼を各祖先の霊に対して九回繰り返すのである。また饋食に続く祭七祀には臘享祝文も見えている。この祝文も『開元礼』によると十二月朔日に読まれたごとくである。注意せられるのは、『開元礼』の吉礼に見える時享には、暦や政令を祖廟に蔵したり、受けたりすることに関する記載が見えないことである。これは、『論語』の鄭玄の注に見える朝享そのものといえるかも知れない。大きく異なるのは、『論語』鄭玄注のいう朝享が毎月の祭祀であるのに対して、『開元礼』の時享が四時に限られることである。『開元礼』巻九九「皇帝於明堂読孟春令」以下の読令に関する規定は、吉礼の時享に関するそれに比較すると、分量が二倍ほどある。それは、時享が四時を一度にまとめて記載するのに対して、読令が読孟春令から読季冬令まで十二の各月に分かちて規定しているからである。しかし、時享が吉礼に分類され、読令が嘉令に入れられていることからも、時享の重要性が理解されるであろう。

読令儀礼の中心は「皇帝升自寅陛入即御坐、……侍中跪奏請読月令、……刑部郎中読令、毎句一絶、使言声可了、読令訖、」というあたりであろう。読令に読まれる孟春から季冬までの、十二の各月の月令文が『開元礼』に全て記載されていることは、注目に価するであろう。

以上、『開元礼』の吉礼に見える時享の規定と、嘉礼にある読令に関する規定について、簡潔に比較考察したが、告朔儀礼を構成する時享と読令のなかで、前者は四時と十二月の年五回、後者は毎月の年一二回であったということである。これは玄宗の開元年間の告朔儀礼の実態を反映するものであろうか。

三　日本の史籍に見える告朔

日本の史籍に告朔が現れるのは、『日本書紀』巻二九、天武天皇五年六年条からである。すなわち、

同天皇紀五年九月丙寅条に「雨不告朔、」

同年十一月乙丑条に「以新嘗事、不告朔、」

同六年五月壬戌条に「不告朔、」

同年十一月己未条に「雨不告朔、」

同年十二月己丑条に「雪、不告朔、」

と見える。天武天皇五、六年紀に集中的に現れるといってよいであろう。これらの記事からすると、遅くとも天武天皇紀五年（六七六）には毎月の告朔儀礼が成立していたといわねばならないであろう。それがいつまで遡り得るかについての確実な史料は見出せない。(11)

『日本書紀』巻二九、天武天皇十二年十二月庚午条に「詔曰、諸文武官人及畿内有位人等、四孟月必朝参、」とあって、四孟月の恐らく朔日の朝参を命ずる詔が出されているのである。これは、天武天皇朝の始めのころから毎月の告朔儀礼が執り行われてきたのが、この年になって、年四回の孟月に告朔を行うことに変更されたという意味であると私には思われるのである。これは、告朔の実施間隔という観点からすると、それまでの彼の古典による閏月を含む毎月の告朔から、唐代の貞観礼において始めて規定されたという「四孟月読時令」に倣うところの四孟月告朔への変化であるのかも知れない。そうであるとするならば、この天武天皇紀十二年ごろに、貞観礼の内容が日本に伝わったということも考えられるであろう。当時唐と日本の公式の国交は史籍に見えないから、恐らく遣新羅使や来朝新羅使などにより、貞観礼は将来されたと思われる。天武天皇紀十年七月辛未条には采女臣竹羅らを新羅に遣わした記事があり、同紀十年十月、十一年六月、十二年十一月には新羅使来朝の記事がある。後のことであるが、『旧唐書』巻一九九上新羅伝などによれば、新羅の神文王六年（六八六）二月に遣使して礼および雑文章を請い、『吉凶要礼』と『文館詞林』から規誡に関するものを抄出し五〇巻として賜っている[12]。またさらに下るが、『唐会要』巻三六蛮夷請経史条などによれば、『開元礼』完成からわずか六年後に渤海の使者が『三国志』などとともに唐礼を写すことを求めて許されている[13]。

右に掲げたわずかな事例を通じて見ても、礼の重要性が唐の周辺諸国において十分に認識されていたことを物語るであろう。日本が他の唐周辺諸国とは隔絶して礼に無関心であったとは思われないから、貞観礼は恐らく新羅などを通じて日本に将来されていたものと考えて大過ないであろう。

天武天皇朝の告朔がいかなる内容の儀礼であったかについては、『日本書紀』は何も語らないので、不明という外はない。後の令の規定によって推測することは可能であろうが、その検討は次項に譲ることにする。

四　律令における告朔

大宝律令は『続日本紀』大宝元年（七〇一）八月癸卯条に「撰定律令、大略以浄御原朝廷為准正」とあるから、浄御原朝廷の制度を継承したものであると考えてよい。それゆえに、大宝、養老両律令に検討を加えることによって、天武天皇朝の告朔についてもある程度その内容を推定することが許されるであろう。

本項では、大宝、養老両儀制令を中心として検討を加えることにする。

大宝、養老両儀制令文武官条を対比して示すと次の通りである（右傍に〇印を附したのが復原される大宝令で、差異のある部分は字句を記入）[14]。

凡文武官初位以上、毎朔日朝、各注当司前月公文、五位以上、送著《進置》朝庭案上、即大納言進奏、若逢雨失容、及泥潦、並停、弁官取公文、惣納中務省、

本条を解釈すると、次のごとくなるであろう。文武官の初位以上は、毎月朔日に朝廷（朝堂院の庭）に参集して天皇を拝せよ。その折にそれぞれの司の前月の公文（告朔文または告朔書と称する政務の報告）をその司の五位以上の者が持参し、朝廷の机の上に置け。大納言はそれを天皇に奏上せよ。もし雨とか泥濘などの悪天候で儀礼を行うことが不可能の場合には、弁官が諸司の公文を取りまとめて中務省に送れ。

『古記』は「朝」に注して「朝参」といい、『令義解』は「朝会」という。また『令義解』はその意味を「尋常の日はただ庁座に就くが、朔日に至りては特に庭において会するなり」と述べている。「注当司前月公文」について注釈を加えているのは『穴記』のみである。それを訳して示せば、「前月行うところの符移解牒などをいう、施行したもの、しなかったものも、皆悉く注す。それ告朔書とはこれ公文をいうが故である」ということであろうか。養老令本条で「送著朝庭案上」とある部分を、復原した大宝令同条では「進置朝庭」と規定していたごとくである。「送著」は「送着」と同意であるから大宝令とさほど大きな相違はないように見えるが、大宝令に「案上」の二字が復元されていないことの意味は考えてみる必要がある。あるいは大宝令に「案上」の二字が闕けていた可能性もあろう。「大納言進奏」について、『古記』は「令内舎人賷公文机参入進置、即奏、故云進奏也、」と述べる。内舎人をして公文机を賷し、参入進置せしめて後、大納言が奏するのである。(15)

本条の規定を唐儀制令五条と比較すると、唐令は「在京文武官職事の九品以上が朔望日（ついたちと十五日）に朝す

る」という朝参に関する規定で、公文の進奏に関する規定は見えない。日本令本条の規定は、唐儀制令五条と唐礼の読時令の規定を勘案して構成したものと、私には思われる。唐礼の読時令には「刑部郎中以月令置於案」「皇帝升自寅陛入即御座」「刑部郎中読令毎句一絶」などと見えるからである。(16)

告朔の語は令文そのもののなかには見えないが、大宝令の注釈書である『古記』などには出現する。賦役令口及給仕条『古記』の問答には、課口および侍を給すべき老疾人が死した場合は十日以内に国郡司に経れて附除するが、それ以外は如何に処分すべきであるかとの問いに対して、告朔日に経《ふ》れるか、計帳に顕《あら》わすか定例はないとの答えが見える。この問答からすると、大宝令施行時代に、地方において行政報告を伴う告朔が行われたことが窺われる。

大宝ならびに養老両令本条の解釈を行う場合に、重要な位置を占めるのは『続日本紀』大宝二年九月戊寅条である。まず同条を示すと次の通りである。

制、諸司告朔文者、主典以上送弁官、弁官惣中務省、

『続日本紀』のこの記事が令文と如何なる関係にあるかを考察しなければならない。前項で述べたように、天武天皇紀五年ごろに毎月朔日の告朔儀礼は整えられていたが、同天皇紀十二年には詔により四孟月の朝参が命ぜられており、この詔により年四回の告朔に変更されたものと考えられるが、その天武天皇朝の制度が、持統天皇朝を経て文武天皇の大宝元年に、はたして如何なる形で受け継がれたのであろうか。

大宝儀制令文武官条の規定では、文武官初位以上の毎月朔日の朝参を規定する。前述のように、大宝律令は浄御原朝廷の制度を准正としていると考えられるから、毎月朔日の朝参は浄御原朝廷の令に規定されていたと見ることもので

きる。そうであるとすると、四孟月朝参の詔が出されたのは天武天皇朝の令改訂事業が続いていたころであり、この詔は新令に反映されていないことになるであろう。大宝令は大宝元年（七〇一）の六月に全国的に施行されるが、この令には、天武天皇朝の告朔に関する原則的規定が継承され、同天皇十二年の詔の内容は反映されなかったのではなかろうか。すなわち、令では毎月朔日の朝参を規定するが、実際には天武天皇十二年詔による四孟月の朝参が行われていたとの解釈も可能であろう。(17)

実際には、天武天皇紀十二年の詔で文武官人および畿内の有位人らに四孟月の朝参を命じ、翌十三年正月よりその実施がなされた。大宝令制下でもその制が受け継がれたと思われるが、朝参の対象は京内の文武官人に限られたのではないだろうか。『続日本紀』大宝元年正月乙亥朔条に「天皇、御太極殿受朝、……文物之儀、於是備矣、」とあり、同月戊寅条には「天皇御大安殿、受祥瑞、如告朔儀、」と見える。『続日本紀』に告朔の儀礼を行ったという記事は見えないが、大宝元年には公文進奏を伴う告朔儀礼が執り行われたと推定してよいであろう。

さて、大宝二年九月戊寅条であるが、この「制」は、大宝儀制令文武官条の悪天候の場合の公文の送付方法を、四孟月の告朔一般に適用することを命じたものと考えることができるのではなかろうか。この制が出された時期が孟冬（十月）の前月であることからすると、大宝二年孟冬の告朔に間に合うようにこの制は出されていると考えられるのである。そうであるとすると、大宝令の施行からすると一年強の間、天皇の臨御する朝庭における公文進奏儀礼を伴うところの告朔儀礼が行われたが、大宝二年孟冬の告朔から朝参を主とする告朔儀礼に変化したものと思われるのである。

戸籍などは別にして、律令官司間に取り交わされる文書が確実に見られ、律令文書行政が確立するのは、大宝令制定以後とされる。その事実が承認されるならば、公文机が朝庭に置かれて公文が大納言によって進奏される告朔儀礼は、大宝元年から二年にかけて行われたのみで、大宝二年の孟冬の告朔からは、公文の進奏を伴わない四孟月の告朔儀礼へと変化したものと、私には考えられるのである。(18)

おわりに

告朔は漢代以前の古典に見え、古くその儀礼の存在したことが確認される。前漢末に王莽がその儀礼の再興に努め、後漢の時代にようやく本格的に復活したごとくである。その後変遷があるが、唐代では太宗の貞観年間に四時読令が復修され、貞観礼に規定された。その後、則天武后の時代聖暦元年十二月に毎月告朔の制が定められ、恐らく翌聖暦二年から毎月告朔の儀礼が執り行われたと思われる。しかしこの毎月の告朔は、その成立当時から異論があったようである。『開元礼』を見ると、太廟における四孟月と臘の時享すなわち一歳五享と、明堂における孟春から季冬まで十二ケ月の読時令を規定している。唐朝玄宗時代の告朔儀礼は、太廟における時享と明堂における読時令をその内容としていたごとくである。

日本における告朔は天武天皇紀五年に現われるが、その内容はよくわからない。しかし、同天皇紀五、六年ごろには毎月告朔が行われたようである。この告朔が四孟月に限定されるのは、同天皇紀十三年の正月の告朔儀礼からであったと思われる。その制は持統天皇朝から文武天皇に受け継がれたものと思われる。大宝、養老両令の規定にもかかわらず、四孟月の告朔儀礼が維持されたと考えられる。ただ、天皇臨御の朝庭における大納言による公文の進奏は、大宝元年から二年にかけてのわずかな期間行われたのみで、以後は朝参を主とする儀礼に変化したものと考えられる。正倉院文書には告朔解が多く見え、大宝二年の制による公文の進送が、行われていたことが確認される。[19]

また、平成三年ごろ公表された新潟県の八幡林遺跡出土の郡符木簡には、「向参朔告」の文字が見える。この木簡は、郡司が管下の少丁にあてて告朔の儀礼への出頭を命じたものと考えられている。[20]

右の木簡は、伴出木簡などから養老年間（七一七〜二四）ごろのものと推定され、その日付が九月二十八日であるから、十月の告朔儀礼への出頭を命じたのであろう。当時、地方においても告朔の儀礼が執り行われていたことが実証される。[21]

『続日本紀』には告朔儀礼を執り行ったという記事は見えないが、これは『日本書紀』の不告朔記事のみ載せるという体裁を受け継いだとも考えられる。『類聚国史』では、歳時の部に「延暦十九年四月己巳朔、御大極殿視朔、」と見え、その後、『日本後紀』などに告朔の記事が見えるようになる。あるいは、『日本後紀』以後に、体裁や編纂方針に変化が生じたのかも知れない。そして、『延喜式』には告朔に関する規定が見えるのである。

告朔儀礼が執り行われたのは、中央ならびに地方官僚の天皇に対する忠誠心の再確認という要素が重要であったと思われるが、天武天皇朝にその制度が整備され、やがて毎月の儀礼が年四回に整理され、その内容も忠誠心の再確認という機能から、実務的な前月の公文を奏上（後には進送）するといった、行政報告を主とするものへと変化したと推測されるのである。日唐両告朔儀礼間の差異については、彼の皇帝が天子として礼規範の下にあったのに対して、日本の天皇が絶対的な地位を占めていたことなどが主な理由であろう。

注

（1）告朔に関する論考として管見に及んだものに次のものがある。
武光誠氏「告朔について」（『風俗』第一五巻第四号、昭和五二年）
古瀬奈津子氏「告朔についての一試論」（『東洋文化』六〇、昭和五五年）
同氏「宮の構造と政務運営法」（『史学雑誌』第九三巻第七号、昭和五九年）
同氏「唐礼継受に関する覚書——地方における儀礼・儀式——」（『国立歴史民俗博物館研究報告』第三五集、平成三年）
新川登亀男氏「文書と机と告朔儀礼——その序説——」（『史艸』二五、昭和五九年）
同氏「日本古代の告朔儀礼と対外的契機」（『史観』一一二、昭和六〇年）
橋本義則氏「朝政・朝儀の展開」（『日本の古代　第七巻　まつりごとの展開』所収、昭和六一年）
佐藤信氏「宮都・国府・郡家」（『岩波講座　日本通史第四巻』古代三所収、平成六年）

（2）「朔」は、前掲の『新字鑑』には「支那の古代に於て天子が歳末に諸侯に来歳十二ケ月の暦をわかち與へ、併せて時令を下したこと。諸侯は之を宗廟に蔵め、毎月のついたちに特羊を供へて廟に告げ、受けて施行する。」「天子の政令」と見え、また「時令」については「年中の行事。一年間に行ふべき政治上または儀式上の順序の記録。」とある。朝享には「来朝して物を献ずる」といった意味もあるが、ここでは朝の享、すなわち供祭を意味するであろう。時代は下るが『北史』徐孝粛伝には「朔望享祭」と見えている。

(3)『左氏伝』の成立については、鎌田正氏『左伝の成立と其の展開』(昭和三八年)を参照。同氏は子夏の春秋学に影響せられた魏の史官左氏某がほぼ紀元前三二〇年前後ごろに制作したものと考えておられる。

(4)『礼記』月令篇については、島邦男氏『五行思想と礼記月令の研究』(昭和四六年)参照。

(5)漢代の明堂については、金子修一氏「中国——郊祀と宗廟と明堂及び封禅」(『東アジア世界における日本古代史講座九　東アジアにおける儀礼と国家』所収、昭和五七年)参照。

(6)同書の当該記事の末に「斯則魏代不読大暑令也、」と見える。

(7)『通典』巻七〇には時の侍中の議が引用されているが、そこには「以秋夏盛暑、常闕不読令、在春冬則不廃也、」と見えて、当時春と冬の読令のみ行われることが常態であったことが窺われる。咸和六年の有司奏の記事のなかに「立夏日」とあり、朔日ではなくて立夏当日に読令が行われたようである。

(8)『貞観礼』ならびに『顕慶礼』編纂のことは、『旧唐書』巻二一礼儀志、『新唐書』巻一一礼楽志、『唐会要』巻三一、『冊府元亀』巻五六四などに見えている。なお、顕慶礼は『新唐書』藝文志では永徽五礼、また『日本国見在書目録』では唐永徽礼と称している。瀧川政次郎氏「唐礼と日本令」(『律令の研究』所収、昭和六年)などを参照。

(9)臘月は陰暦十二月の異称である。『唐書』暦志には「以十二月為臘月、建寅月為一月、」と見える。

(10)『開元礼』は、皇帝を中心に官僚により執行される国家的儀典の次第を克明に叙述することを中心とし、その他若干の地方官の祭儀などを加えて構成されている。詳しくは池田温氏「大唐開元礼解説」(『大唐開元礼　附大唐郊祀録』所収、古典研究会発行、昭和四七年)を参照。

(11)皇極天皇紀元年十月是月条に「行夏令、無雲而雨、」とあり、ここに見える「夏令」が時令のうちの夏令であるか否かは不明である。推古天皇朝での隋使裴世清に対して用いられた外交儀礼は、隋の煬帝が学士をして編纂せしめた『江郡集礼』によっていることが指摘されている（瀧川政次郎氏「江都集礼と日本の儀式」〈『岩井博士古稀記念典籍論集』昭和三八年〉、田島公氏「外交と儀礼」〈『日本の古代』七、昭和六一年〉などを参照）。しかし、『江都集礼』には告朔に関する記事は無かったと考えられ（前掲の『通典』および『旧唐書』に見える王方慶の奏議には「隋大業中、煬帝令学士撰江都集礼、只鈔撮礼論、更無異文、……蓋為歴代不伝、」とあり、告朔の儀礼が同書に欠けていたと推定できる）、これによったとすることもできないので、今は不明とするほかはない。唐礼の継受に関する基礎的研究としては、前掲の瀧川政次郎氏「唐礼と日本令」、坂本太郎氏「儀式と唐礼」（『日本古代史の基礎的研究』下、制度篇所収、昭和三九年）、岩橋小彌太氏「儀式考」（『上代史籍の研究』第二集所収、昭和三三年）などがある。新川登亀男氏は天武天皇紀五年正月癸卯条により日本の告朔儀礼が天武天皇五年をもって開始されると解釈されている（注（1）前掲の論考参照）。同条には小錦以上の大夫らに机杖などを賜与する記事があるが、小錦上・小錦中、小錦下の三階にのみは机を賜わないとある。新川氏は同条の机を公文机と理解しておられるようであるが、ここに見える「机」とは、『日本書紀』の諸注釈の説くごとく「脇息」と解釈すべきではなかろうか。「几杖」といえばひじかけとつえを意味し、身体をささえるもので老人に賜うものというのが、一般的な解釈である。なお、公文机は儀制令文武官条の『古記』に見えるが、その朝庭に置かれる公文机の個数は一個と考えられる。次項の注（15）参照。

（12）他に、『唐会要』巻三六、『冊府元亀』巻九九九、『三国史記』巻八新羅本紀などに見える。前掲池田氏「大唐開元礼解説」参照。

（13）他に、『冊府元亀』巻九九九外臣部請求に見える。前掲池田氏解説参照。

（14）大宝令同条の復原については、注（1）所引新川氏論考前者、『続日本紀』一（新日本古典文学大系本、平成元年）巻第二、補注（早川庄八氏担当）などを参照。

（15）この『古記』に見える公文机は内舎人が朝庭に齎すものであり、その公文机に置かれた公文を大納言が奏するところからすると、公文机の数は一個であったと考えられる。

(16) 唐令については、仁井田陞氏『唐令拾遺』(昭和八年)参照。

(17) 注(14)所引書早川氏補注参照。

(18)『続日本紀』大宝元年三月甲午条によると、このとき、藤原不比等は石上麻呂、紀麻呂とともに大納言に任ぜられ、また『武智麻呂伝』によれば、不比等の長子である武智麻呂は同時に内舎人になっている。大宝元年から二年にかけての朝庭における告朔儀礼では、不比等父子が活躍したと推定されることは、注意されねばならないであろう。注(1)所引新川氏論考前者参照。

(19) 前掲、武光、古瀬両氏論考参照。

(20) 前掲佐藤氏論考参照。

(21) 八幡林遺跡出土の郡符木簡については、『木簡研究』第一三号(平成三年)掲載の田中靖氏報告、小林昌二氏「八幡林遺跡等新潟県内出土の木簡」(『木簡研究』第一四号、平成四年)などを参照。また、平成六年九月二十四日には、木簡学会新潟特別研究集会『古代越後と木簡』が新潟大学人文学部で開催され、その折に会議室に展示され、八幡林遺跡出土の郡符木簡などとともに実見する機会を得ることができたものに、新潟県北蒲原郡笹神村発久遺跡出土の各月の朔日を記した木簡がある。この木簡は上部が欠けて下端部分が残存する形態(〇一九形式)のものであるが、月の朔日を表裏各二行に記載していたと考えられ、内容から延暦十四年(七九五)月朔干支の一覧とされている。この木簡は、当時なお越後地方においても越後国府での四孟月告朔が執り行われていたことを物語る可能性もあるであろう。発久遺跡出土の月朔干支を記した木簡については、『木簡研究』第一一号(平成元年)掲載の川上貞雄氏報告参照。

（付）敦煌発見神竜散頒刑部格と令集解

一

敦煌は中華人民共和国甘粛省の西端に位置する小さなオアシスである。漢や唐の時代のように漢民族の版図が西域にまで拡大された時代にあって、敦煌は西域経営の根拠地として極めて重要な地点であった。(1)またここは、シルクロードの要衝として知られ、そして何よりもその郊外に多数の壁画と仏像を有する千仏洞によって著名である。千仏洞は莫高窟とも呼ばれ、敦煌の東南一八キロのところにある。窟の草創は前秦の建元二年（三六六）とされ、(2)以後一千年あまりにわたって造営されたのであった。現在四九二窟が確認されており、壁画の面積は四万五千平方メートル、彩塑は二四一五体に達するといわれ、古代仏教芸術の宝庫とされる。

この敦煌莫高窟のほぼ北端に位置する第一七号窟から、(3)道士王円籙によって数万点の経巻・文書・絵画などが発見されたのは光緒二十六年（一九〇〇）のことであった。(4)これらの文書類は、イギリスのスタイン、フランスのペリオらによって、それぞれの本国に将来された。(5)

敦煌文献はだいたい六世紀から十世紀くらいに及ぶ期間のもので、漢文のものが約八〇％あり、他はチベット語、サンスクリット、ソグト語、コータン語、クチャ語、トルコ語、パフラヴィ語、アラビア語、西夏語などで記されている。これらの古文献は、東洋史学、文学、言語学、音韻学、宗教、美術、自然科学などに対して、幾多の貴重資料を提供するものであることが、これまでの総合的研究によって明らかになりつつある。

ところで敦煌より将来されたおびただしい文献のなかには、法制に関する史料も含まれている。その全貌を把握することは容易ではないが、唐代法制文献については基礎的な史料が提供されつつある。(6) 本節では、これらの史料のなかから、スタインとペリオによって将来された散頒刑部格残巻を取り上げ、(7) その一部について考察し、さらに『令集解』との比較を試みたいと思う。

二

唐代法制史料のうち、律・律疏については西域から発見された残巻がある程度存在し、また『故唐律疏議』の名で今日に完本が伝えられている。令については、永徽および開元度のものと考えられるものが西域より発見されており、完本こそ伝わらないが、群籍に見出される令の逸文を綴集した仁井田陞氏の『唐令拾遺』が刊行されていて学界を稗益すること甚大である。しかし、格式に関しては、その全貌を窺うに足る史料集成・研究の類が完成されていない。敦煌発見の文献としては、わずかに開元二十五年度のものとされる水部式残巻(8)と戸部格の残巻、吏部格或式、兵部選格?の各断片など、それにこれから取り上げようとする散頒刑部格残巻(9)が存するのみである。このように唐代の格式で完本の今日に伝わるものは一つもなく、敦煌の窟内に残された文献の極めて小さな部分にしかすぎない法制文献は、当代の法典の研究に貴重な史料を提供してくれるのである。特に散頒刑部格残巻一二〇行は、水部式残巻一四六行についでその分量が多く、その重要度は極めて高いものがある。唐代の刑法を論ずる場合、本格は看過できない存在であろう。

本格残巻の前半、すなわちペリオ文献（a、注（7）（9）参照）について、瀧川政次郎氏の訳文（注（9）参照）によって董康氏(10)の見解を示すと左の通りである。

唐書刑法志には「唐の刑書四あり、律令格式と曰ふ。中略　格は百官有司の常に行ふ所の事なり」と載せたり。蓋し謂《オモ》へらく、律既に頒行せられ、懸りて一朝の定法たりと雖も、而もこれを常行の事例に揆《ハカ》るに、或は地方の状況に因りて予め厳科を量り、或は時制の変通に因りて詳かに指示を加ふ。要言するに、格は実に律書運用上、特に一便法を開けるものなり。

曩に余仏京巴里に客たりしとき、蔵書目録を見るに、此の格の残本あり。第三〇九八号(11)に列す。仏蘭西の学者ペリオ Pelliot 氏が前清光緒末年に、甘粛省に赴き、莫高窟の石室に於て発見し、之を舶載して西せるものなり。余之を閲覧せんことを索めたれども得ず。甚だ失望せり。丙丁の交（昭和元年二年）、余居を日本の京都に避く。時に故友内藤湖南博士、甫めて欧米の漫遊より帰る。行篋中に此の格あり。大喜望みに過ぐ。借り帰りて手録せり。

格は凡そ十三条あり。九十二行より成る。「散頒刑部格　銀青光禄大夫尚書右丞上柱国臣蘇瓌等奉勅删定」と題す。次行に「刑部。都官。比部。司門」とあり。按ずるに、此の格の事は、僅かに唐書芸文志にのみ見えたり。唐志には七巻となし、「中書令韋安石。礼部尚書同中書門下三品祝欽明。尚書左丞《(ママ)》蘇瓌。兵部郎中狄光嗣等删定。神竜元年上」と注せり。新旧両唐書の本紀には、其の事を載せず。唯だ旧唐書の蘇瓌伝に「神竜の初め、入りて右丞と為る。法律に明習し、台閣の故事に多識なるを以て特に律令格式を删定せしむ。尋いで銀青光禄大夫を加ふ」とあり。（新唐書の本伝は之より稍簡なり）此の格祇《タダ》蘇瓌一人を題せるは、乃ち主任者の名を挙げたるなり。唐志に蘇瓌の官を左丞と称し、格と異るは、二者当に其の一は誤りなるべし。又格には刑部と題し乍ら、目録には四署の名を列す。然れども都官は配隷等の事を掌り、比部は諸司百寮俸科を勾覆する等の事を掌り、司門は諸門及び関所の往来の籍簿等の事を掌り、皆刑部の属官たり。故に刑部を以て之を総括するも妨げなきなり。

　此の書断簡の遺文なりと雖も、而も唐格の体裁、以てその大略を知るべし。茲に唐律と逐条的に対照し、以て法制史の研究に志ある人々の一助に供せんとす。

右に見るごとく、蘇瓌(12)は中宗の神竜年間に尚書右丞になった人物であり、その删定した本格が神竜度のものであることは疑うことができないであろう(13)。

本格のことは『唐会要』巻三九に次のごとく見えている。

至神竜元年六月二十七日、又删定垂拱格及格後勅、尚書左僕射唐休璟、中書令韋安石、敬騎常侍李懐遠、礼部尚書祝欽明、尚書右丞蘇瓌、兵部郎中姜師度、戸部郎中狄光嗣等、同删定至神竜二年(14)正月二十五日已前制勅、為散頒格七巻、又删補旧式為二十巻、表上之、制、令頒于天下(15)、景竜元年十月十九日、以神竜元年所删定格式漏略、命刑部尚書張錫、集諸明閑法理人、重加删定、

右の記事によって删定の大要が察せられるであろう。ところで散頒刑部格について、内藤虎次郎氏は次のごとく述べられている(16)。

　それから格であります。格は散頒刑部格といふものがやはりフランスの図書館にあるものを写した。それはロ

トグラフで写して来てをります。大体唐の時に重大な法令は、律令にあるので、今の日本でいへば、憲法其外六法全書にあるやうな者が律令にあるのでありますが、そのほか細かい臨時の伺、指令のやうな規定は即ち格でありまして、格といふのは実行に役に立つところの規定でありますが、散頒刑部格とありますのは六部[17]のうちの刑部の格で、さうしてこの格には留司格といふものと二通りあります。留司格と申しますのはその取扱ひをする役所に留めておく留司格、一般の心得のため布告する格は散頒格であります。[18]私が写して来たのは即ち刑部に関する散頒格であります。日本にも三代格といふものがあります。[19]その三代格にこの唐の時の格を比較して見ると著しく違ふのは、日本の格は非常に簡単で細かい規定などが割合にない、唐の格は非常に複雑であることである。

（下略）

これによって本格の基本的性格の概要を知ることができるであろう。散頒刑部格残巻は一二〇行・一八条より成っており、その内容は、詐偽律、考課令、職制律、獄官令、賊盗律、雑律、名例律、闘訟律などに関連する。また、『通典』『宋刑統』『冊府元亀』『唐大詔令集』にも関連を有する詔・勅・格が見出される。次項では本格残巻一八条中の第一六条を取り上げ検討を加えてみたい。

三

敦煌発見神竜散頒刑部格の第一六条の原文は次の通りである。[20]

101 一州県職在親人、百姓不合陵忽。其有欲害及

殴所部者、承前已令斬決。若有犯者、先決一
百、然後禁身奏聞。其内外官人、有恃其班秩、
故犯情状可責者、文武六品以下、勲官二品以
105 下、并蔭人、並聴量情決杖、仍不得過六十。若長
官無、聴通(21)判官応致敬者決。雍・洛寄住、及
訴竟(競)人、亦准此。其清官、并国子助教・大学四
門博士、及副二通判官・録事参事(軍)・県令・折衝
府司馬、各於本任長官、並不得決限。

右に掲げた録文には句読が附されているのでその内容は明らかと思われるが、行論の便宜上、以下私に訳注を加えておくことにする。

訳文

州県(22)の職は人に親しむにあり。百姓(23)、陵忽すべからず。其所部を害さんと欲する及び殴るあらば、承前已に斬決せしむ(24)。若し犯すあらば、先に〔杖〕一百を決し、然る後に身を禁じ奏聞せよ(25)。其内外官人(26)、其班秩(27)を恃むありて、故らに犯し情状責むべきは、文武六品以下、勲官二品以下、并蔭人(28)、並びに情を量りて決杖することを聴す。仍六十を過ぎることを得ざれ(29)。若し長官なくば、通判官、致敬すべき者(30)決す

ることを聴す。雍・洛寄住[31]及び訴競人も亦此に准ず。其清官[32]、幷国子助教・大学四門博士、及び副二通判官・録事参軍・県令・折衝府司馬は、各本任長官に於て、並に決する限りを得ざれ。

ほぼ以上のごとき内容と思われるが、訳文の段落で示したように、本格は二つの部分からなる。前者は百姓と官人の間の問題について規定しており、後者は官人内部の問題を解決するために発せられた法令である。前者についていうならば、それまでの規定ではあまりにも重刑主義であったので、神竜度の格で刑を軽くする方向で修正が加えられたのであろう。律の規定では、一般人が県令を殺さんと謀った場合には流二千里、殴った場合は徒三年であったと考えられるから、神竜以前の斬とは各四等五等といった大きな差異が存在する。この斬を規定した神竜以前の法令は、その内容から考えて散頒刑部格であったと思われる。

何故にこの厳刑主義がとられたのか不明であるが、当代の人民が州県などの地方官人と良好な関係を保持していなかったことは察せられる。これが神竜度の刑部格で「先決一百、然後禁身奏聞」と改められたのは、状況がやや好転したことを物語るものと思われる。さらに臆測するならば、則天武后の失脚と関係があるのかも知れない。武后が病床についたのは長安四年（七〇四）であるが、翌神竜元年、帝位を実子の皇太子にゆずった。正月二十五日、中宗が即位し、数日後には国号を周から唐にもどした。この神竜元年正月二十五日已前の制勅を删定し、同年六月二十七日に撰上されたものが神竜散頒格である。

前者についてなお考察を加えねばならない問題点は数多く存在すると思われるが、次に本節の主題である後者について検討することにする。

敦煌発見神竜散頒刑部格第一六条後段について考察する場合に、比較検討しなければならない史料が、日本の養老令の私撰注釈書である『令集解』[33]に存在する。すなわち同書巻二八儀制令内外官人条[34]に、

或云。刑部格云。内外官人。有下恃二其班品一。故違中憲法上者。文武職事六品已下。勲官二品已下。量レ情決杖。仍不レ得レ過二六十一。若長官无。聴下通判官応二致敬一者決上。其徒以上依二常法一。今案二此格一。本犯杖一百。量レ情決杖六十。然則於・。在レ穴。

と見える。また大宝令の注釈書である『古記』[35]が引用されており、それには、

古記云。量レ情決笞。謂不レ得レ聴レ贖。唯得二従減一也。一云。百杖以下。犯者量レ情。笞五十以下決耳。造レ罪不レ可レ論。案二勅断条幷垂拱格一可レ知。

とある。『古記』の一云を合わせ考えると、或云に引く「刑部格」は「垂拱刑部格」という可能性が極めて高いものと考えられる。[36]さらに日本の儀制令本条も比較の対象となる。そこで『令義解』[37]によって養老令本条[38]を示すと左のごとくである。

凡内外官人。有下恃二其位蔭一故違中憲法上者。六位以下。及勲七等以下。宜レ聴二量レ情決笞一。若長官无。聴下次官応二致敬一者決上。其諸司判官以上。及判事。弾正巡察。内舎人。大学諸博士。文学等。不レ在二決笞之限一。

『令集解』所引の刑部格を垂拱刑部格とすると、ここに垂拱・神竜の唐代の二格と、日本の養老令との三者比較が可能となる。そこで比較を容易ならしめるために、三者を左に対応させて示すことにする。[39]

（垂）　内外官人、有恃其班品、故違憲法
（養）凡内外官人、有恃其位蔭、故違憲法
（神）其内外官人、有恃其班秩、故犯情状可責

（垂）者、文武職事六品已下、　勲官二品已下、
（養）者、　六位以下、及勲　七等以下、
（神）者、文武　六品以下、　勲官二品以下、

（垂）　量情決杖、仍不得過六十、
（養）　宜聴量情決笞、
（神）并蔭人、並聴量情決杖、仍不得過六十、

（垂）若長官无、聴通判官応致敬者決、
（養）若長官无、聴　次官応致敬者決、
（神）若長官無、聴通判官応致敬者決、雍洛寄

（垂）　　　　　　　　其徒以上依常法、

（養）　　　　　　　　其諸司判官以上、

（神）住、及訴競人、亦准此、其清官、并国子

（垂）

（養）及判事、弾正巡察、内舎人、大学諸博士、文学等、

（神）助教・大学四門博士、及副二通判官・録

（垂）

（養）

（神）事参事（軍か）・県令・折衝府司馬、各於本任長

（垂）

（養）　不在決笞之限、

（神）官、並不得決　限、

まず最初に見出せる相違点は、㊎班品・㊏位蔭・㊐班秩の部分である。㊎㊐の班品・班秩はともに官の等級（官品）を意味するものと思われるが、㊏の位蔭は位と蔭の二つを意味する。すなわち、㊎と㊐は用語を異にするが同意であり、それに対して㊏は用語の意味が唐格と相違する。ただし、㊐は後に「幷蔭人」の語句を置いており、その意味で㊏の規定との関連が注目される。蔭による出身は、一品子が正七品下、従五品孫が正九品上の官にそれぞれ叙せられる。(40) その意味では「文武六品以下」の官人のなかに蔭人が含まれてしまうのではないかということも考えられるが、たとえば蔭人が「応議者期以上親」であるとすると、名例律皇太子妃条によって、死罪を犯した場合には上請、流罪以下は一等を減ぜられる。そしてまた名例律応議請減条によって、流罪以下の場合、贖することが許され、実刑を科せられることはない。この蔭人の特権が、杖刑までであるとはいえ、㊐においては否定されているのである。これは㊎に大なる規定の変更が加えられているといって過言ではない。上級官僚への下級官人の不敬などに対して厳刑主義が採用されたといえる。㊎では一般官人にはすでに本条によって実刑が加えられていたが、蔭人に対しては規定があいまい（名例律と本格との競合）だったので、㊐において蔭人に対して本条が適用されることを明確に規定したものであろう。あるいは当代の官庁における蔭人の所作に、目にあまることが多かったのかも知れない。(41)

第二の相違点は、㊎㊏に「故違憲法」とあるのに対して、㊐に「故犯情状可責」と見えることである。㊏における「故違憲法」の意味を『令義解』によって示すと「故《ことさら》に下馬せず、礼を失し、触れ忤《さから》うの類で、本司に於て犯すものをいう。」とある。㊎の場合の意味は不明であるが、『令義解』の解釈に近かったのではなかろうか。㊐はこれを「故犯情状可責」と改めたのであるが、如何なる理由にもとづくかはわからない。臆測するならば、(垂)に見える「憲法」の語を削除することを意図したのかも知れない。『通典』巻二四、職官六、御史台に「隋及大唐皆曰御史台、竜朔二年改為憲台、咸亨元年復旧」とある。高宗の竜朔二年には官庁および官職の名称が改められているが、御史台に憲台と改称されたのもこのときであった。このころ高宗は、その健康状態のこともあって、しだいに武后に政治をまかせるようになっていたが、[42]この「憲」の字の採用も武后による可能性が強い。そうであるとすると、(神)で「憲法」の語が避けられたのは武后の失脚と関係があるかも知れないのである。この部分に関して、(養)は(垂)に見られるところの「故違憲法」の語句を継承したといえる。

第三の相違点は、(垂)に「文武職事六品已下」、(神)に「文武六品以下」、(養)に「六位以下」とあることである。(垂)は「九品已上六品已下の職事官」が決杖の対象であったのに対し、(神)は「散官」をもその対象に含めたものと理解される。(神)は決杖対象の官人の範囲を拡大したわけで、官人取り締まりの強化策といえる。(養)は(神)と同意であろう。ただし、唐の官品は官職そのものの等級・尊卑を示したのに対し、日本の位階は人に授けて官人の身分を表示した。[43]

第四の相違点は、(垂)(神)に「勲官二品已《(以)》下」とあるのに対し、(養)では「勲七等以下」とあることである。(養)の勲七等は、官位令によると、正六位相当であって対応している。すなわち(養)の場合、正三位に相当する勲一等から従五位相当の勲五等までの勲位を有する者は決杖されなかったと考えられる。これに対し(垂)(神)では、勲官二品已《(以)》下（勲階の最上階が正二品に相当する上柱国）、すなわち全ての勲官が決杖対象ということになる。日本での勲官に対する待遇はその位階に相当するものであったが、[44](垂)(神)においては勲官の刑法上の特典は認められず、冷遇されている。

この勲官に対する待遇がいつからそうなったのかについては『旧唐書』に参照すべき史料が存する。すなわち『旧唐書』巻四二職官志には、

永徽已後、以国初勲名与散官名同、年月既久、漸相錯乱、咸亨五年三月、更下詔申明、各以類相比、（中略）自是已後、戦士授勲者、動盈万計、毎年納課、亦分番於兵部及本郡、当上省司、又分支諸曹、身応役使、有類僮僕、拠令乃与公卿斉班、論実在於胥吏之下、蓋以其猥多又出自兵卒、所以然也、

とあり、高宗の咸亨五年以後、戦士で勲階を授けられたものが、ややもすれば一万にも達するほどであった(45)。また玄宗の天宝時代の戸籍・差科簿（敦煌発見）に上柱国などの勲官の実施例が多数見えている(46)。これらのことから考えると、唐国防衛の第一線である辺境の兵士らに最上階の勲官を授けることは、高宗の咸亨ごろからはじまったのかも知れない。そうであるとすると、勲官二品已下の非違に対して決杖の規定が設けられたのもこのころである可能性が強い(47)。あるいはこの方針も武后の立案によるのかも知れない。『旧唐書』職官志に「令によるに、すなわち、公卿と班を斉《ひとし》くす、実を論ずれば胥吏の下にあり、蓋しその猥多（みだりにおおい）また兵卒より出ずるを以て(48)、然るゆえんなり。」とあって、令による待遇と実際とはへだたりがあり、咸亨五年三月の詔によって、勲官の勤務についての規定を明確に定めたのであろう。それに対応する形で、勲官の非違に関する法令が出されたことは十分に考えられる。もし咸亨五年ごろに勲官の非違に対して決杖の規定が設けられたのであるとすると、この規定が垂拱格に定着したといえそうである。

第五の相違点は、㊣㊢が「量情決杖、仍不得過六十」としている(49)のに対して、㊮が「量情決笞」と規定することで

ある。この部分の比較を行う場合、日唐断獄律断罪応決配而収贖条との関連を考えねばならない。
唐律同条の後段には「即品官任流外及雑任、於本司及監臨、犯杖罪以下、依決罰例、」とあり、養老律同条に「勲七等以下、任諸司雑色、於本司及監臨、犯笞罪者、依決罰例、」と見え、大宝律同条には「八位以下、任諸司雑任、於本司及監臨、犯杖罪以下者、依決罰例、」と規定していたごとくである。[50] 唐律の規定は、勲官などを有する者が官庁の下級職に就いた場合に、これらの者に対する統制を維持するために設けた特例規定[51]であって、杖一百以下の場合、実刑が科せられた。刑罰の程度についていえば、日本の大宝律は唐律をそのまま継受したが、養老律は唐律・大宝律の「杖罪以下」を「笞罪」と改めた。その理由はいくつか考えられる[52]であろうが、(垂)に「量情決杖、仍不得過六十」とあったのを、大宝儀制令内外官人条が一等下して「量情決笞」と改めた[53]ことによって大宝儀制令本条と大宝断獄律同条の間に量刑上の均衡がとれなくなったので、養老律で「笞罪」に改めた、というのが主なるものであったのではなかろうか。
翻って考えるならば、『令集解』諸説が「杖罪以下、量情決笞」と述べており、「決笞」は笞罪のみを決するという意味ではなくて、杖罪以下に相当する非違に対して、情を量って笞五〇以下を決罰するということが議論の前提になっている。もし日本令の藍本と考えられる永徽令に「量情決杖、仍不得過六十」の規定が存したならば、『令集解』の諸説は(垂)を引用せずに永徽令を引用したであろう。『令集解』に(垂)が引用されていることから考えて、少なくとも「仍不得過六十」は(垂)に新しく規定されたものと考えられる。[54]
私は、(養)の「決笞」の語のなかに、(垂)の「仍不得過六十」の内容を一等下して摂取した可能性が極めて高いものと考えている。もしこの考えが正鵠を射たものであるとすると、大宝・養老令のなかには、唐令と唐格の内容を合わせ持った条文が存在したことになる。大宝・養老の律は、唐の律と律疏を合わせて条文を構成したが、令の場合も同様に、唐令と唐格を合わせて一条を構成した条文が存在したのではなかろうか。

その他にも三者には比較考察すべき点が数多く残るが、右に挙げた五点のみでも、唐令・唐格・日本令間の様々な興味深い問題点が抽出できたように思う。

次項では、日唐間の法典継受の問題にふれ、本節を終えたいと思う。

四

唐代における基本法典の編纂事業として、主なるものは、『武徳律令格式』、『貞観律令格式』、『永徽律令格式』、『永徽律疏』、『垂拱律令格式』、『神竜令格式』、『太極格』、開元七年および同二十五年『律令格式』などがある。[55] 唐代の律令法典を継受した、奈良時代までの日本の基本法典としては、『近江令』、『飛鳥浄御原令』、『大宝律令』、『養老律令』がある。[56]『近江令』の藍本としては『貞観令格式』、『浄御原令』は『永徽令格式』、大宝・養老律令は『永徽律令』・『永徽律疏』・『垂拱格式』がそれぞれ主なるものとして考えられている。[57] 日本に確実に将来されていた唐代の法典としては、『唐貞観初格』十巻、『唐永徽律』一二巻、『唐永徽律疏』三〇巻、『大唐律』一二巻、『唐永徽令』三〇巻、『唐開元令』三〇巻、『唐永徽格』五巻、『垂拱格』二巻、『垂拱留司格』二巻、『垂拱後常行格』一五巻、『開元格』一二巻、『開元新格』五巻、『格後勅』三〇巻、『長行格』七巻、『開元後格』九巻、『散頒格』七巻、『唐永徽式』

二〇巻、『唐開元式』二〇巻、『大中刑律統類』一二巻などがある。[58]

右に述べた日本の法典編纂のなかで、最も注目されるのは大宝律令の成立であるが、[59]ここでは養老令の成立に影響を及ぼした唐代法典について、前項までの比較考察を踏まえて考えてみたい。

瀧川政次郎氏は、養老令の藍本として永徽令・垂拱格式を主要なものと考えられ、永徽以後の令の影響を否定しておられる。[60]ところで、儀制令集解内外官人条の釈説に、

唐令云、致敬之式、若非連属応敬之官相見、或貴賤懸隔、或有長幼親戚者、任随私礼、又条云、其准品応致敬、而非統属者則不拝、注云、謂文昌都事於諸司郎中、殿中主事於諸局直長之類、即勾付之官於首判官、品雖卑亦不拝、

とあって、唐令が引用されており、その注文に垂拱時の官名である文昌都事が見え、ここに引用された令は垂拱令と考えられるのである。[61]また同条釈説に「今我令、抄唐令致敬之条生文、」とあることも、養老令同条が唐垂拱令に拠ったことを示すがごとくである。以上のことから考えるならば、『日本国見在書目録』にはその名が見えないが、養老令の藍本に垂拱令を加えることができるであろう。

垂拱律令格式については『旧唐書』巻五〇刑法志に、

垂拱初年、(中略)則天又勅内史裴居道夏官尚書岑長倩鳳閣侍郎韋方質、与刪定官袁智弘等十余人、刪改格式、加計帳及勾帳式、通旧式、成二十巻、又以武徳已来垂拱已後詔勅便於時者、編為新格二巻、則天自製序、其二巻之外、別編六巻、堪為当司行用、為垂拱留司格、時韋方質詳練法理、又委其事于咸陽尉王守慎、又有経理之才、故

垂拱格式議者称為詳密、其律令惟改二十四条、又有不便者、大抵依旧、

と見え、垂拱格は留司格六巻、散頒格二巻があり、後者には武后の序があった。また垂拱格式は当時にあってその詳密さが評判となっていた。さらに律令の改正は二四条のみであったことが見えている。(62) 唐初の格としては武徳・貞観・永徽などのものが存在するが、垂拱格は最も詳密なものであった。儀制令集解内外官人条から考えると、養老令の藍本に唐垂拱令格が加えられることはほぼ確実であろう。また集解同条『古記』に垂拱格が引用されていることから、大宝令の藍本として垂拱格が考えられているが、垂拱の律令は格式と同時に成立しているのであるから、それらが日本に将来された可能性は十分にあると考えられる。すなわち、大宝令の藍本として垂拱令を追加することができるのではなかろうか。私は、大宝・養老の日本の律令は、その完成に最も近い時点で成立した（参照し得る範囲内で）、いわば最新の唐律令格式である垂拱律令格式を参照して定められたのではないかと考えている。そしてその場合、儀制令内外官人条のように、唐令と唐格の内容を合わせて条文を規定したような場合も存在するのではないかと推測するのである。

以上本節では、敦煌と日本という、三千数百キロ離れたところに存在した唐代法制文献（日本のものは引用文献であるが）を比較することによって、唐代法の変容の一端を明らかにし、合わせて継受法である日本律令の態様についても考えてみようとする試みである。

（昭和五十八年癸亥正月三日稿）

注

（1）敦煌に関する文献は数多く存在する。概説書として近年のものとしては、
姜亮夫氏『敦煌——偉大的文化宝蔵』（一九五六）
蘇瑩輝氏『敦煌学概要』（一九六〇）
神田喜一郎氏『敦煌学五十年』（昭和三五年）
長沢和俊氏『敦煌』（昭和四〇年）
金岡照光氏『敦煌の文学』（昭和四六年）
同上『敦煌の民衆——その生活と思想——』（昭和四七年）
などがある。

（2）則天武后の聖暦元年（六九八）、第一四窟に立てられたとされる「大周李君重修莫高窟仏龕碑」による。この碑文は清代の学者徐松の著した『西域水道記』によって紹介された。また、ペリオ文書二五五一号の紙背にも見える。

（3）現在整理されているのは四九二窟であって、敦煌文物研究所によって番号が附されており、本窟は同研究所編号一七号とされる。一七号窟は蔵経洞とも呼ばれるが、一六号窟甬道の向かって右側の壁に設けられた小窟である。この二つの窟は、勅によって釈門河西都僧統摂沙州僧政法律三学教主を命ぜられた洪辨が、唐の大中五年（八五一）から咸通三年（八六二）にかけて造営したと考えられている。一七号窟には洪辨像一体（塑造）が安置され、背後には樹下人物図が描かれている。すなわち、この窟は洪辨の影窟（御影堂）ということになる（第一六号・第一七号両窟の開窟の事情については、馬世長氏「関于敦煌蔵経洞的幾個問題」『文物』一九七八年一二月号参照）。この一七号窟蔵経洞が、そのなかに多くの文書を封蔵して塗りこめられたのは、文書の年紀や内容からみて、西夏がほぼ河西地方全土を制圧した一〇三六年ごろのことだと考えられている（長沢氏注（1）前掲書一八〇～八

（付）敦煌発見神竜散頒刑部格と令集解　

二頁参照)。

(4) 敦煌文献は、ロンドン大英博物館、パリ国立図書館、国立北京図書館、レニングラード・エルミタージュ博物館、台湾国立中央図書館、龍谷大学、大谷大学などに所蔵されており、四、五万点に達する。敦煌文書の概説としては、那波利貞氏「千仏巌莫高窟と敦煌文書」(『西域文化研究』第二、昭和三四年)がある。敦煌写本目録、その他敦煌に関する文献は、長沢氏注(1)前掲書注、ならびに同氏同上書再版(昭和四九年、レグルス文庫)補注参照。

(5) スタインが敦煌を訪れたのは一九〇七年であり、翌年にはペリオが到達している。

(6) 唐代法典類の紹介、研究史の概観、現存残巻の解説を行ったものとして、池田温・岡野誠両氏「敦煌・吐魯番発見唐代法制文献」(『法制史研究』二七、昭和五三年)があり、西域発見唐代法制文献(法典類)の概論、録文、写真を収めたものとして、山本達郎・池田温・岡野誠三氏による *TUN-HUANG AND TURFAN DOCUMENTS: CONCERNING SOCIAL AND ECONOMIC HISTORY*, I Legal Texts, (A) Introduction & Texts, (B) Plates(敦煌・吐魯番発見社会経済史料集Ⅰ　唐代法制文献、二冊、昭和五五年・同五三年)が存在する。同上書によると二五種の唐代法制文献が取り上げられているが、その概容を録文の目次によって示すと次のごとくである。Ⅰ職制・戸婚・廏庫律残巻、Ⅱ名例律断片、Ⅲ賊盗律断片、Ⅳ詐偽律断片、Ⅴ擅興律断片、Ⅵ擅興律断片、Ⅶ捕亡律断片、Ⅷ名例律断片、Ⅸ名例律疏残巻、Ⅹ雑律疏残巻、XI名例律疏残巻、XII賊盗律疏断片、XIII職制律疏断片、XIV東宮諸府職員令残巻、XV公式令残巻、XVI散頒刑部格残巻、XVII戸部格残巻、XVIII(吏部留司格)?断片、XIX吏部格或式断片、XX兵部選格?断片、XXI水部式残巻、XXII職官表、XXIII判集残巻、XXIV判集残巻、XXV安西判集残巻。

(7) この残巻はスタインとペリオによって英国とフランスへ別々にもたらされたが、形式内容および書風の一致から、ペリオ文献(Pelliot Collection No. 3078——以下aと略称す——神竜散頒刑部格断簡約九〇行)の後方に、スタイン文献(Stein Collection No. 4673——以下bと略称す——同上断簡三〇行)が直接つづくことを、仁井田陞氏が発見し紹介された(「唐の律令および格の新資料——スタイン敦煌文献」『東洋文化研究所紀要』一三、昭和三二年、後に『中国法制史研究——法と慣習・法と道徳』所収）。

（8） Collection Pelliot No. 2507. この残巻の全文は羅振玉氏が『鳴沙石室佚書』（一九一三）において写真版と解説を附して紹介された。残巻を唐水部式と論定したのは羅氏の功績である。また、式文のなかに見える府・州・県名や職官名を手がかりとして、この式を開元二十五年度のものであると考証されたのには仁井田陞氏であった（「敦煌発見唐水部式の研究」『服部先生古稀祝賀記念論文集』昭和一一年、後に『中国法制史研究——法と慣習・法と道徳——』所収）。水部式の英訳を含む研究としてD. C. Twitchett, The Fragment of the T'ang Ordinances of the Department of Waterways discovered at Tun-Huang, *Asia Major*. New Series Vol. VI Part 1. 1957がある。邦訳として佐藤武敏氏「敦煌発見唐水部式残巻訳注——唐代水利史料研究㈡——」（『中国水利史研究』二、昭和四二年）が存在する。水部式残巻の全文は、注（6）所引本（後者）にも収められている。

（9） 注（7）に記した通り、ペリオ文献（a）とスタイン文献（b）は連続するものと考えられるが、aが早くも戦前から諸氏によって取り上げられ論究されているのに対して、bは仁井田氏によってはじめてaに接続する唐格断簡であることが論証された。

aに関する研究論文などは次の通りである。

内藤虎次郎氏「唐代の文化と天平文化」（『天平の文化』昭和三年、後に『内藤湖南全集』第九巻所収

董康氏「残本散頒刑部格与唐律之対照」（『書舶庸譚』一九三〇）

同上「敦煌発見散頒格研究」（『法学協会雑誌』五二—二、昭和九年）

同上「残本竜朔散頒格与唐律之対照」（『司法公報』九、一〇、一九三八）

仁井田陞氏「唐令の復旧について——附・董康氏の敦煌発見散頒格研究」（『法学協会雑誌』五二—二、昭和九年）

同上「最近発表せられたる敦煌発見唐律令断簡」（『歴史学研究』八—四、昭和一三年、後に『中国法制史研究——法と慣習・法と道徳——』所収）

（付） 敦煌発見神竜散頒刑部格と令集解

大谷勝真氏「敦煌出土散頒刑部格残巻に就いて――敦煌遺文所見録(二)――」（『青丘学叢』一七、昭和九年）

羅振玉氏『百爵斎叢刊』（一九三七）

同上「後丁戊稿」（『貞松老人遺稿甲集』一九四一）

神田喜一郎氏『敦煌秘籍留真』（昭和一三年）

瀧川政次郎氏「残本竜朔散頒格と唐律との比較研究」（董康氏の中央大学での講演原稿とその訳文、『法学新報』四九―四、昭和一四年、後に『支那法制史研究』所収）

bに関するものとしては次のごとくである。

GILES, L., *Descriptive Catalogue of the Chinese Manuscripts from Tunhuang in the British Museum*. (The Trustees of the British Museum.)（一九五七）

仁井田陞氏注（7）論文

劉銘恕氏『敦煌遺書総目索引』（一九六二）

唐長孺氏「敦煌所出唐代法律文書両種跋」（『中華文史論叢』五、一九六四）

(10) 同氏の経歴は、橋川時雄氏の『中国文化界人物総鑑』（昭和一五年）によると次のごとくである。

一八六七―×字は綬経、江蘇武進の人。彼れは前清光緒己丑科の進士、前清に代理院推丞となる、日本に留学、帰国して北京大理院長、修訂法律館総裁となつて、靳雲鵬内閣に司法総長代理から総長となり、顔恵慶内閣のときに財政総長代理兼塩務所督辨、晩年政界を退いて上海法科大学院東呉大学法学院教授、北京大学教授となつてゐたが、臨時政府成立とともに司法委員会委員長に就いた。彼れが支那の出版文化に尽した貢献は大きい、前《（ママ）》数年前迄は上海にあつて出版の事業をすすめてゐた。民国十五年冬から十六年四月まで政変の為に日本に避難し其間に於て日本に存する旧槧孤本及旧本小説を訪求し、仔細に其版式内容を記し、兼て日常の応酬其他事情を記した日記を草し、「書舶庸譚」四巻を著はし、民国十九年四月大東書局から印行。其の頃彼れは大東書局経理沈駿声を慫慂して二十集足本の「指海」を影印した。彼れは屢々日支文化事業に関する提議を発表した、東方文化事業総委員会成立の時も、また民国二十年頃は上海申報に寄稿し、また民国二十七年東亜文化協議会に対しても提携するところがあつた。そして日支文化事業に対する具体案といふのはいつも出版文化の提携を主張するのであつた。

(11) 第三〇九八号は第三〇七八号の誤りと思われる。仁井田氏注（9）論文（a前者）には「巴黎編目為三〇七八」とある。

(12) この人物については、『旧唐書』巻八八、『新唐書』巻一二五に伝記あり。景雲元年十一月に歿している。『新唐書』には卒年七十二とある。

(13) 仁井田氏注（9）論文（a前者）には、「格中に見える『東都』なる地名が永徽度の名称でなく、且『尚書省』『刑部』『太常』および『少府監』等の官司の名称が麟徳若くは垂拱中のものではなく、反之いづれも神竜度のものと一致することもその傍証とならう。」と見える。

(14) 神竜元年に格が刪定されているのであるから、ここは神竜元年とあるべきところである。『冊府元亀』巻六一二も神竜元年とする。

(15) 『唐六典』巻之六には「皇朝之令、武徳中、裴寂等与律同時撰、至貞観初、又令房玄齢等刊定、麟徳中源直心、儀鳳中劉仁軌、垂拱初裴居道、神竜初蘇瓌（意改）、大極初岑羲（意改）、開元初姚元崇、四年宋璟並刊定、」とあり、神竜初、蘇瓌によって令も刊定されたことが見えている。ただし、同上書は、神竜初に蘇瓌らが格を刪定したとの記事を載せず、このときの令の刊定については、なお考えるべき問題があるように思われる。

(16) 内藤氏注（9）論考、全集本第九巻一九一〜九二頁。

(17) 尚書省のなかに含まれる吏部、戸部、礼部、兵部、刑部、工部の六部。『周礼』の六官（天官、地官、春官、夏官、秋官、冬官）

に由来する。六官は各、治典、教典、礼典、政典、刑典、事典の六典のなかの一典を掌った。なお、開元二十六年に撰上された『唐六典』の名は、周礼六官にならって理典、教典、礼典、政典、刑典、事典の六典に法令を分類編集する計画であったことに基づくものである（浅井虎夫氏『支那ニ於ケル法典編纂ノ沿革』一九二〜二〇四頁参照）。

(18)　宋の欧陽修の編んだ『唐書』巻五八芸文志の貞観格一八巻、同留司格一巻の項には「格七百条、以尚書省曹為目、其常務留本司者、著為留司格」とあり、また永徽散頒天下格七巻、同留本司行格一八巻の項には「分格為二部、以曹司常務為行格、天下所共為散頒格、永徽三年上、至竜朔二年、（中略）復刪定、唯改官曹局名而巳、題行格曰留本司行格中本、散頒格曰天下散行格中本」とあって、留司格はまた行格とも呼ばれたことがわかる。

(19)　平安時代の初期に編纂された弘仁格一〇巻、貞観格一二巻、延喜格一二巻を総称して三代格という。現存するのは弘仁格の全部の目録を抄出した『弘仁格抄』のみである（瀧川政次郎氏「九条家弘仁格抄の研究」『律令格式の研究』法制史論叢第一冊参照）。ただし、三代の格の内容は『類聚三代格』によって知ることができる。三代格の一巻より一〇巻までの構成は共通するが、貞観格と延喜格には末尾に各臨時格上下二巻が附されている。貞観格序には「准開元留司格、号貞観臨時格」とあり、また上延喜式表にも「因脩永徽開元沿革、勒成二部、名曰延喜格式」と見え、その編纂に際して唐格の構成が参照されている。なお、『類聚三代格』については『国史大系書目解題』上巻参照。

(20)　本条は、注（6）所引（後者）文献 Legal Texts（A）の録文による。上部に附したアラビア数字は同上書による行数である。なお、同上書の CONTENTS（目次）では本格の年代を A. D. 705 or 706 としているが、Legal Texts (B) の CONTENTS などでは706 A.D. と断定している。これは前者が昭和五五年の刊行、後者が昭和五三年の出版であるので、前者を編者の見解と理解することにする。『唐会要』巻三九、『唐書』巻五六刑法志、『唐書』巻五八芸文志、『旧唐書』巻五〇刑法志、『通典』巻一六五などは、本格の撰上を神竜元年としており、この年次はほぼ誤りないものと考えられる。また本格残巻（スタイン文献 b）については、唐長孺氏注（9）論文参照。

（21） Legal Texts（A）の録文では「若長官無聴、」となっているが、私に句読を改めた。

（22） 隋の文帝は開皇三年、郡をやめて、県を以て州に直接つけ、州県の二級制とした。煬帝のときには州を郡と改名したが、唐になって隋初の州県の二級制を襲った。玄宗の天宝元年、州を郡と改めたが、粛宗の至徳元年旧に復した。

（23） 百姓は、百官・百工・百司・百僚などとともにもろもろのつかさ、あるいは多くの役人の意味にも用いられるが、ここでは百霊などと同じく多くのたみくさ、人民の意味と考えられる。唐名例律犯流応配条疏議には「課役同百姓」とあり、廏庫律官物応入私条疏議には「官人及百姓」と見え、賊盗律造畜蠱毒条疏議に「里正之等、親管百姓」とあって、法条においては百姓は一般人民の意に用いられた可能性が強い。

（24） 百姓が所部を害せんと欲することに関しては、唐賊盗律謀殺府主等官条に「諸謀殺制史若本属府主刺史県令、（中略）者、流二千里、（注略）已傷者絞、已殺者、皆斬、」とあり、百姓が所部を殴った場合の規定は、唐闘訟律殴制使府主県令条に「諸殴制使本属府主刺史県令、（中略）徒三年、傷者、流二千里、折傷者絞、折傷、謂折歯以上、（中略）死者斬、詈者、各減殴罪三等、」と見える。すなわち、律の規定によると、一般人が州・県の長官を殺さんと謀った場合には流二千里、殴った場合には徒三年である。ところが神竜散頒刑部格によると、以前から已に以上二つの場合について斬決となっていた。これは神竜以前の格で、律の条文と異なる規定を設けていたのであろう。

（25） 神竜散頒刑部格の新しい規定は、それまでの斬決を改めて杖一百を先決し、身を禁じて奏聞するという部分と考えられる。なお、原文には「杖」の字が見えないが、本格第一・八・九・一〇・一一・一二・一三・一七条には「先決杖一百」、第三・一四条には「先決杖六十」と見え、さらに『宋刑統』巻二一に収められた唐刑部格（開元二十五年度のものか。仁井田陞氏『唐令拾遺』七六頁に「宋刑統は開元二十五年律疏を主体として、之に開元二十五年令格式等を附載したもの」と見える）に「州県職、在監臨百姓尤

（付） 敦煌発見神竜散頒刑部格と令集解

資礼奉、其有謀殺及毆幷咆悖凌忽者、先決杖壱陌、若殺皆斬、不在赦原之限、」とあって、「先決杖一百」の意であることは明瞭である。『宋刑統』所載の格は神竜度のものとはその内容に差異がある。ただし、「先決杖一百」に関しては神竜度の規定を踏襲したものと思われる。

(26)　官品九品以上の流内官を意味すると考えられる。

(27)　班位・班行・班次・班爵・班序・班品・班列などと同様に、官品（官のくらい）を意味したのであろう。「官品」「官位」については、時野谷滋氏「日唐令に於ける官と位」（『芸林』四―五・六、昭和二八年、後に『律令封禄制度史の研究』所収）、宮崎市定氏「日本の官位令と唐の官品令」（『東方学報』一八、昭和三四年）、井上光貞氏「序論にかえて――カバネ・位階・官職――」（『東アジア世界における日本古代史講座六　日本律令国家と東アジア』、昭和五七年）など参照。

(28)　父祖のおかげで官に補せられた人。蔭補（資蔭）による出身者のこと。牧英正氏は「通常資蔭とは貴官にある者の子孫が出身に際して享有する特典を称する。しかし蔭は出身に於ける蔭補にとどまらない。もっともこれが重要なものではあったが、同様の子孫が課役を免ぜられ、或いは律による刑を軽減されることもやはり蔭と観念せられていた。」と述べられている（「資蔭考」『大阪市立大学法学雑誌』二―一、昭和三〇年）。

(29)　一般に九品以上の官は、流罪以下の犯罪を犯した場合に、官当法または贖の規定が適用され、実刑を科せられることがない。ただ、断獄律断罪応決配而収贖条には「即品官任流外及雑任、於本司及監臨、犯杖罪以下、依決罰例」とあり、品官が流外官または雑任に任ぜられ、本司または監臨するところにおいて杖罪以下の犯罪を犯した場合には、官当・収贖が許されず、実刑が科せられた。本格の規定もこの断獄律との関連を考慮しなければならない。この格が断獄律と異なる点の一つは、科刑の上限を杖六〇としたことであろう。

(30)　官司には、長官・通判官・判官・主典の四等官があった。この場合「致敬すべき」とあるから、通判官は五品以上でなければならない。

(31) 雍は雍州であり、唐都長安のこと。また京兆府とも呼ばれた。洛は東都洛陽である。唐名例律統摂案験為監臨条疏議に「議、於部内寄住、及権居止興販等、有文簿名暦、在州県者、即為監臨」とある。長安・洛陽にかりずまいする者も同様の取り扱いをうけたものと考えられる。

(32) 清く貴い官をいう。注(6)所引 Legal Texts (A) には、職官表(唐天宝)が載せられているが、そこには朱筆で「官品令文武官共卅階、朱点者是清官、」と見え、清宮の官名の上に朱点が附されている。それによると清官は、太師(正一品)以下大理評事(従八品下)に至る九六にのぼる。

(33) 『本朝書籍目録』に「令集解三十巻直本撰」と見えるから、本書はもと三〇巻より成っていたと思われる。現存するのは喪葬令第四〇までの三五巻で、軍防令・倉庫令・医疾令・捕亡令・獄令・雑令の諸巻は欠けている。現存本『令集解』の本来の巻構成は五〇巻程度のものであったと考えられる。撰者は平安初期の明法博士惟宗直本である。その撰述の年代は、清和天皇の貞観中と推定されている。本書については瀧川政次郎氏の『定本令集解釈義』解題(昭和六年、昭和五七年『令集解釈義』と解題して再刊)を参照。同氏は再刊本の序ならびに解題(一四頁)において、『令集解』所引の唐の法令書・法律雑書が中国法制史の貴重史料であることに言及しておられる。なお、同氏『支那法制史研究』(昭和一五年、昭和五四年『中国法制史研究』と改題して再刊)所収「令集解に見える唐の法律史料」、および利光三津夫氏『律令及び令制の研究』(昭和三四年)第五章「わが国に舶載された唐律の注釈書」も参照。

(34) 新訂増補国史大系本『令集解』七二五〜三〇頁。

(35) 『古記』の成立は天平十年ごろとされている。日本律令の注釈書については、日本思想大系本『律令』所収の解説(井上光貞氏「日本律令の成立とその注釈書」)参照。

(付) 敦煌発見神竜散頒刑部格と令集解

（36）『令集解』所引の刑部格を垂拱刑部格と考えることに関しては、瀧川氏注（33）著書（前者六四六頁頭注、後者一〇六〜〇八頁）、同氏『律令の研究』（昭和六年、一一四〜一五頁、一四四〜四五頁）、同氏注（19）著書一八八頁など参照。

（37）右大臣清原夏野らによって奏進された養老令の官撰注釈書。一〇巻あり天長十年の成立。いま巻八の倉庫・医疾の二令を欠く。本書の解釈は令本文と同様の法的効力を有した。

（38）新訂増補国史大系本『令義解』二一一頁。

（39）以下、垂拱刑部格を（垂）、養老令を（養）、神竜散頒刑部格を（神）と各略称する。なお、（垂）本条は、（神）と対応することからして、散頒格であったと考えられる。

（40）仁井田氏注（25）著書三〇〇〜〇二頁。

（41）（垂）が武后の意図を反映したものとすると、武后の政治は、民衆に厳しく、官僚ことに蔭人に甘かったか。（神）が中宗の方針を示すものと解すると、中宗は民衆に寛容であり、官僚に対して厳格な規律を要求したか。そこには武后の周にかわった唐の再建政策が見られるごとくである。

（42）外山軍治氏『則天武后』（昭和四一年）七三〜七五頁参照。

（43）注（27）諸氏論考、ならびに注（35）所引本五〇一〜〇六頁参照。なお、職事官・散官・勲官などについては、『訳註日本律令』五唐律疏議訳註篇一（滋賀秀三氏訳註担当、昭和五四年）六五〜六六頁、ならびに注（6）Legal Texts（A）所載の職官表（唐天宝）参照。

（44）曽我部静雄氏『律令を中心とした日中関係史の研究』（昭和四三年）二二七〜三一頁参照。

（45）曽我部氏注（44）著書二二一〜二七頁参照。

（46）注（45）に同じ。また那波利貞氏「正史に記載せられたる大唐天宝時代の戸数と口数との関係に就きて」（『歴史と地理』三三に連載)、『スタイン既紹介西域出土漢文文献目録初稿』Ⅰ(昭和三九年)など参照。

(47) 滋賀氏は注(43)所引本(六六頁)において、勲官は「刑法上においてはやはり官品としての価値をもつ。」と述べておられる。名例律以官当徒条疏によると、勲官は徒罪以上の場合に刑事法上の特典を有したのであるが、本格においては非違があった場合上柱国以下の全ての勲官が決杖の対象になっている。

(48) 注(45)に同じ。同上書二三四頁注参照。

(49) ㊊に「並聴」の二字があるのは、「幷蔭人」の語句が存在するからであろうか。

(50) 『訳註日本律令』三、律本文篇下巻参照。ただし、養老律・大宝律同条は逸文である。

(51) 滋賀氏注(43)所引本八二頁参照。有蔭者も勲官と同じ扱いであった。

(52) 利光三津夫氏は、その理由を養老律編者の寛刑主義に求めておられる。同氏『続律令制とその周辺』(昭和四八年)五四～五九頁参照。

(53) 大宝令同条に「量情決笞」とあったことは、『令集解』同条『古記』説にそう見えることによって明らかである。

(54) 仁井田陞氏は「唐軍防令と烽燧制度」(『法制史研究』四、昭和二九年)において、「儀制令前掲条には、長官が『宣聴量情決笞』とあるだけで、杖笞の数が定めてない。唐令でもまたそれは同様であったろう。垂拱格はそこでこの規定を補足するための比例を定めて『不得過六十』と制限したものである(これが科格の作用である)。それで集解或説はこの比例を引いて我が令の解釈に特に引用したのである。」と述べられている。

(55) 唐代における法典編纂については、浅井氏注(17)著書一三八～二一三頁参照。

(56) 日本の律令法典編纂については、瀧川政次郎氏『律令の研究』参照。格式法の編纂は平安時代に入ってからである。また注(19)参照。

(付) 敦煌発見神竜散頒刑部格と令集解

(57)　注(56)に同じ。

(58)　『日本国見在書目録』(『続群書類従』巻八八四、雑部二)刑法家参照。なお、同書は、平安時代の寛平三年ごろ、藤原佐世が勅命によって撰したと伝えられる日本最古の漢籍目録である。『旧唐書』経籍志より四十余年前の成立である。また本書に関しては、江戸時代の考証学者狩谷棭齋の『日本現在書目証注稿』が存在する。

(59)　慶雲四年威名大村金銅蔵骨器墓誌銘に「以大宝元年、律令初定」とあり、『藤氏家伝』下巻(武智麻呂伝)に「大宝元年已前為法外、已後為法内、」と見えることなどによって、大宝律令が極めて重視されていたことがわかる。

(60)　瀧川氏注(56)著書二一五～二四頁参照。

(61)　仁井田氏注(25)著書一六～一七、二七、九三、四八九～九二の各頁参照。

(62)　浅井氏注(17)著書一七七～八〇頁参照。

補論　遣唐使の研究

第一節　遣唐使に関する一考察

はじめに

日本と中国の文化的な交流の歴史は古い。そして、日本は中国の優れた文物を積極的に継受し続けてきたといって過言ではないであろう。筆者が関心を深く抱いているのは、日本と中国の法律や制度の歴史、そしてその交流である。特に律令法が如何にして中国で発達し、それが日本にどのようにして受容されたかという点である。中国に発達した律令法が極めてよく整ったもので、帝政中国の中央集権国家を支え続けたことは、よく知られるところである。

それでは律令法が日本に受容される時期はいつか。巨視的に見るならば、律令法の受容は西暦でいえば七世紀を通じてなされたと考えるのが妥当と思われる。すなわち、聖徳太子の時代に冠位十二階と十七条憲法を整えた上で、遣隋使を派遣して本格的な中国の律令法の摂取を開始し、約一世紀を経て大宝年代に大宝律令の完成を見てようやく本格的な律令法の体系が整備されたと見てよい。そして大宝度の遣唐使では、中国に習って完成した日本律令法が当時の世界帝国である唐に齎されたと考えられる。(1) この日本における法典編纂は当時の唐の朝廷で高く評価されたと思われる。日本の呼称が、それまでの倭国から日本と改まるのは、『旧唐書』の記載からである。この事実は、日本が律令法を施行して、その事実を遣唐使をして唐の朝廷に知らしめたことと関係があるのではないか、と筆者は密かに推測している。

本節では、律令法が如何にして日本に受容されたのかという観点を中心として、遣唐使（遣隋使を含む）派遣の意義やその法制的側面について考察した。[2]

一　遣唐使発遣以前の日本と中国

本項では、まず遣隋使や遣唐使が発遣される以前の日本と中国との国交について概観しておきたい。史書に日中間の国交についての記載が見えるのは、『漢書』地理志燕地条あたりからである。同条には「楽浪海中有倭人、分為百余国、以歳時来献見云、」と見える。『漢書』は後漢の歴史家班固が父の遺志を嗣いで著したもので、その成立は西暦八二年ごろといわれる。秦・漢の統一国家の出現は、それまでの春秋戦国の乱世にあってはそれほど注意を払わずに済んでいた日本の小国家群にとって、無視しえない重大な影響を及ぼしたと考えられる。それは、その命脈の短かった秦の時代はさておき、漢代になるとその統治が朝鮮半島にまで及び、漢の武帝は紀元前一〇八年楽浪郡などの四郡を設置した。日本の百余の小国家郡が漢に遣使したのは、この朝鮮半島に漢の統治が及んだことに対して敏感に反応したものと考えねばならない。

次に日本に関する記事が見えるのは、『後漢書』[3]倭伝である。同書には「建武中元二年、倭奴国奉貢朝賀、使人自称大夫、倭国之極南界也、光武賜以印綬、」とある。また同書の光武帝紀にも「建武中元二年春正月、倭奴国主、遣使奉献、」と見える。倭伝と光武帝紀の双方に記事が存在することは、重視しなければならない。その遣使の信憑性は高いと思われる。建武中元二年は西暦五七年で、光武帝統治下の後漢に、九州方面の国と考えられる倭奴国が使節を派遣し、印綬を賜っている。これは統一国家ではないが、日本から中国への遣使で年代の明確である最古の記事であろう。王莽の新を倒して再興された漢王朝が後漢であるが、その再興をなした光武帝の末年に遣使が行われているのである。あるいは、前年二月に光武帝は東巡して泰山に封禅している。これはその天下統一が一応の完成を見たことを天に報告する儀式であるから、それを祝っての遣使であるかとも思われる。倭伝に見える「印綬」の内の〝印〟が、江戸時代後期の天明年間に九州の志賀島で発見された「漢委奴国王」の印文を持つ金印である。発見以来、後世の偽作説が幾度も現れたが、近年に中国で志賀島の金印と時代や種類を同じくする金印がいくつも発見されたことから、今日では真印説を採用するのが普通である。

三世紀には、有名な邪馬台国の女王卑弥呼の遣使がある。『魏志』倭人伝には、次の記事がある。

倭人在帯方東南大海之中、依山島為国邑、旧百余国、漢時有朝見者、今使訳所通三十国、……景初二〈三〉年(二三九)六月、倭女王、遣大夫難升米等詣郡、求詣天子朝献、太守劉夏、遣吏、将送詣京都、其年十二月、詔書報倭女王曰、制詔親魏倭王卑弥呼、帯方太守劉夏、遣使送汝大夫難升米・次使都市牛利、奉汝所献男生口四人・女生口六人・班布二匹二丈以到、汝所在踰遠、乃遣使貢献、是汝之忠孝、我甚哀汝、今以汝為親魏倭王、仮金印紫綬、装封付帯方太守仮授、

右に掲げた記事中に「今使訳所通三十国」とある。漢の時代に朝見した国が百余国であったのに対し、三国魏の時代にその数が減じているのは、国家の統合が進んだことを示すのであろう。そして、卑弥呼からの使節が派遣された景初三年(二三九)は、魏が楽浪・帯方の二郡をその支配下に置いた景初二年の翌年に当たる。(4) この事実は、邪馬台国が朝鮮半島の情勢に重大な関心を抱いていたことを意味するであろう。ただ、倭人伝の記事に「詔書」とあり、そ

の女王への詔書の冒頭に「制詔」とあることからも分かるように、対等の外交関係というわけではない。(5)対等の関係でないことは、記事中に「汝之忠孝、我甚哀汝、」などとあることによっても明瞭であろう。

四世紀は、日中の国交についていうならば、謎の世紀である。この世紀は、大和朝廷が西日本を統一していく時期に相当している。海の正倉院といわれる沖の島の祭祀遺跡の調査などから、大和朝廷の力が九州方面にまで及んでいたことが明らかになりつつある。また朝鮮半島では、西暦三一三年ごろに楽浪・帯方二郡は朝鮮半島から除かれ、四百年余の中国による半島支配が終結している。その後、半島は高句麗・百済・新羅の三国鼎立時代を迎える。西暦三七一年、高句麗の故国原王が平壌附近において百済との戦いに破れて戦死した。その翌年から四世紀後半を通じて、高句麗は国家機構の整備に力を尽くし、大学の設立・律令の頒布・国社の建立や宗廟を修めたりしたといわれている。(6)西暦四世紀末、広開土王が立つと、高句麗は版図の拡大に乗り出した。高句麗と百済や日本との抗争の様子は、輯安の東郊に立つ高句麗好太王碑の銘文によって窺われる。碑は角礫凝灰岩の不正四角形で、高さは六・二メートル、全碑文は約一八〇〇字で構成されている。(7)次にその碑銘の一部を掲げる。

十七世孫国岡上広開土境平安好太王、……以甲寅年（四一四）九月廿九日乙酉、遷就山陵、於是立碑、銘記勲績、以示後世焉。其詞曰、……百残・新羅、旧是属民、由来朝貢、而倭以辛卯年（三九一）来渡海、破百残□□新羅、以為臣民。

碑文は三段よりなるとされ、第三節には「守墓人烟戸」について記す。この第三節の規定は重要であると思われるが、ここでは触れないことにする。右に掲げた部分のみを見ても、辛卯年（三九一）、すなわち四世紀末ごろより倭＝

日本が朝鮮半島に兵を出していたことが明瞭に窺われる。しかし、第二節の構成を見ると、倭の出兵は事実であると考えられるが、最終的に倭は撃破されるのであり、好太王の勝利が誇らかに記されているのである。[8] 四世紀は大和朝廷にとって西日本の統一と半島への出兵という、いわば戦争の世紀であった。半島への出兵は五世紀初頭にまで及んでいるが、成功しているとはいえない状況であった。

五世紀になると、日本は中国の南朝との国交を開始する。これは半島での状況を外交でもって有利に導かんとする意図から出たものと思われる。次に大和の王と考えられる倭王武[9]が中国南朝の宋に送った上表文をその前後の記事とともに次に掲げる。

興死弟武立、自称使持節都督倭・百済・新羅・任那・加羅・秦韓・慕韓七国諸軍事・安東大将軍・倭国王。順帝昇明二年（四七八）遣使上表曰、「封国偏遠、作藩于外、自昔祖禰、躬擐甲冑、跋渉山川、不遑寧処、東征毛人、五十五国、西服衆夷、六十六国、渡平海北、九十五国、王道融泰、廓土遐畿、累葉朝宗、不愆于歳、臣雖下愚、忝胤先緒、駆率所統、帰宗天極、……窃自仮開府儀同三司、其余咸仮授、以勧忠節」。詔除武使持節都督倭・新羅・任那・加羅・秦韓・慕韓六国諸軍事・安東大将軍・倭王。

右に掲げた記事は『宋書』倭国伝に見えるものである。武王が上表文においてその祖先および自らの国土開拓の業績を述べ、除正を求めたときの自称は、右に見るごとく「使持節都督倭・百済・新羅・任那・加羅・秦韓・慕韓七国諸軍事・安東大将軍・倭国王」であった。しかし、南朝の宋より武王が除された称号は「使持節都督倭・新羅・任那・加羅・秦韓・慕韓六国諸軍事・安東大将軍・倭王。」である。この二つを比較すると、百済が後者に無いこと、したがって七国が六国と改められていること、倭国王が倭王とされていることが異なっている。百済に対する軍事権を行使する権限を認めないのは、百済がすでに宋に朝貢していることから来る結果である。また武王が授与された安東大将軍の将軍号も、宋朝における序列は、当時までに高句麗王や百済王が授与されていた征東大将軍・鎮東大将軍に比して下位に位置づけられるものであった(10)。

倭の五王の時代は、朝鮮半島での軍事的困難を、南朝宋に遣使朝貢するという外交努力によって打開しようと試みた時期であったと位置づけることができる。しかし、その外交態度は、倭王武の上表文に明瞭に見てとれるように、朝貢を基本とするものであった。上表文の文章は見事な漢文であり、その格調も高いと評価せねばならない。しかし、その文中に「臣」や「帰宗天極」という語句などがあることからして、宋朝に臣従する態度を表明するものであることは、疑えないところである。

二　遣唐使の意義

三五〇年以上にわたる魏晋南北朝の対立の時代に終止符を打ち、中国を再び統一したのは隋である。隋は、開皇元年（五八一）に建国されたが、南朝の陳を滅ぼして全土の統一を果たしたのは開皇九年（五八九）である。開皇元年に高句麗と百済は使を隋に送り、封冊を受けている。また同四年にも遣使している。開皇九年には、百済が隋の国土統一を賀する使を送っている。このように、隋の中国統一は東アジアの国際情勢に重大な影響をもたらしたといってよいであろう。このような国際環境の下で、日本では西暦五九二年に推古天皇が即位する。翌年の推古天皇元年（五九三）には聖徳太子が皇太子となり、〝政〟を〝録摂〟した。いわゆる「摂政」である。しかし、その内容は後世藤原氏が就いた職としての摂政というようなものではない。皇太子が群臣の上に立ち天皇の政治を補佐する体制が、この時代に整ったと考えられる。(11)

聖徳太子は推古天皇の下で、新しい政治制度を創設していく。推古天皇十一年（六〇三）には、十二階の冠位を制定する。その記事は『日本書紀』推古天皇十一年十二月戊辰朔壬申条に次のように見えている。

始行冠位。大徳・小徳・大仁・小仁・大礼・小礼・大信・小信・大義・小義・大智・小智、幷十二階。

そしてこの冠位の創設を受けて、翌年の元日には、これを諸臣に賜るのである。(12)また推古天皇十二年（六〇四）の四月には憲法十七条が成立している。その記事は『日本書紀』推古天皇十二年夏四月丙寅朔戊辰条に次のごとく見える。

皇太子親肇作憲法十七条。一曰、以和為貴、……二曰、篤敬三宝、……三曰、承詔必謹、……

これは一般に聖徳太子の十七条憲法として知られる。西洋から学んだ近代憲法の概念《国家の根本法典》に合致しないので、法ではなく為政者層への訓戒あるいは訓示といったものとする考え方もあるが、ここでは、当時の人々の意識を探っておくことにする。平安時代の弘仁十一年（八二〇）に制定された『弘仁格式』は序が附されている。その序では我が国の法令制定の沿革を述べている部分があり、そこに「上宮太子親作憲法十七箇条」と見え、また「国家制法自茲始焉」と記されているのである。このことは、平安時代の朝廷の公式見解として、聖徳太子の憲法十七条は明瞭に法令とされていたのであり、当時の人々もそのように考えていたと見てよいであろう。この平安時代人の意識は、奈良時代、さらに飛鳥時代にまで遡らせてよいと思われる。

冠位十二階と憲法十七条により、国家の法制度の基本方針を示した聖徳太子は、この基礎の上に遣隋使の派遣を決定する。遣隋使を中心に考えれば、冠位と憲法の制定をすることによって、使節派遣の条件が整ったということも出来る。外交使節はいつの時代でも、その本国での地位に応じた待遇をされることが通例であるからである。当時といえども無位無官の身で使節に赴くことは現実的ではないからである。ここで考えねばならないのは、『隋書』倭国伝に見える開皇二十年（六〇〇）の倭王の遣使記事である。その記事を次に掲げる。

開皇二十年、倭王姓阿毎、字多利思比孤、号阿輩雞弥、遣使詣闕。上令所司訪其風俗、使者言、倭王以天為兄、以日為弟、天未明時、出聴政跏趺坐、日出便停理務、云委我弟。高祖曰、此第無義理、於是訓令改之。王妻号雞弥、後宮有女六七百人、名太子為利歌弥多弗利、無城郭。

この記事は難解であり、様々な解釈がなされてきている。ここに見える倭王（阿毎多利思比孤）が大和朝廷の王であるとするならば、はたして誰であったのか。倭王の使節が闕すなわち隋の都長安に至り、当時の皇帝である文帝に見えていることは疑いない。しかし、その使節の述べる風俗は、当時の大和朝廷の様子であるとするならば、いささか不思議である。利歌弥多弗利と称された太子はいったい誰なのであるか。この遣使が大和朝廷からのものであるとするならば、当然倭王は推古天皇、太子は聖徳太子ということになる。いずれにしても不思議な記事といわねばならない。そしてまたこの遣使のことは、『日本書紀』などの日本側の記録には一切見えないのである。もし、この遣使が大和朝廷によるものであったとするならば、その使節は然るべき位階を帯びておらず、その隋の朝廷における待遇も、日本の使者としてふさわしくなかった可能性がある。(13)

開皇二十年の後に遣隋使が派遣されるのは、推古天皇十五年（六〇七）、煬帝の大業三年のことである。この遣使のことは日中双方の歴史書に明記されており、事実として疑うことは出来ない。その派遣の時期も、隋の文帝の高句麗遠征のあとを受けて、煬帝が第一回の高句麗征討を実行に移す大業七年（六一一）の四年前という、恐らく征討準備に追われていたであろう、実に適切なときであった。(14)

『日本書紀』推古天皇十五年秋七月戊申朔庚戌には、次のごとく見えている。

大礼小野臣妹子遣於大唐。以鞍作福利為通事。

また、『隋書』倭国伝、大業三年条には、左のような記事がある。

其王多利思比孤、遣使朝貢。使者曰、聞、海西菩薩天子、重興仏法。故遣朝拝、兼沙門数十人、来学仏法。其国書曰、日出処天子、致書日没処天子、無恙、云云。帝、覧之不悦、謂鴻臚卿曰、蛮夷書、有無礼者、勿復以聞。

この日中双方の記録に見える遣使については、それまでの日中間の国交とは異なる、極めて重要な変化が窺われるのである。それは、それまでの朝貢関係を根底から覆すような、対等外交の展開である。使節派遣の目的は、『隋書』にも明記されるように、仏教の興隆に尽くす煬帝統治下の隋朝に使節を派遣し、同時に学僧に仏法を学ばせることにあった。(15)『隋書』はその正史としての記載方法に従って蛮夷の国から朝貢してきたと記すが、日本からの国書には「日出処天子、致書日没処天子、無恙、云云。」とあったのである。この国書の冒頭の記載を見て、当時の皇帝煬帝は悦ばなかったのであり、今日の外務大臣に相当する鴻臚卿に「蛮夷の書、無礼なる者あり、また以て聞するなかれ。」と謂ったと見えている。煬帝は国書の本文にではなく、その書き出しの部分をいぶかしく思ったのであろう。それは、中華思想を前提とする外交方針に沿わないものであったからである。[16]

日本が対等外交を決意してこの国書を記したことは、その国書の書式を検討することによって明らかである。まずその書き出しの部分である。そこには、「日出処天子、致書日没処天子」とあるが、その「天子」が問題である。「日出処」と「日没処」が問題であるとする説もあるが、[17]そのことよりも、日本と隋の双方の為政者をともに同列に「天子」と称したことこそ、問題とされたと考えねばならない。また「致書」の書式は、対等な者同士の間でも用いられる文言であるとされる。[18]

また「無恙」の語句は、『楚辞』九辯に「頼皇天之厚徳兮、還及君之無恙。」と見え、『風俗通』、『爾雅』註、『漢書』萬石君伝などにもある。[19]この「お元気ですか」と問いかける言葉はやや古い表現であるとされ、漢代あたりに用いられ、その後はあまり用いられることがなかった。[20]しかし当時としては古い、その「無恙」という表現が用いられているところに、この国書を作成した日本側の様子が偲ばれるのではないか。高句麗から来日し、聖徳太子の師となった慧慈法師やその関係者がこの国書作成の背後にあるという可能性も考えておいてよいであろう。[21]ただし、国書の主体はあくまで大和朝廷の推古天皇、そして摂政としての聖徳太子であったことは勿論であろう。

煬帝は鴻臚卿に「蛮夷書、有無礼者、勿復以聞。」といいながら、翌年の大業四年（六〇八）に答礼使として裴世清を倭国に派遣する。[22]世清の官職は秘書省文林郎（従八品）、鴻臚寺掌客（正九品）である。[23]無礼にもかかわらず、煬帝が答礼使を派遣した事情について、『経籍後伝記』は「猶怪其意気高遠、」んだからとする。高官というほどではないが、中央の官人が勅使として派遣されていることは、注目に価する。

『日本書紀』推古天皇十六年（六〇八）八月壬子条には、裴世清らが国書を進めたことが述べられている。その記事の一部を次に掲げる。

大唐之国信物置於庭中。時使主裴世清親持書、両度再拝、言上使旨而立之。其書曰、皇帝問倭皇。……

ここに「大唐」とあるのは、「隋」のことである。『日本書紀』はその完成時に唐に齎すことを前提に編纂されたために、本来「隋」とあるべきところを「大唐」と書くのが通例である。国書の冒頭にある「倭皇」は、『善隣国宝記』所引の『経籍後伝記』などにより「倭王」と改められるべきであろう。[24] すなわち、隋の「皇帝」が倭の「王」に対して述べるという形式であり、天子対天子という完全な対等関係を意味しない。また記事中に「両度再拝」とあることも、注意される。それは、隋使らが日本風のやりかたで敬意を表したことを意味するからである。これは、日本に対して礼を尽くしたものと考えられる。さらに、右に引用した冒頭に「大唐之国信物」とあるが、この「国信」とは、一国の使者が相手国に信奉する最も重要な贈物であり、対等な国家間における国交関係において行われるものとされる。[25]『日本書紀』の記事中にその国信の用語が用いられているのは、書紀編纂の原史料にその用語が存在したか、または書紀編者がそれを意識的に使用したと考えられ、その唐使節に対する日本の対等意識を強く主張するものであろう。

『日本書紀』推古天皇十六年（六〇八）九月辛未朔辛巳条には、

唐客裴世清罷帰。則復以小野妹子臣為大使。……福利為通事。副于唐客而遣之。爰天皇聘唐帝。其辞曰、東天皇敬白西皇帝。……是時、遣於唐国学生倭漢直福因・奈羅訳語恵明・高向漢人玄理・新漢人大圀、学問僧新漢人日文・南淵漢人請安・志賀漢人恵隠・新漢人広斉・并八人也。

とあり、隋使裴世清の帰国にあたり、送使として小野妹子を同行させている。そのときの国書がここに見えているが、その冒頭は「東天皇敬白西皇帝」となっている。この国書の文に潤色があるかないかについては議論がある。(26)国書の文言のなかでは、特に「敬白」という他の国際文書の形式と共通しない独特の用語の存在が問題となる。西嶋氏は「書紀編纂当時の唐に対する国書の形式は、『致書』ではなく、『敬白』形式であったために、遡って推古朝の国書を表記する場合に『敬白』という用語を使用した」と推測している。(27)従うべき見解と思われる。また同氏は「東天皇」「西皇帝」の用語について、書紀編纂者の唐に対する対等意識を強く表現するために採用されたと考えておられる。しかし、それは編纂当時の用法を示すものではないとされる。この点については、さらに検討を要するのではないか。(28)

隋使裴世清の帰国にあたり、日本は小野妹子を送使として派遣したのであるが、同時に遣隋留学生ならびに学問僧八人を同行させている。その氏名は『日本書紀』に見えているが、学生として倭漢直福因・奈羅訳語恵明・高向漢人玄理・新漢人大圀の四人、学問僧として新漢人日文・南淵漢人請安・志賀漢人恵隠・新漢人広斉の四人の名が挙がっている。合計八人の学生・学問僧が勉学のために同行したのである。このことの重要性は、やがて行われる大化改新の際の活躍ではっきりする。(29)

『日本書紀』推古天皇三十一年（六二三）秋七月条には、遣隋留学生・学問僧らが帰朝した記事がある。今、関係部分を次に示すと、

新羅、遣大使奈末智洗爾、任那、遣達率奈末智、並来朝。（中略）是時、大唐学問者僧恵斉・恵光・及医恵日・福

因等、並従智洗爾等来之。於是、恵日等共奏聞曰、留于唐国学者、皆学以成業。応喚。且大唐国者、法式備定之珍国也。常須達。

この記事により、新羅と任那の使節がならび来朝したことと、その使節に従って永年の留学を終えて恵日らが帰国したことがわかる。そしてその隋・唐での留学期間を見ると、福因は推古天皇十六年の入隋であり十五年目の帰朝である。また遣隋使に従って留学した人々の名が見えるのは前掲の『日本書紀』推古天皇十六年条であるが、その他の機会にも留学生が派遣されていることは帰国した人名をみれば容易に理解できる。また、恵日らの奏聞に「留于唐国学者、皆学以成業。応喚。且大唐国者、法式備定之珍国也。常須達。」とあることは重要である。それは、すでに留学した人々の学問が十分に仕上がっていることを伝えるものであるからである。そして、隋・唐の両国はまさに法式が備わった珍しい国であり、常に使節を派遣して交流すべきことを進言したのである。聖徳太子は遣隋使の派遣に当たり、仏教を学ばせることを目的としていることを『隋書』の記事は伝えている。しかし、その目的も重要であったと思われるが、隋のすぐれた法律制度を学び取ることがより大切な目的であったと考えられるのである。そのことを「法式備定之珍国」の語は示していると思われる。『日本書紀』にはこの後も留学生の帰朝の記事が見え、旻は留学二十五年、恵隠は三十二年、請安と玄理はともに三十三年といった長期の留学を終えての帰国であった。いわば、人生の大半を異国での勉学にあてたといってよいであろう。その人々が帰国し、後に大化改新で大いに活躍するのである。(30)

時代が前後するが、『日本書紀』推古天皇二十二年（六一四）六月己卯条には、「遣犬上君御田鍬。矢田部造名闕於大唐。」の記事が見える。御田鍬らは最後の遣隋使として赴き、翌年に百済使を伴って帰国している。(31)『日本書紀』推古天皇二十六年（六一八）秋八月癸酉朔条には、高麗使が方物を貢した記事があり、その使節の言として隋の煬帝が三〇万の兵力で攻めてきたことを伝えている。朝鮮半島は緊張状態にある。この年に隋が滅亡し、唐が興る。そして五年後、先に述べたように恵日らの奏聞が行われるのである。御田鍬は最後の遣隋使であったが、また舒明天皇二年（六三〇）八月五日に、奏聞を受けた形で新しく建国された唐の法式を継受すべく、最初の遣唐使として薬師恵日とともに派遣される。(32) この記事は極めて簡潔なものであるが、初めての遣唐使の派遣を記す重要なものである。すでに唐では高祖の武徳七年（六二四）に、初めての本格的な法典編纂がなされて武徳律令が公布されているのである。遣唐使派遣の根本方針は、唐の優れた文物について学びそして輸入することにあったと思われる。それは、先にも触れたように、「法式備定之珍国」の語に象徴されている。そしてその外交態度は、聖徳太子のそれをしっかりと受け継ぎ、対等外交の方針を堅持したと考えねばならない。そのことを明確に示すのは、太宗が御田鍬の帰国に際して同行させた勅使高表仁が、「王子と礼を争った」という事実である。

『旧唐書』巻一九九上倭国日本伝には、

貞観五年（六三一）、遣使献方物。太宗矜其道遠、勅所司、無令歳貢。又遣新州刺史高表仁、持節往撫之。表仁無綏遠之才、与王子争礼、不宣朝命而還。

と見える。御田鍬らの遣唐使に対して、高宗は歓待した様子が窺われる。そして、その道の遠いことを考慮して歳貢（年ごとに朝貢すること）を免除することを所司に勅している。歳貢の表現は唐朝の外交方針からなされていると判断される。(33) 御田鍬の帰国に際して同行させた高表仁は中央貴族の出身であり、その地位は当時朝鮮半島の諸国に派遣された使者より高い。(34) 太宗の日本への関心の高さが示されているといってよい。しかし、日本ではその使節の使命を果たすことなく帰国したことが、「表仁無綏遠之才、与王子争礼、不宣朝命而還。」と『旧唐書』に明記されているのである。表仁に綏遠之才（遠い地方〈日本を指す〉を安んずる才能）が無かったと思わないが、王子と礼を争ったことと、朝命（皇帝の命令）を宣せずして帰国したのは事実であったと思われる。この王子が誰であるかを、『日本書紀』を始めとする日本側の史料は語らない。『日本書紀』が王子と唐の皇帝の使節である高表仁とが礼を争ったことを記さないのは、前述のように同書が唐朝に示すことをもその目的の一つとして編纂されたことに由るのではないかと思われる。おそらく原史料は存在したが、故意に記載されなかったのではないか。また、『旧唐書』の太宗本紀にも高表仁の日本に使した記事は存在しない。それは、使節の派遣が不成功に終わったことに由来すると考えられるのである。遣使の目的は日本に冊封を加えることであったと思われるが、当時の朝廷はそれを拒絶したと考えられるのである。(35) いずれにしても、『日本書紀』にもその記事が見えず、また『旧唐書』の太宗本紀にも記されない、勅使高表仁が王子と礼を争ったことを『旧唐書』倭国日本伝が伝えることは貴重であり、それは事実であったと思われる。この記事は、当時の朝廷が対等外交の方針を堅持していたことを証するものであろう。

三　遣唐使をめぐる法律と制度

遣唐使派遣の主要な目的が、唐のすぐれた制度・文物の輸入にあったことは疑いがない。その遣使の期間は約二六〇年間、二〇回が計画されたと考えられる。(36) 中には中止されたものや計画のみのものがあり、実際に渡航したのは一六回である。初唐（六一八—七一二）に八回、盛唐（七一三—八〇五）に七回、晩唐（八〇六—九〇六）に一回である。

遣唐使の構成はその派遣時期により異なる。延喜式大蔵省条には、

大使・副使・判官・録事・知乗船事・訳語・請益生・主神・医師・陰陽師・画師・史生・射手・船師・音声長・新羅奄美訳語・卜部・留学生・学問僧・傔従・雑使・音声生・玉生・鍛生・鋳生・細工生・船匠・柂師・傔人・挾杪・水手長・水手

が見えている。船の数は、当初二隻、奈良時代からは四隻構成が基本であった。構成員の総数は、二五〇名程度から五〇〇人以上にもなったが、多くは乗組員であった。(37)

遣唐使の派遣と日本における律令法典の編纂の関係について考えると、天智天皇九年（六七〇）から大宝元年（七〇一）までの三十年余に及ぶ遣唐使の空白期間が不思議に思われるのであるが、それは対外的には白村江の敗戦、国内的には壬申の乱が大きな影響を及ぼしていたと思われる。当時の日本は国内政治に全力を傾注していたのである。そして唐に対抗しうる、律令を中心とする中央集権国家の確立が緊要の課題であった。律令法典編纂の実務的な仕事には、長期間の留学を終えて大化改新ごろまでに帰国した人々が活躍したであろう。それらの人々は隋・唐の法律制度に深い知識を有したに違いないからである。また大化改新後に相次いで派遣された遣唐使によって、唐の最新の法である永徽律令格式や律疏がすでに空白期間以前に齎されていたと思われる。(38)そしてさらに白村江の敗戦後の天智天皇七年（六六八）には、日本と新羅の関係が好転して使節の往来が再開されたので、同国を通じて唐律令に関する最新の知識や運用の方法を学ぶことができたと思われる。(39)

遣唐使の派遣目的が唐の制度や文物の導入にあったことは先に述べた通りであるが、奈良時代に入ると、政治外交上の使命の重要性が増してくる。当時の日本外交は新羅と頻繁な交渉を行っており、唐との交渉を通じて、東アジア社会における日本の地位の確保が要請されていたのである。(40)日本と唐、そして新羅の国際関係は微妙である。日本側で最も基本となるものは律令の規定であり、今その内容にいささか検討を加えることとする。

最初に取り上げなければならないのは公式令詔書式条である。同令は公文の様式などの公事に関する広範な内容を規定するが、令三〇編のなかで最も多い条文数を有し、八九箇条より構成されている。その冒頭に位置するのが詔書式条である。

詔書式

明神御宇日本天皇詔旨云云。咸聞。

明神御宇天皇詔旨云云。咸聞。

明神御大八州天皇詔旨云云。咸聞。

天皇詔旨云云。咸聞。

詔旨云云。咸聞。

年　月　御画日。

(下略)

これが、外交上の公式見解というべきものであり、日本が唐や新羅をどのような存在と見ていたかを知ることができる。[41]

「明神御宇日本天皇詔旨」の本文に対して、公式令集解に引用する『古記』[42]には、「御宇日本天皇詔旨、対隣国及蕃国而詔之辞、問、隣国与蕃国何其別、答、隣国者大唐、蕃国者新羅也、」と見えている。[43]また『令義解』[44]には、「謂、以大事宣於蕃国使之辞、」とある。『令義解』の解釈は令本文と同様の効力を有したから、これは、平安時代の公式見解と見ることができる。ところで、『古記』が隣国は大唐、蕃国は新羅とすることの意味を考えておく必要があろう。蕃は藩と通じて用いられるが、藩国とは諸侯の国すなわち王室の藩屏となる国の意味である。律令の法理からは、蕃国とはすべての外国を称するのであり、当然そのなかには唐をも含むことになる。[45]律令条文のなかで唐に関することを明瞭に規定するのは、賦役令外蕃還条のみである。同条には、

凡以公使外蕃還者、免一年課役、其唐国者、免三年課役、

とある。この「其唐国者、免三年課役、」は『古記』に引用されているが、その注記の記し方からして、この引用部分は大宝令にはなく、養老令において書き加えられた可能性があると指摘されている。[46]もしそうであるとすると、大宝律令には、唐に関する明示的な規定は存在しなかったということになる。大宝令は外蕃のなかに全ての外国を含ませていたことがより明瞭となる。天皇を中心とする中央集権国家の理想からすれば、当然の措置ということであろう。それが養老令では、新羅と同様蕃国であることに変わりはないが、唐だけは隣国として別扱いとしたのであろう。[47]また同条の大宝・養老両令の差異で注目されるのは、結語の文言である。それは、養老令で「咸聞」〈咸（ことごと）

くに聞きたまえ〉とあるのが、大宝令では「聞宣」〈聞きたまえとのる〉となっていたからである。同条本文「云云。咸聞。」に対し、『古記』は「云云。聞宣。五事惣云云」と記す。大宝令は、詔書冒頭の五形式のすべてにかけて、一度のみ「云云。聞宣。」を配していた。[48] いずれにしても律令の法としての性格から命令形式の用語であるが、大宝令の方がよりやわらかい表現といえるのではないだろうか。

なお、外交文書に用いられる用語ということで関連して述べておきたいのは、「隣好」についてである。この語は、『続日本紀』宝亀九年（七七八）十一月乙卯条に見えている。同条は第一六次遣唐使船の帰国を告げるものであるが、唐からの最後の使者となる趙宝英らの一行も同行した。趙宝英は官品が従七品下相当の掖庭令である中央官人の身分を持つ。これは第一回の唐使節であった高表仁以来のことである。趙宝英自身は日本に渡る途中に遭難して死亡したが、その使節の目的は『続日本紀』同条に伝えられている。そこには「差内掖庭令使趙宝英、判官四人賚国土宝貨、随使来朝、以結隣好、」と見え、代宗の意図は日本と「隣好」を結ぶことであった。「隣好」の用語が、当時の日本において対等国もしくは友好国のあいだにおいて限定的に使用されていたことは、次に掲げる『日本紀略』弘仁五年（八一四）五月乙卯条によって明瞭であろう。同条には、「制、新羅王子来朝之日、若有朝献之志者、准渤海之例、但願修隣好者、不用答礼、直令還却、且給還粮、」とある。「渤海之例」とは朝貢関係をいうのであり、「隣好」とは明瞭に異なるのである。[49]

また、外交文書の文言で看過することができないのは、『続日本紀』天平宝字三年（七五九）春正月庚午条に見える渤海よりの使節揚承慶らの奏に「高麗国王大欽茂言、承聞、在於日本照臨八方聖明皇帝、登遐天宮、……」とあり、聖武天皇を「在於日本照臨八方聖明皇帝」と表現していることである。ここに見える「皇帝」の用語は中華帝国を志向する当時の日本としては、歓迎すべきものであった。渤海国王をして聖武天皇を〝皇帝〟と称さしめた日本が、対唐外交において朝貢の態度で終始したとは考えられないのである。対朝鮮半島への外交は必ずや対唐外交に反映され、少なくとも隣好を結ぶことを主張し、対等外交を志向したと考える。

最後に取り上げねばならないのは、延喜式大蔵省式に見える、入諸蕃使と賜蕃客例である。入諸蕃使には、入唐大使・入渤海使・入新羅使に賜う品々が掲げられているが、注目すべきは、唐も渤海や新羅とともに〝諸蕃〟とされていることであろう。また、賜蕃客例には、大唐皇・渤海王・新羅王に〝賜〟う品々が載せられている。これまた、大唐皇の使節はあくまで〝蕃客〟なのである。[50]

ここで東野治之氏によって提唱されている、日本の遣唐使の派遣が二十年一貢制であったとする説に触れておきたい。[51]同氏は、唐天台山国清寺の僧維蠲の書状に「是以、内外経籍、一法於唐、約二十年一来朝貢。」とあることなどにより、「九世紀前半において、日唐間に二十年一貢の約があったことは、ほぼ間違いない事実」であったとされる。また前掲の延喜式賜蕃客例条の規定[52]の制定は、朝貢年期制の成立の影響を受けているとされる。しかし、式条は明瞭にその表題を「賜蕃客例」としているのであり、この表現がそのまま天平まで遡るものでないとしても、朝貢年期制とは直接の関係を有しないと思われる。むしろ神亀五年四月の渤海王へ下賜した璽書（慰労詔書）の文言を想起するならば、天平六年ごろの唐への朝貢は有りえないと思われる。前掲の『旧唐書』倭国日本伝には、「貞観五年（六三一）、遣使献方物。太宗矜其道遠、勅所司、無令歳貢。」とある。そこに見える〝歳貢〟とは文字どおり毎年の朝貢を意味するが、これは中華思想からくる当然の表現である。とにかく、毎年の遣使はする必要がないということであろう。唐人僧の書状に見える文言も、そのような前提で見る必要がある。あるいは、二十年に一度という間隔については、何らかの約定があった可能性はあると思われる。

東野氏は同論考において国書の問題を取り上げ、「上表以外の書式による文書は、特別の理由がない限り回却されるとみるのが妥当」とされ、『宋史』日本伝の次の記事を問題とされる。

天聖四年（一〇二六）十二月、明州言、日本国太宰府、遣人貢方物、而不持本国表。詔却之。

時代が下る例であるが、唐代において、宋代に見るような本国の表を持参しないことによる紛議が正史などに一切表れないのは、日本が朝貢国として上表文形式の国書を送っていたとみればよいと同氏は解釈される。しかし、『宋史』日本伝に見える使節が正式の日本国使である保証もまた無いのではないか。それに、唐代の記録に紛議が表れないのは、それが中華思想にふさわしくないとして記されなかったかも知れないのである。また前述のごとく、唐代には中国側から〝隣好〟を求めたと考えられる時期もあることを考えておく必要がある。さらに第一回の遣唐使犬上御田鍬の帰国とともに来日した高表仁は、日本の王子と礼を争ったのであったが、この外交上における日本の無礼を唐側の史料は記していないことも想起しておかねばならない。国の正史などに記載され、記録として留められるのは、当時の外交方針に従った記事であるということであろう。[53] さらに時代は下るのであるが、室町時代の僧瑞渓周鳳はその著『善隣国宝記』において、外交文書に国王の文字を使用することと臣と称することならびに明の年号を記すことに関し、足利義満の外交態度を批判している。室町時代当時の上流社会の風潮として、義満の対明外交態度が、古来の外交伝統と異なり国辱外交として見られていたことを示すものとされる。[54]室町時代の外交に対する当時の有識者の見方がそのまま奈良・平安時代の外交態度そのものであるとまでは断言できないが、参考にはなるであろう。私は、奈良・平安時代の為政者も、聖徳太子の対等外交の伝統を継承し、独立国としての日本の存立に多大な努力を傾注してきたに相違ないと考えるのである。[55]

右に見てきたように、遣唐使をめぐる法律と制度は、独立国家としての日本を明確に規定していたのであり、中国に臣属することを許容する規定で満たされていたのではないのである。そしてその対唐外交も、聖徳太子以来の対等外交を継承し、その外交方針に背かない範囲で対処することに全力が注がれたと考えねばならない。

おわりに

以上、日本と中国の国交について、その開始以来、遣唐使の時代までを中心に検討を加えた。有史以来日本の外交は、対等外交とは異なるいわば中国を宗主国と仰ぐ外交関係を維持してきた。それが聖徳太子による小野妹子の遣隋使派遣以来、対等外交の展開に努力を重ねることになる。その外交方針を受け継ぎ、犬上御田鍬らによる最初の遣唐使が派遣され、その後もその対等外交の方針は堅持されたといってよい。

（平成八年十一月二十日稿）

注

（1）この点に関しては、石母田正氏『日本古代国家論』第一部（岩波書店、昭和四八年刊）などを参照。

（2）明治以降に発表された日本と中国の交流に関する著書や論文の目録としては、田中健夫氏編『訳注日本史料　善隣国宝記・新訂続善隣国宝記』（集英社、平成七年刊）に附された「文献一覧」が参考になる。

（3）『後漢書』は南朝宋代に范曄の撰になる。その成立年代は明らかではないが、撰者の歿年（四四五）から考えて五世紀前半の成立と考えられる。

（4）このあたりの朝鮮半島の情勢は、『国史大辞典』第五巻の「高句麗」の項目（武田幸男氏執筆）三一九—二一頁を参照。

（5）制とか詔の用語は、秦の始皇帝が制定したものであることは、有名である。その意味は、『史記』の始皇本紀に見えている。それは、丞相らが博士と議して奉ったものを採用したのであるが、制とは命のこと、また詔とは令のことをいう。これらの点に関しては、西嶋定生氏「皇帝支配の成立」（『岩波講座　世界歴史四　東アジア世界の形成　Ⅰ』昭和四五年刊、所収）二一八—二一頁参照。漢代の詔書の形式については、大庭脩氏「漢代詔書の形態について」（『史泉』二六号、昭和三八年）、同氏「史記三王世家について——漢代公文書の様式よりみた研究覚書」（『史泉』二三・二四号、昭和三七年）などを参照。

（6）中華人民共和国吉林県省集安県・鴨緑江中流北岸の通溝。

（7）『国史大辞典』第五巻「好太王碑」の項目（末松保和氏執筆）四二八—二九頁参照。

（8）注（7）に同じ。

（9）一般に雄略天皇と考えられている。

（10）征東・鎮東・安東・平東の順序である。倭王武が鎮東大将軍の将軍号を授与されるのは、南朝斉建元元年（四七九）、また同王が征東将軍となるのは、南朝梁の天監元年（五〇二）である。

(11) 家永三郎氏「飛鳥朝における摂政政治の本質」(『社会経済史学』八巻六号) 参照。
(12) 『日本書紀』推古天皇十二年(六〇四) 春正月戊戌朔条には、「始賜冠位於諸臣、各有差。」と見えている。
(13) 開皇二十年に遣使した倭王を「西のほとり(九州方面)」の勢力と見る説がある。古くは、江戸時代の学者本居宣長が『馭戎慨言』において主張し、近年は坂本太郎氏『聖徳太子』(人物叢書、吉川弘文館、昭和五四年刊) 五八—六三頁に見える。
(14) 李成市氏「高句麗と日隋外交——いわゆる国書問題に関する一試論——」(『思想』七九五号、四三頁) は、「高句麗の外交戦略としての対倭外交が実在したことを指摘し、その上で、日隋外交は、高句麗の《新羅と戦いつつ、隋に備える》という戦略構想に基づき、倭と連繋を深める中で実現したもの」であることを推定している。
(15) 隋朝皇帝の仏教尊信については、唐代に法琳の著した『弁正論』巻三〇代奉仏篇にその様子が記載されている。坂本太郎氏注(13) 前掲書一〇八—〇九頁参照。
(16) 西嶋定生氏は「遣唐使と国書」九五頁注三〇において「『隋書』がこれを『國書』と明記していることから考えると、恐らくその書函に『國書』とあったことも問題とすべきであろう。しかし私はその理由を文中の個々の語句の当否に求めるべきではなくて、煬帝が『蠻夷書有無禮者。』と断じているように、もともと中国と礼において対等たりえない蛮夷の国である倭国が対等の礼式をとったことによるものであると考える。これを対等な国家間の文書としてみれば、この倭国の国書の個々の用語はいずれも礼式に合致しないものではなかったと考えられる」と述べられておられる(茂在寅男・西嶋定生・田中健夫・石井正敏氏『遣唐使研究と史料』東海大学出版会所収、昭和六二年刊)。
(17) 栗原朋信氏『上代日本対外関係の研究』(吉川弘文館、昭和五三年刊) 参照。
(18) 隋代の国書についてはその例が僅少でよくわからないが、金子修一氏は隋代における「致書」文言の国書の例を挙げておられる(「隋唐交代と東アジア」池田温氏編『古代を考える　唐と日本』吉川弘文館、平成四年刊、二八—三三頁)。また坂本氏注(13) 前掲書参照。金子氏の「倭国の国書」に対する評価は、「『天子致書天子』という文言は形式上まったく対等」(同上書、三三頁)であるとする。従うべき見解であろう。唐代の国書の形式については、金子修一氏「唐代の国際文書形式について」(『史学雑誌』八三巻一〇号)、中村裕一氏『唐代制勅研究』(汲古書院、平成三年刊)などを参照。

(19)『漢語大詞典』第七巻一二八頁など参照。

(20)金子氏前掲注(18)論考前者参照。また坂本氏注(13)前掲書一一〇頁参照。『史記』匈奴伝に見える国書にある文言である。

(21)坂元義種氏「推古朝の外交——とくに隋との関係を中心に」(『歴史と人物』一〇〇)、李氏前掲注(14)論考など参照。

(22)『隋書』倭国伝。

(23)池田温氏「裴世清と高表仁」(『日本歴史』二八〇)、『国史大辞典』第一一巻「裴世清」の項目(池田温氏執筆)四六一頁などを参照。

(24)坂本氏注(13)前掲書一二二—一二三頁、田中健夫・石井正敏両氏による「古代日中関係編年史料稿」(注(16)前掲書所収)二六〇頁注一五などを参照。

(25)『漢語大詞典』第三巻六三七頁には「指国家間贈送的礼品」と見える。また西嶋氏注(16)前掲論考など参照。

(26)坂本氏注(13)前掲書一二九頁などでは、潤色はないとする。また、徐先尭氏『二王尺牘與日本書紀所載國書之研究——隋唐期中日関係史之一章——』(台湾、華世出版社、昭和五五年刊)などは、書紀編纂当時の粉飾によるとする。西嶋氏注(16)論考参照。

(27)西嶋氏注(16)論考八一頁参照。

(28)西嶋氏は「東天皇」は「日本主明楽美御徳」であり、「西皇帝」は「大唐皇帝」と記されたと推測しておられるが、はたしてそうであろうか。八世紀の遣唐使についていうならば、国書に記す称号と大宝度の遣唐使が持参したであろう律令との内容の齟齬はいかが理解すればよいのか。今、断案はないが、検討を要する課題である。

(29) 中大兄皇子と中臣鎌足が南淵請安に周孔の教えを学んだことが『日本書紀』皇極天皇三年（六四四）春正月乙亥朔条に見えている。また皇極天皇四年（六四五）六月庚戌条には旻法師と高向玄理を国博士となした記事がある。
(30) 『日本書紀』舒明天皇四年（六三二）秋八月条、同十一年（六三九）秋九月条、同十二年（六四〇）冬十月乙亥条。
(31) 『日本書紀』推古天皇二十三年（六一五）九月条には「犬上御田鍬・矢田部造、至自大唐。百済之使、則従犬上君而来朝。」と見える。
(32) 『日本書紀』舒明天皇二年八月丁酉条。
(33) 二十年一貢の年期制が問題になっているが、この歳貢の免除は検討に価するであろう。
(34) 池田氏注（23）前掲論考参照。
(35) 西嶋定生氏『日本歴史の国際環境』（UP選書二三五、東京大学出版会、昭和六〇年刊）一六五―六六頁参照。
(36) 派遣回数については諸説がある。
　木宮泰彦氏『日華文化交流史』（冨山房、昭和三〇年刊）
　森克己氏『遣唐使』（至文堂、昭和四一年刊）
　山尾幸久氏「遣唐使――律令国家におけるその意義と性質――」（『東アジア世界における日本古代史講座第六巻　日本律令国家と東アジア』学生社、昭和五七年刊）
　東野治之氏「遣唐使と唐・西域文化」（『図説検証　原像日本　④技術と交流　海を越えてきた匠たち』旺文社、昭和六三年）
　石井正敏氏「外交関係――遣唐使を中心に――」（『古代を考える　唐と日本』吉川弘文館、平成四年刊）
　などを参照。
(37) 『国史大辞典』第五巻「遣唐使」の項目（鈴木靖民氏執筆）二〇四―〇七頁などを参照。

(38) 唐の律令法典のなかで、永徽の律令格式は、貞観に次いで律令格式が揃っていることでも注目されるが、ことに律疏が初めて編纂されたことは重要である。唐代の律の基礎は貞観において定まったと考えられているが、永徽の法典編纂の眼目は律疏の撰定にこそあったといってよい。この点に関しては、滋賀秀三氏「訳註唐律疏議(一)」(『国家学会雑誌』七二巻一〇号)三一―三二頁参照。『日本国見在書目録』には、永徽度の法典として「唐永徽律十二巻、疏卅巻、……唐永徽令〈卅カ〉巻、……唐永徽格五巻、……唐永徽式廿巻、」が見えている。

(39) 関晃氏「遣新羅使の文化史的意義」(『山梨大学学芸学部研究報告』六)などを参照。

(40) 鈴木靖民氏は「新羅の『朝貢』を媒体とする宗主・属国関係を唐に認定される必要があった。」とされる。前掲注(37)の項目二〇六頁参照。

(41) 対等外交の方針を貫くために唐への国書を持参しなかったという説が存在する。森氏注(36)前掲書、山田英雄氏「日・唐・羅間の国書について」(伊東信雄教授還暦記念会編『日本考古学、古代史論集』吉川弘文館、昭和四九年刊)所収など。この説に対しては批判がある。西嶋氏は注(16)前掲論考七一頁で「『集解』所引の『古記』や穴説が蕃国のみならず隣国、すなわち唐に対する詔書の形式を問題としているということは、当時唐に対する国書の送付ということが実在したからである。」と述べられた。従うべき見解であろう。

(42) 大宝令の注釈書で天平十年(七三八)ごろの成立とされる。井上光貞氏「日本律令の成立とその注釈書」(日本思想大系三『律令』岩波書店、昭和五一年刊)七八〇―八一頁など参照。

(43) 『古記』が「明神」の二字をその注釈に当たって引用しないが、これは、この二字が大宝令では存在しなかった可能性も考慮しておきたい。なぜならば、『令集解』同条『古記』では、「明神御宇」「明神御大八洲」に対してもこの二字を引用しないからである。あるいは、「明神」の二字は養老令において書き加えられたとも考えられる。西嶋氏注(16)前掲論考七〇―七一頁参照。

(44) 平安時代の天長十年（八三三）に成立した養老令の官撰注釈書。

(45) 平野邦雄氏「記紀律令における〝帰化〟〝外蕃〟の概念とその用例」（『東洋文化』六〇）、同氏『大化前代政治過程の研究』（吉川弘文館、昭和六〇年刊）などを参照。

(46) 森公章氏「古代日本における対唐観の研究」（『弘前大学国史研究』八四）。

(47) 石井氏は注（36）前掲論考九二頁において、「古記の解釈は現実に運用する場合を示したもの」とされる。

(48) 注（42）所引書三六五頁頭注参照。

(49) 『続日本紀』神亀五年（七二八）春正月甲寅条には渤海国使高斉徳らの王書が載せられているが、その結語として「永敦隣好」と見える。渤海は日本に対等の外交関係を期待したごとくである。同年夏四月壬午条には、高斉徳らに託された渤海国王への璽書が見え、その冒頭には「天皇敬問、渤海郡王、省啓具知、恢復旧壌、聿修曩好、朕以嘉之、」とある。この勅書の書式は、延喜式中務省の詔書式条によると、「慰労詔書式（改行）天皇敬問云云、大蕃国云天皇敬問、小蕃国云天皇問、」とある。また内記式の末尾に「凡賜渤海国勅書函、臘上書封字、函上頭書中務省三字、」と見える。式に規定するところは平安時代の制度であるが、その由来は古く遡り得るものと思われる。渤海は日本に対等外交を望んだのであるが、当時の朝廷はこれを高麗の回復とし、宗主国として接したのである。なお、慰労詔書については、中村裕一氏『唐代制勅研究』（汲古書院、平成三年刊）、中野高行氏「慰労詔書に関する基礎的研究」（『古文書研究』二三）、同氏「慰労詔書の『結語』の変遷について」（『史学』五五巻一号）など参照。新羅王へ慰労詔書としては、『続日本紀』慶雲三年（七〇六）正月丁亥条などにその例（「天皇敬問新羅王、……多歴年歳、所貢無虧」）がある。これらの慰労詔書の書式が、延喜式に定着していったものと考えられる。

(50) ここには「大唐皇」とあり、「大唐皇帝」とないことも注目しておく必要がある。

(51) 同氏「遣唐使の諸問題」(『南都仏教』六四号、後に『遣唐使と正倉院』岩波書店、平成四年刊、所収)。

(52) 同氏はこの式条と同じ規定が天平六年(七三四)ごろには定められて実行されていたとされる(「奈良時代遣唐使の文化的役割」『仏教芸術』一二二号、後に注(51)所引書所収)。

(53) すでに述べたように、『宋書』倭国伝には、倭王武の上表文(全文か)が載せられているが、これも当時の南朝の国家である宋にふさわしいものとして採用されたということであろう。

(54) 田中氏注(2)所引編書六二六頁参照。

(55) 国書の問題は、江戸時代の朝鮮との外交においても、幾多の問題を惹起してきた。その問題に関しては、田代和生氏『書き替えられた国書――徳川・朝鮮外交の舞台裏――』(中公新書六九四、昭和五八年刊)などを参照。

第二節　遣唐使と神祇祭祀

はじめに

日本と中国の国交の歴史は古く、その淵源を探れば『前漢書』地理志あたりに求めることが出来る。その後も、『後漢書』倭伝・『魏志』倭人伝・『宋書』倭国伝などの中国側の史料にその交流の様子が窺われる。それらの史料を見ると、先人の中国との交流に対する熱意と苦労が表れているが、その国交は対等関係と称し得るものではなかった。日本がはじめて中国に対して対等関係といえる国交を求めたのは、推古天皇と聖徳太子の時代、であり、当時の世界帝国ともいうべき大国隋に対してであった。日本は隋から仏教を学ぶ名目で遣隋使を派遣したのであったが、それとともに、あるいはそれよりも大きな目的をもって、中国の中央集権体制を支える、すぐれた律令制度を継受することに努力した。それは、中国の強大な中央集権国家に負けない国家体制を樹立するためであった。律令法の継受は以後約一世紀を要したが、大宝律令の成立により、ひとまず完成されたといってよい。この間の日中の関係を見ると、朝鮮半島の情勢など緊迫した時代を含み、ことに白村江の戦いの前後は戦時体制にあった。この時代の国交は困難な多くの問題を抱えていたといって過言ではない。

右に述べたような厳しい国際環境のなかにあって、遣隋使によって開かれた対等外交の方針は、隋に代わって興った唐に対する国交にも確実に継承されたと考えられる。本節では、律令法を中心とする中央集権国家体制の樹立に大きな働きをなしたと考えられる遣唐使について、その意義・概要について略述した後、特にその発遣にあたって行われた神仏への祈願を、制度史的観点から検討しようとするものである。

一　遣唐使の概要
——その期間と構成——

隋が滅び唐朝が成立したのは、推古天皇二十六年（六一八）である。この新しく興った唐に対して初めての遣唐使が派遣されるのは舒明天皇二年（六三〇）であり、その使人は犬上御田鍬と薬師恵日であった。その使節派遣には、推古天皇三十一年（六二三）に帰朝した留学僧恵斉と留学生薬師恵日らの「留于唐国学者、皆学以成業。応喚。且大唐国者、法式備定之珍国也。常須達。」という内容の奏聞が大きな働きをしたことは疑えないところである(1)。『日本書紀』巻二二には、遣隋留学生・学問僧の帰朝に関する記事が見えているが、その隋・唐での留学期間は十五年から三十三年にも及ぶのであり、これらの人々は、隋から唐への国家の交替という希有な体験をし、新しく興った唐国のいぶきを感じ、中国の文物や制度に関する深い知識を身につけて帰国したことと思われるのである。

右に述べたごとく、御田鍬らの第一回の遣唐使は恵日らの奏聞を受けて行われたと思われるから、その遣使の主要な目的がすぐれた唐の法式〈法律制度〉を継受することにあったことは容易に推察し得るところである。もちろん使節の常として、政治的・外交的意味が存在したのは当然であろう。

遣唐使が派遣された期間は、御田鍬らの第一回から藤原常嗣の承和五年（八三八）まで、二〇〇年を越えるのであり、長い歴史を有するといってよいであろう。さらに寛平六年（八九四）に菅原道真の建議により停止されるまでをその期間と見るならば、約二六〇年間にも及ぶのである。その間、およそ二〇回の任命があり、実際に渡航したのは一六回である。(2)

時期区分についてはいくつかの考え方がある。前記と後期に分けるならば、七世紀と八世紀以降に分けることができる。この場合、七世紀に七回、八世紀以降に九回となる。また三つに区分することも可能である。すなわち、七・八・九の各世紀に分ける考え方である。また、初唐（六一八―七一二）・盛唐（七一三―八〇五）・晩唐（八〇六―九〇六）に分ける考え方もできよう。この場合、それぞれ八回、七回、一回となる。(2)

遣唐使の性格も、この長期に渡る派遣から変化したことは想像に難くない。大局的に見れば、初期には朝鮮半島の緊張を背景として政治・外交的意味が相当大きな比重を占めたが、後にその意味合いは次第に希薄になり、文化使節としての色彩が濃厚となっていったといえる。

遣唐使の組織は、派遣された時期により異なり一概にはいえないが、延喜式大蔵省条によれば、

大使・副使・判官・録事・知乗船事・訳語・請益生・主神・医師・陰陽師・画師・史生・射手・船師・音声長・新羅奄美訳語・卜部・留学生・学問僧・傔従・雑使・音声生・玉生・鍛生・鋳生・細工生・船匠・柂師・傔人・挾杪・水手長・水手

という構成である。大使の上に執節使・押使が置かれたこともあった。渡航に用いる船数についていえば、当初は二隻であったが、奈良時代になると四隻編成が基本となる。参加者の数も船舶数の増加にともない、二四〇～二五〇人から五〇〇人以上になり、最後の遣唐使となった承和元年（八三四）任命の使では六五一人という多人数になったと

いう伝えがある。(3)

遣唐使船の構造については、史料の欠如により正確にはわからない。『続日本紀』『続日本後紀』『入唐求法巡礼行記』などに散見される断片的史料により、その復元が試みられている。(4)それによれば、後期の遣唐使船は中国系のジャンク型であったという。一艘に一四〇人前後まで乗船させることができ、東シナ海を横断航海し得る、一〇〇トンを越える程度の船と推定されている。また「泉州湾で発掘された宋代海船」(推定排水量約三七〇トン、全長三四メートル)の資料や、(5)日本に漂着した異国船の記事(6)などを参考にして遣唐使船の船型と大きさを推定すると、全長は二〇数メートル、幅は七メートル前後、大きさは総トン数で百数十トン、排水トンで二〇〇余トンから三〇〇トン弱と考えられるという。造船は造舶都匠の指揮により船匠が工作を担当し、建造期間は七ケ月位であった。遣唐使船の大部分は安芸国で造られ、同国にはすぐれた造船技術者がいたと考えられている。造船の材料は楠が主材であり、その次に杉が使われ、部分的に檜や松も用いられたという。木材の接合にはカスガイが多く用いられ、帆は網代帆(7)でというものであった。帆とともに風の無いときには両側の多数の櫓で漕いで船を進めたとされる。(8)船の内部構造は、四ないし五の区画に隔壁で区切られ、それらの船底室は荷物置場や一般乗組員の居室となり、大使・副使や留学生らは甲板上の喬屋や屋形を居室としたと考えられている。船体の色あざやかな色彩の唐模様が特徴であったという。

遣唐使の進発した場所として、奈良時代においては「住吉乃三津」であったことが『万葉集』に見える、「天平五年贈入唐使歌一首并短歌」と題する長歌(『国歌大観』四二四五番、以下番号のみ記す)によってわかる。その長歌を次に掲げる。

虚みつ　大和の国　あをによし　平城の京師ゆ　押照る　難波に下り　住吉の　三津に　船乗り　直渡り　日の入る国に　遣さる　吾背の君を　懸けまくの　ゆゆしかしこき　住吉の　わが大御神　船の舳に　領きいまし船艫に　御立いまして　さし寄らむ　磯の崎崎　こぎ泊てむ　泊泊に　荒き風　浪に遇はせず　平けく　率て帰りませ　本の国家に

また帰港地も当然同じであるが、そのことを証する史料として『万葉集』の「好去好来の歌一首、反歌二首」と題する長歌（八九四番）と短歌二種（八九五、八九六番）を次に掲げる。

神代より　言ひ伝て来らく　そらみつ　倭の国は　皇神の　厳しき国　言霊の　幸はふ国と　語り継ぎ　言ひ継がひけり　今の世の　人もことごと　目の前に　見たり知りたり　人多に　満ちてはあれども　高光る　日の朝廷　神ながら　愛の盛りに　天の下　奏し給ひし　家の子と　選び給ひて　勅旨反して、大命といふ　戴き持ちて　唐の　遠き境に　遣はされ　罷りいませ　海原の　邊にも沖にも　神留り　領きいます　諸の　大御神等　船舳に反して、ふなのへにと云ふ　導き申し　天地の　大御神たち　倭の　大国霊　ひさかたの　天の御虚ゆ　天がけり　見渡し給ひ事了り　還らむ日には　また更に　大御神たち　船の舳に　御手打ち懸けて　墨縄を　延へたるごとく　あちかをし　値嘉の岬より　大伴の　御津の濱びに　直泊に　御船は泊てむ　つつみなく　幸くいまして　早帰りませ
（八九四番）

反歌

大伴の　御津の松原　かき掃きて　吾立ち待たむ　早帰りませ（八九五番）

難波津に　御船泊てぬと　聞え来ば　紐解き放けて　立走りせむ（八九六番）

天平五年三月一日　良の宅に対面して献ることは三日なり　山上憶良

謹みて大唐大使卿の記室に上る

また『続日本紀』天平五年（七三三）四月己亥条には「遣唐四船、自難波津進発」と見えている。ただ、「住吉乃三津」「大伴御津」「難波津」が同一の場所か否か、またそれが現在のどこかについては、さらに検討を要する問題である。(9)

難波を出帆した一行は、瀬戸内海を通り筑紫の大津浦（博多）に寄港して、唐国に向かうことになったが、以後の遣唐使の航路については、その派遣の時期やその他の事情によって次のような変遷がある。

・北路（新羅道）〈壱岐・対馬・朝鮮半島西海岸・渤海湾・山東半島〉

・南島路〈九州南端・多褹（種子島）・夜久（屋久島）・吐火羅（宝諸島）・奄美（奄美大島）・度感（徳之島）・阿児奈波（沖縄島）・球美（久米島）・信覚（石垣島）・東シナ海・揚子江口〉

・南路（大洋路）〈大津浦・肥前値嘉島（五島列島）・揚子江岸〉

・海道舟舡路―北路

・渤海路

初期の遣唐使が経由した北路は遣隋使の用いた経路であり、その経由地は『隋書』倭国伝によって明らかである。同書には、「明年（大業四年、推古天皇十六年、六〇八）、上、遣文林郎裴世清、使於倭国、度百済、行至竹島、南望䑧羅国（『北史』に耽羅とあり、済州島）、経都斯麻国、迥在大海中、又、東至一支国、又至竹斯国、又東至秦王国、其人同於華夏、（中略）又経十餘国、達於海岸、自竹斯国以東、皆附庸於倭、」とあり、この裴世清が日本を訪れた経路を逆に航行すれば、遣隋使の渡航した北路になる。すなわち、筑紫から壱岐・対馬を経て、済州島を南に望み、百済に渡り、山東半島に航したものと思われる。[10]遣唐使もその初期にはこの北路を取ったが、その往復には新羅の援助を受けることが多かった。[11]この航路は安全であるが、日数を要するのが欠点であった。

遣唐使も中期になると、朝鮮半島の情勢の変化もあり、南路が用いられるようになる。この航路は、前に引用した『万葉集』八九四番に歌に「値嘉の岬」とある北九州の五島列島にある小値賀島（遠値賀島）[12]から、揚子江口附近を目指して東シナ海を横断したのである。南路を取ると、風に恵まれれば、十日に満たない航海で唐国に達することが可能であったと思われる。[13]しかし、シケに遭えば遭難の危険の極めて高いルートでもあったのである。唐招提寺に伝わる『東征伝絵巻』には、鑑真を乗せた遣唐使船が難破して波間に漂う様子を描いているが、真に迫るものがある。[14]この南路が八世紀における遣唐使派遣の航路として基本的なものと考えられるが、帰路にあって、揚子江口から直ちに五島列島の〝値嘉の岬〟に到達することは、当時の航海術の問題もあり、かなり困難であったと思われる。その結果、史書に記載される実例では、南西諸島を経由して帰国した場合もある。[15]この南西諸島を経由するルートは、前述のごとく南島路と称されている。

海道舟舡路は、楊州より華中・華北の沿岸に沿って山東半島に至る航路である。[16]第一九次遣唐使の帰朝の際に、大使である藤原常嗣は楚州で新羅船九隻を傭い入れ、このルートにより無事帰朝している。[17]

渤海路は、神亀四年（七二七）以来、来朝するようになった渤海国使の往復した航路である。同使節は朝鮮の東海岸を南下した後に北東に進路を取り、日本の若狭や越前の敦賀、能登などに着岸することが多かった。この航路を採用して入唐した遣唐使としては、第一三次遣唐使高元度らの一行がある。[18]

その航海術については、中国船と日本の遣唐使船では異なっていたと考えられている。すなわち中国船については、六・七世紀ごろより印度洋を南下した後、やがて広州に来航したアラビア商船の刺激を受けて、航海術も大きな影響を被っている。その優秀な航海術の特色は、季節風を巧みに利用するところにあった。平安時代に来航した中国船は季節風を計算に入れて航海の時期を選び、日中間を往復していたのである。これに対して日本の遣唐使船は季節風に関する知識を欠いていたと考えられるのである。季節風に関する知識を欠いた遣唐使船の航海は、その多くを櫓に頼らざるを得なかったと思われる。[19]遣唐使の航海は数十日にも及ぶものであり、航海中の多くの物資を必要とした。例として、延喜式巻三七典薬寮の規定を取り上げる。そこには、政府より遣唐使に支給される医薬一一種、用度雑物（医薬の調製に必要なもの）一〇種類、草薬五九種が掲げられている。今、医薬と用度雑物のみ挙げれば、次の通りである。[20]

遣諸蕃使

唐使十一種

犀角丸、大戟丸各四剤、七気丸、八味理仲丸、百毒散、度嶂散各十二剤、茯苓散十六剤、神明膏六剤、万病膏、升麻膏各八剤、黄良膏四剤、所須薬種各依本方、其用度雑物、篩六口、料絹一丈二尺、裏油絁一丈三尺六寸五分、

紙九十八張、木綿二斤十四両、酢七斗七升、調布一端四尺、拭臼布二丈、陶壺廿三口、炭七斛九升、

また遣唐使船には唐皇帝への贈物も載せられていた。延喜式巻三〇大蔵省条にその内容が記載されているのでそれを次に掲げる。(21)

銀大五百両、水織絁、美濃絁各二百疋、細絁、黄絁各三百疋、黄糸五百絇、細屯綿一千屯、別送綵帛二百疋、畳綿二百帖、屯綿二百屯、紵布卅端、望陀布一百端、木綿一百帖、出火水精十顆、瑪瑙十顆、出火鐵十具、海石榴油六斗、甘葛汁六斗、金漆四斗、

遣唐使が膨大な量の国信物を唐国に齎したことは、右に掲げた史料によっても窺えるところである。時には、当代における世界最大級の国際都市であった長安の人々をも驚かせる品々（巨大な琥珀や瑪瑙など）を、日本から派遣された遣唐使が齎したこともあったのである。(22)

遣唐使一行の出発に際しては、絁などが下賜される規定であった。おそらくこれは、入唐にあたっての旅費として支給されたものであろう。その規定は延喜式大蔵省条に見えるが、入唐大使・副使・判官・録事についてその種類と数量を示せば次の通りである。

大使絁六十疋、綿一百五十屯、布一百五十端　副使絁卌疋、綿一百屯、布一百端　判官各絁十疋、綿六十屯、布卌端　録事各絁六疋、綿卌屯、布廿端

神祇祭祀がその職掌であった「主神」は、知乗船事・訳語・請益生・医師・陰陽・画師らと同じ待遇を受けている。その種類と数量は、絁五疋、綿三〇屯、布一六端である。

入唐してからの滞在費用は、おおよそ唐朝の負担であったようである。(23) 唐側の史料としては、『唐会要』巻一〇〇

雑録に載せる、蕃国使などの待遇に関する勅がある。それを次に掲げる。

○証聖元年（六九五）九月五日勅、蕃国使入朝、其糧料各分等第給、南天竺、北天竺、波斯、大食等国使、宜給六箇月糧、尸利仏誓、真臘、訶陵等国使、給五箇月糧、林邑国使、給三個月糧、

○聖暦三年（七〇〇）三月六日勅、東至高麗国、南至真臘国、西至波斯、吐蕃、及堅昆都督府、北至契丹、突厥、靺鞨、並為入番、以外為絶域、其使応給料各依式、

いずれも則天武后の周朝の法令である。[24] 聖暦三年の勅によれば、日本は高麗国よりも東にあるから〝絶域〟に含まれると考えられるが、その使節に対しては「式」の規定によって、あるいは準じて待遇されたと思われる。

『続日本紀』宝亀九年（七七八）十月乙未条には、第一六次遣唐使の判官であった小野朝臣滋野が〝遣唐使第三船〟で帰国した折の上奏文が載せられているが、入唐以後の遣唐使一行の行動が要領よく叙されているので次に掲げる。[25]

去宝亀八年（七七七）六月二四日、候風入海、七月三日、与第一船同到楊州海陵県、八月二十九日、到楊州大都督府、即依式例、安置供給、得覲察使兼長史陳少遊処分、属禄山乱、常館駅彫弊、入京使人、仰限六十人、以十月十五日、臣等八十五人発州入京、行百余里、忽拠中書門下牒、撙節人数、限以二十人、臣等請、更加二十三人、持節副使小野朝臣石根、副使大神朝臣末足、准判官羽栗臣翼、録事上毛野公大川、韓国連源等四十三人、正月十三日、到長安城、即於外宅安置供給、特有監使、勾当使院、頻有優厚、中使不絶、十五日於宣政殿礼見、天子不衙、是日、進国信及別貢等物、天子非分喜観、班示羣臣、三月廿二日、於延英殿、対見、所請並免、即内裏設宴、官賞有差、（下略）

またこの上奏文により、遣唐使一行が唐朝においていかなる待遇を蒙ったかがわかる。(26)遣唐使に関する儀礼のなかで最も重要なものは、唐の宮殿内における国書の奉呈、(27)国信物の貢上、ならびに皇帝によるもてなしの宴会であったと思われる。(28)内裏での宴会とともに、使節に対する授位と賜禄などがあり、帰国に際しては国書や答信物が託されたであろう。唐朝にとって入蕃使の接遇は、相当大きな負担であったと思われるのである。入京の人員に制限が加えられたのも故なしとしないのである。

二　困難な航海と神仏への祈り

遣唐使の概要についてはすでに前項に叙したから、本項においては、航海の困難を伝える史料の若干についてふれた後、神仏への祈りについて制度史的見地から考察する。

航海の困難は、当時の造船技術の未発達や航海法の未熟などから齎されたものであると考えられる。遣唐使の航海の様子を伝える史料は正史や求法僧の日記などに散見されるが、いまその主要なもののいくつかを紹介しておく。(29)『日本書紀』斉明天皇五年（六五九）七月戊寅条には第四次遣唐使派遣に関する記事が見えるが、そのなかに「伊吉連博徳書」が引用されている。同書の一部を次に掲げる。

同天皇之世、小錦下坂合部石布連、大山下津守吉祥連等二船、奉使呉唐之路、以己未年七月三日、発自難波三津之浦、八月十一日、発自筑紫大津之浦、九月十三日、行到百済南畔之島、島名毋分明、以十四日寅時、二船相従、

放出大海、十五日日入之時、石布連船横遭逆風、漂到南海之嶋、々之名爾加委、仍為嶋人所滅、（下略）

『続日本紀』天平十一年（七三九）十月丙戌条には、天平五年（七三三）に派遣された第一〇次遣唐使の判官平群朝臣広成と渤海客使らの入京の記事があり、同年十一月辛卯条には広成の帰国報告が見える。いま辛卯条を掲げると左の通りである。

平群朝臣広成等拝朝、初広成、天平五年（七三三）随大使多治比真人広成入唐、六年（七三四）十月事畢却帰、四船同発従蘇州入海、悪風忽起、彼此相失、広成之船、一百一十五人漂着崑崙国、有賊兵来圍遂被拘執、船人或殺、或迸散、自余九十余人著瘴死亡、広成等四人、僅免死得見崑崙王、仍給升糧安置要処、至七年（七三五）、有唐国、欽州熟崑崙到彼、便被偸載、出来既帰唐国、逢本朝学生阿倍仲満、便奏得入朝、請取渤海路帰朝、天子許之、給船粮発遣、十年（七三八）三月、従登州入海、五月至渤海界、適遇其王大欽茂差使欲聘我朝、即時同発、及渡海渤海一船遇浪傾覆、大使胥要徳等四十人没死、広成等率遺衆、至著出羽国、

『続日本紀』宝亀九年（七七八）十一月壬子条には、第一六次遣唐使の第四船の帰国を伝える記事が「遣唐第四船来泊薩摩国甑嶋郡、其判官海上真人三狩等漂着耽羅島、被嶋人略留、但録事韓国連源等、陰謀解纜而去、率遺衆四十余人而来帰、」と見え、乙卯条には、第二船の薩摩国出水郡への帰着記事とともに、第一船の遭難を伝える記載が見られる。いま第一船遭難記事の主要な部分を次に掲げる。(30)

又第一船海中々断、舳艫各分、主神津守宿禰国麻呂、并唐判官等五十六人、乗其艫而着甑嶋郡、判官大伴宿禰継人、并前入唐大使藤原朝臣河清之女喜娘等四十一人、乗其舳而着肥後国天草郡、継人等上奏言、継人等去年六月

二十四日、四船同入海、七月三日着泊楊州海陵県、(中略)正月十三日、至長安、(中略)三月二十四日、乃対竜顔奏事、(中略)九月発自楊子江口、至蘇州常熟県候風、其第三船在海陵県、第四船在楚州塩城県、並未知発日、十一月五日、得信風、第一第二船同発入海、比及海中、八日初更、風急波高、打破左右棚根、潮水満船、蓋板挙流、人物随漂、無遺勺撮米水、副使小野朝臣石根等三十八人、唐使趙宝英等二十五人、同時没入、不得相救、但臣一人潜行着舳檻角、顧眄前後、生理絶路、十一日五更、帆檣倒於船底、断為両段、舳艫各去未知所到、四十余人累居方丈之舳、挙舳欲没、載纜抛栬、得少浮上、脱却衣装、裸身懸坐、米水不入口、已経六日、以十三日亥時漂着肥後国天草郡西仲嶋、臣之再生、叡造所救、不任歓幸之至、謹奉表以聞、

まさに九死に一生を得た様子が大伴宿禰継人の上奏文によって判明する。

『続日本後紀』承和三年(八三六)八月戊戌朔条に、「太宰府馳駅、奏遣唐使第三船水手等十六人駕編板漂着之状」と見えて、第一九次遣唐使の第三船乗組員一六人の悲惨な漂着の様子が大宰府より都に伝えられている。渡海の目的を達することが出来ずに九州に帰着したのである。同月己亥条にはさらに詳しい記事があるので次に掲げる。

勅符遣唐大使藤原常嗣、省太宰府去月廿日飛駅奏言、第三船水脚十六人、編板如桴、駕之漂着対馬南浦、其水脚申云、船実依数解散者、翻水不収、悔而何及、言念災変、永用憫傷、(下略)

また同月丁巳条には、大宰府より遣唐第三船の遭難の様子を伝える奏言が載せられているので次に掲げる。

太宰府奏言、問遣唐第三船漂蕩之由、真言請益僧真済等、僅作書答伝、柁折棚落、潮溢人溺、船頭已下百卌余人、任波漂蕩、爰船頭判官丹墀文雄議云、我等空渇死船上、不如壊船作筏、各乗筧水、録事已下放取舶板、造桴各去、

自外无復所言、

承和七年（八四〇）四月癸丑条には、「太宰府上奏、遣唐知乗船事菅原梶成等所駕第二船廻着於大隅国、」とあり、第一九次遣唐使の第二船が大隅国に帰着したことを大宰府が上奏した記事が見える。同月庚申条には、

勅符太宰大弐従四位上南淵朝臣永河、少弐従五位下文屋朝臣真屋等、得今月八日飛駅奏状、知遣唐知乗船事菅原梶成等、分駕一隻小船、廻着大隅国海畔、梶成等漂入異域、万死更生、言念苦節、誠可矜恤、迄于入都、依旧労来、量賜布帛、以資衣裳、又准判官良峯長松所駕之船、全否未期、欝陶于懐、宣遶戒邊面、無絶候伺、若有来着、俾得安穏、

とあり、また六月己酉条には、

遣唐第二船知乗船事正六位上菅原朝臣梶成等、海中遇逆風、漂着南海続賊地、相戦之時、所得兵器、五尺鉾一枚、片盖鞘横佩一柄、箭一隻、齎来献之、並不似中国兵杖、

ともある。第二船の一行は逆風のため漂流し、〝南海の賊地〟において戦闘を行っているのである。

以上いくつかの遣唐使船遭難に関する記事を正史によって掲げたが、これらは顕著なものであり、その他航海の困難を伝える報告は枚挙にいとまがないほど存在するのである。この困難な航海に出立するにあたっていくつかの対策が取られているが、そのなかの一つである神仏に対する祈りに関し、これから考察することにする。

遣唐使の発遣にあたっては早くから準備がなされ、また多くの儀礼がある。主要なものとして、大使や副使その他使人の任命、賜節刀、奉幣、祭祀などがあるが、ここでは使節の任命や賜節刀についてはひとまずおいて、〝奉幣〟(31)

〝祭祀〟という、いわば神仏への祈りに焦点をあてる。

遣唐使発遣に関する奉幣と祭祀はその初期から行われたと思われるが、制度史的に見る場合、延喜式によるのが便であろう。遣唐使を送るにはなんといっても船が肝心であるが、その船は多く安芸国にて造られている。延喜式巻三臨時祭条には、「造遣唐使船木霊幷山神祭」に関する規定があり、その祭祀に用いられる品々が列挙されている[32]。また同条には、「遣蕃国使祭使還之日准比」の規定も見えている。祭祀に用いられる品々を記した後に次のごとき規定が見えている。

右擬発使者、惣祭天神地祇於郊野、……神祇官率神部等並著明衣、行祭事、大使自陳祝詞、神部奠幣、訖大使已下各供私幣、神部執奠神座

延喜式巻第八祝詞条には「遣唐使時奉幣」の祝詞が見える。それを次に掲げる。

皇御孫尊乃御命以氏、住吉尓辞竟奉留皇神等乃前尓申賜久、大唐尓使遣止佐牟為尓、依船居無氏、播磨国与理船乗止為氏、使者遣止佐牟所念行間尓、皇神命以氏、船居波吾作止牟教悟給比支、教悟給比那我良、船居作給部礼、悦己志嘉備美、礼代乃幣帛乎、官位姓名尓令捧齎氏、進奉止比申、

宝亀八年（七七七）の第一六次遣唐使発遣にあたっては、春日山の下において天神地祇を拝している。『続日本紀』同年二月戊子条には、

遣唐使拝天神地祇於春日山下、去年風波不調、不得渡海、使人亦復頻以相替、至是副使少野朝臣石根重修祭祀也、

と見えている。遣唐使の海路の安全を祈願する祭祀が、〝春日山下〟において取り行われたものと考えられる。これ

より前、第一二次遣唐使の大使藤原清河は藤原太后（光明皇后）より和歌一首を賜っている。その和歌は『万葉集』巻八に見えるが、次のごとくである。

春日祭神之日藤原太后御作歌一首

即賜入唐大使藤原朝臣清河　参議従四位下遣唐使

大船に　真梶繁貫き　この吾子を　韓国へ遣る　斎へ神たち（四二四〇番）

その題詞にある通り、このときも春日にて神を祭っている。これに対して清河は、

春日野に　斎く三諸の　梅の花　栄えて在り待て　還りくるまで（四二四一番）

の歌を詠んでいる。平城京においては春日山下が天神地祇を拝する場所であったごとくである。また遣唐使のために平安京の〝北野〟において天神地祇を祭ったことが、『続日本後紀』承和三年（八三六）二月庚午朔条に次のように見えている。

廃務、為遣唐使祠天神地祇於北野也、

また、同月丙子条には、

遣唐使奉幣帛賀茂大神社、

さらに四月甲午条には、

頒奉幣帛五畿七道名神、為有遣唐使事也、

とある。いずれも第一九次遣唐使の発遣にあたって、その道中の安全と使命の達成を祈願せしめたものであろう。

また延喜式巻三臨時祭条には、「開遣唐船居祭住吉社」の規定も見える。これは、遣唐使の船出する難波の港湾整備に関する祭りの祭神料を載せるが、その品目と数量は「幣帛絹四丈、五色薄絁各四尺、絲四絇、綿四屯、木綿八両、麻一斤四両、」とあり、「右神祇官差使向社祭之」と見えることから、難波の住吉社に使人を差し遣わしてこれを祭らしめたことがわかる。

以上は遣唐使発遣までの神祭りを取り上げたが、祈願は神に対してのみではなかった。『類聚三代格』巻四には、「応賜遣唐使度者事」と題する承和二年（八三五）二月七日付の太政官府が収められている。それは次のごとくである。

応賜遣唐使度者事
右彼使奉状偁、渡海之際、険難叵虞、雖皇徳所覃、自天祐之、而利渉之資、亦憑冥力、望請録事已上、特賜度者、各代其身、以令精進者、被右大臣宣偁、奉勅依請、
承和二年二月七日

この官符は、第一九次遣唐使の発遣準備として出されたものと考えられるが、遣唐使の録事以上のものに度者を賜ることが認められたことは、当時の唐国への航海がいかに危険に満ち満ちていたかを如実に物語るものであろう。度者とは周知のように得度にあずかる者を意味し、毎年一定数の得度にあずかる年分度者と臨時に度される臨時度者があった。遣唐使の場合は臨時度者であったと思われる。この度者が航海中や上陸後の旅の安全を、遣唐使人に代わって帰朝するまで仏に祈り続けたのであろう。

難波を出帆してから航海中や上陸後も神仏に対する祈りは続けられた。そのことを示す史料のいくつかを次に掲げ

ることにする。

『続日本後紀』承和五年（八三八）三月甲申条には、第一九次遣唐使渡海のために九人を選んで出家させ、大宰府管内の諸社寺に配属して、使節一行の平安を祈らしめる勅が収載されている。次にそれを掲げる。

勅曰、遣唐使頻年却廻、未遂過海、夫冥霊之道、至信之応、神明之徳、修善必祐、宣令太宰府監已上、毎国一人、率国司講師、不論当国他国、択年廿五以上精進持経心行無変者、度之九人、香襲宮二人、大臣一人、八幡大菩薩宮二人、宗像神社二人、阿蘇神社二人、於国分寺及神宮寺、安置供養、使等往還之間、専心行道、令得穏平、

神功皇后を祀る香襲宮、竹内宿禰を祀る大臣の宮、宇佐八幡（あるいは筥崎宮か）、宗像三女神を祀る宗像神社、阿蘇神社に度者を配しているのである。また同年四月壬辰条には、五畿七道諸国をして遣唐使のために海竜王経を読ましめることを命ずる次のような勅が掲載されている。

勅、自遣唐使進発之日、至帰朝之日、令五畿内七道諸国、読海竜王経、

また同年五月丁巳朔条には、遣唐使の上奏を受けて海竜王経を講じ、大般若経を転読せしめることを命じた詔が見えている。それを次に載せる。

詔、令五畿内七道諸国、始自今月中旬、至使等帰朝之日、堅固講海竜王経、相并転読大般若経、

同書、承和六年（八三九）三月壬午朔条には、遣唐使船の無事帰朝を祈って大般若経および海竜王経の転読を命ずる勅が見えている。それを次に掲げる。

勅、遣唐三艘船、恐有風波之変、宣令五畿内七道諸国及十五大寺、転読大般若経及海竜王経、待使者帰朝、為転

経之終、

五畿内七道諸国および十五大寺の大般若経および海竜王経の転読は、第一九次遣唐使の帰朝まで続けられることになったのである。

以上は国内における祈願について述べたが、神仏への祈りは航海中や唐国においても行われている。また異国の神に対しても祭祀が行われた記録が存在する。代表的な史料としては、前にもしばしば引用した、円仁の『入唐求法巡礼行記』がある。同書には、円仁が山東半島附近での遭難に際して、船中にて同地方の地主神を祭ったことが記されている。[33] 遣唐大使藤原常嗣が船中で観音像を描いたことは有名である。[34] 仏としては観音の信仰が主であり、特に長谷寺観音が重んぜられた。

以上航海の困難であった様子と神仏への祈願について略説した。

三　住吉神の祭祀

遣唐使一行の旅で最も危険に満ちていたのは、いうまでもなく九州を出帆してから揚子江口までの東シナ海の航海であった。その航海の安全を祈る対象として最も重視されたのが住吉神であった。本節では、前項でふれた神仏への祈願を踏まえ、住吉神への祈りを中心に考察することにする。

住吉社への祭祀・奉幣についての制度は延喜式に見えるが、すでに前項に引用して掲げた。遣唐使時奉幣の祝詞のなかに、特に〝住吉に辞竟へまつる皇神等の前に申したまはく〟とあるごとく、住吉社が特にその祭祀の対象として重視されたことは言うまでもない。ここでは、『万葉集』に見られる住吉社への祈りに関する歌と『入唐求法巡礼行記』の記載を取り挙げることにする。まず『万葉集』に見える歌を列挙しておく。

①民部少輔多治比真人土作歌一首

住吉に　斎く祝が　神言と　行くとも来とも　船は早けむ（四二四三番）

②防人の別を悲しむ情を陳ぶる歌一首并に短歌

大王の　任のまにまに　嶋守に　……うつせみの　世の人なれば　たまきはる　命も知らず　海原の　かしこき道を　島伝ひ　いこぎ渡りて　あり廻り　わが来るまでに　平らけく　親はいまさね　つつみなく　妻は待たせと　住吉の　吾が皇神に　幣奉り　祈り申して　難波津に　船を浮けするゑ　八十楫貫き　水手整へて　朝びらき　吾はこぎ出ぬと　家に告げこそ（四四〇八番）

（短歌略）

二月廿三日兵部少輔大伴宿禰家持

③石上乙麻呂卿の土佐国に配されし時の歌三首并に短歌

かけまくも　ゆゆし恐し　住吉の　荒人神　船の舳に　領き給ひ　著き給はむ　島の埼前　依り給はむ　磯の埼前　荒き浪　風にあはせず　草づつみ　疾あらせず　急やけく　環し給はね　本の国辺に（一〇二一番）

④天平五年癸酉、遣唐使の船、難波を発ちて海に入りし時、親母の、子に贈れる歌一首并短歌

秋萩を　妻問ふ鹿こそ　ひとり子に　子持てりといへ　鹿児自物　吾独子の　草枕　客にし行けば　竹珠を　密

に貫き垂れ　斎戸に　木綿取り垂でて　斎ひつつ　吾思ふ　吾子　真好くありこそ（一七九〇番）

反歌

客人の　宿りせむ野に　霜降らば　吾子羽ぐくめ　天の鶴群（一九七一番）

⑤入唐使に贈れる歌一首

海若の　何れの神を、斎祈はばか　往くさも来さも　舶の早けむ（一七八四番）

右の一首は、渡海の年紀未だ詳ならず

②は防人に関する歌で直接遣唐使と住吉神との関係を叙する歌ではないが、その船にも住吉の神が祭られていたことがわかる。③の歌は、左大臣麻呂の子で家嗣の父である石上乙麻呂が、天平十一年（七三九）藤原宇合の妻との恋愛事件により土佐国に配流されたときのものである。やはり唐使の遣わされたときのものではないが、そこに〝住吉の　荒人神　船の舳に　領き給ひ〟と見えて、その船にも住吉神が祀られていたのである。④の歌は住吉神との明証はないが、同神が祀られていた可能性が高いであろう。⑤の歌には〝何れの神〟とあり住吉神である確証はないが、わたつみの神を祭っていることは確かである。第一項に掲げた四二四五番の歌には〝住吉の　わが大御神　船の舳に領きいまし　船艫に　御立いまして〟とあるように、遣唐使船に住吉の大御神が祀られていたことは明瞭である。(35)

次に『入唐求法巡礼行記』巻一・巻二に見える記事を列挙しておく。

①開成四年（八三九）己未、当本国承和六年己未、正月一日……、三月……、廿八日、天晴、巳時、為得順風、祭住吉大神、午後、風変南東、夜頭風変西南、（巻一）

②〔五月〕……、二日、……、日没之時、於舶上、祭天神地祇、亦官私絹・纈纈・鏡等奉上於船上住吉大神、（巻二）

③十一日、祭大唐天神地祇、従此日至十三日、天色或暗或霽、風吹不定、（巻二）

④十九日、夜比至丑時、……、舳頭神殿蓋葺之板為大風吹落、不見所在、（巻二）

⑤〔六月〕……、五日、……、北方有雷声、掣雲鳴来、船上官人驚怕殊甚、猶疑冥神不和之相、同共発願兼解除、祀祠船上霹靂神、亦祭船上住吉大神、又為本国八幡等大神及海竜王、幷登州諸山嶋神等、各発誓願、雷鳴漸止、（巻二）

⑥会昌七年、歳次丁卯、正月中、改為大中元年（承和十四年・八四七）、……、十一月七日、……、廿九日、午前為住吉大神、転五佰巻、午後為香椎名神、転五百巻、（巻四）

①に「為得順風、祭住吉大神、」と見えるように、第一九次遣唐使は帰国するにあたり、承和六年（八三九）三月二十八日に、航海に都合の良い風を得るために住吉大神を祭っているのである。②によれば、同年五月二日の日没のときには、船上にて天神地祇を祭り、また船上の住吉大神に幣帛を供えて祭祀を行っているのである。③では、〝大唐〟の天神地祇を祭っている。(36) ④を見ると、〝舳頭神殿〟の〝蓋葺之板〟が大風のために吹き落されて所在を見なくなっている。この記事により、船首には、住吉大神を祀る神殿があったことが明瞭になる。⑤を見ると、六月五日は荒天であり、船上霹靂神や船上住吉大神が祭られ、また本国八幡等大神、海竜王、ならびに登州諸山嶋神に誓願が発せられたが、雷鳴は止まなかった。⑥によると、承和十四年（八四七）十一月二十九日午前には、住吉大神のために五百

巻の経巻が転読され、午後には香椎名神のために同じく五百巻が転読されている。注意しなければならないのは、『続日本後紀』承和六年（八三九）八月己巳条に、「勅大宰大弐従四位上南淵朝臣永河等、得今月十四日飛駅所奏遣唐録事大神宗雄送大宰府牒状、知入唐三箇船、嫌本舶之不完、倩駕楚州新羅船九隻、傍新羅南以帰朝、其第六船、宗雄所駕是也、（下略）」とあるように、第一九次遣唐使の帰路においては、新羅船九隻を傭って帰朝したのであり、傭い入れた新羅の船舶の上にまで住吉大神を祀っていたと考えられることである。遣唐使船にあっては、航海の危険を回避するために、住吉神の奉斎が欠かせなかったことを物語るであろう。

おわりに

本節では、遣唐使の概要について述べた後、使節派遣にあたって行われた奉幣や祭祀に注目し、特に住吉神の果たした役割に焦点をあてて考察を加えた。

遣唐使は様々な使命を帯びて派遣された。日本の自主独立を唐朝に対して主張し続けたことは、聖徳太子以来の外交路線の継承であったと思われる。初期には政治的あるいは外交的意義が重要であったと思われるが、朝鮮半島における情勢の変化もあり、大宝年間以降の遣唐使においては、政治・外交的意義の他に、日唐相互の文化交流といった側面が次第に大きな意味を持つようになったと考えられるのである。

それにしても、当時の造船技術や航海術で東シナ海の荒波を越えて使節を派遣することは、大きな危険を孕むものであり、神仏への祈りが欠かせなかったものと思われる。当時の史料をみると、このことが明瞭に知られるのである。

様々な危険や困難をも省みず、唐の都長安まで赴き、文化使節として活躍し、またすぐれた文物の将来にも務め、日本文化の構築に多大の貢献をなした遣唐使人に感謝しつつ、拙い考察を閉じることにする。

（平成九年丁丑正月八日稿）

注

（1）『日本書紀』推古天皇三十一年（六二三）秋七月条に「新羅、遣大使奈末智洗爾、任那、遣達率奈末智、並来朝。（中略）是時、大唐学問者僧恵斉・恵光・及医恵日・福因等、並従智洗爾等来之。於是、恵日等共奏聞曰、留于唐国学者、皆学以成業。応喚。且大唐国者、法式備定之珍国也。常須達。」とある。

（2）派遣回数については諸説がある。

木宮泰彦氏『日華文化交流史』（冨山房、昭和三〇年刊）

森克己氏『遣唐使』（至文堂、昭和四一年刊）

佐伯有清氏『最後の遣唐使』（講談社現代新書五二〇、講談社、昭和五三年刊）

山尾幸久氏「遣唐使──律令国家におけるその意義と性質──」（『東アジア世界における日本古代史講座第六巻　日本律令国家と東アジア』学生社、昭和五七年刊）

東野治之氏「遣唐使と唐・西域文化」（『図説検証　原像日本　④技術と交流　海を越えてきた匠たち』旺文社、昭和六三年）

石井正敏氏「外交関係──遣唐使を中心に──」（『古代を考える　唐と日本』吉川弘文館、平成四年刊）

などを参照。

（3）『国史大辞典』第五巻「遣唐使」の項目（鈴木靖民氏執筆）二〇四―〇七頁などを参照。森克己氏注（2）前掲書一一八頁は、承和五年の遣唐使一行の人数を、「はじめ四船編成六〇〇余人、出帆直後第三船漂流、一四〇人脱落」して四六〇余人としている。同氏は、「四船六五一人」の記載は『帝王編年記』に見えるが、後世の編纂書としてその記事を採用されていない。

（4）茂在寅男氏「遣唐使概観」（茂在寅男・西嶋定生・田中健夫・石井正敏氏『遣唐使研究と史料』東海大学出版会、昭和六二年刊）二四―二七頁、以下遣唐使船に関する記述は同氏の推定による。

（5）『文物』昭和五〇年一〇月号。

（6）『日本三代実録』元慶三年（八七九）に丹後国に漂着。

（7）籠目に編んだ畳のような矩形の平板の間に笹の葉をはさんだものを何枚も作り、その耳を互いに結びつけて大きな帆とした。

（8）遣唐使を送る歌「大船に真梶繁貫き」、当時は大きく曲がった一本の木で作る棹櫓が用いられたという。

（9）田中卓「住吉セミナー」（12）墨江之津と遣唐使」（平成八年正月・発表資料、後に『古代の住吉大社』続・田中卓著作集二、十二「遣唐使と墨江之津」に収録）参照。

（10）竹島については、全羅南道西辺の島や朝鮮釜山沖の絶影島などとする諸説がある。秦王国については不詳である。

（11）『日本書紀』推古天皇三十一年（六二三）七月、舒明天皇四年（六三二）八月、同天皇十一年（六三九）九月、同天皇十二年（六四〇）十月、白雉五年（六五四）二月、天武天皇十三年（六八五）十二月癸未、持統天皇四年（六九〇）九月丁酉の各条などを参照。森氏注（2）前掲書四二・四三頁参照。

（12）『肥前国風土記』には松浦郡の西南の海中に値嘉郷があると見える。八〇余の島があり、小近島・大近島に人が住んでいるとされる。貞観十八年（八七六）には肥前国から独立して値嘉島が設置されたこともあった。相子田、川原、美弥良久などの港は、遣唐使船の国内最後の寄港地として利用された。『国史大辞典』第五巻「五島列島」の項目（九二〇頁、瀬野精一郎氏執筆）参照。

(13) 宝亀八年（七七七）に出帆した第一六次遣唐使、翌年の同使第三船の帰路など、森氏注（2）前掲書五一頁参照。

(14) 遣唐使船の図としては、米国ボストン美術館所蔵の『吉備大臣入唐絵巻』に描かれたものが、十二世紀の制作とされて最も古く、有名である。『国史大辞典』第五巻「遣唐使船」の項目（二〇七頁、石井謙二氏執筆）参照。

(15) 真人元開（淡海三船）撰『唐大和上東征伝』（唐僧鑑真の伝記）には、「(天平勝宝五年〈七五三〉十一月) 十六日発、廿一日戊午第一第二両舟同到阿児奈波嶋、在多禰嶋西南、第三舟昨夜已泊同処、十二月六日南風起、第一舟著石不動、第二舟発向多禰去、七日至益救嶋、十八日自益救発、十九日風雨大発、不知四方、午時浪上見山頂、廿日乙酉午時第二舟著薩摩国阿多郡秋妻屋浦、」と見える。これより先、『日本書紀』孝徳天皇白雉四年（六五三）七月条には「被遣大唐使人高田根麻呂等、於薩摩之曲、竹嶋之門合船没死、唯有五人、繋胷一板流遇竹嶋、不知所計、五人之中、門部金採竹為筏、泊于神嶋、」とある。

(16) 東福寺栗棘庵所蔵宋代地図による。また慈覚大師円仁著の『入唐求法巡礼行記』参照。

(17) ただし第二船は南海に漂流し、遅れて承和七年（八四〇）に帰朝している。

(18) 元度は、在唐中の第一二次遣唐使藤原清河を迎える使命を帯びた、迎入唐大使使であった。同使のなかで、判官内蔵全成は帰路も渤海路を用いている。また第一三次遣唐使の前には、第一〇次遣唐使判官平群広成の第三船も渤海路により帰朝している。

(19) 森氏注（2）前掲書五六頁参照。

(20) 延喜式の記載様式を見ると、「唐使」と「渤海使」ならびに「新羅使」に支給される医薬などが、各々載せられているのであるが、それをまとめる形で「遣諸蕃使」の題が附されていることに注目すべきであろう。それは延喜式編纂当時の為政者の意識として、唐国が「諸蕃」の範疇に入る一国であったということを証するものであろう。

(21) 延喜式は、〝賜蕃客例〟という題のもとに、大唐皇や使節としての判官や行官、また使丁・水手に対する賜物の種類と数量を規定している。ただし、唐国の大使と副使については、臨時に准量してこれを給するとある。また同式には、渤海王ならびに新羅王やその大使らに対する賜物の規定もある。

(22)『旧唐書』日本伝参照。

(23)『入唐求法巡礼行記』第一巻参照。

(24)則天武后の周朝については、『続日本紀』文武天皇慶雲元年（七〇四）秋七月甲申朔に「正四位下粟田朝臣真人、自唐国至。初至唐時、有人、来問曰、何処使人。答曰、日本国使。我使反問曰、此是何州界。答曰、是大周楚州塩城県界也。更問、先是大唐、今称大周。国号縁何改称。答曰、永淳二年、天皇太帝崩。皇太后登位、称号聖神皇帝、国号大周。問答略了、唐人謂我使曰、亟聞、海東有大倭国。謂之君子国。人民豊楽、礼儀淳行。今看使人、儀容大浄。豈不信乎。語畢而去。」とある記事が参考になる。

(25)『日本後記』延暦二十四年（八〇五）六月乙巳条に見える、第一八次遣唐使の大使藤原葛野麻呂（遣唐使第一船）の上奏文によれば、第一船の二三人と第二船の二七人、合わせて五〇人が長安城に入城を許可されている。

(26)長安での儀礼については、田島公氏「日本の律令国家の『賓礼』――外交儀礼より見た天皇と太政官――」（『史林』六八巻三号）三七―四六頁などを参照。同氏によれば、唐の外交儀礼は皇帝の主催であり、その主要儀式は皇帝の臨御のもとに行われたとのことである。また国書の受納・発給の手続にも皇帝が主体的に関与し、門下省の制度上の関与は認められないという。ただし正月十五日の、長安城大明宮宣政殿における第一六次遣唐使の礼見では、皇帝の臨御はなかった。滋野らが大明宮内の延英殿において皇帝に見えたのは、三月二十二日であった。

(27)日本からの遣唐使が国書を齎したか否かについては議論がある。拙稿「遣唐使に関する一考察」（『産大法学』三〇巻三・四号、注（41）、本書補論第一節に再録）参照。『善隣国宝記』巻之上、鳥羽院元永元年（一一一八）条に見える菅原在良の隋唐以来本朝の献ぜし書の例を勘えたなかに、①「天智十年大唐帝敬問日本国天皇云云」、②「天武天皇大唐皇帝敬問倭王」、③「（慶雲元年

〈七〇四〉）皇帝敬致書於日本国王」の三通の例が見えている。これらの例は、同書に記載されている隋の国書が『日本書紀』に見えるそれと一致することから、時代は少しく降るが、信用して良いのではないかと思われる。唐側の史料にも日本への国書はほとんど見えないが、ただ『唐丞相曲江張先生文集』（『欽定全唐文』二八七、張九齢）に、唐皇帝から日本の天皇への勅が一通収載されている。同勅書の冒頭は「勅日本国王主明楽美御徳」となっている。これらの例から、唐朝における日本の地位が、朝鮮半島における情勢などの変化に伴って、次第に低下してくる様子を窺うことができよう。山田英雄氏「日・唐・羅・渤間の国書について」（『日本古代史攷』昭和六二年、岩波書店発行）一五〇―五二頁参照。

(28) これらの席に皇帝が臨御したか否かは重要な問題であったと思われる。『日本後紀』延暦二十四年（八〇五）六月乙巳条（注(25)参照）に見える葛野麻呂の上奏文によれば、大明宮宣政殿における儀礼にも皇帝の臨御が見られないが、これはいかなる理由によるか、再に検討を要す。田島氏は注(26)所引論考四二頁において、宣政殿における儀礼を貞元十七年（八〇一）のことと見ておられる。

(29) その他に、前項でふれたように、鑑真を乗せた遣唐使船が海上で遭難した様子を描いた絵画として著名な『東征伝絵巻』（奈良市唐招提寺蔵）などがある。

(30) 代宗皇帝に対面した日が、前項で掲げた小野朝臣滋野の上奏文では〝三月廿二日〟であり、二日異なる。

(31) 儀礼として、奉幣や祭祀とともに、賜節刀も重要である。『儀式』には、〝賜遣唐使節刀儀〟〝遣唐使進節刀儀〟などの儀礼に関する規定が見えている。節刀は天皇が権力を委任する標として授けるものである。節刀は遣唐使の他に大将軍などの武人にも授けられる。軍防令（一八条）には「凡大将出征、皆授節刀、辞訖、不得反宿於家、（下略）」とある。征討に出る大将らは節刀授与後直ちに出立したのであり、公式令（七九条）の「凡受勅出使、辞訖無故不得宿於家、」との規定も合わせ考えると、令外の官である遣唐使も節刀を賜わると直ちに出立したものと考えられる。節刀の持つ意味の重要性を知らしめるのは、『続日本後紀』承和三年（八三六）五月辛亥条に見える太政官の宣である。同日条には、「右少弁藤原朝臣当道、於濱頭称揚太政官宣曰、遣唐使判官以下、為国家尓有犯事者、随罪軽重、死罪以下科決氏止志、大使主小使主尓、節刀給部理、諸知此状謹勤仕奉止宣、是日、使等駕舶、」と見え、節刀の意味の重さを述べて余すところがない。遣唐使の大使らは天皇から節刀を賜わり刑罰の権限を委ねられたことは明瞭である。

(32) 式の一部を示せば次の通りである。「五色玉二百八十丸、金作鈴四口、鏡四面、……使一人、中臣氏」平安時代にあっては、造船地に中臣氏が使人として派遣されていた模様である。

(33) その他にも多くの神々を祭祀していることが、同書に見えている。鏡山猛氏「日唐交通と新羅神の信仰」（『史淵』一八）など参照。

(34) 『入唐求法巡礼行記』巻一、承和五年（八三八）六月二十四日条に「大使始昼観音菩薩、請益留学法師等相共読経誓祈、」とある。

(35) 八九四番の歌にも〝大御神たち　船の舳に〟とある。

(36) 『唐六典』巻四祠部郎中員外郎条に「凡祭祀之名有四、一曰祀天神、二曰祭地祇、三曰享人鬼、四曰釈奠于先聖先師、」とあるが、この場合は、それとは異なるか。

〔附記〕

その後、河内春人氏の論考「大宝律令の成立と遣唐使派遣」（『続日本紀研究』第三〇五号、平成八年一二月発行）および坂上康俊氏の論考「大宝律令制定前後における日中間の情報伝播」（池田温・劉俊文両氏編『日中文化交流史叢書二　法律制度』所収、大修館書店、平成九年一月刊）に接したが、論及することが出来なかった。参照をお願いする。

第三節　遣唐執節使粟田真人について

はじめに

平成四年は日中国交回復二十周年にあたり、いろいろの行事が日中両国で行われた。平成四年（一九九二）七月二十七日から三十日までの四日間、北京の中日青年交流センターを会場として中国日本史学会・中国国際文化交流センターなどの主催で、日中国交正常化二十周年を記念する国際学術討論会『日中交流史上の友好使者』が開催された。この国際シンポジウムに招聘され、二十八日午前の全体会議において、同時通訳付きで研究発表する機会を得ることができた。本節はその発表原稿をもとに手を加えたものである。

日中両国の国交は昭和四十七年（一九七二）九月、北京で発表された日中共同声明によって正常化され、昭和五十三年（一九七八）には日中平和友好条約も結ばれている。また昭和五十九年（一九八四）には、平和友好・平等互恵・相互信頼・長期安定を原則とする、日中友好二十一世紀委員会も発足している。平成四年秋には、天皇が日本の歴史上初めて訪中されている。

右に述べたごとく、日中間の友好善隣関係は益々強固になりつつあるが、本節では法制史から見た遣唐使の意義について、八世紀の初頭に遣わされた第七回・大宝元年任命の遣唐使に焦点を絞り、特に粟田真人の果たした役割を中心にして考察することにする。(1)

一　大宝度遣唐使発遣以前の日本

有史以来の日中間の国交となると、『前漢書』地理志・『魏志』倭人伝・『後漢書』倭伝・『宋書』倭国伝などの中国正史の記載について考察を加えなければならない。詳しく論ずる余裕はないので、飛鳥時代以前の国交については彼の基本的史料を次に示し、若干の私見を述べておくこととする。

①『漢書』地理志燕地

楽浪海中有倭人、分為百余国。以歳時来献見云。

②『後漢書』倭伝

建武中元二年、倭奴国奉貢朝賀。使人自称大夫、倭国之極南界也。光武賜以印綬。

③『魏志』倭人伝

倭人在帯方東南大海之中、依山島為国邑。旧百余国。漢時有朝見者、今使訳所通三十国。（中略）景初二年六月、倭女王、遣大夫難升米等詣郡、求詣天子朝献、太守劉夏、遣吏、将送詣京都。其年十二月、詔書報倭女王曰、制詔親魏倭王卑弥呼、帯方太守劉夏、遣使送汝大夫難升米・次使都市牛利、奉汝所献男生口四人・女生口六人・班布二匹二丈以到、汝所在踰遠、乃遣使貢献、是汝忠孝、我甚哀汝。今以汝為親魏倭王、仮金印紫綬、装封付帯方太守仮授、汝其綏撫種人、勉為孝順。

④『宋書』倭国伝

興死弟武立、自称使持節都督倭・百済・新羅・任那・加羅・秦韓・慕韓七国諸軍事・安東大将軍・倭国王。順帝昇明二年、遣使上表曰、封国偏遠、作藩于外、自昔祖禰、躬擐甲冑、跋渉山川、不遑寧処、東征毛人、五十五国、西服衆夷、六十六国、渡平海北、九十五国、王道融泰、廓土遐畿、累葉朝宗、不愆于歳、臣雖下愚、忝胤先緒、駆率所統、帰宗天極、（中略）窃自仮開府儀同三司、其余咸仮授、以勧忠節。詔除武使持節都督倭・新羅・任那・加羅・秦韓・慕韓六国諸軍事・安東大将軍・倭王。

まず①については、彼の正史における倭人の初見史料であるが、西暦紀元前後に中国人が倭人に関するほぼ確かな認識を持つようになったことを知ることが出来る。ここに見える倭人は九州方面に国をなしていた人々を指すと考えられる。

②に見える倭の奴国も九州方面の国と考えられるが、この記事に見える建武中元二年は紀元五七年であり、このとき光武帝に賜ったとされる金印が江戸時代の天明年間に博多湾岸の志賀島で発見されたことは有名である。偽印説もあったが、中国・雲南省晋寧右寨山遺跡から発見された滇王の金印などとの比較研究により、真印説が有力となった。

③の記事は邪馬台国に関する記載を含み、極めて有名なものである。史料中に見える景初は明帝の年号である。景初二年は、『梁書』ならびに『日本書紀』所引の『魏志』には三年とあり、景初三年（二三九）の誤りと考えられている。邪馬台国については、その位置論を中心として、学界のみではなく多くの人々により議論百出の状況である。『日本書紀』・『古事記』や中国の正史などの基本的文献を踏まえると、三世紀前半において、近畿から九州までをその版図とする統一王権が存在したと考えるのは困難であるから、私は邪馬台国は北部九州に位置していたと推定して

いる。

④はいわゆる倭の五王に関する記事である。順帝の昇明二年は四七八年に相当する。朝鮮半島に関係する記載を含み、さまざまな解釈を生んでいるが、埼玉県の稲荷山古墳から発見された刀銘や、熊本県の江田船山古墳出土刀銘から知られるワカタケル大王が雄略天皇であると考えられるところからすると、五世紀における大和王権は関東から九州までを統治する統一国家であったと思われる。

ただし注意しなければならないのは、①から④の史料の共通する特色として、その外交関係が朝貢の形を取っていることである。そこに対等の関係を見出すことは不可能であろう。すなわち、中国の正史などに倭人や倭の国々が見え始める西暦紀元前後ごろより五世紀の倭の五王の時代までの中国と日本との交流は、朝貢関係を基本とするものであったことが明らかである。

六世紀の日中間の交流についてはほとんど史料が無く、その末年の六百年になって初めて、倭王が隋に使者を送ったことを『隋書』倭国伝開皇二十年の記事によって知ることが出来る。ただしこの開皇二十年の遣使のことは『隋書』には記載されているが、『日本書紀』には記事がない。その理由についてはいろいろの説が提出されているが、書紀の編者が『隋書』の遣隋使に関する記事を、『宋書』の倭王武の上表文などとともに、それらを手にし参照し得る立場にありながらこれを無視して、日本の正史としての独立性を維持しようとする強い意志を示していると見る考え方に引かれる。(2)

七世紀に入っての聖徳太子の対隋外交は、西暦紀元前後ごろ以来数百年の日本の朝貢外交を根本的に改めた、注目すべきものであった。これは書紀に記されない開皇二十年の遣隋使が日本の使節として十分な待遇を得られなかった苦い経験を踏まえた上で、日本国内の政治改革を受けて、然るべき位階を帯びた小野妹子を対等外交の使者として派遣されたものと考えられるのである。

七世紀初頭の聖徳太子の改革に関係する史料を列挙しておくと次の通りである。

・『日本書紀』推古天皇十一年（六〇三）十二月戊辰朔壬申

始行冠位。大徳・小徳・大仁・小仁・大礼・小礼・大信・小信・大義・小義・大智・小智、幷十二階。

・『日本書紀』推古天皇十二年（六〇四）春正月戊戌朔

始賜冠位於諸臣、各有差。

・『日本書紀』推古天皇十二年（六〇四）夏四月丙寅朔戊辰

皇太子親肇作憲法十七条。一曰、以和為貴、（下略）

倭の五王以来の、一世紀余りの空白期間の後に発遣された、開皇二十年の遣隋使によって得た新知識を活用して、短期間に冠位十二階と憲法十七条を作った。使者が見た隋都長安の強烈な印象が、冠位と憲法の成立を促したのではなかったかと思われる。

この開皇二十年度の遣隋使節の氏名は不明であるが、使者が長安に至ったことは、『隋書』に「遣使詣闕」と見えることにより明瞭である。(3)

使節派遣の主要な目的は、隋という強大な国家に比肩し得る国にまでわが国を引き上げるための彼の法律・制度ならびに典章の摂取にあり、ことに律令格式などの成文法典に注目していたのではないかと思われるが、その真の目的は秘されたのではなかったか。国造りのための基本法典としての律令法の摂取ではなく、仏法を学ぶために倭国の使者が派遣されたと記すのは、第二回遣隋使についての『隋書』の次に掲げる記事である。『日本書紀』は使者の名を小野妹子と明記するが、その派遣の目的を記さない。(4)

・『隋書』倭国伝・大業三年（六〇七）

其王多利思比孤、遣使朝貢。使者曰、聞、海西菩薩天子、重興仏法。故遣朝拝、兼沙門数十人、来学仏法。其国書曰、日出処天子、致書日没処天子、無恙、云云。帝、覧之不悦、謂鴻臚卿曰、蛮夷書、有無礼者、勿復以聞。

・『日本書紀』推古天皇十五年（六〇七）秋七月戊申朔庚戌

大礼小野臣妹子遣於大唐。以鞍作福利為通事。

『隋書』倭国伝の大業三年条には、右に掲げたごとく、日本の天子から隋の天子へ送られた国書が見えている。この国書は著名であるが、天子から天子へ書を致すという対等の書式であることに注目すべきであろう。(5)

聖徳太子がこの第二回目の遣唐使をあくまで対等外交として考えておられたことは、隋の煬帝がこの国書を見て「蛮夷の書、無礼なる者あり、復た以て聞する勿れ。」と鴻臚卿に言ったと伝えられることからも明らかであろう。隋は中華思想に基づき外交を展開しているからである。しかし、半島情勢を考慮し、日本の国情を見るために、煬帝はその答礼使として裴世清を送ったのであろう。古来、遠交近攻策は中国の外交政策の基本とされるからである。高句麗への遠征を企図する煬帝にとっては、その後方に位置する日本との友好は望むところであったと考えられる。(6)

推古天皇十六年・大業四年（六〇八）、隋使文林郎裴世清一行一三人は遣隋使小野妹子の帰国に従って来日した。裴世清の来日のことは、『日本書紀』ならびに『隋書』に記事がある。(7)

『日本書紀』推古天皇十六年八月壬子（十二日）条に裴世清が国書を進めた記事があり、その国書が引用されている。原文を引用すると次の通りである。

・『日本書紀』推古天皇十六年（六〇八）八月癸卯朔壬子

召唐客於朝庭、令奏使旨。……於是、大唐之国信物置於庭中。時使主裴世清、親持書、両度再拝、言上使旨而立之。其書曰、皇帝問倭皇。……

右に明らかなごとく、国書の冒頭は「皇帝問倭皇」となっている。ところが『善隣国宝記』所引の『経籍後伝記』には「其書曰、皇帝問倭王。聖徳太子甚悪其黜天子之号為倭王、而不賞其使。」と見える。ここは、早く新井白石や本居宣長などが支持した『経籍後伝記』の記載が正しく、「倭王」であったと思われる。裴世清の齎した国書が中華思想に基づくものであったことを物語るであろう。(8)

隋使裴世清帰国の記事は『日本書紀』に次のごとく見えている。

・『日本書紀』推古天皇十六年（六〇八）九月辛未朔辛巳

唐客裴世清罷帰。則復以小野妹子臣為大使。……福利為通事。副于唐客而遣之。爰天皇聘唐帝。其辞曰、東天皇敬白西皇帝。使人鴻臚寺掌客裴世清等至。久憶方解。季秋薄冷。尊如何。想清悆。此即如常。今遣大礼蘇因高・大礼乎那利等往。謹白不具。是時、遣於唐国学生倭漢直福因・奈羅訳語恵明・高向漢人玄理・新漢人大圀、学問僧新漢人日文・南淵漢人請安……并八人也。

ここに推古天皇から唐帝への国書（書紀には省略があると考えられる）が掲げられ、その冒頭に「東天皇敬白西皇帝」と見えている。ここに見える天皇号については議論があるが、ここではその問題に立ち入らない。(9)「敬白」の用語について西嶋定生氏は「倭王は上向とも対等ともとれる『敬白』という文辞を使用した信書を送って、明白な臣礼を表明しなかった。」と述べられたが、従うべき見解と思われる。(10)

『日本書紀』推古天皇三十一年秋七月条には、新羅使智洗爾の来朝の記事があり、このときに遣隋留学生が新羅使に従って帰朝している。その記事を示すと次の通りである。

・『日本書紀』推古天皇三十一年（六二三）秋七月

新羅、遣大使奈末智洗爾、任那、遣達率奈末智、並来朝。（中略）是時、大唐学問者僧恵斉・恵光・及医恵日・福因等、並従智洗爾等来之。於是、恵日等共奏聞曰、留于唐国学者、皆学以成業。応喚。且其大唐国者、法式備定之珍国也。常須達。

ここに帰朝した恵日らの「唐国に留まる学者、皆学びて以て業を成す。まさに喚すべし。かつかの大唐の国は法式備り定まれる珍の国なり。常に達うべし。」という奏聞が載せられていることは注目に値する。第二回遣隋使派遣の際、『日本書紀』はその使節派遣の目的を明記しなかったが、この奏聞によって、遣隋使派遣の目的の重要な一つが隋の法律制度の摂取にあったことがわかるのである。具体的には、法典などの国家の法律制度に関係する典籍の蒐集と、留学生による法律制度運用の知識の獲得であったと思われる。この奏聞を受ける形で舒明天皇の時代より遣唐使が派遣されていく。そして、隋にて学業を成就した人々が続々と帰国し、律令国家の形成に大きな働きをなしていく。大化改新に活躍した南淵請安・僧旻・高向玄理といった人々は、いずれも隋に留学して数十年を過ごし、律令制度による国家統治の方法を会得し、隋帝国の滅亡と新興国家唐の建国の状況を目の当たりにしてきたのであった(11)。

日本の律令制度確立への歩みのなかで、聖徳太子の諸改革は起点として位置づけられ、大化改新は重要な節目であると考えられる。大化改新について考える場合、遣隋留学生の果たした役割が極めて大きいことに異論はないであろう。その働きを史書に見ると、次のごとくである。

・『日本書紀』皇極天皇三年（六四四）春正月乙亥朔

以中臣鎌子連拝神祇伯。……（中大兄皇子と中臣鎌子連）而倶手把黄巻、自学周孔之教於南淵先生所南淵請安

・『日本書紀』孝徳天皇即位前紀

是日（皇極天皇四年〈六四五〉六月十四日）……以中大兄、為皇太子、……授中臣鎌子連、為内臣。……以沙門旻法師・高向史玄理、為国博士。

・『日本書紀』大化五年（六四九）二月

是月、詔博士高向玄理与釈僧旻、置八省百官。

・『藤氏家伝』上

甞群公子咸集于旻法師之堂、講周易焉、大臣後至、鞍作起立、抗礼倶坐、講訖将散、旻法師撃目留矣、因語大臣云、入吾堂者、无如宗我大郎、但公神識奇相、実勝此人、願深自愛、

皇極天皇紀三年の記事から、中大兄皇子と中臣鎌足がともに書物を把って自ら周公・孔子の教え〈儒教〉を南淵請安先生より学んだことがわかる。また孝徳天皇即位前紀により、僧旻と高向玄理が国博士となったことがわかる。ここに見える「国博士」は後の令制のそれ〈職員令、国博士医師条に見える〉とは異なり、国政上の顧問といった性格のものであったと考えられている。大化五年二月には十九階の冠位が制定されているが、同月に高向玄理と僧旻に八省百官を置かしむとの詔が下っている。詔に八省百官とあるが、ここは唐制を参酌しつつ日本の国情を考慮した、新官制のマスタープランの起草が命ぜられたと考えられる。また『家伝』によると、僧旻が鎌足らに『周易』を講じたことがわかる。

『日本書紀』大化二年正月朔条には有名な大化改新詔が見えているが、この詔の起草にも僧旻・高向玄理・南淵請安といった人々が直接あるいは間接に深く関与したと推定される。『日本書紀』同条の一部を示すと次の通りである。

・『日本書紀』孝徳天皇大化二年（六四六）春正月甲子朔

賀正礼畢、即宣改新之詔曰、其一曰……仍賜食封大夫以上、各有差。降以布帛、官人百姓、有差。……其二曰、初修京師、置畿内国司郡司関塞斥候防人駅馬伝馬、及造鈴契、定山河。……其三曰、初造戸籍・計帳・班田収授之法。……其四曰、……行田之調。……

この四箇条よりなる大化改新詔には、後の律令制の基本となる公地公民制、中央・地方の行政制度、土地制度や税制などの大綱が要領よく示されている。

西暦六一八年に隋を滅ぼした唐は、朝鮮半島方面に進出してくる。六二八年には全国を統一。六六三年には白村江の戦いにて百済と日本が唐・新羅の連合軍に敗れ、百済は滅亡する。この白村江敗戦により日本は朝鮮半島における足場を全く失ったことは、重要である。そしてその五年後の六六八年に、それまで隋・唐のたびたびの攻撃によく堪えてきた高句麗が、唐と新羅の連合軍によってついに滅亡する。六五一年（永徽二年）『旧唐書』に唐の外交政策が見える。

二　日本律令の成立と大宝度遣唐使の派遣

白村江の敗戦の結果、その後の日本は、唐と新羅の侵攻に備えて自国の防衛体制の強化に尽力する。敗戦の翌年、天智天皇称制三年（六六四）には、対馬・壱岐・筑紫などに防人・烽が置かれ、筑紫大宰府防衛のために水城が築かれている。同四年には、長門国の城、筑紫国の大野城・椽（基肄）城が、また同年（六六七）には、大和国の高安城・讃岐国の屋嶋城・対馬国の金田城が築かれている。天智天皇称制六年（六六七）の近江国大津宮への遷都も、この防衛体制強化の一環として理解すべきものであろう。

称制七年（六六八）正月、中大兄皇子は即位するが、九月に高句麗は唐・新羅軍により滅ぶ。日本の防衛体制の整備に努めてきた皇子であったが、半島において同盟国ともいうべき位置を占めていた高句麗の滅亡により、天智天皇として即位して後も、国家制度の整備をさらに推進することが急務であると考えられた。弘仁格式序には「至天智天皇元年、制令廿二巻。世人所謂近江朝廷之令也。」とあり、また『藤氏家伝』によれば、中臣鎌足が近江令の撰定を命じられほぼ条令を作ったとあるが、近江令の撰定がこの年であると伝えられるのも偶然ではないであろう。(12)

近江令については、その存在を否定する説が存在する。青木和夫氏の「浄御原令と古代官僚制」ならびに「律令論」（いずれも『日本律令国家論攷』所収）が代表的な学説である。同氏の唱える体系的法典としての近江令否定説は、その後さまざまに議論され、今日も有力な一説として存在している。そこでここでは、近年発見された新史料によって、近江令の存否についていささか言及しておくことにする。

近江令の成立・施行を伝える史料は『日本書紀』であり、次の通りである。

・『日本書紀』天智天皇十年（六七一）春正月己亥朔甲辰

東宮太皇弟奉宣、施行冠位法度之事。大赦天下。（法度冠位之名、具載於新律令也）

この記事に見える「冠位法度之事」が大系的法典としての「近江令」を意味するか否かについて議論のあることはすでに述べたが、平成三年になって滋賀県野洲郡中主町西河原の遺跡から近江令の存否に深く関係する木簡が発見された。それを示すと次の通りである。

・滋賀県野洲郡中主町西河原　湯ノ部遺跡出土木簡

〈側面〉

・丙子年〈天武天皇紀五年（六七六）〉十一月作文記

〈表〉

・牒玄逸去五月□□□蔭人

自従二月已来［　］養官丁

〈裏〉

・次之□□丁［　］□□

□〈壊カ〉及於□□［　］人□

久蔭不潤［一］蔭人　　　　　　　　　　　　　　　　裁謹牒也

この史料は、いわゆる飛鳥浄御原令成立以前の年紀を持っており、『日本書紀』に見えている「冠位法度之事」が体系的法典としての近江令であり、その官吏任用などに関する規定、後の養老令で言えば職員・考課・選叙の各令や律令文書行政の要ともいうべき公式令の存在を前提にしないと解釈できない内容を持つのである。また、この木簡の紀年と同年の『日本書紀』の記事に次のごとく見えている。

・『日本書紀』天武天皇五年（六七六）夏四月戊戌朔辛亥

勅、……又外国人欲進仕者、臣連伴造之子、及国造子聴之。唯雖以下庶人、其才能長亦聴之。

この記事は、湯の部遺跡出土木簡の内容と附合するものであろう。蔭位の制度については、養老令では選叙令三八条などに規定があり、外位の蔭位は内位と同じである。(13)

いわゆる飛鳥浄御原令についてはさまざまな議論が提出されており、いまだ定説を見ない。大きく分けると、独立した法典が天武・持統両天皇の時代に編纂・施行されたと考える説と、近江令がこの時代になって改定されたと見る説が存在する。史料としては、『日本書紀』の次の記事が主要なものである。

・『日本書紀』持統天皇三年（六八九）六月壬午朔庚戌

班賜諸司令一部廿二巻。

いずれにしても、前に述べたように、法典としての近江令の存在が確かなものであるとすると、この両天皇の時代にさらに令法典はその完成度を高めたことは疑えない。ただ、律の編纂・施行については、また説が分かれている。

大宝律令の成立については諸書に記載があり、律令がそろった相当完成度の高い法典であったことは確実である。最も信頼すべき記録としては『続日本紀』があり、大宝度の律令の成立過程については比較的よく記載されているが、その主要なものを掲げると次のごとくである。

・『続日本紀』文武天皇四年（七〇〇）三月甲子
詔諸王臣読習令文。又撰成律条。

・『続日本紀』文武天皇四年（七〇〇）六月甲午
勅浄大参刑部親王、直広壱藤原朝臣不比等、直大弐粟田朝臣真人、……勤大壱薩弘恪……等、撰定律令。賜禄各有差。

・『続日本紀』文武天皇大宝元年（七〇一）三月甲午
始依新令改制官命・位号。

・『続日本紀』文武天皇大宝元年（七〇一）夏四月甲辰朔庚戌
遣右大弁従四位下下毛野朝臣古麻呂等三人、始講新令。親王・諸臣・百官人等、就而習之。

・『続日本紀』文武天皇大宝元年（七〇一）六月己酉
勅、凡其庶務一依新令。……是日、遣使七道、宣告依新令為政、及給大租之状、幷頒付新印様。

・『続日本紀』文武天皇大宝元年（七〇一）八月癸卯
遣三品刑部親王、正三位藤原朝臣不比等、従四位下下毛野朝臣古麻呂、従五位下伊吉連博徳・伊余部連馬養等、撰定律令、於是始成。大略以浄御原朝庭為准正。仍賜禄有差。

・『続日本紀』文武天皇大宝二年（七〇二）二月戊戌朔

始頒新律於天下。

文武天皇四年六月の記事に見られるように、粟田真人はこの度の律令編纂の実質的な中心人物の一人である。また、唐人薩弘恪が律令撰定の功により禄を賜っていることも注目に価する。この新律令の編纂に深く関わった真人が、翌年に遣唐執節使に任ぜられていることは、『続日本紀』の次に掲げる記事によって知られる。

・『続日本紀』文武天皇大宝元年（七〇一）春正月乙亥朔丁酉

以守民部尚書直大弐粟田朝臣真人為遣唐執節使。左大弁直広参高橋朝臣笠間為大使。右兵衛率直広肆坂合部宿禰大分為副使。参河守務大肆許勢朝臣祖父為大位。刑部判事進大壱鴨朝臣吉備麻呂為中位。山城国相楽郡令追広肆掃守宿禰阿賀流為小位。進大参錦部連道麻呂為大録。進大肆白猪史阿麻留・无位山於億良為少録。

この事実から考えても、隋・唐に倣って日本ではじめて全き姿を表した大宝度の律令を、唐朝に示すために持参することが、遣唐使の重要な目的の一つであったことが推定できるのである。白村江の戦い以来長く対立状態にあった唐との関係を修復するために派遣された大宝度の遣唐使の長官として、新律令編纂に重要な役割を果たした粟田真人が任命されたことは注目に価することと言わねばならない(14)。

遣唐使の任命以後も着々と新律令の整備が進められていったことが、前に掲げた大宝元年三月・四月の『続日本紀』の記事などによってわかり、六月には庶務を新令によって行うべきことが命ぜられている。八月には新律令の完成を見るが、このときの賜禄の記事には当然見えるべき粟田真人の名が無い。それは彼が遣唐使として都をすでに出発していたからであろう。翌大宝二年二月に初めて新律が天下に頒布されており、ここに律令の完全なる施行を見るのである。

大宝度遣唐使の任命は、前に述べたように、まさに新律令の編纂から施行の途上においてなされたのであり、大宝元年八月の新律令の撰定完了以前の四月・五月に遣唐使らの拝朝や入唐使粟田真人への節刀の授与が行われていることが、次に掲げる『続日本紀』の記事によってわかる。

・『続日本紀』文武天皇大宝元年（七〇一）夏四月甲辰朔乙卯
　遣唐使等拝朝。
・『続日本紀』文武天皇大宝元年（七〇一）五月癸酉朔己卯
　入唐使粟田朝臣真人授節刀。

この後、いつ遣唐使一行が都を出発したかは不明であるが、前に述べたように八月の賜禄の記事に粟田真人の名が見えないことから、それ以前であることは確かであろう。『万葉集』巻第一の六二番として「三野連（名闕）入唐時春日蔵首老作歌」の題下に「ありねよし　つしまのわたり　わたなかに　ぬさとりむけて　はやかへりこね」の歌が見えている。この度の遣唐使に参加した美努連岡萬に捧げられた歌と考えられる。東京国立博物館所蔵の『美努連岡萬墓誌』に「我祖美努岡万連飛鳥浄御原　天皇御世甲申年正月十六日、勅賜連姓、藤原宮御宇大行　天皇御世大宝元年歳次辛丑五月、使乎唐国」とあり、また西本願寺本万葉集に「国史云、大宝元年正（五カ）月、遣唐使民部卿粟田真人朝臣已下百六十人、乗船五隻。小商監従七位下中宮小進美努連岡麿云々」と見えて、これらのことからすると、五月うちに遣唐使一行一六〇人が五隻の乗船に分乗して難波の住吉の浜を出帆したかと思われる。しかし、このときの渡唐は暴風のため成功せずに引き返したことが、『続日本紀』大宝二年六月の記事に「去年従筑紫而入海、風浪暴険、不得渡海」とあることによってわかるのである。いったん都に戻った粟田朝臣真人は、勅により朝政に参議せしめられていたことが、次に掲げる『続日本紀』の記事によって知られる。

・『続日本紀』文武天皇大宝二年（七〇二）五月丁亥

勅従三位大伴宿禰安麻呂、正四位下粟田朝臣真人、従四位上高向朝臣麻呂、従四位下下毛野朝臣古麻呂・小野朝臣毛野、令参議朝政。

そして、この年の七月には内外文武官をして新令の読習を命ずる詔が出され、また十月には律令が天下諸国に頒下されて全国的な律令法の施行が行われた。次に掲げる『続日本紀』の記事によって知られる。

・『続日本紀』文武天皇大宝二年（七〇二）秋七月乙亥

詔、令内外文武官読習新令。

・『続日本紀』文武天皇大宝二年（七〇二）冬十月乙未朔戊申

頒下律令于天下諸国。

大宝二年はまさに完成した新律令が全国的に施行されるという記念すべき年なのであるが、その施行の途中、六月に粟田真人は再び態勢を調えて遣唐使として出発したのであった。『続日本紀』の同年六月乙丑条には「遣唐使等、

（中略）至是乃発。」と見えている。

・『続日本紀』文武天皇大宝二年（七〇二）六月乙丑

遣唐使等、去年従筑紫而入海、風浪暴険、不得渡海。至是乃発。

この第七回遣唐使が入唐した経路は南島路であったと考えられており、その航海の後到着したところが楚州であったことは、帰国したときの『続日本紀』の記事によってわかる。その後の唐都長安への道筋については記録がないが、『続日本紀』宝亀十年（七七九）夏四月辛卯条に「又奏曰。往時遣唐使粟田朝臣真人等、発従楚州到長楽駅。」と見えて、長楽駅を通過したことが知られるのみである。長安に到着した粟田真人らについては、『旧唐書』倭国日本伝などに記載があり、その様子を伺うことができる。『旧唐書』は粟田真人を「中国戸部尚書」のようであると記し、その衣服などについて述べた後に「好読経史、解属文、容止温雅。」と叙し、その教養の豊かさと態度の立派であったことを賞賛している。また同書によると、真人らは則天武后より大明宮の麟徳殿において宴を賜り、司膳卿の官職を授与されたことがわかる。

・『旧唐書』倭国日本伝

長安三年（七〇三）、其大臣朝臣真人、貢来方物。朝臣真人者、猶中国戸部尚書、冠進徳冠、其頂為花、分而四散、身服紫袍、以帛為腰帯。真人、好読経史、解属文、容止温雅。則天、宴之於麟徳殿、授司膳卿、放還本国。

〈増村宏氏「遣唐使粟田真人の入唐年次について」（『遣唐使の研究』所収）により、長安二年とすべし〉

粟田真人は入唐した翌々年の慶雲元年七月に帰朝したことが、『続日本紀』に見えている。そこには真人らが初めて唐国に至ったときの同国人との問答が載せられているが、いずれの処からの使人かとの問いに対して真人は「日本国使」と答えたことが知られる。正史のなかで『隋書』までは「倭国」伝であり、『旧唐書』で始めて倭国「日本」伝となり、日本の国号が中国正史に記載される。中国によって「日本」の国号が認知されるようになるのは、遣唐執節使粟田真人が唐国へ齎したと考えられる、日本の新律令（大宝律令）中の公式令詔書式の規定に「明神御宇日本天皇詔旨」とあることとともに、真人自身の唐国人との問答などにおける堂々たる態度が寄与していると考えられるのである。『続日本紀』にはまた、唐人が真人に対して発した「亟聞、海東有大倭国。謂之君子国。人民農楽、礼儀淳行。今看使人、儀容大浄。豈不信乎。」のことばを載せており、当時我が国（大倭国、すなわち日本）が海東の君子国であって人民は豊楽で礼儀が淳く行われている国として唐国に聞こえており、また真人自身の立ち居振る舞いも、その様子が大いに浄く信頼を得たことを物語っている。

・『続日本紀』文武天皇慶雲元年（七〇四）秋七月甲申朔

正四位下粟田朝臣真人、自唐国至。初至唐時、有人、来問曰、何処使人。答曰、日本国使。我使反問曰、此是何州界。答曰、是大周楚州塩城県界也。更問、先是大唐、今称大周。国号縁何改称。答曰、永淳二年、天皇太帝崩。皇太后登位、称号聖神皇帝、国号大周。問答略了、唐人謂我使曰、亟聞、海東有大倭国。謂之君子国。人民豊楽、礼儀淳行。今看使人、儀容大浄。豈不信乎。語畢而去。

粟田真人帰国の報は直ちに九州の大宰府から朝廷に伝えられたと考えられるが、都に帰り拝朝したのは十月であり、遣唐執節使として絶域に使いした功績によって真人に大倭国（現在の奈良県）の田二〇町と穀一千斛を賜っている。

・『続日本紀』文武天皇慶雲元年（七〇四）冬十月辛酉
粟田朝臣真人等拝朝。
・『続日本紀』文武天皇慶雲元年（七〇四）十一月丙申
賜正四位下粟田朝臣真人大倭国田廿町、穀一千斛。以奉使絶域也。

三　粟田真人の生涯とその影響

粟田真人の生年は未詳であり、天武天皇十三年に朝臣と賜姓され、持統天皇朝に筑紫大宰、文武天皇四年には新律令の編纂に参加している。前項でも述べたように、粟田真人の生涯は新律令の編纂と遣唐執節使としての渡唐という二つの大きな事業によって彩られている。そして、この二つの大事業において真人は重要な役割を果たしたのであった。新律令は奈良時代を通じて国政の基本として大きな働きをなし、八世紀最初の遣唐使は、白村江で激しい戦闘を繰り広げた日唐戦争の全面的な講和を意味するものであり、真人はその双方の極めて重大な役割を見事に果たしたのである。彼が帰国後、絶域に使いした功績により多大の賞与に預かったのも故なしとしないであろう。因みに、日本名例律六議の五議功の本注に「大勲功」とあり、疏に「遠使絶域」と見えるが、まさに真人の働きは大勲功であり、議功に相当するものであろう。

帰朝後の粟田真人について述べると、帰国翌年の慶雲二年五月には中納言（唐代の黄門侍郎・門下侍郎に相当）の官職に着き、同年八月には従三位に叙せられ物を賜っている。同三年二月には入唐執節使粟田真人の乗船した遣唐使船佐伯に従五位下の位が授けられている。これらの授位の記事からしても、大宝度の遣唐使の重要な意味が読み取れるであろう。真人は和銅元年には大宰帥になり、霊亀元年には正三位に叙せられ、養老三年二月甲子に薨じている。

・『続日本紀』文武天皇慶雲二年（七〇五）夏四月辛未

天皇御大極殿、以正四位下粟田朝臣真人・高向朝臣麻呂・従四位上阿倍朝臣宿奈麻呂三人為中納言。

・『続日本紀』文武天皇慶雲二年（七〇五）八月戊午

又授遣唐使粟田朝臣真人従三位。其使下人等、進位賜物各有差。

・『続日本紀』文武天皇慶雲三年（七〇六）二月丙申

授船号佐伯従五位下。入唐執節使従三位粟田朝臣真人之所乗者也。

・『続日本紀』文武天皇慶雲四年（七〇七）五月癸亥

讃岐国那賀郡錦部刀良……刀良等被唐兵虜、没作官戸、歴四十余年乃免。刀良、至是遇我使粟田朝臣真人等、随而帰朝。憐其勤苦、有此賜也。

・『続日本紀』元明天皇和銅元年（七〇八）三月丙午

従三位粟田朝臣真人為大宰帥。

・『続日本紀』元明天皇霊亀元年（七一五）夏四月丙子

詔叙成選人等位。授従三位粟田朝臣真人正三位。

・『続日本紀』元明天皇養老三年（七一九）二月甲子

正三位粟田朝臣真人薨。

真人その後の遣唐使への影響としては、『続日本紀』宝亀十年の記事が重要であろう。この記事では、真人らが長楽駅にてかの五品の舎人が皇帝の勅を宣して慰問したときに拝謝の礼のことが見えないとして、宝亀当時の唐客に対する礼を決定する際に例として引き合いに出されている。

・『続日本紀』光仁天皇宝亀十年（七七九）夏四月辛卯

又奏曰。往時遣唐使粟田朝臣真人等、発従楚州到長楽駅。五品舎人、宣勅労問。此時未見拝謝之礼。又新羅朝貢使王子泰廉入京之日、官使宣明、賜以迎馬。客徒斂轡。馬上登謝。但渤海国使、皆下馬、再拝舞踏。今領唐客、准拠何例者。進退之礼、行列之次、具載別式。今下使所。宜拠此式勿以違失。

以上述べたように、遣唐執節使粟田真人を中心とする大宝度の遣唐使は、以後の使節の往来の際の模範となったことを知ることができるのである。

おわりに

三項に亙って述べてきたが、大宝度の遣唐使はそれまでの使節の派遣とはその政治的・文化的重要性において格段のものがあり、また航海術の上でも、それまでの朝鮮半島の西海岸に沿って航海する北路に代えて、新しい入唐経路である南島路（博多から奄美・沖縄列島沿いに南下して東シナ海を横断して揚子江口附近の中国沿岸を目指す航路）を開拓するものであった。

第七回遣唐使すなわち大宝度遣唐使の中心人物が遣唐執節使粟田真人である。彼は好学能文・容儀高尚で、新律令（大宝律令）の編纂に深く関わった。遣使にあたっては、隋・唐の律令に倣って日本ではじめて全き姿を表した律令を、唐朝に示すために持参したと考えられている。大宝度の遣唐使は、白村江の戦い以来長く対立状態にあった唐との関係を修復するために派遣されたが、真人はその長官としての重大な使命を見事に果たしたのであった。長安に使いした真人に対して、唐人はその儀容を、海東君子国人にそむかずとほめたことが『続日本紀』に見えている。大宝年間は日本の諸制度が整った時代として歴史上に著名であるが、真人はその制定に直接貢献したのみならず、日本が法式備定の国であることを、航海の危険を冒して当時の世界帝国ともいうべき唐に伝えた使者としても、その功績は決して忘れてはならない。日中交流史上の友好使者として記憶されるべき日本人の一人である。

注

（1）一九九二年七月二十七日の討論会の折に、中国社会科学院考古研究所前所長の王仲殊氏より「第七次遣唐使について」と題する日本文のゲラ刷りコピーを頂戴した。この論考は私説と関連するところが多く、後に日本の学生社から『中国から見た古代日本』と題する王氏の著書の一部として出版された。参照されることを希望する。同氏の大宝度遣唐使に対する評価を一部引用すると次の通りである。「中国歴代の歴史書を通覧してみても、外国からの使者に言及するにあたって、粟田真人に対するほどその人柄を賞賛している例は他に見あたらない。六世紀中期の梁王朝の蕭繹が『職貢図』の中で描いた倭国の使者が粗野ないでたちをしていたのと比べてみても、八世紀初頭の粟田真人は楚々とした衣冠を着用し、堂々たる風貌の持ち主であったばかりではなく、その才能が衆にぬきんでた学者であった。」「粟田真人に率いられた第七次遣唐使は、長安において見事その使命をはたし、日中の交流をさらに深める道筋を切り開くとともに、両国の友好関係に新たな高まりをもたらしたのであった。」などと述べておられる。なお、上古より清代までの日中友好の使者に関する著書としては、夏応元氏の『海上絲綢之路的友好使者――東洋篇』（海上絲綢之路叢書）がある。本書も中国社会科学院歴史研究所教授で、国際学術討論会の組織委員会副主任であった夏氏より同日に受贈した書物である。中日交流史上の重要人物一五人を取り上げる優れた書物であるが、前言にもある通り重要人物で割愛せざるを得なかった人物も多かったらしく、粟田真人は含まれていない。

（2）池田温氏「中国の史書と続日本紀」（新日本古典文学大系『続日本紀』三、解説所収）を参照。

（3）推古天皇八年（六〇〇）から天平十一年（七三九）までの遣隋・遣唐使関係史料については、田中健夫・石井正敏両氏編「古代日中関係編年史料稿」（『遣唐使研究と史料』所収）が便利である。

（4）後世の書物であるが、室町時代の僧侶瑞渓周鳳の著『善隣国宝記』には「是時国家書籍未多。爰遣小野臣因高於隋国、買求書籍、兼聘隋天子。」と見えている。

（5）「致書」・「無恙」は、それぞれ『隋書』突厥伝・『史記』匈奴伝（また『漢書』匈奴伝）に見えるが、これらは突厥が隋に対し、匈奴が漢に対して対等の関係を主張したときの国書にある文言である。また『漢書』によれば、漢から南越王への国書にも「致書」が見えている。増村宏氏『遣唐使の研究』第一編「遣隋使問題の再検討」第一章「日出処天子と日没処天子――倭国王の国書――」参照。

（6）六世紀末に突然、日本と高句麗の間に外交関係が成立している。高句麗と日本との国交については、李成市氏「高句麗と日隋外交――いわゆる国書問題に関する一試論――」（『思想』七九五号）参照。

（7）裴世清については、池田温氏「裴世清と高表仁――隋唐と倭の交渉の一断面――」（『日本歴史』第二八〇号）参照。

（8）増村宏氏『遣唐使の研究』第一編「遣隋使問題の検討」第三章「隋書と書紀推古紀」を参照。また、「皇帝問某王」が慰労詔書の形式であることは、西嶋定生氏「遣唐使と国書」（『遣唐使研究と史料』所収）参照。

（9）森公章氏「天皇号の成立とその意義」（『古代史研究の最前線』第一巻〔政治・経済編〕上）参照。

（10）「遣隋使と国書問題」（『学士会会報』一九八七―Ⅲ、七七六号）参照。

（11）南淵請安と高向玄理の帰国のことは、『日本書紀』舒明天皇十二年（六四〇）冬十月乙丑朔乙亥条に見える。この二人や僧旻が隋に留学したことは、先に本文として掲げた『日本書紀』推古天皇十六年（六〇八）九月辛未朔辛巳条に見え（ただし、旻は日文とある）、その留学期間は三十年を超える。僧旻は舒明天皇四年（六三二）八月帰国。留学期間は二十四年である。

（12）近江令を始めとする日本律令の編纂過程に関する基本的な文献としては、瀧川政次郎氏『律令の研究』などがある。律令法典編纂の研究史の概観とその主な問題点については、長谷山彰氏の「律令法典編纂史の推移と問題点」（『律令外古代法の研究』所収）を参照。

（13）蔭位については、牧英正氏「資蔭考」（『大阪市立大学法学雑誌』二の一）など参照。

（14）石母田正氏は「天皇と『諸蕃』」（『日本古代国家論』第一部所収）において「まったくの憶測にすぎないが、新律令を唐王朝に紹介することが、大宝の遣唐使再開の一つの使命だったのではないか。」と述べられ、遣唐執節使に任命された粟田真人に注目しておられる。

結論　本書の研究成果と今後の課題

本書は、日本と中国の律令法に関する基礎的研究である。いうまでもなく、律令法は中国において成立し、その後日本に継受された法である。筆者の主要な関心は、中国で成立した律令法が、どのように日本に継受され、古代日本国家形成にいかなる影響を与えたかにある。本書においては、主として法源史に関心を集中して叙述した。

第一章は、律令法基礎研究の歴史と問題点である。

第一節では、日唐両律令を中心とする研究史の概要について述べた。

第二節で、中国律令の研究史について述べた。中国律令全般についての叙述は容易ではないので、律令法典の成立に関連する研究のなかで、重要と思われる点に触れた。中国における律令法典の成立に関していえば、律法典の成立が令法典の成立より早いということが特徴的である。これは、日本における律令法典の成立は令法典が先であることと比較すると、顕著なことといえる。中国における律法典の成立には、諸説がある。『唐律疏議』は唐代を代表する法律書で、魏晋南北朝以来の律を集大成してそれに注釈を付した内容を持つ。『唐律疏議』各編の冒頭には編目疏議があり、各編の由緒来歴が簡潔に述べられている。刑法総則ともいうべき名例律の編目疏議には、魏の文侯が李悝を師として諸国の刑典を集めて『法経』六篇を造ったことが記されている。李悝の『法経』については、今日まで強力な否定説を含めて、多様な説があり、その概要について述べた。筆者としては、唐名例律の編目疏議の記述を信用してよいと考え、中国における律法典の編纂は李悝の『法経』が画期をなすとの結論を得た。その後の法典の成立過程についても諸説が存在することもあり、それらについてもその概要に触れた。

第三節は、日本律令の研究史である。日本律令の最初は近江令である。これは、白村江の戦いに敗れた日本が、その国家体制の再構築を目指して近江に遷都し、そこでそれまで継受しつつあった隋唐の律令制度を本格的に実施すべく施行したものが近江令であると評価することが出来る。近江令についても、かつては否定説が叫ばれた時代もあるが、今日では、令の制定に関連すると考えられる木簡などの発見があり、その存在を認める説が学界の主流である。その後の飛鳥浄御原律令、大宝律令、養老律令についても、その研究史の概要について触れた。

本章末尾には律令関係研究文献目録を附した。

第二章は、日本律令の成立史論である。

第一節では、近江令の存否に関する説を紹介しつつその存在を主張した。

第二節では、『続日本紀』文武天皇二年七月乙丑条が、飛鳥浄御原律の存否を考える場合に大きな意味があることを論じたものである。

第三節では、大宝律令成立記事の再検討を行った。従来から知られている史料を再検討し、大宝律令成立の意義について論じた。

第四節では、養老律令の成立年次について論じた。従来は、養老律令の編纂が養老四、五年ごろまで下るとの説が主流であったが、養老二年成立説を主張した。

第五節では、神亀五年七月二十一日格について論じた。同格の一部が唐格の影響下に成立したとの説を提出し、併せて養老二年における法典の将来について考察した。

第六節では、神亀五年三月二十八日勅を中心に考察して、同時代における郡司の地位の低下について論じた。

第三章は、日唐律比較や逸文の研究である。律研究の基礎作業である律逸文蒐集作業が、日中の先学により続けられてきた。また、日唐律の比較研究も多くの論考が出されてきている。本章は、先学の驥尾に付して行った日唐律の比較研究や逸文蒐集の成果を述べたものである。

第一節では、杜預『律令注解』の中国法典編纂史上での画期的意味について述べ、唐代法典編纂史上重要な位置を占める永徽律・永徽律疏の編纂などについて論じた。

第二節では、中国における律学博士設置について論じ、日本における『令義解』の編纂・施行についても考察した。

第三節では、日唐賊盗律全条の比較対照作業によって明らかとなった諸問題のなかから、謀殺主条を中心として考察を加えた。

第四～八節の「律逸文考」・「律逸補遺」・「律条拾遺」・「律逸補葺」・「律条拾肋」では、先学の驥尾に附し、群籍に目を通して律の逸文蒐集作業を行った。

付では、『律逸』の著者について、筆者はかつて塙保己一説を唱えたが、新たに藤守中説を提示した。

第四章は、大宝・養老令の研究である。

第一節では、大祀について考察した。

第二節では、日唐律令における君主の称号について考察した。

第三節では、律令法における即位礼と大嘗祭についての考察をした。

第四節では、律令における「神璽」について考察した。

第五節では、大宝田令公田条の復原私案を提示した。

第六～七節では、大宝田令六年一班条についての考察をした。

第八節では、大宝元年当時より式部省に考文が送付されるのは、大輔以下に限られることを主張した。

第九節では、日本上代の儀式のなかで重要な位置を占める告朔について、その原義を考えつつ、日唐両制度の比較を通じて、その意味を考察した。

（付）では、敦煌と日本という三千数百キロ離れたところに存在した唐代法制文献（日本のものは引用文献）を比較して、唐代法の変容の一端を明らかにし、合わせて継受法である日本律令の態様について考察したものである。


補論第一節では、律令法が如何にして日本に受容されたのかという観点を中心として、遣唐使（遣隋使を含む）派遣の意義やその法制的側面について考察した。

第二節では、律令法の継受に大きな働きをなしたと考えられる遣唐使について、その意義・概要について略述した後、その発遣にあたって行われた神仏への祈願を、制度史的観点から検討した論考である。

第三節では、日唐の講和を象徴する大宝の遣唐使、そしてその中心的役割を果たした粟田真人について考察した。

以上が本書で考察した内容の概要である。その成果と称しうるものは、日唐律令の比較研究にいささかの貢献をなし得たことであろう。しかし、本書で触れることが出来ず、今後に残された課題は多く、その主要なものとしては次のごときものがある。

第一章の「律令法の研究史」については、日中双方の法源史を中心とする基礎的研究に限って叙述したが、さらに律令法全般に関する研究史に触れてみたいという意志を有している。中でも日本の中世以降近代に至る時代に律令が如何に伝来し、どのように活用されたかについて、関心を有している。また、(付)で律令関係研究文献目録を載せたが、発表以後の研究状況を反映する目録を追補することも重要な課題であろう。

第二章「日本律令の成立史論」については、大宝・養老両律令の形態について、特に双行注をめぐる考察をする必要があろう。

第三章「日唐律比較と逸文の研究」については、日唐両律の比較を多様な視点からさらに展開する必要がある。また、日本律に限れば、大宝律・養老律ともに逸文しか残らない条文も多いので困難が伴うが、両律の差異についての追求がさらになされねばならない。

第四章「大宝・養老令の研究」については、主要なものだけでも、皇位継承法、女帝、律令法における女性の地位などのテーマが追求されねばならない。また、日唐祭祀制度の比較を中心として、唐代の祠令と日本神祇令の詳細な比較研究も重要であると考えている。寧波の天一閣から天聖令が発見されたことから、日唐両令の比較研究は近年盛んになっているが、両令の比較研究は、日中法文化の諸相を明らかにする上でも重要な課題であると考えている。

補論「遣唐使の研究」については、遣唐使が唐律令の継受に果たした役割について、さらに詳細に論じる必要を感じている。また、遣唐使以前の、いわゆる律令法の早期継受についても、関心を懐いている。大きく見ると、日本は、有史以来、中国の法文化の影響を受け続けているということもできるが、『隋書』や『魏志』倭人伝などを見ると、明らかに中国法の影響を受けつつ、日本固有法との接触・融合が図られていった様子が看取される。これらについても、今後の課題としたいと思う。

初出一覧

第一章　律令法基礎研究の歴史と問題点（新稿）

第一節　律令研究史概要（新稿）

第二節　中国律令の研究史（新稿）

第三節　日本律令の研究史（新稿）

（付）　律令関係研究文献目録（『藝林』二二―二、昭和四六年二月）

第二章　日本律令の成立史論

第一節　近江令の存否について（別冊歴史研究・神社シリーズ『近江神宮――天智天皇と大津京――』平成三年四月）

第二節　『続日本紀』文武天皇二年七月乙丑条について（皇學館大学史料編纂所報『史料』一〇三、平成元年一〇月）

第三節　大宝律令成立記事の再検討（『京都産業大学論集』一七―三社会科学系列八、昭和六三年三月）

第四節　養老律令の成立年次について（『皇學館論叢』一一―二・三、昭和五三年四月・六月）

第五節　神亀五年七月二十一日格について（皇學館大学史料編纂所報『史料』四二、昭和五六年一一月）

第六節　奈良時代初頭における郡司の地位（皇學館大学史料編纂所報『史料』五六、昭和五八年一月）

第三章　日唐律比較と逸文の研究

第一節　日唐律比較研究序説（瀧川政次郎博士米寿記念論文集『律令制の諸問題』昭和五九年五月）

第二節　律学博士の設置について（『産大法学』一五―四、昭和五七年三月）
第三節　賊盗律謀殺主条について（『皇學館論叢』九―三、昭和五一年六月）
第四節　律逸文考（『皇學館論叢』四―六、昭和四六年一二月）
第五節　律逸補遺（『皇學館論叢』五―二、昭和四七年四月）
第六節　律条拾遺（『國學院大學日本文化研究所紀要』三二、昭和四八年九月）
第七節　律逸補葺（『國學院大學大学院法学研究科法学論叢』一、昭和五〇年三月）
第八節　律条拾肋（『國學院大學日本文化研究所紀要』三八、昭和五一年九月）
（付）『律逸』の著者をめぐって（皇學館大学史料編纂所報『史料』三一、昭和五五年一二月）

第四章　大宝・養老令の研究

第一節　大祀について（『産大法学』二四―三・四、平成三年一月）
第二節　日唐律令における君主の称号について（瀧川政次郎先生米寿記念論文集『神道史論叢』昭和五九年五月）
第三節　律令法における即位礼と大嘗祭（『続　大嘗祭の研究』平成元年六月）
第四節　律令における「神璽」の一考察（『京都産業大学日本文化研究所紀要』創刊号）
第五節　令釈と大宝田令公田条の復原（皇學館大学史料編纂所報『史料』六、昭和五三年一一月）
第六節　大宝田令六年一班条の復原について（皇學館大学史料編纂所報『史料』一六、昭和五四年九月）
第七節　大宝田令六年一班条の復原をめぐって（『創設十周年記念　皇學館大学史料編纂所論集』平成元年三月）

第八節　諸司考文の送付方法について（皇學館大学史料編纂所報『史料』八一、昭和六一年二月）
第九節　告朔をめぐって（谷省吾先生退職記念『神道学論文集』平成七年七月）
（付）　敦煌発見神竜散頒刑部格と令集解（『産大法学』一六―四、昭和五八年三月）
補　論　遣唐使の研究
第一節　遣唐使に関する一考察（『産大法学』三〇―三・四、平成九年二月）
第二節　遣唐使と神祇祭祀（『京都産業大学日本文化研究所紀要』二、平成九年三月）
第三節　遣唐執節使粟田真人について（『藝林』四三―三、平成六年八月）
結　論　本書の研究成果と今後の課題（新稿）

著者略歴

川北靖之（かわきた　やすゆき）

昭和22年9月、三重県鈴鹿市生まれ。博士（法律学）。

昭和45年、皇學館大学文学部国史学科卒業。

昭和53年、皇學館大学大学院文学研究科国史学専攻博士課程単位修得。

昭和54年より京都産業大学専任講師、助教授を経て、教授。

著書に『譯註　日本律令　二』（「律本文篇」上巻、共著、東京堂出版）、『令集解所引漢籍備考』（共著、関西大学出版部）、監修に『京都府警察史』（第三・四巻、京都府警察本部）がある。

日唐律令法《にっとうりつりょうほう》の基礎的研究《きそてきけんきゅう》

ISBN978-4-336-05877-5

平成27年3月10日　初版第1刷発行

著者　川　北　靖　之
発行者　佐　藤　今朝夫

〒174-0056　東京都板橋区志村1－13－15
発行所　株式会社　国書刊行会
電話　03(5970)7421 代表　FAX　03(5970)7427
E-mail：sales@kokusho.co.jp　URL：http://www.kokusho.co.jp

印刷　株式会社シナノパブリッシングプレス　製本　有限会社青木製本

索　引

あ

い

う

え

お

か

き

く

け

こ

さ

す

せ

そ

た

ち

つ

て

と

な

に

ぬ

ね

の

は

ひ

ふ

へ

ほ

ま

み

む

め

も

や

ゆ

よ